● 最深度的人文解读 ● 最详尽的景点介绍 ● 最合理的线路规划 ● 最原汁原味的广州之美

新广州行

广州导游词

最美广州的最美导游词 · 官方版

广州市旅游局 ◎ 编著

廣東旅游出版社
GUANGDONG TRAVEL & TOURISM PRESS
悦读书 · 悦旅行 · 悦享人生

图书在版编目（CIP）数据

新广州行 ：广州导游词 / 广州市旅游局编著. --广州 ：广东旅游出版社，2014.6

ISBN 978-7-80766-736-0

Ⅰ. ①新… Ⅱ. ①广… Ⅲ. ①导游—解说词—广州市 Ⅳ. ①K928.965.1

中国版本图书馆CIP数据核字(2014)第025744号

出 版 人：刘志松
责任编辑：冯　婉　廖文静
装帧设计：谢晓丹　邓传志
摄　　影：林帝浣　杨和平　陈永善　全景网
部分图片由广州市各区旅游局、广州亚运会亚残运会博物馆提供
责任技编：刘振华
责任校对：李瑞苑

出版发行：广东旅游出版社
（地址：广州市天河区五山路483号华南农业大学公共管理学院14号楼3楼　邮编：510642）
邮购电话：020-87348243
广东旅游出版社图书网：www.tourpress.cn
深圳市希望印务有限公司印刷
（地址：深圳市坂田吉华路505号大丹工业园二楼）

开本：170毫米×240毫米　1/16
印张：22
字数：406千字
版次：2014年6月第1版
印次：2014年6月第1版第1次印刷
定价：98.00元

编委会

目 录

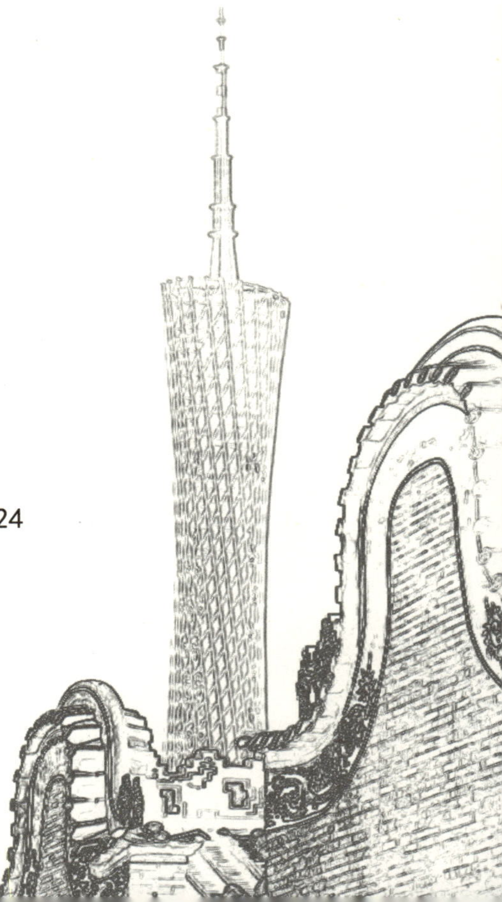

第二章　风华千载咏古今——钟灵毓秀 / 31

一、五羊衔谷，筑城之始——古城史迹 /32

二、风云际会，峥嵘岁月——近现代革命史迹 /45

三、羊城新颜，魅力之都——现代都市风貌 /66

目 录

目 录

陶
陶
居

目 录

目 录

第八章　盛世庆典耀岭南——广州节庆 / 269

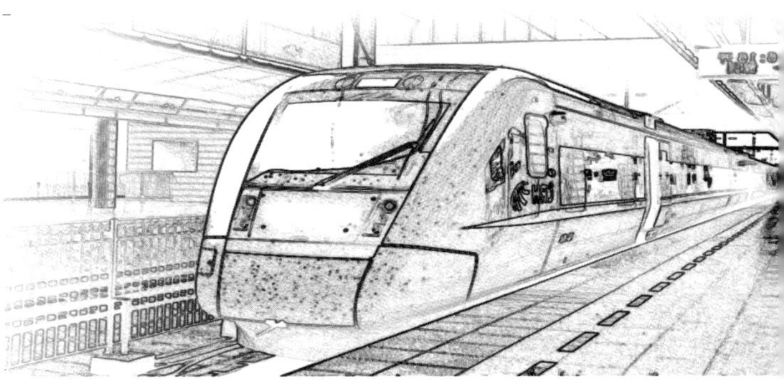

目 录

第一章

南粤大地放光彩——物华天宝

广州简称穗，又称羊城、花城，是一座历史悠久的文化名城，也是一座充满生机与活力的国际大都市。得天独厚的自然环境、别具特色的岭南文化、丰富多彩的旅游资源以及渊源深厚的商贸传统，使得广州成为中华大地上的一颗璀璨明珠。

一、广州概况

广州，广东省省会，中国的南大门，是国务院定位的国家三大综合性门户城市之一、国家中心城市，也是华南区域性的金融、贸易、经济、航运、物流、文化和科技中心。广州历史悠久，文化底蕴深厚，具有2200多年的建城史，是国务院公布的第一批中国历史文化名城之一。新中国成立以来，特别是改革开放以来，古老的广州焕发出勃勃生机，城市面貌发生了翻天覆地的变化。广州的综合经济实力一直居于我国大城市前三位，人均地区生产总值也位于全国前列。近年来，广州荣膺“国际花园城市”、“国家文明城市”、“中国优秀旅游城市”等称号，还荣获“联合国改善人居环境最佳范例奖”和“中国人居环境范例奖”等奖项。2010年，在广州举办的第16届亚运会和首届亚残会的成功，全面展示了广州科学发展的巨大成就，深刻演绎了岭南文化的独特魅力，进一步扩大了广州在全国和国际上的影响力。

（一）自然地理

广州位于中国大陆南方、广东省的中南部、珠江三角洲的北端，濒临南海，毗邻香港和澳门，中国第三大河流珠江穿城而过，地理位置十分优越，素有中国“南大门”之称。

广州地处南亚热带，北回归线穿越北部，属南亚热带典型的海洋季风气候。这里夏无酷暑，冬无严寒，雨量充沛，四季如春，繁花似锦。广州市各地年平均气温在21.5～22.2℃之间，雨水资源丰富，平均年降水量在1800多毫米，年降水日数在150天左右，平均相对湿度77%。由于气候温和，土壤湿润，阳光充足，广州一年四季树木常绿、鲜花常开，自古就以“花城”著称。在国内城市中，这一别称和美誉也是广州独有的，凡是来广州旅游的人都一定会充分感受、亲身体验到处是花的世界、花的海洋、花的节日，广州不愧为花的城市！

（二）人口物产

广州市现辖11个区。11个区分别是：越秀区、海珠区、荔湾区、天河区、白云区、黄埔区、花都区、番禺区、南沙区、增城区和从化区。此外，还有3个国家级开发区，即广州经济技术开发区、南沙经济技术开发区、增城经济技术开发区。这3个国家级开发区是直属广州市管理的非行政区。目前，广州市陆地总面积7434.4平方公里，其中老城区面积超过500平方公里。

2013年末，广州市常住人口为1292.68万人，其中户籍总人口为832.31万人，常住的非广州户籍人口(即外来人口)有460.31万人。常住广州的外来人口中，来自省外的有300万人。现在，广州每3个人中就有1个是外来人口。从这意义上，可以说广州是名副其实的人口多元化城市。2011年，广州有少数民族人口63.59万人，分属55个少数民族。其中，常住少数民族人口21.29万人，人数较多的有壮族、回族、满族、土家族、瑶族。

广州是全国著名的华侨之乡，又是全国华侨人数最多的大城市。据统计，全市现有华侨、外籍华人、港澳同胞和归侨、侨港澳眷属352.35万人。其中，海外华侨华人106.08万人、港澳同胞87.72万人。他们分布在世界五大洲100多个国家和地区。广州市内有归侨1.68万人，侨港澳眷属156.87万人。

广州自然条件优越，物产资源丰富，有许多驰名中外的农副土特产品，经专家们鉴定确认的多达100种。广州也是中国著名的“水果之乡”，广州的土地、气候等自然条件适宜多种热带、亚热带果树的生长，一年四季都有水果上市。广州的水果共有500多个品种，其中荔枝、香蕉、木瓜和菠萝享有“岭南四大佳果”美誉。其他如杨桃、龙眼、黄皮、柑、橙等也久负盛名。

（三）历史渊源

广州是一个具有悠久历史和深厚文化底蕴的历史文化名城，是国务院首批公布的国家级历史文化名城之一。

传说中广州最早的地名为“楚庭”（或“楚亭”）。在公元前9世纪的周朝，这里的“百越”人民和长江中游的楚国人民已有来往，特建“楚庭”来纪念这种友谊，这是广州最早的名字。现在越秀山上的中山纪念碑下尚有清人所建一座石牌坊，上面刻着“古之楚亭”四字。不少史籍将“楚庭”视为广州的雏型，是广州最早的称谓，距今已有2847年。

春秋战国时期，岭南泛指今两广和越南北部地区，当时居住在这里的民族称为南越（又称南粤）。秦始皇二十五年（前222年），秦在主帅屠睢率领下首次进军岭南，但秦兵最终被当地越人击败，屠睢被杀，赵佗等收拾残部北逃。稍后，秦朝派遣任嚣、赵佗等率兵再次分兵数路挺进岭南，经过多年征战，终于在秦始皇三十三年（前214年）统一岭南。旋即建立政权，设置南海、象郡、桂林三郡，同时建立番禺（今广州）等县。南海郡含今广东大部，郡治番禺，首任郡尉任嚣，这是岭南历史上第一次划分的行政区，亦是广州历史上最早的行政建置。从此，广州进入其历史发展的新阶段。

秦代的广州城，因秦将任嚣主持修筑，故名任嚣城，正式名称为番禺城。秦始皇三十三年（前214年）任嚣平定岭南后，出任南海郡尉并在南海郡番禺县内建城作为郡治，城址在今广州市区仓边路一带。

秦末，中原动乱，封建割据代替了统一，划地为王代替了中央集权。公元前204年，南海郡尉赵佗乘中原楚汉相争之机，派兵兼并了桂林郡和象郡，在岭南地区建立了南越国，

定都番禺，自称南越武王。南越国疆土“东西万余里”，包括今广东、广西大部分，今越南北部。

汉武帝元鼎五年（前112年）秋，派伏波将军路博德、楼船将军杨仆等，率领大军，出师岭南，废除南越国，再置南海郡，郡治仍设在番禺（今广州）。三国时期，吴国孙权于黄武五年（226年）在交州（辖今两广及越南北部）东部分设广州。广州之名由此开始，至今已有1780多年的历史。

广州历代名人辈出，代代相传。秦朝任嚣，汉朝赵佗，清朝学者屈大均，农民起义领袖洪秀全，思想政治家康有为、梁启超，领导中国民主革命、推翻几千年封建统治的孙中山等，为广州名城的形成和发展作出了卓越的贡献。

如今的广州，已经成为中国第三大城市、中国对外贸易的窗口和国家门户城市，成为经济繁荣、文化多元、海内外游客云集的繁华都市，与北京、上海并称“北上广”。

（四）经济发展

广州自古以来就是全国著名的商埠，它拥有2000多年的开放贸易历史。改革开放以来，广州经济发展焕发出新的生机，取得了令人瞩目的成就。从1992年开始，广州的综合经济实力跃居全国十大城市的第三位。特别是“十一五”期间，全市经济保持平稳较快增长，地区生产总值年均增长13.5%。2013年广州地区生产总值达到15420.14亿元，来源于广州地区的财政一般预算收入4430亿元，经济实力连续20多年居于全国大城市前列。2013年，广州市的人均GDP达到120515.98元。

广州产业结构高级化趋势明显，初步建立以服务经济为主体的产业结构，2013年第三产业增加值占地区生产总值的比重已经达到70.6%。中心城区产业“退二进三”与一批现代服务业功能区建设同步推进，三大国家级开发区及汽车、造船和重大机械装备等国家级产业基地发展迅猛，分工明确、功能互补的产业格局基本形成。广州经济发展的另一突出特点是，对外开放程度比较高，对外经济贸易发达。据统计，改革开放以来，广州外贸出口年均增长达14.3%，2013年，全市商品进出口总额达到1188.88亿美元，其中出口达628.06亿美元，出口市场达200多个国家和地区。2013年全市实际利用外资48.04亿美元，已有60多个国家和地区的客商前来广州投资，在广州设立了8000多家外资企业和2000多个办事机构。

（五）城市建设

改革开放以来，广州城市建设的投入连年大幅度增加。城市建成区面积迅速扩大，由1978年的160平方公里增加到2011年的990.11平方公里，一批现代化建筑拔地而起。通过制定和实施“南拓、北优、东进、西联、中调”的城市发展战略，珠江新城、广州新城、白云新城、萝岗新城等区域建设取得重大进展，组团式、网络型城市空间形态更加凸显。陆海空枢纽型基础设施不断完善，综合性门户城市功能日益突出。2013年广州白云国际机场旅客吞吐量突破5246.42万人次，广州港货物吞吐量和集装箱吞吐量分别达到4.7亿吨和1550.45万标箱。全市地铁运营里程达236公里，地铁线网主骨架基本形成，以广州为中心的城际轨道交通线网日趋完善，“信息广州”建设成效明显。

城市建设和管理也日趋完善，水环境、空气环境、人居环境、交通环境和无障碍环境显著改善，城乡绿道网建设成绩斐然；城市新中轴线、珠江两岸景观带和一批标志性建筑群彰显大都市文化魅力，初步实现“天更蓝、水更清、路更畅、房更靓、城更美”。全市拥有237个城市公园、2174公里绿道。全市建成区绿地率35.6%，绿化覆盖率40.5%，城市人均公园绿地面积（按户籍人口计算）15.5平方米，初步形成“林在城中、城在林中”的生态格局。同时，通过成功举办高水平、有特色的第16届亚运会和首届亚残会，城市的软、硬实力大幅增强，城市国际形象和影响力大幅提升，形成了推动广州后亚运时期又快又好发展的新优势。

（六）人民生活

广州不仅经济实力雄厚，发展速度快，同时，广州人民生活质量和幸福感也明显提升。“十一五”期间，城乡居民收入年增速分别达10.9%和12.4%，均比“十五”时期提升近一倍。每年新增就业岗位超过50万个。城乡居民储蓄存款额1978年为5.67亿元，2012年达到11310.69亿元。城市居民家庭人均居住面积由1978年的6.87平方米增加到2011年的21.89平方米。

随着居民收入的增加，居民的消费观念和消费结构发生了很大的变化。购房、购车、旅游的支出不断增加，服务性消费的比重越来越大。2013年，全年城市居民家庭人均消费性支出33157元，比2012年增长8.7%；扣除价格因素，实际增长6.0%。其中，服务性消费支出11314元，增长9.4%，占消费性支出的37.1%。城市居民恩格尔系数为33.9%。农村居民家庭人均生活消费支出11688元，增长6.6%。农村居民恩格尔系数为44.2%。随着居民收入的不断提高，家用汽车逐步进入居民家庭，旅游及交通消费增速明显。调查显示，2012年广州城市居民家庭每百户拥有私人汽车达到32辆。同时，旅游消费多样化日趋明显，旅游支出也不断增加。

此外，教育公平和教育水平实现双提升，全面实施城乡免费义务教育，100%的区、100%的镇成为省教育强区、强镇，广州成功创建了省教育强市。一批重点医疗卫生设施相继建成，社区医疗卫生服务体系基本建立，中心城市医疗服务功能显著增强。社会保障扩面和提高标准同步推进，住房保障体系不断完善。安全生产、城市应急、粮食和食品药品安全工作不断加强。大综合整治格局基本形成，人民群众的安全感显著提升。

珠江绿道

（七）民俗风情

广州是岭南文化的中心和发祥地，在这个古老而又年轻的都市，我们既能感受到现代文明的强劲冲击和活力，又能领略到传统岭南民俗文化的独特韵味。广州2000多年的文明史留下许多说不完道不尽、多姿多彩的民俗风情，它体现在社会生活的方方面面，包括饮食、居住、建筑、商贸、语言、岁时节令、婚姻、祭祀、礼仪、娱乐等。由于广州自古就是一个移民色彩很浓的城市，广州民俗风情也处处体现了一个移民城市所特有的韵味和魅力：丰富多彩、活泼多样，古老而又年轻，处处迸发出多元文化撞击的火花。至今，广州民俗中仍保持有许多古老的习俗，其中有中原汉人的古风遗韵，也有百越古族的特别禀赋。

广州有春节逛花市的习俗。广州的花市又叫迎春花市，其形成可追溯到明朝，是广州独有的传统民俗。迎春花市一年举行一次，从农历腊月二十八开始至除夕深夜12时结束。每年的迎春花市分别在广州固定路段和地点举行。十里长街摆满各种鲜花，任君选购。爱花惜花的广州人络绎不绝，穿梭其中。随着广州城市建设的发展，花市的分布越来越广，规模也越来越大。除迎春花市外，还有元宵灯会，彩灯剔透玲珑多姿，令人目不暇接。再有广州七夕风俗之乞巧，重阳登高之踊跃、冬至节日之隆重（广州人谓“冬至大过年”）等，无不彰显出广州独特的民俗风情和文化魅力。

（八）地方特色

从秦末汉初赵佗筑就的番禺古城发展而来的广州城，给我们留存了十分丰厚的文化资源和独具特色的生活习惯，这些千百年来岭南人民群众智慧的结晶，使广州文化具有鲜明的地域特色。作为一名初到广州的游客，首先要了解的便是广州的“三特”，即粤语、粤剧和饮茶文化。

广州的第一个地区特色，“粤语”可以说是当仁不让。粤语又称为广州话、白话，它通行于广东、广西东南部以及香港、澳门，使用人口超过7000万，为现代汉语方言的七大方言之一（汉语七大方言为北方方言、吴方言、湘方言、粤方言、闽方言、客方言、赣方言）。广州是粤语区的中心，广州市区的方言是所有粤语区（包括香港、澳门在内）的标准语，广州话在整个粤方言中最具权威，有着粤方言“普通话”的地位。而且，粤语的形成也十分复杂，具有明显的“移民”色彩：既有古越族、南方少数民族和古汉语的基本成分，又夹杂着相当成分的客方言、闽方言、湘楚方言、赣方言，同时还有相当数量的现代汉语，英语和东南亚语也融入其中。大家都知道，普通话有4个声调，广州话的声调却有9个。由于声调丰富而且富于变化，广州话听起来很动听，很悦耳，粤语歌更是独具魅力、经久不衰。

广州第二大地区特色，当属“粤剧”文化。粤剧是我国的一大地方剧种，是广东流行最广、影响最大的地方戏曲剧种，至今已有300多年的历史

沙湾飘色

了，享有“南国红豆”的美称。20世纪三四十年代，著名粤剧演员有被称为“粤剧四大家”的薛觉先、马师曾、白驹荣和廖侠怀。红线女所创的“红腔”，在近半个世纪以来影响最大。优秀的剧目有《白金龙》、《胡不归》、《昭君出塞》、《秦香莲》、《山乡风云》等，粤剧于2006年入选广东省非物质文化遗产。

广州第三个地区特色便是“饮茶”。广州人对于茶的钟爱，可谓源远流长。广州人清晨见面打招呼时常说“饮茶未”（意即“饮早茶了吗”），可见广州人对饮茶的喜爱。广州人饮茶始于西汉，至今约有2000年的历史，当时将喝茶称之为“饮茶”，体现了茶的最基本的解渴功能。到了唐宋时期，人们将喝茶称为“品茶”。到了20世纪30年代，广州出现了大众化的茶楼，喝茶逐渐演变为颇具特色的广式饮茶，“一盅两件”是广州人饮茶的习俗，即品一盅茶，吃两小盘点心。茶市有早、午、晚三市，以早茶市最为兴旺。饮茶被视为一种交际的方式，广州人朋友聚会、洽谈生意、业余消遣，都乐于上茶楼。正因为如此，广州人把饮茶又称作为“叹茶”。“叹”是广州的俗语，为享受的意思。广州的茶楼与茶馆的概念不尽相同，它既供应茶水，又供应点心，而且建筑规模宏大，富丽堂皇，是一般茶馆所不能比拟的。

由于广州的气候湿热，广州人每遇季节变化或食煎炸食物都特别容易上火。所以，在广州，有一种特殊的“茶”，谓之“凉茶”。饮凉茶可以除湿去热，成为广州人日常生活中必不可少的部分。凉茶是指用一些药性寒凉，能清热解毒、消暑祛湿的中草药煎煮成的饮料。广州的凉茶历史悠久，品种甚多，比较有名的有：五花茶、菊花茶、竹蔗茅根汁等。除此以外，龟苓膏、胡萝卜竹蔗水等也是广州人喜爱的传统凉茶。在广州，无论是新旧城区，抑或是大街小巷，都能看到卖凉茶的店铺。

二、广州特点

得天独厚的自然环境、特殊优越的地理位置、兼容并蓄的广府文化、现代观念与历史传承的完美结合，使广州在成长为国际性大都市的同时，实现了传统与现代的融通、历史与发展的和谐。如果要用一句话来概括广州的特点，那便是“四名”和“四地”。其中“四名”指的是广州4个最具代表性的城市名片，即历史文化名城、国际商贸名城、世界美食名城和休闲度假名城。“四地”说的是海上丝绸之路发祥地、近现代革命策源地、岭南文化中心地、改革开放前沿地。

（一）历史文化名城

百越楚庭，汉唐明珠，这里历史和文化悠久。

广州的历史到底有多悠久呢？如果从传说（非历史记载）角度算，就是从战国时期的楚威王二年（前338年）开始；如果从历史文献记载角度算，就是从公元前214年秦始皇统一岭南后任命任嚣为南海尉，任嚣在古番山和禺山上修筑番禺城开始；如果从“广州”两字出现算起，就应该是从三国吴黄武五年（226年），孙权分交州为交、广二州开始。

春秋战国时期，中国是属于混乱的时期。在公元前355年，楚国灭了越国。后来楚威王起用了原南越人高固做了楚国的国相。高固辞官回到岭南后，就在番禺（今广州）越秀山下建了一座“南武城”。这是广州历史上最早的“城”了。高固还筑“楚庭”（也称“楚亭”），用来向楚称臣与朝拜，以示岭南乃楚之一方天下。现在越秀山上立有一座“古之楚庭”的牌坊，就是指高固曾在此筑有“楚庭”。

公元前221年，秦始皇统一了六国，但是岭南还没有被征服，越人不愿归属于秦。秦始皇就派兵南下攻打南越，但遭到越人激烈反抗。历经3次用兵，秦始皇都没取胜，而且兵力损失惨重。越人潜入深山老林之中，北人不熟悉岭南的地形，更不适应南方的天气和气候，结果战死的战死，病死的病死，还时时遭受越人突然袭击。越人还到处封关锁路，断绝秦兵粮草，逼得秦始皇一时无计可施。最后秦始皇招来10万民工打通了广西桂林北面漓江与湘江的水路（后人称之为灵渠），才解决了进入岭南的交通运输问题。然后秦始皇举兵50万人大破南越，终于完成了全国统一大业。

统率秦军南下的将领任嚣被秦始皇留下镇守岭南。秦始皇在岭南推行郡县制，设置南海、象郡和桂林三郡及数县。

任嚣被秦始皇任命为南海郡尉，于是在南武城基础上筑任嚣城，随任嚣南下的将领赵佗被任命为龙川县令。任嚣在任南海尉期间，对越人采用恩威并举、团结教化的办法，使岭南一带平稳无事。他在大力发展生产的同时，也加强军防力量。他把中原发达的文化和先进的生产技术传授给越人，使岭南很快富庶起来。秦朝统治中国前后才15年，传到秦二世胡亥执政时，天下已开始动荡不安了。任嚣就做好了拥兵自立、割据一方的准备。但由于他那时年事已高，加上身体状态不佳，儿子又没有一个可接任的，他就把希望寄托在赵佗身上。不久，任嚣就死了，临终前他把南海尉这个位置让给了赵佗。

赵佗当了南海尉后，大权独掌，专制一方，建立了南越国，做起南越王来了。他在原任嚣城的基础上又扩大了一倍，筑成赵佗城。1974年在中山四路发掘出南越王宫署及御花园遗址4000多平方米，经过20多年的不断发掘及实施了保护性措施后，已经对游人开放参观。

南越国经5代历93年，汉武帝刘彻于元鼎六年（前111年）派兵灭了南越国，以后复置南海郡，隶属交州治域（交州的治所在广信，即今广西梧州）。进入东汉末年，广州的经济已经相当发达了，统治者不得不考虑将交州的州治迁来广州。当时中国的政治形势已经出现了吴、蜀、魏三国鼎立的局面，在建安二十二年（217年），吴国便将交州治所迁至番禺（今广州），在原赵佗城的基础上修筑城廓。由于交州刺史是步骘，于是便叫“步骘城”。此城东界在今仓边路，西达华宁里，北抵越华路，南至西湖路以北。为了加强对岭南的行政管理，吴国黄武五年（226年）交州、广州正式分治，分合浦以南为交州，合浦以北为广州。因为州治是从广信迁来，便取“广”字为州名，从此，“广州”的名字诞生了。

公元904年，刘隐为唐清海军节度使，据有今广东和广西。公元917年，其弟刘岩在岭南地区割据称帝，国号南汉，定都广州。广州有史以来第三次扩建城垣，铲平禺山，向南扩展，大建都城。同时遍筑离宫别院，在城西开凿西湖（又称“仙湖”，在今教育路南方戏院北侧），长500丈，地连南宫，又建洲于湖中，称“药洲”。湖中有瑰玮怪石九座，称“九曜石”。公元917年南汉为北宋所灭，共历4主，55年。

明末清初，南方的明朝残余势力相继建立了几个政权，进行抗清斗争，史称“南明”。朱元璋第23子唐王朱桱的八世孙朱聿键，公元1646年12月在广州称帝，清兵攻破广州，朱聿键被俘，在位仅40天。据《南明史》称，1649年1月20日，朱聿键被处死。

清朝设置广东省，广州为省会。1918年广州设市政局，1925年正式设市。

广州从公元前214年建任嚣城开始，已有2227年建城历史，是国家第一批公布的历史文化名城之一，号称三朝古都。历史上，曾经有三朝十帝建都广州。

到了近代，广州开风气之先，成为中国近代变革的先行之地。三元里的抗英斗争、洪秀全的“拜上帝会”、康有为的维新运动，其策源地都是广州。孙中山也在这里发出了“走向共和”的先声，并一直将广州作为革命的策源地、反帝反封建的大本营。轰轰烈烈的香港大罢工、第一次国共合作则伴随着无产阶级的崛起……中国早期的重大历史事件，几乎有一半都发生在广州。如今，这些革命遗迹已经得到修复，并改建为纪念馆，记录着近代的历史风云。

要了解广州古城的历史，首先要游览的是中山四路南越国宫署遗址的地下石构建筑和南越王宫御花园宫苑——这两大历史古迹是在1998年发现的，属于重大考古发现。古南越国的遗址还有位于解放北路西汉南越文王墓和应元路的越王井。其次是游览南汉国御花园——药州（九曜园）、光孝寺、大佛寺、海幢寺以及南汉东陵遗址和南汉昭陵遗址等，都可以让您深刻地领略到广州历史的气息与脉络。

（二）国际商贸名城

由于得天独厚的地理位置和特殊的历史人文因素，广州商业具有悠久的历史和优良的传统，自古就比较发达和繁荣，历史上广州一直是全国著名的商埠。

广州自秦汉以来就是我国南方的古都会，有“金山珠海，天子南库”之誉。《史记》说“番禺亦一都会也”，司马迁把番禺（今广州）列为当时全国的九大都会之一。《汉书》也说：“番禺，其一都会也”，“中国经商贾者多取富焉”。意思是说商人来到这里做买卖多半是会发财致富的。

唐代，广州港已发展成可容大小海船近千艘的港口，官方首设市舶使（中国最早掌管海外贸易的官职）于广州，并开辟了长达14000公里的由广州通向西方的航线，这是当时世界上最长的航线。在今天光塔路一带的“蕃坊”竟居住着12万外国商人及其家属，当年的广州形成了一个国际性的珠宝市场。

宋元时期，广州“城外蕃汉数万家”，“广州富庶天下闻”。当时的意大利旅行家鄂多立克说广州是“一个比威尼斯大3倍的城市，整个意大利都没有这个城的船只多”。阿拉伯游历家伊本•白图泰也同样认为，广州是“世界大城市之一也。市容优美，为世界各大城所不及”。

明代，广州首创外贸交易会，每年夏冬两季定期举办外贸集市。那时，广州是中国朝贡贸易第一大港，也是中国外贸第一港。明嘉靖年间，因西方殖民者和倭寇的侵扰，朝廷实施海禁政策，废除宁波、泉州两市市舶使，对外只保留广州一口通商。广州独揽了全国的对外贸易大权。

清代，广州设立“十三行”，专门从事对外贸易。乾隆二十二年（1757年），清政府关闭漳州、宁波、云台山等3处通商口岸，只留广州一口对外贸易长达83年。广州再次成为全国唯一的对外贸易口岸，直到鸦片战争之时，广州的外贸因而空前繁荣。有历史学家这样描述当时的广州：“广州成为对内对外贸易的极盛之地。中华帝国与西方列国的全部贸易都聚汇于广州。中国各地物产都运来此地，各省的商贾货栈在此经营着赚钱的买卖。”清末至民国时期，广州大力引进华侨和外国资本发展商业，开办洋行和银行，商业和外贸的发展在全国处于领先地位。

新中国成立后，1957年起，中国出口商品交易会（广交会）一直在广州举行。广交会是我国规模最大、档次最高、成交量最大的出口商品交易会，其成交额占全国出口贸易的三分之一，被称为“中国第一展”。除广交会以外，中博会、广博会等大型展会的发展势头迅猛，与广州国际汽车展、广州国际设计周以及中国（广州）机械装备制造业博览会等专业展会一起形成品牌会展效应。

广州商都的历史源远流长，基础深厚，实力雄厚，经久不衰。广州城市发展的历史，可以说是商贸发展的历史。在商业发展的过程中，广州逐步形成大型购物中心、专业市场、商业步行街等不同形式的商业形态，培育出北京路、上下九路、天河路等知名商圈。同时，通过打造广府文化、西关文化等商贸文化旅游区，铸造“千年商都”的新名片，建设国际购物天堂。

（三）世界美食名城

2010年，中国烹饪协会、世界中国烹饪联合会专家评委组成的评审组宣布一致通过广州市申报“中华美食之都”、“国际美食之都”称号。同年，“岭南文化十大名片”评选结果在广州星海音乐厅发布，粤菜入选“岭南文化十大名片”。

以粤菜为主的广州饮食早已扬名天下。民间流传一首概括一生理想的幽默民谚：“生在苏州，住在杭州，食在广州。”这是说，苏州姑娘美，童年依偎于此，自是快事，故生在苏州好；杭州风景佳，居住于湖光山色之间，心旷神怡，故住在杭州妙；至于广州，名菜美点丰富，茶楼酒肆林立，想食什么都可以如愿，故食在广州当然惬意。这首全国流行的民谚，道出了“食在广州”之誉闻名海内外！

广州地处南亚热带，濒临南海，四季常绿，物产富饶，可供食用的动植飞潜物种繁多，蔬果丰茂，四季常鲜，给饮食烹饪提供了广阔的天地。唐代，广州饮食用料之博杂已闻名寰宇，烹饪制作技术也形成多样化、精细化的特点。明清时珠江三角洲富庶，中心城市广州更为兴旺，讲究饮食之风盛行，使广州饮食更为丰富多彩。近代商贸繁荣，中外交往频繁，更为广州饮食市场拓宽了空间。漫长的岁月，使广州人既继承了中原饮食文化的传统，又博采外来烹饪技术精华，根据本地的口味、嗜好、习惯，不断吸收、积累、改良、创新，从而形成了菜式繁盛、烹调工巧、质优味美的饮食特色，近百年来已成为国内最具代表性和最有世界影响的饮食文化。到现在，广州的饮食无论出品的数量、质量，酒楼食肆的数量和规模，抑或是饮食环境、服务质量，在国内都是首屈一指，在国外也享有盛名。

粤菜不仅仅在国内闻名，在海外也同样声名远播。它甚至已不仅仅是一种赞誉，而且还是一面招徕食客的旗帜。据不完全统计，仅美国纽约就有粤菜馆数千家，在澳大利亚的悉尼市，在唐人街的影响下，饮茶已成为一个专有名词，凡到悉尼市游览的人，都以到唐人街享受一下粤式饮茶用餐的韵味为时尚。粤菜凭借其通脱、奇犷、繁芜、清淡的独特风韵，已经成为名誉海内外的中华佳肴。

（四）休闲度假名城

广州是一个极具旅游魅力的城市。其旅游资源极其丰富，既有别具风情的南国自然风光，又有积淀深厚的历史文化遗迹，还有生机勃勃的现代都市景观，而现代兴起的度假娱乐项目更是让人流连忘返。游遍广州，会令人深深地被这座内涵丰富的城市吸引，留下难忘的印象。

近年来，广州在城市发展建设和旅游基础建设上下了很大的工夫，成效显著，大大改善了城市交通状况，为旅游活动提供了快捷畅通的交通条件。广州要打造全省宜居城乡“首善之区”，生态环境质量明显改善，花园城市基本建成。目前广州累计建成绿道2038公里，经过11个区串联320个主要景点、151个驿站，覆盖面积3600平方公里，服务人口800万，构成了贯穿南北、环山绕水的绿道网络，其建设成果一直在珠三角各城市中名列前茅。透过绿道，我们品味历史。透过绿道，我们享受现在。透过绿道，我们展望未来。

丰富的旅游资源，为广州旅游业的发展奠定了良好基础。广州的旅游业在发展中不断创新，将特色旅游资源优化整合，产品体系不断丰富，打造出具有广州特色的“山、水、城、花”优势品牌。特别是“十一五”期间，围绕湖、涌、江、海，着力发展游船、游艇、邮轮旅游，珠江夜游航线向东已延至琶洲展馆，珠江日游航线已延至黄埔。以南沙港快速路为依托，串联黄埔、海珠、番禺和南沙4个行政辖区的景区（点），打造了“广州滨海金游廊”；整合白云、花都、增城、从化等广州北部60个景区（点），构建了“广州生态地标群”；整合形成“千年商都”、“岭南文化”、“食在广州”、“现代都市”、“近代史迹”、“海上丝绸之路”、“宗教文化”、“广州亚运”一系列特色旅游产品组合。

广州既有南越文王墓、南越王宫署这样的古代文化遗迹，又有黄花岗、黄埔军校、孙中山大元帅府、农讲所等一批近代革命遗迹，还有广州塔、国际金融中心、花城广场、中信广场、天河体育中心、云台花园、雕塑公园等一群现代都市景观，云山、珠水、花城……处处是美景，风景资源得天独厚。

此外，广州还是难得的休闲度假天堂。不论是广州北部地区的山地乡村与温泉度假，还是南部地区的主题游乐与滨海娱乐，都会使您在紧张的工作之余放松身心，畅享乐趣。在节假日期间，您可以去莲花山体会“莲峰观海”的胜境，抑或在长隆欢乐世界体验“急速刺激”的快感，又或流连于从化温泉谷“修养身心”，无论是哪一种选择，都会使您感受到广州作为休闲度假名城的魅力。

近年来，广州旅游业稳步增长。“十一五”期间，各项指标均位于全省首位，作为全国重点旅游城市的地位得到进一步巩固和强化。2013年，全市旅游总收入达到2202.39亿元，旅游外汇收入51.69亿美元，广州旅游业在全省乃至全国都具有举足轻重的地位。

随着旅游吸引力的不断提升，广州已经成为一个国际知名的旅游目的地。2013年，全市接待游客总人数达到1.52亿人次。其中，过夜旅游者5041.92万人次。2013年全市接待过夜海外旅游者768.20万人次。其中，接待外国人278.99万人次，香港、澳门和台湾同胞489.21万人次。

（五）海上丝绸之路发源地

改革开放以来，广州经济社会发展日新月异，为世人所瞩目。这不是偶然的，而是广州对外开放2000多年的结果。

广州古称番禺，位于南海之滨，有着海上交通中心的优越条件，成为中国古代海上丝绸之路的发祥地，是世界海上交通史上唯一的2000多年长盛不衰的大港。

在广州南越文王墓的出土文物里，有一捆来自非洲的象牙和一件来自公元前5世纪的波斯银盒。

秦始皇统一岭南时，番禺（今广州）就已经成为犀角、象牙、翡翠、珠玑等奇珍异宝的集散地，而秦始皇进军岭南，据说也有取得岭南这些主要来自海外的珍宝之意。

最早、最详细记载海上丝绸之路航线的是著名的《汉书•地理志》。西汉初年，汉武帝平南越后，即派使者沿着百越民间开辟的航线，从广州出发，带领船队远航南海和印度洋，经过东南亚，横越孟加拉湾，到达印度半岛的东南部，抵达锡兰（今斯里兰卡）后返航。汉武帝时期开辟的航线，标志着海上丝绸之路的发端。

魏晋南北朝时期，是海上丝绸之路的拓展时期。在这一时期，广州已成为计算海程的起点。通过广州来中国经商的国家和地区大为增加，有15个之多。广州成为当时商贾及朝廷命官发财致富之地，有“广州刺史但经城门一过，便得三千万钱”一说。

历隋、唐、宋数代，广州海上丝

珠江新城

绸之路已发展到空前繁荣的阶段。官方坚持实行开放政策，除了官方积极经营对外贸易外，又允许私人出海贸易。同时还大力鼓励外国人来中国进行贸易，并在广州设立了市舶使专管外贸事务。当时中国与南洋和波斯湾地区有6条定期航线，这些航线都集中在广州，其中最著名的一条航线叫“广州通海夷道”，广州起航，越南海、印度洋、波斯湾、东非和欧洲，途经100多个国家和地区，全长共14000公里，是当时世界上最长的国际航线。从此，广州成为当时闻名全世界的中国对外贸易第一大港、世界东方大港。据著名交通史专家张星烺统计，唐代每日到广州贸易的外国商船有11艘，全年多达4000艘。假设每艘载客商200人，则平均每天到广州港登岸者达到2200人，一年就有80万人次之多。难怪唐代大诗人刘禹锡也为珠江的“大舶参天”和“万舶争先”壮观的贸易景象所震惊，而赋诗曰：“连天浪静长鲸息，映日帆多宝舶来。”

明清两代，由于政府实行海禁政策，其间广州成为中国海上丝绸之路唯一对外开放的贸易大港，广州海上丝绸之路贸易比唐、宋两代获得更大的发展，形成了空前的全球性大循环贸易，并且一直延续和保持到鸦片战争前夕而不衰。这一时期，从广州起航的海上丝绸之路的航线迅速增加到7条，抵达世界7大洲160多个国家和地区，到广州贸易的外国商船达到每年5266艘。如此之多的外国商船和商品来广州进行贸易，使珠江之滨的广州呈现出一派外贸繁荣的景象。英国人威廉·希克为之震惊，而发出了广州珠江的商船可以与伦敦泰晤士河相媲美的感叹：“珠江上船舶运行忙碌的情景，就像伦敦桥下泰晤士河，不同的是，河面的帆船形式不一，还有大帆船，在外国人眼里再没有比长达几里的帆船景观更为壮观的了。”

1949年中华人民共和国成立之后至改革开放前的1978年，这段特殊的时期由于众所周知的种种原因，广州很难发挥出它曾是海上丝绸之路第一大港和重要港口的历史优势，但仍然是中国首屈一指的对外贸易的重要港口。改革开放后，广州对外贸易进入一个新的发展时期，广州港成为中国第二大港。

介绍了广州海上丝绸之路的历史之后，相信大家都希望到有关海上丝绸之路的遗迹去亲历考察和发思古之幽情。不错，海上丝绸之路是广州这座古老而又年轻的都市最值得引以为骄傲的宝贵文化遗产之一，是名城广州的一个旅游品牌，的确十分值得大家花点时间去参观游历。

在广州市区内，处处都留下了海上丝绸之路的遗址、文物和史迹。

大家去参观中山四路的秦代造船工场遗址，从中可了解广州先人的造船技术和发展海上交通情况。然后去参观南越文王墓出土的有关文物，了解2000多年前非洲象牙和波斯银盒等珍贵的广州的海外舶来品和其他广州海上对外贸易的物证。

再就是参观有关海上丝绸之路的文化古迹。比如，建于东晋隆安年间（397～401年）的光孝寺，它是我国古代四大佛教翻译基地之一，有宋代羊城八景“光孝菩提”。位于下九路的西来初地，是印度名僧达摩首登广州的地方，建有西来庵，是今华林寺的前身。建于隋开皇十四年（594年）的南海神庙，是古代扬帆出海前要祭拜的海神庙，历代皇帝都派人前来祭海，留有许多御碑。这里有宋、元时期均被评为羊城八景之“扶胥浴日”。建于唐代的怀圣寺与光塔是古代阿拉伯人来广州经商的重要遗址，在唐宋时期这里曾居住过12万阿拉伯人，是盛极一时的“蕃坊”所在地。还有清真先贤古墓，是著名伊斯兰传教士的墓地，参加广交会的阿拉伯来宾经常来这里朝拜。相关的文化古迹还有六榕寺与花塔、琶洲塔、赤岗塔、莲花塔、海幢寺、荔枝湾、长洲岛竹岗外国人公墓、琐罗亚斯德教徒墓地等。

（六）近现代革命策源地

在中国辽阔的土地上，广州是和西安、北京相齐名的历史文化名城之一。广州在2000多年的悠久历史中，形成和发展了独具一格的历史文化，在中国5000年文明史中具有不可替代的独特地位和价值。广州作为中国最著名的历史文化名城之一，它最辉煌、最独特、最有影响的还有它的近现代史。

从1840年鸦片战争开始到1927年北伐战争成功，广州是反抗西方列强侵略的前线，新事物传入的窗口，近现代维新、革命的策源地。这段时间不足百年，但贯通了中国近代史的全部和现代史的一部分，是中国社会的阶级结构、社会面貌及人们思想观念发生巨大变革的重要年代。在这期间，发生于广州的许多事件对中国社会产生了极其深远的影响，这些事件无不体现了广州作为中国近现代革命策源地和民主革命的大本营的地位和作用：

一是中国的买办资产阶级、民族资产阶级和中国无产阶级在此诞生，并向上海、天津、福州及全国各地繁衍发展。三大阶级的形成，打破了中国封建社会固有的阶级格局，尤其是中国无产阶级的形成，为中国社会后来的一切演变，包括当时和未来的发展都播下了优良的种子。

二是中国历史上规模最大的农民起义，即太平天国运动在此策划。近代资产阶级戊戌维新变法运动也在此酝酿。

三是近代中国民族民主革命在此发源并推向高潮。从三元里抗英到辛亥革命的发生，广州是反帝反封建的最前沿，后来更成为孙中山领导的中国资产阶级革命的中心地。

四是中国现代新式革命军队在此诞生。被誉为世界军校四大名校之一的黄埔军校所培养的许多优秀人才，成为领导、掌握和影响中国革命的风云人物。

五是广州还是现代史上中国工农运动的重要活动中心、培养工运农运干部人才的摇篮、国共合作的“初成地”，是国民革命的大本营，是大革命之后中国共产党独立领导工农武装在城市建立革命政权的尝试地。

任何一座城市都从来没有停止过人的社会活动，都有自己的历史。但从1840年到1927年，发生在广州的历史事件对中国社会产生了最深刻的影响。许多人认为：认识中国的3000年史，离不开西安；认识中国的500年史，离不开北京；认识中国的近现代史，离不开广州。仅此意义上，广州成为和西安、北京齐名的中国三大历史名城，实至名归，当之无愧！

在中国近现代史上独领风骚的广州，近现代时期也是广州历史文化名人最密集、活动最频繁的时期。林则徐、洪秀全、康有为、孙中山、蒋介石、毛泽东等近现代史上的风云人物和他们的同僚、同志均在广州英姿勃发地建功立业；近代科技巨匠冯如、詹天佑和现代文化泰斗鲁迅、郭沫若、陈寅恪等均曾在广州生活、工作过。广州这片热土上留下了近现代上百个名人深沉有力的足迹。在中国，像广州这样风云际会、名人荟萃、英才辈出、群贤毕集的历史文化名城是不多见的。

近现代革命在广州留下了丰富的革命文化史迹，主要有三元里人民抗英斗争纪念馆和纪念碑、洪秀全故居、万木草堂、黄花岗七十二烈士墓、大元帅府、中华全国总工会旧址、中共“三大”会址、黄埔军校旧址、广州农民运动讲习所旧址、广州起义烈士陵园、中山纪念堂、十九路军淞沪抗日阵亡将士陵园、辛亥革命纪念馆等。

（七）岭南文化中心地

岭南文化是中华民族优秀文化的重要组成部分。从地域上来说，岭南文化大体分为珠江系文化、桂系文化和海南文化三大块，主要以属于珠江系文化的广府文化、潮汕文化和客家文化为主，这是岭南文化的主体。其中尤以广州话方言区即粤方言区的广府文化，特别是近代以来的广府文化为岭南文化的典型代表。广州作为广府文化和岭南文化的中心，具有悠久的历史，从距今四五千年的新石器时期开始，有建城前的百越文化、建城后的汉越文化融合和中西文化交融，一直绵延不断，形成了自己的独特风格和鲜明的地域文化特色。从考古文物到文献记载，从历史遗址文化、建筑文化、民俗文化、园林文化、商业文化、宗教文化到各种文化艺术，都贯穿着一种开放的人文意识，特别是变更意识、商业意识、务实意识和平民意识，反映出广州人的开放观念、兼容观念和改革观念。传统的文化艺术，从粤语、粤剧、广东音乐、广东曲艺、岭南书法、岭南画派、岭南诗歌、岭南建筑、岭南盆景、岭南工艺到岭南民俗和岭南饮食文化，都反映出岭南文化的丰富内涵和独具一格、绚丽多姿的岭南地方特色。从岭南文明史开始，几千年来，广州一直是岭南地区的政治、经济、文化中心，是岭南文化的代表。

广州的文化艺术，包括文学、戏剧、影视、音乐、书画、民间工艺、园林建筑艺术等等，无不具有浓郁的岭南地域文化特色。其中粤剧、广东音乐和岭南画派、岭南建筑、岭南园林、岭南工艺等，是岭南文化风格和流派的典型代表。

岭南文化所蕴含的创新意识和务实精神，使广州这座城市2000多年来一直充满了朝气和活力，并在文化的多元融合中不断发展。在新时期新形势下，广东省委书记胡春华到广州调研指导工作的时候，提出了发展新岭南文化，打造新岭南文化中心，培育壮大文化产业，建设世界文化名城的号召，为广州文化事业的发展和文化精神的凝练指出了新方向。广州人将以改革、创新、包容的精神，促进广州社会经济的再次腾飞！

（八）改革开放前沿地

广东既是近现代革命的策源地和大本营，也是当代中国改革开放的策源地和大本营。我国1978年实行对外开放政策后，当时中国4个经济特区有3个都在广东，而且中国改革开放历史上第二次里程碑式的事件也发生在广东。1992年春，邓小平视察南方发表谈话，引发了新时期以来中国第二轮思想大解放，在中国面临向何处去的紧要关头，为中国的改革开放确立建立社会主义市场经济的目标模式作好了思想准备，打下了思想基础。

广州作为广东省的政治、经济和文化中心，一直处于改革开放的前沿阵地。前面提到，广州是海上丝绸之路发源地，也是近现代革命的策源地，还是改革开放前沿地。大家想想，这3个“地”有什么关系没有？它们都发生在广州，这一切难道都是孤立的、偶然的吗？不是。大家不难发现，它们之间虽然时间相隔比较长，但都反映出某种共通的内在精神和联系，这种共同的精神其实就是开放交流、革新进取、走向世界的海洋文化的传统和精神。广州就是自古至今最具有这种传统和精神的城市。因此，中国实行改革开放政策以后，广州自然更是如鱼得水，驾轻就熟。如率先开放市场，先后被国务院批准为全国科技体制改革、金融体制改革、市场经济综合改革试点城市，从各个方面为我国改革开放探路。今天的广州，改革开放的新事物层出不穷，人们已习以为常、见怪不怪了。乘改革开放之春风，广州经济社会发展日新月异，短短30多年时间，广州经济总量翻了8番多，城市建设也发生了翻天覆地的变化。

三、广州旅游形象

广州是一座独具风情的南国花城，是一座内涵丰富的历史文化名城，是一座生机勃勃的现代都市，是一座魅力无穷的旅游城市。亲爱的朋友们，来吧，热情好客的广州人民正敞开怀抱欢迎您的到来！广州，她拥有许多别样的称谓：明媚绚丽的“花城”，仙缘永驻的“羊城”，五谷丰登的“穗城”；她拥有许多不同的气度：荔枝湾的温柔端庄，黄埔军校的英姿飒爽，龙舟竞渡的热烈激越……这些称呼和概括都从不同侧面和角度反映了广州的特色和魅力。

（一）羊城

大家可能都听说过，广州有几个美丽的别名，我现在就考一下你们，看能不能说全。对，大家说得都对，广州又称花城、羊城、穗城。这几个别称都别具含义，既有历史传说故事，又反映了广州的自然和人文特色。那么，广州为什么又称“羊城”、“穗城”呢？这里面有一个非常美丽的传说。

相传，有一年，楚庭因连年灾害，田地荒芜，农业失收，百姓饥荒。有一天，天空出现5朵祥云，上有5位仙人，身穿红、橙、黄、绿、紫五色彩衣，分别骑着5只不同颜色的仙羊，仙羊各口衔一棵一茎六穗的稻子，徐徐降落在这座城市。仙人把稻子赠予百姓，把五只羊留下，祝愿这里永无饥荒，然后腾空而去。

从此，广州成了岭南最富庶的地方，也开始有了“羊城”、“五羊城”、“穗城”之称。后来广州的百姓还在惠福西路修建“五仙观”来纪念这5位造福广州的仙人。你们若不信，可到五仙观的东侧看看，至今那里还有一块巨大的红砂岩脚印状的凹穴，那就是“仙人拇迹”。你们还不信，可再到越秀山麓，那里存立有一座“古之楚庭”的石牌坊，它告诉人们，广州最古老的名字叫“楚庭”。

在今天，五羊已成为广州的城徽标志。细心的游客会发现，“羊城”这一别称已渗透到广州生活的各方面：书有《羊城古钞》，刊有《羊城古今》，报有

《羊城晚报》，景有“羊城八景”；乃至许多楼宇商标、公司社团、名胜古迹均以“羊城”命名；“五仙观”如今尚存，“仙人拇迹”依然可见；仙湖街、仙邻巷、五仙门等都还沾有一点“仙”气——“五羊仙”的神话，可谓影响深远。

（二）花城

“花城广州”几乎是家喻户晓，不过大家没来广州之前，知道和记住花城，更多的是通过已故中国著名散文家秦牧的那篇散文《花城》。这篇脍炙人口的散文被收进中学语文教科书，一代又一代的中国人因此而记住广州是一座以花而得名的城市。相信大家来到广州以后，一定会有深刻体验。

广州地处南亚热带，一年四季草木常绿，花卉常开，很早就享有花城的美誉，广州人种花、爱花、赏花和赠花的历史悠久。西汉时期，陆贾出使南越国时，就发现岭南人爱种花、插花、戴花，屋前屋后、厅堂房内也都摆满了花，便赞誉这里都是“彩缕穿花”的人。汉代的广州，随着海上丝绸之路贸易的兴起，已引入海外各种花卉，唐代广州的花卉已全国闻名。著名诗人孟郊曾描绘广州冬季仍然处处有花草的奇景：“海花蛮草延冬有，行处无家不满园。”这时期海外的茉莉花、指甲花、素馨花等洋花的种植已很普遍，并开始出现花卉的买卖市场。清代中叶，广州已形成国内首创、闻名海内外的“迎春花市”。每年除夕前3天，广州市中心的藩署前（今北京路财厅前）一带

亚运会吉祥物

形成花市，数里长街，吐艳争芳，人潮涌涌。花市至今仍延绵不绝，已有200多年的历史。近几年，广州的迎春花市越办越大，已分别在8个市属区举行，形成了花街总长数十里，几百万人同游花街的壮观景象。“年卅晚，行花街，迎春花放满街排，朵朵红花鲜，朵朵黄花大，千朵万朵睇唔晒。阿妈笑，阿爸喜，人欢花靓乐开怀……”这首广州儿童歌谣《行花街》形象地唱出了广州家家户户喜逛春节花市的盛况。

广州有一个地方叫“芳村”，芳村以花闻名，素有“岭南第一花乡”的美誉。今天芳村仍是全国闻名遐迩的花卉产区和全国著名的花卉集散地。

广州人爱花、养花、赏花、赠花的传统和情趣，直接带动了广州的花卉产业。广州是全国最大的花卉主产区，全国盆栽观赏植物的生产、供应中心，全国花卉主要集散地和进口花卉的调运中心，广州的花卉贸易居全国第一，广州花卉价格左右着全国的价格。芳村花卉博览中心和花都南方花卉交易中心都是全国最知名的花卉市场。

在五彩缤纷的各种花卉中，有一种花不能不提，那就是广州市花——木棉花。木棉树是一种乔木，十分高大，大多数有七八层楼高，特别神奇壮观的是它春天开花时是见不到一片绿叶的，当朵朵木棉花全部掉落以后，它光秃秃的树枝才开始抽出嫩绿的新芽。每年春天的木棉花开时节，一江春水绿，两岸木棉红，十丈木棉花灿烂，珊瑚吐艳红遍天，令人赞叹不已。有人说广州是座英雄的城市，是英雄的鲜血染红了木棉花。因此，广州又称木棉花为英雄花，称木棉树为英雄树。由此而推之，近现代革命的策源地广州也自然被叫做“英雄城”了。

（三）历代羊城八景

宋代：扶胥浴日、石门返照、海山晓霁、珠江秋色、菊湖云影、蒲涧濂泉、光孝菩提、大通烟雨。

元代：扶胥浴日、石门返照、大通烟雨、蒲涧濂泉、粤台秋月、景泰僧归、白云晚望、灵州鳌鱼。

明代：粤秀松涛、穗石洞天、番山云气、药州春晓、琪琳苏井、珠江晴澜、象山樵歌、荔湾渔唱。

清代：粤秀连峰、琶洲砥柱、五仙霞洞、孤兀禺山、镇海层楼、东海鱼珠、西樵云瀑、浮丘丹井。

1963年：红陵旭日、珠江丹心、东湖春晓、白云松涛、罗岗香雪、鹅潭夜月、双桥烟雨、越秀远眺。

1986年：云山锦秀、珠水晴波、红陵旭日、黄花浩气、流花玉宇、越秀层楼、黄埔云樯、龙洞琪琳。

2002年：云山叠翠、珠水夜韵、越秀新晖、天河飘绢、古祠留芳、五环晨曦、黄花皓月、莲峰观海。

（四）“十年蝶变”羊城新八景

2011年5月18日，“羊城新八景”评选发布典礼在广州中山纪念堂举行，这场历时半载的评选终于揭开面纱。当晚，属于后亚运时代的“羊城新八景”正式揭晓，它们分别是："塔耀新城"、"珠水流光"、"云山叠翠"、"越秀风华"、"古祠流芳"、"荔湾胜境"、"科城锦绣"、"湿地唱晚"。

以广州塔为代表的4处新景观入选就是羊城百姓肯定"十年蝶变"的最佳注脚。据了解，这次的评选以珠三角为核心，辐射整个广东，甚至得到了全国多个省市居民、海外侨胞、外国友人等热烈响应。仅总评公众投票一个环节，就吸引了860多万张选票，创下了自宋代以来"羊城八景"评选规模之最。入选景点恰好"四老四新"，传统与现代相映生辉。

[塔耀新城]

一、核心景点：广州塔

二、包括景点：赤岗塔、海心沙、花城广场、东西双塔、中信广场等景观。

三、入选理由：代表着广州城市新中轴线一线景点，体现了广州的发展高度，是广州新地标的绝好展示。作为城市新地标，广州塔与赤岗塔、海心沙、花城广场、中信广场等美景一起荟萃成中轴流光，代表着羊城蜕变之辉煌、时代精神之高峰。

四、所在区：海珠区、天河区

五、景点介绍：

广州塔亭亭玉立在广州城的新中轴线上，珠联起一座具有新时代风采的地标建筑群落，荟萃辉煌，流光溢彩。灯光从塔底一直盘旋到顶端，使广州塔变幻出多彩的美姿，成为城市艺术的新名片。

秀丽挺拔的广州塔，位于广州市的中心——城市新中轴线与珠江景观轴的交汇处，地处海珠区赤岗塔附近，距离珠江南岸125米。因此，游客站在广州塔上观光，就可以充分领略到两大轴线上的秀丽景观。广州塔的塔基空间部分用作介绍广州历史、文化、经济和旅游景点等功能的展示，并设置了相应的旅游服务等配套设施。塔顶部分则设置餐饮、娱乐功能及景观平台。

[珠水流光]

一、核心景点：珠江广州水域白鹅潭至琶洲段

二、包括景点：珠江及珠江沿岸各码头，珠江一线的景点包括白鹅潭、沙面、沿江路、二沙岛、海心沙、琶洲会展等。

三、入选理由：体现了珠江在广州城市中的重要地位，以及对城市魅力的提升作用。是珠水甜蜜的乳汁养育了广州，是珠水林立的舟帆繁华了广州，是珠水革命的惊涛激扬了广州。如今，又是这流光溢彩的珠水装点了广州的时代憧憬，浅吟低唱着色彩斑斓的都市歌谣。

四、所在区：荔湾区、越秀区、海珠区、天河区

五、景点介绍：

珠江，是流经广州的一条大江。广义的珠江是指西江、北江和东江3条河流的总称；狭义的珠江是指从广州市区北面的名门（流溪河）到东面的黄埔港这一段流经市区的河道，全长约70公里。珠江是广州的母亲河。自宋代至今，历代"羊城八景"都少

不了珠江的景致，如“珠江秋色”、“鹅潭夜月”、“珠江晴澜”、“珠水晴波”等。

从1993年开始，广州市政府将珠江规划为风景游览河段，经过多年整理，减污截污、挖深河道、整饰两岸、规划景观等工程建设，珠江23公里的景观长廊逐渐形成，江水日益清澈。两岸琼楼玉宇林立，高楼大厦鳞次栉比，并逐步建成“珠江彩虹”工程。北岸为灯饰观赏区，临江8层以上高楼饰以彩灯和射灯，于人行道树木间建180个双面透光、整齐划一的广告牌，中间间以木棉花造型的灯饰。入夜，华灯初上，珠江两岸万家灯火，流光溢彩，华丽辉煌，各式各样五光十色的霓红灯饰绚丽夺目，将新时代岭南文化的风采表露得淋漓尽致。

令人惊叹的是，人民桥、解放桥、海珠桥、江湾桥、海印桥5座跨江大桥在灯光照耀下如5道光芒夺目的彩虹飞落人间，配合着两岸十里华灯，点缀着华光闪烁的游船，这等良辰美景，世界著名的法国巴黎塞纳河夜景也不过如此！

[云山叠翠]

一、核心景点：白云山

二、包括景点：云台花园等白云山周边景点。

三、入选理由：这里历来是广州城市的后花园，从古到今都对广州城市面貌的塑造发挥着突出的作用。它并非因为巍峨而入选历代羊城八景，只是表明广州人对巍峨的永恒敬意。我们需要登高望远，送走闯海人的征帆。我们需要登高望远，迎来四海的宾客。我们需要登高望远，祝福我们这座都市在白云叠翠中长大。

四、所在区：白云区

五、景区介绍：

云山叠翠是指白云山风景区。白云山在广州城北15公里，由30多座山峰组成，面积28平方公里。白云山是五岭中之大庾岭的余脉，屹立于珠江三角洲，素称“岭南第一名山”、“羊城第一秀”。最高峰摩星岭，海拔382米，号称“天南第一峰”。白云山挡住潮湿的海风，因而常有白云蓊郁而起，“白云山上白云飞，白云山下白云围”，白云山因此而得名。

自古以来，白云山都是广州著名风景名胜，历来均被评为羊城八景之一，诸如：蒲涧濂泉、白云晚望、景泰僧归、白云松涛、云山锦绣等等。不仅广州人、广东人，甚至海外来宾都把白云山作为来穗必临之地。九龙泉、蒲涧、滴水岩、能仁寺、云台花园、北山公园、鸣春谷等数十个景点，遍布全山；漫山遍野树木葱茏，所到之处，映入眼中的是无所不在的“翠”和“绿”。全景区30平方公里，绿化覆盖率95%以上，处处古树参天，泉水汩汩，绿水青山，鸟语花香，空气清新，不愧是广州的“市肺”，“云山叠翠”实至名归。

[越秀风华]

一、核心景点：越秀山

二、包括景点：镇海楼、五羊雕塑、中山纪念碑等景点。

三、入选理由：体现了广州文化

现代与历史相融合的特点。山不在高，有仙则名。仙者，五羊也。从先民的传说到古城的中轴，从南越王到孙中山，如果你要读懂羊城的前世今生，就沿此山的脉动去寻访。这是一座历史的山，也是一座文化的山。从城市的原点走向城市的未来。

四、所在区：越秀区

五、景区介绍：

越秀山又称粤秀山，为白云山之余脉，因有越王台遗址而得名。面积92.8万平方米，平均海拔约65米。越秀公园除越秀山外，还包括周围6个小山岗及东秀湖、南秀湖、北秀湖，与山麓湖畔一些文体娱乐设施合为一体。越秀山历来是广州重要的游览胜地，拥有五羊雕像和镇海楼两座广州标志性建筑，更以湖光山色闹中取静闻名。

越秀公园名胜古迹和自然景观甚多。其中南部除镇海楼和五羊雕像外，主要有明城墙、中山纪念碑、百步梯、古之楚庭石牌坊、海员亭、光复纪念亭、越秀山体育场、广州美术馆等。北部主要景点包括北秀湖、泳游场、西游记宫、金印游乐场、听雨轩酒家、广州电视塔等。

[古祠流芳]

一、核心景点：陈家祠广东民间工艺博物馆

二、入选理由：该景点是现今广东保存最完好、规划最宏大、工艺最精湛的传统建筑，集岭南建筑艺术之大成。当中更有各种岭南艺术珍品，让人叹为观止。何为岭南精神，何为岭南意趣，何为岭南印象，建议你走进这座古祠。它建于清代，似乎刻意等待着一个古典时代的隐退而作出某种集大成的总结。它用凝固的造型向你揭示岭南文化的生存密码，也讴歌岭南文化的生命魅力。

三、所在区：荔湾区

四、景区介绍：

“古祠流芳”是指陈家祠。

陈家祠又名陈氏书院，位于中山七路。顾名思义，它是当时广东省72县陈姓的族祠和书院，该祠筹建于光绪十四年（1888年），落成于光绪三十一年（1905年）。

古祠占地1.5万平方米，坐北朝南，大门前有颇大的广场，门内有前、后、东、西四院。主体建筑宽80米、深80米，布局为三进三路两厢杪，穿插六院八廊，规模宏大，厅堂轩昂，庭院幽雅。整座建筑的门、窗、屏、墙、栏、梁架、屋脊均配以精美绝仑的各式木雕、石雕、砖雕、灰塑、泥塑、陶塑以及铜铁铸等艺术精品，与雄伟的厅堂相辉映，浑然一体。

陈家祠具有极其浓郁的岭南地方特色，其以巧夺天工的装饰艺术著称，荟萃了岭南民间建筑装饰艺术之大成，以其“三雕、三塑、一铸铁”著称，号称“百粤冠祠”。1959年，陈家祠被辟建为广东民间工艺馆，承担搜集整理、保藏研究、宣传展览广东历代民间工艺品的重任。设展厅10个，展览面积约1800平方米，常年展出陶瓷、刺绣、雕刻、剪纸等广东各类民间工艺品。

[荔湾胜境]

一、核心景点：荔枝湾涌

二、包括景点：荔湾湖、恩宁路骑楼、西关大屋以及荔枝湾改造一线的景点。

三、入选理由：体现了荔湾文化的深厚底蕴，同时还重现了广州千年以来人水共荣的动人景致，是广州城市文化的独特标志，是广州文化的样板。

四、所在区：荔湾区

五、景区介绍：

小桥水巷、大屋骑楼、歌女商贾等构成了一幅民间广州的清明上河图长卷。荔枝湾，又叫荔枝湾涌，是广州一著名景区。荔枝湾涌严格来说不是一条孤立的河流，而是原广州城西，现今的荔湾路、中山八路、黄沙大道（北段）、多宝路（西段）、龙津西路一带的江畔湿地中纵横交错的水系的总称。历史上的荔枝湾涌故道北至司马涌，和象岗西面的芝兰湖（现流花湖公园）相通，南至黄沙注入珠江，“广四十里，袤五十里”，是广州市历史悠久的风景名胜。荔枝湾至今已有2000多年的历史。

荔枝湾两岸种满荔枝树，可耕地85%多为池塘，其余是菜畦。闻名中外的“泮塘五秀”——莲藕、菱角、茭白、马蹄、茨菰就是在这些池塘中生长的。每当盛夏，红荔白荷，交相辉映，香随风送，沁人心脾，因此，历代都有不少达官巨商在此兴建园林。到了20世纪20年代以后，出现了许多画舫游艇，供人们漫游于“一湾溪水绿，两岸荔枝红”的风景区。这里达官显贵来过，王侯将相来过，还曾是历代王宫禁地，而如今已是平民百姓休闲的好去处。

[科城锦绣]

一、核心景点：科学城

二、入选理由：这里是广州市发展高新技术产业的示范基地，也是具有时代标志性意义的产、学、住、商一体化的多功能、现代化新型园区。

三、景区介绍：

广州科学城是广州市的一个现代化科学园区，位于白云山生态保护区边缘，北邻白云，南望珠江，西靠广州新城市中心珠江新城，地处广州知识密集区，规划面积22.74平方公里，起步区4平方公里。它是广州市东部发展战略的中心区域，广州市发展高新技术产业的示范基地。广州科学城将以科学技术的开发应用为动力，以高科技制造业为主导，配套发展高科技第三产业，成为具有高质量城市生态环境、完善的城市基础设施、高效率的投资管理软环境的产、学、住、商一体化的多功能、现代化新型科学园区。

历时近5年建造的“中心”，于2008年9月正式对公众开放，是一个为公众提供科普教育的社会科技活动场所。建设耗资19亿元人民币，是目前国内投资最大的科学馆项目。而达13.75万平方米的总建筑面积，也使其成为目前世界上展示面积最大、功能最齐全的科普教育场馆。

荔湾湖公园

[湿地唱晚]

一、核心景点：南沙湿地

二、入选理由：展现了南沙冲积平原的自然风貌，湿地落霞生机勃勃的景象尤为动人。

三、所在区：南沙区

四、景区介绍：

南沙湿地，这是当下广州最大的一片湿地，不仅是奇迹也是福祉。它的主人是百鸟，是绿树，是潮润的土地，是浩渺的江海。

南沙人工湿地游览区地处出海口珠江西岸。围垦公司经过20多年的围垦和经营，保持了农耕水养的产业结构，土地原始状态良好，生态环境得到妥善保护。放养鱼虾蟹，种植莲藕、香蕉、甘蔗，碧水蓝天，满目青翠。在19东围约200公顷的游览核心区，种植有成片的10多个品种的红树林、芦苇，吸引各种鸟类在这方乐土繁衍生息，形成珠江三角洲难得一见的鸟类天堂。每年冬季，成千上万的丝光掠鸟从北方飞来越冬，有24种上万只鸟儿在此栖息觅食，其中包括非常珍稀的黑面琵鹭、白琵鹭、黑翅长脚鹬等。南沙湿地野鸭成群、苍鹭伫立。景区以良好的生态环境吸引多品种和多数量的飞鸟在公园内觅食、栖息、繁衍，以种植红树林维护生态，以种植芦苇形成一个上千亩的芦苇荡，以大面积种植观赏性荷花，形成壮观的荷景，以开挖约25公里的迂回曲折小河，形成曲水迷宫。在这里游览，可享受 “曲水芦苇荡，鸟息红树林，万顷荷色美，人鸟乐悠悠”的意境。

南沙湿地景区

第二章

风华千载咏古今——钟灵毓秀

广州是国务院颁布的全国第一批历史文化名城之一。早在六七千年前的新石器时期，先民们就在这块土地上生息繁衍，创造了灿烂的史前文明，揭开了广州人文史的初页。

广州的文物古迹众多。截至2013年，已公布的国家、省、市三级文物保护单位共322处。其中，国家级文物保护单位29处，省级文物保护单位44处，市级文物保护单位249处。

广州的历史人文景观大致可以按照时间顺序划分为3个阶段。第一阶段是广州的建城史，其中，南越文王墓已经拥有1000多年的历史了，此外，还有始建于隋朝、明朝的五仙观、镇海楼等遗迹。第二阶段为近代革命历史纪念史，如毛泽东同志主办的农民运动讲习所旧址、广州起义烈士陵园、黄花岗七十二烈士墓、黄埔军校旧址、中山纪念堂、洪秀全故居等，反映出广州既是中国资产阶级民主革命的策源地，又是无产阶级政党领导人民群众进行革命斗争的英雄城市。第三阶段是改革开放以后，特别是第16届亚运会后广州城市建设的新面貌和新变化。

一、五羊衔谷，筑城之始——古城史迹

（一）特色概述

相传在3000多年前的周夷王时期，由5位仙人分骑5只仙羊飞临楚庭（广州古名），仙羊口中衔着稻穗，仙人将稻穗赐予百姓，并祈祝此地永无饥荒，然后仙人驾云腾空而去，羊化为石，从此这里年年五谷丰登。这便是“五羊衔谷，筑城之始”的来历。

古代的广州虽然远离中原，但同样有着辉煌的历史。秦始皇平定岭南后，即将南海郡治设在这里，由此孕育了称雄岭南的南越王朝。经过南越国的开发，广州发展成为南国大城，依托优越的海运条件，成为海上“丝绸之路”的起点。

富庶的广州孕育了绚丽多姿的广府文化，这里不仅有番山亭、古城墙、东濠涌等广州建城史的“活化石”，古韵悠然，风格独特，同时，城隍庙、南越王宫署和陵墓，则述说着羊城3000多年的历史。其中，五仙观及岭南第一楼、镇海楼与广州明城墙、南越王宫署遗址以及西汉南越文王墓等都属于国家级重点文物保护单位。

广州漫长的历史、悠久的古风，在广州留下了丰富的历史文化旅游资源。您既可以通过游览“羊城二祖”——羊城祖庙五仙观和羊城祖山越秀山来品味广州悠久的历史，也可以通过参观西汉南越王博物馆、南越王宫博物馆、越王井来了解珍贵的南越国文化。“千年羊城、南国明珠”……仿佛历史和文化是这里的特产一般，它们悄无声息，却能将那些逸散沉香的故事娓娓道来。

（二）主要景点

1.五仙观

五仙观位于越秀区惠福西路233号，南汉唐时为府尹祭祀五仙（五谷）的谷神祠，南宋始具观之规模，建于药洲旁，又称奉真观。五仙观是根据羊城的传说而修建的一座道观。相传在周朝时广州发生旱灾，有5位仙人骑口衔稻穗的五羊降临。仙人把稻穗赐给广州人后腾空而去，五羊化为石留守广州城，从此这里就风调雨顺、五谷丰登，故广州有羊城、穗城之别称。后来人们为了感谢五位仙人，在他们降临的地方修建了五仙观以示纪念。历史上五仙观曾屡建屡废，北宋时在十贤坊(今广仁路省财政厅一带)已有祀奉五仙的道观。南宋嘉定年间迁至西湖玉液池畔，即今西湖路附近，称奉真观。南宋末年又迁至今广仁路，但明朝洪武元年(1368年)毁于大火，洪武十年(1377年)迁建于今惠福西路。明朝成化五年(1469年)和清朝雍正元年(1723年)曾进行重修。民国十二年（1923年）广州市政厅为筹备军饷，将其拍卖，遣散观内道士。中华人民共和国成立后收归文物部门管理，20世纪80年代修葺后对外开放。明、清两代分别以“穗石洞天”、“五仙霞洞”列入羊城八景之一。2013年被公布为全国重点文物保护单位。

五仙观坐北朝南，依山坡而建。在明、清时期规模曾较大，有殿堂10多处，内有玉皇阁、五仙祠、三元殿、老君堂、慈悲堂、真武殿、文昌阁、洪圣殿、金花庙、孙圣殿、关帝殿、御风亭、仙人迹、穗石亭、丹牛、祖师坛、照壁、牌坊、山门等，现存只有仪门、后殿、东斋、西斋和岭南第一楼等部分建筑。仪门绿琉璃瓦重檐歇山顶，青砖石脚、木质构架。石门额上有“五仙古观”四字，为清代两广总督瑞麟手书。仪门东侧有裸露的红砂岩，石上有酷似脚印凹穴，被称为“仙人拇迹”。仪门后是中殿遗址及后殿，后殿阔12米、深10米、高7米，放置五仙塑像。

五仙观后殿是广州市保存较好的明代木构架建筑，见证着广州的羊城传说，也被称为广州的“祖庙”。

[岭南第一楼]

五仙观后殿后面坡山之顶耸立着一座钟楼，俗称为岭南第一楼。此楼始建于明洪武七年（1374年），它比镇海楼还要早7年建造，现存的是万历年间重建的。其楼基用红砂石砌筑，楼高7米，中通往来，作城门状，上建栋宇巨檐，构成一座轩敞的楼台，显得庄严雄伟、朴素大方。此楼与五层楼堪称为明代建筑的“双璧”。岭南第一楼建成后的第四年，还铸成一口大钟，悬挂楼上。大钟高3米多，口径2米多，厚3寸，重5吨，是广东现存最大的、最完整的古铜钟。大钟之重，令人惊异。而更令人惊异的却是传说当年此钟只用一根葛藤悬挂，细小的葛藤把数千公斤的铜钟吊得稳稳当当，被称为仙藤。民间传说中，这仙藤还是由吕洞宾所赐呢！

交通 地铁1号线至西门口站或公园前站，步行15分钟；乘3路、6路、66路、74路、82路、124路、217路、227路、541路公共汽车在省医门诊部站下可达。

2.五羊石雕

走进越秀公园，登上木壳岗，岗上巍然耸立着一座石雕，那就是著名的五羊石雕。五羊石雕由130多块花岗

五羊石雕

岩雕刻组砌而成，高11米，体积53立方米。自1960年石雕落成后，就被视为广州的城标，石雕所在之处成为一个著名的游览景点。1999年7月，被公布为广州市文物保护单位。五羊石雕被誉为广州城徽，为越秀公园增色不少。五羊的传说也广为流传，海内外游客到此浮想联翩，流连忘返，纷纷摄影留念。

这座石雕有一个美丽的传说，相传周夷王时期楚庭因连年灾害，遍地荒芜，人们辛劳终日却难得温饱。一天，天空出现5朵祥云，有5位仙人身穿五彩衣，骑着口含一茎六穗的稻子的5只羊飞临广州，把谷穗留给广州人，并祝愿这里年年五谷丰登、永无饥荒，然后驾云腾空而去，羊化为石。从此，广州成了富饶的地方，这动人的传说世代相传，广州也因此得名“羊城”、“穗城”。五羊石雕也成为广州城市标志之一。艺术家将这个美好的传说重塑出来。5只石羊神态各异：站在高处的老羊雄劲，口衔谷穗，昂首向前方；老羊脚下是一对亲密依偎的青壮羊；再有一对母子羊，母羊左右回首顾盼正在安静吸乳的幼羊，幼羊则跪在母羊下吸乳，深厚母爱溢于言表。

交通 地铁2号线至越秀公园站，公交101路、103路、105路、108路、180路、185路等均可到达越秀公园正门。

3.南越王宫博物馆

南越王宫博物馆主要展示的是南越国宫署遗址以及出土文物。该遗址于20世纪90年代被发现，与秦代造船工场遗址、西汉南越文王墓并列为广州“三宝”。遗址于1996年被国务院公布为第四批全国重点文物保护单位。2006年12月被列入中国世界文化遗产预备名单。2010年，在南越国宫署遗址之上建成了南越王宫博物馆，并对外开放。

[南越国宫署遗址]

读过广州历史的人都知道，公元前111年，汉平南越时，一把火烧了南越国都城赵佗城，地上的建筑荡然无存，令人十分惋惜。至20世纪70年代发现广州“三宝”之前，史学家研究南越国就只能依靠史料记载。

1974年底，广州市文化局职工在挖防空洞时发现了秦代造船工场遗址；1983年在解放北路象岗山基建工地中发现了西汉南越文王墓；1995年和1997年在基建工程中分别发现了南越国时期的大型石构水池和曲流石渠遗迹。这些发现，被认为是岭南地区考古方面的突破性发现。2000年在广州市儿童公园发现南越国宫殿遗址。这些发现十分重要，使得广州的南越国史研究完全改观，为重写南越国史提供了丰富的一手考古资料。据估计，南越国宫城面积共约15万平方米，东起旧仓巷，西至吉祥路，南起中山路，北至越华路，被专家们称为东方的“庞贝”古城。而宫署遗址的核心保护区域为4.8万平方米，东起忠佑大街，西至北京路，南起中山路，北至广州大厦门前，这范围已被市政府列为文物保护区。为了保护宫署遗址，广州市政府拨出专款进行征地补偿，并搬迁广州市儿童公园。目前，广州市正按申报要求，包括南越国宫署遗址、西汉南越文王墓和在西湖路发现的西汉南越国“水关”（水闸）3处遗址，以“南越国遗迹”项目申报世界文化遗产。

[南越国御苑遗址]

1984年在中山四路忠佑大街电信局电信枢纽大楼工地发现南越国御花苑的一个大型的石构蓄水池，经钻探约4000平方米，当时只挖了400平方米，大部分仍被埋在民居楼房之下。水池距地面约8米，为冰裂纹密缝石板铺砌，池壁呈斜坡形，池底平整，用碎石和卵石平铺，向南埋有木质输水暗槽。石池中散落有八棱石柱、石栏杆、石门楣、铁门枢轴、“万岁”瓦当、绳纹板瓦、筒瓦和铺地印花大砖，还有一段木船桨。据分析，水池可荡舟，池边应有石构廊榭或凉亭建筑。值得一提的是，这里出土的95×95厘米的铺地大方砖堪称全国之最。这样大型、平整古老的方砖烧制时没有变形，确实令人叹为观止，说明当时的烧砖技术已经很高。砖上还有“蕃”、“赀”和“阅”字等石刻文字，是岭南地区发现年代最早的石刻文字。

1997年在原市文化局大院外商计划兴建51层信德文化广场。在地下3～5米处发现南越国御花苑的全石构曲流石渠，长150米，是一处人工园林水景。石渠迂回曲折，由西向东，渠底密铺黑色卵石。东头有弯月形石池，池底发现几百个龟鳖残骸，说明当时御苑中养有龟鳖。西头有石板平桥和步石，外连曲廊。弯曲的石渠当中有两个用以限水和阻水的渠陂，以形成碧波和粼粼水景。在石渠中有果核和树叶，可见御苑有种植水果和花卉。可以想象御花苑处处小桥流水，水果飘香，花草繁茂，龟鳖爬行，鱼翔浅底，十分闲情雅致，一派岭南山水园林风光。石渠连接大型蓄水池引水，并有木质暗槽出口排水入珠江，保持水流长年不断。御花苑曲渠设计科学，建筑精巧，充满情趣，是一处古代山水园林建筑精品，达到相当高的水平。

在御花苑遗址共有7个时代的重叠文化层，发现秦、南越国、东汉、晋、南朝、唐、宋时期的遗迹遗物。还发现83口各个时期的水井，年代由南越国至民国时期，有土井、砖井、瓦井、木井、篾圈井和陶圈井，反映了不同时期的建筑文化特色。特别有趣的是那八卦砖井，8行竖砖间砌横砖，成八卦之状，可见古人已懂得这种刚性力学结构之原理，其筑井技术水平确实很高。

中国古代都是木架构建筑，或砖木结构建筑，而南越国御苑遗址以石构建筑为主，在我国秦汉时期的遗址中是独一无二的，莫非当时番禺(今广州)已传入西方的建筑技术？当然，地面还是会有木构建筑的，不过西汉灭南越时已放火烧掉罢了。而曲渠弯流，隔景借景，小巧玲珑，把大自然山水缩微于庭院之间，是典型的东方园林特色，完全不同于西方园林的几何方块对称排列、一览无遗的园林风格（如法国的凡尔赛宫）。我们相信，这种恰似罗马的石构建筑技术，又结合东方的造园风格，就是南越国宫署御花苑这个全国目前发现年代最早的秦汉宫苑实例最突出的特色。

[南越国宫殿遗址]

目前遗址的中心是考古工作者在2000年初发掘约500平方米的1号宫殿遗址，在这里我们可以清楚看到2000年前两条南越王宫殿的“散水”、1300年前的唐代铺砖廊道、1000年前的4列南汉宫殿的“磉墩”基槽，以及各种建筑结构的遗址。我们看到坑底有一行卵石铺就的石带。据中国社科院考古研究所所长、古代宫殿考古专家刘庆柱来此考察时介绍，这卵石带通常铺在古代皇宫房檐下的地面上，是用来接雨水的“散水”。汉代建筑结构中以卵石作“散水”是有阶级限制的，如果在宫殿屋檐四周地面全都铺上“散水”，是皇宫的标准，只铺两边是王的标准。从这个现场看，宫殿北面和东面都铺了卵石“散水”，按照中国建筑对称的规律，尚未出土的西面和南面也应该铺有。也就是说，这座宫殿是南越国依照汉皇宫建造的。从规模看，它可能是南越王办公的地方。刘所长认为，宫殿一定不止一个大殿，有没有类似北京的太和殿、中和殿、保和殿呢？从他30年宫殿考古经验判断，现在出土的殿相当大，南边不会再有大殿，估计更大面积的宫殿应该在西面。

据介绍，目前出土的只是南越王宫殿的一角，还不到整个宫殿群的1%，还未露出宫殿的主体部分。因为现在“散水”出土才22米，还未见到一个台阶和门槛，南越国1号宫殿东西长30.2米，南北宽14.4米，面积约435平方米。有资料介绍，西安汉初建筑的长乐宫前殿东西长50丈，（约167米）而未央宫则长达200米。

根据目前的线索，埋藏在地下的南越王宫应该有很多座，而每座都是一组建筑群。南越王宫殿是模仿西汉长安城建造的，长安城里有未央宫、长乐宫、明光宫、桂宫等多座宫殿，而每座宫殿的功能是不一样的，未央宫是皇帝朝会诸侯群臣的场所，而长乐宫则是皇帝办公和帝后居室。南越文王墓曾出土过一件戳印有“长乐宫器”的陶罐，现在出土的1号殿会否是长乐宫呢？

根据西汉长安城的规划布局，未

央宫在城西南，长乐宫在城东南，而建章宫则在城外西边。未央宫和长乐宫都建在龙首塬的高地上，利用这个地势突出帝王的威仪，并且控制了全城的制高点，有利于城市和帝王自身的安全防卫。汉高祖刘邦初次在长乐宫领受文武群臣朝贺时得意地说："我今天才知道做皇帝的尊贵。"现在的1号宫殿遗址正好在古代的禺山高地上，位于赵佗城的东南方，这个位置和西汉长乐宫的位置相似，东南边又是御花苑，方便王室休闲和游玩。因此，1号殿会否是长乐宫值得考虑。

北京的颐和园和承德避暑山庄，是清代的皇家园林，均建于18世纪。2000多年前的南越国宫苑，建筑时间比颐和园和避暑山庄早1800多年，可以说是目前发现中国年代最早的宫苑遗址，也是中国的园林之最。

交通 地铁1号线至农讲所站，公交107路、108路、102路、191路到财厅站。

4.西汉南越王博物馆

西汉南越王博物馆位于广东省广州市越秀区解放北路867号，主要展示的是西汉南越文王墓及其出土文物。西汉南越文王墓位于解放北路的象岗山上，是西汉初年南越王国第二代王赵眜的陵墓。赵眜是赵佗的孙子，号称文帝，公元前137年至前122年在位。1983年发掘时，出土文物中有"文帝行玺"金印一方以及名章"赵眜"玉印，证明陵墓主人的身份。

南越文王墓劈山为陵，从象岗顶劈开石山20米，凿出一个平面"凸"字形的竖穴，再从前端东、西侧开横洞成耳室，南面开辟斜坡墓道。墓室以红砂岩石仿照前堂后寝的形制砌成地宫，墓顶用28块大石覆盖，再分层夯实而成。墓室仿照生前宅居筑成，墓室坐北朝南，前三后四共7室，宽12.5米，长10.85米。墓主居后部中室，前厅后库，前部东西为耳室，后部东西为侧室。殉葬者共15人，其中姬妾4人，仆役7人。前部前室四壁和顶上均绘有朱墨两色云纹图案；东耳室为放置宴乐用具之所，有青铜编钟、石编磬和提筒、钫、瓿等酒器等；西耳室是兵器、车、马、甲胄、弓箭、五色药石和生活用品、珍宝收藏之所，尤其珍贵的是非洲大象牙、薰炉和深蓝色玻璃片。这些文物证明南越国早期或更前年代广州已与波斯和非洲东岸有海上贸易。后部主室居中，为墓主棺椁主室，墓主身穿丝缕玉衣，随身印章9枚，最大一枚为"文帝行玺"龙钮金印。此外，还有螭虎钮"帝印"、龟钮"泰子"金印以及墓主名章"赵眜"玉印等。东侧室为姬妾藏室，殉葬姬妾4人均有夫人印1枚。西侧室为厨役之所，殉葬7人，无棺木，室后置猪、牛、羊三牲。后藏室为储藏室，内有近百件大型铜、铁、陶制炊具和容器。出土文物共千余件（套），金印是国内首次出土的汉代帝王金印。这些出土文物对研究秦汉时期岭南地区开发、生产、文化、贸易、建筑等状况以及南越国历史等方面都具有重要价值。

1996年，南越文王墓与秦代造船遗址、南越国宫署遗址一起被国务院公布为全国重点文物保护单位。

交通 地铁2号线到越秀公园站，公交203路、273路、42路到解放北路站。

5.越王井

越王井（粤王井）位于应元路西端，在广东省科学馆内。这是广州最古老的井，相传为南越王赵佗所掘，原井呈方池状，宽丈余。宋代番禺（今广州）县令于伯桂加盖大石板，并开凿9个井眼，方便汲水，所以又叫九眼井，今仍存“九眼古井”石碑。

南越国时期，越秀山上有越王宫，这口井可能是王宫专用井。又因山上有越王台，故又称越台井。对面有清泉街和清泉街小学，也因此井而得名。传说赵佗曾投金杯于井，结果从北郊15公里外的石门流出，说此井与石门相通。当然，这只是传说。因此，唐《通典》谓南海（广州）有“天井门”，天井即越王井，门是石门。清屈大均《广东新语》称，越王井“水力重而味甘，乃玉石之津液”，并说“佗饮斯水，肌肤润泽，年百有余岁，视听不衰”。在民间传说中，越王井井水有美容功效，又能保护“视听不衰”，还可以活到长命百岁。

越王井所处的位置重要，水质好，又有那么多美好的传说，自然引起王府、官府的重视甚至占为己有。

南汉王刘龑曾独占此井，称“玉龙泉”，“禁民不得汲”。北宋文豪苏东坡曾写信说，“广州一城人”都喜欢饮这口井的水，可惜只有“官员及有力者，得饮刘王山井水”。清初平南王尚可喜曾独占此井达10年之久，在四周筑起砖墙，派兵把守，还贴出告示：有私汲井水者，鞭笞四十。

明天顺年间（1457～1464年），广州府通判曾把越王井列为广州十大名泉之一（排名第八）。民国初年，军阀龙济光曾派几十名士兵轮番抽水，想清理这口废井，花了两天时间才把水排干，可见水井的容量很大。旧时，市内的一些茶楼号称山水名茶，也从这口名井取水，以招徕顾客。20世纪50年代，仍有许多居民到越王井打水饮用。60年代以后，由于周围环境遭到破坏，长期失修，井底淤积淤泥，古井逐渐失去其饮用功能，变成一个古迹。

现在的越王井已经建设成一个美丽的景区，“粤王井”白石匾后面是一条铺满卵石的弯曲小道，寓意“历史长河”，通向古井。井上建一绿瓦亭，红墙红柱，飞檐斗拱，古朴典雅。顶端仿造南越文王墓出土屏风饰物——铜朱雀（长颈铜鸟），整体风格和南越文王墓和谐一致。

交通 地铁2号线到纪念堂站，公交211路、旅游公交1线到应元路站。

6.南越国木构水闸遗址

根据以前史书记载，只知道公元前214年（秦始皇三十三年）秦将任嚣在番禺建城，史称“任嚣城”。公元前204年赵佗创立南越国后，把任嚣城扩大到“周长十里”，也只是个模糊的概念。自1974年在中山四路发现南越王宫的砖石走道和“万岁”瓦当残片，开始有了考古文物的物证。特别是1995年以来，先后在忠佑大街发现南越国宫署的大型石构水池和在其南侧的曲流石渠遗迹，以及在原儿童公园内发现宫殿遗址，证实了这一带是南越国宫署遗址，这已是确定无疑的了，但还未解决赵佗城的范围有多大的问题。

2000年4月，考古人员在惠福东路与西湖路之间发掘600平方米，发现南越国木构水闸遗址，还出土了“万岁”瓦当及西汉云纹瓦当、板瓦、陶网坠等构件，与南越国御花苑所出的遗物一致，确定这是南越国时期的水闸无疑，也就是说这是南越国都城南端的建筑遗址。

在水闸遗址处还发现有东汉城墙建筑的基础，以及东汉与南朝的水井、唐代房基、宋代房址和走道等遗址，这一遗址无疑是十分珍贵。目前，南越国水闸遗址在光明广场内原址保护，是遗址展示和商业中心结合的重要文物景点，供市民、游客参观。

交通 公交14路、夜5路到教育南路站，公交104路、253路等到起义路站。

7.广州古城墙

广州筑城的历史起源很早，比较真实可靠的是秦统一岭南后，首任南海尉任嚣始筑的番禺城。后来，赵佗建南越国，称霸岭南，将番禺城扩展为都城。以后历代均有修建。

自秦以来，广州经历了5次大规模的拓展，最终形成了如今的广州新貌。

第一次城址拓展，是公元前206年～前111年，赵佗在广州立南越，按王都规模把原来的城郭向东西扩大到周长5公里。范围大致是东至连新路，西至中山五路，称为“赵城”，又称“越王城”。

东汉三国时，为第二次拓展。吴国交州刺史步骘重新修建赵佗城，并将番山（现中山四路旧城隍庙附近）向北扩大，称为“番禺城”。

第三次较大城址扩建，是唐末南汉时期（907～971年），刘岩于广州称帝，号南汉，广州被称为兴王府，除重修城垣外，并将禺山凿平加以扩大，把城垣向南扩展至现延安路，命名新南城。

宋代为第四次，宋平定南汉后，废兴王府仍为广州（以后一直沿用广州名称），广州为广南东路路治地（简称广东，广东省之称自此开始）。

明朝，第五次扩建，把宋朝的子城、东城、西城连合为一，并向东扩至越秀路，向北扩至越秀山上，周长11公里多，称为老城。1565～1566年又在城南扩展濠泮街一带，加筑新城，城长3公里多。

城市扩展过程中，城市区域布局逐步形成，城市行政中心在现北京路、广卫路附近。老城主轴线是现北京路，正对南城门。隋代的广州刺史署、唐代的岭南道署、明代的广东布政司署等首要行政机关设在北京路中轴线上，面对南门。清代时，广州府署移至现广为路、越华路一带。

越秀山古城墙始建于明代，它和镇海楼以及五仙观中的岭南第一楼被誉为“广州明初三大地面古迹”，又是广州仅存的一段古城墙。它东起小北门（今小北花园），西迄大北门（今解放北路与盘福路交汇处），共长1100多米，断断续续，横跨越秀山。它是广州保存的唯一一段明代城墙，也是广州现存的最古老城墙，迄今已有600年的历史。这段古城墙分西、中、东三部分：从大北门到镇海楼为西段，环镇海楼所在的小盘龙岗山头为中段，从广州美术馆到小北门为东段，共1000余米。城墙上的雉谍敌楼等早已荡然无存，保存较完好的是镇海楼附近的一段，长达200米。从山腰抬头仰望，还依稀可见巍峨高耸的城头上那锯齿状城堞和一块块红砂岩石镶嵌的斑驳的古城墙面。古城墙上芳草萋萋，如此苍凉凝重，给游人一种“念天地之悠悠”的怀古凭吊情怀。

交通 地铁2号线到越秀公园站，公交5路、7路、21路、24路等到越秀公园站。

8.镇海楼

明朝洪武十三年（1380年），永嘉侯朱亮祖扩建广州城，将宋三城（子城、东城、西城）合并，并开拓北城800余丈，城墙横跨越秀山，在上面建一座五层高楼以壮观瞻。建筑有雄镇海疆之意，故名镇海楼。大楼于嘉靖年间大修，到清朝毁于三藩之乱。康熙二十六年（1687年）重修，民国时期再被桂系军阀所毁。1928年重修时，将楼内木结构改为钢筋混凝土结构，砖石墙壁基本为明代旧物。1929年起成为广州市立博物院，1950年改称广州博物馆。1989年6月被列为广东省文物保护单位，现为全国重点文物保护单位。清代以“镇海层楼”及1986年以“越秀层楼”先后列为羊城八景之一。

关于镇海楼的兴建，有一段有趣的传说。据传，朱元璋得了天下，定都南京，建立明朝之后，一天，他和铁冠道人同游南京钟山，游兴正浓之时，铁冠忽然指着东南方对朱元璋说，广东海面笼罩着青苍苍的一股“王气”，似有“天子”要出世，必须立刻在广州建造一座楼镇压住“龙脉”，否则日后必成大明的祸患。朱元璋听后游兴顿失，急忙派人到广东查询，发现广州的越秀山上现王者之气。朱元璋立即下诏，命令镇守广州的永嘉侯朱亮祖在山上建一座楼将王气镇住。圣旨下来，朱亮祖自然不敢怠慢，于是，在越秀山上兴建了这座“楼成塔状，塔似楼形”的镇海楼。该楼呈绛红色，据说亦有辟邪镇王之意。

镇海楼是广州现存最完好、最具气势和最富民族特色的古建筑，楼高28米，宽31米，共五层，故又有“五层楼”之称。第一、二层用红砂岩条石砌成，三层以上为砖墙，外墙逐层收减，似楼似塔，红墙绿瓦，造型古朴独特。楼前对峙一对高达2米的红砂岩石狮，为明代雕刻。镇海楼坐北向南，翘檐飞脊，巍峨挺拔，雄镇山巅，气度非凡，独具特色。清初著名诗人屈大均盛赞镇海楼山海形胜、玮丽雄特，虽黄鹤、岳阳不能超过它，实“可以壮三成之观瞻，而奠五岭之堂奥”。在清朝时期，镇海楼一直是广州最高的建筑物。登上楼顶，远眺珠江水波荡漾，波澜壮阔，蔚为壮观；近抚云山层峦叠翠，羊城锦绣，尽收眼底，气象万千。

镇海楼的西、北、东侧，是明代古城墙。东面是博物馆的专题陈列室，西面建有碑廊，陈列着历代碑刻24块，是研究历史文化名城的宝贵资料。

在碑廊旁边有一批古炮，是明清时期广州城防大炮，其中4门由佛山所造。当年，林则徐到广州禁烟，为加强广州城的防务，命佛山炮工铸造一批大炮，这些土炮便是当年所铸的。大铁炮原安放在越秀山炮台，曾在1841年和1856年的第一、第二次鸦片战争期间作为广州人民抗击外国侵略者的武器。鸦片战争失败后，这些铁炮和炮台一同遭遇侵略者的严重破坏，炮身两侧的炮耳被打断，点火的炮眼用铁钉钉死，使大炮失去了作用。

镇海楼顶层高悬着一个“镇海楼”金色巨匾，两边有一副木刻的楹联。楹联是清光绪年间以兵部尚书衔赴粤筹办海防的彭玉麟授意其幕僚李棣华所作。联中的“故侯”即镇海楼建筑者朱亮祖，而今楼存人故，可证历史沧桑。“目空今古”和“泪洒英雄”则是有感而发。当年彭玉麟因中法战争率军入粤，驻节镇海楼上。他反对李鸿章议和不成，也只有“泪洒英雄”了。李棣华深知上司胸怀和遭遇，故虽咏楼而意境磅礴，是闻名海内外的名联。转瞬六百载，镇海楼

镇海楼

下，物换星移，人事全非。只有这绛红的古楼，经历无数劫难，多少风霜寒暑、兵荒马乱，碧瓦朱墙依然如故，它仿佛以历史长者的身份，不知疲倦地向人们诉说着逝去的岁月。

镇海楼现在是广州博物馆，陈列着广州从新石器时代至近现代共4000余年的历史文物。一楼容千载，两眼通古今。那一片片先人留下的粗糙石器，那一件件斑驳陆离的铜器和古陶瓷，还有发黄的历史文献和照片，无不向人诉说着2000多年来广州城市的发展历史。

交通	地铁2号线到越秀公园站，公交5路、7路、21路、24路等到越秀公园站。

9.城隍庙

广州城隍庙始建于明朝洪武三年(1370年)，是明清时期岭南地区最大、最雄伟的城隍庙。原城隍庙有仪门、中门、拜亭、大殿等，拜亭左右有斋宿所，曾被评为清代“羊城八景”之一。1920年拆庙建街时，拆去拜亭前的建筑，铺成了一条长达280米的大街，城隍庙也拆得只剩大殿和拜亭。1993年被列为广州市级文物保护单位，并不对市民开放。2010年10月31起正式免费对市民开放。

广州城隍庙在中山四路的忠佑大街，原是供奉守护城池神祇的坛庙。城隍神是古代汉民族宗教文化中普遍崇祀的重要神之一，是护城佑民、主掌冥籍之神。城隍庙主祀城隍，另有文武判官、二十四司。广州城隍庙始建于明朝，在明清时期是广州城内的标志性建筑，规模比得上北京的城隍庙。

到了清嘉庆、道光年间，广州城隍庙盛极一时，它的盛况又被记录在阮元所修的《广东通志》中。当时，城隍庙附近还有关帝庙，林木繁多，地处高坡，向称“禺山”。于是有了清代羊城八景中的“孤兀禺山”。只是后来高坡逐渐被削平，周围被街道楼房围拢，关帝庙没有了，禺山书院没有了，只剩下城隍庙形单影只。2009年后，广州市政府对城隍庙及周边环境进行了重修和整治，重现了广州城隍庙的历史风貌。

[城隍爷塑像]

本次重修后，广州城隍庙得以旧貌换新颜。三尊城隍爷塑像重坐大殿，分别是南汉国建立者刘龑以及大名鼎鼎的海瑞和杨淑山。

被民间尊称为“刘皇”的南汉国刘龑漆塑像高达3.2米，是广州城隍庙的主神。当年刘皇在岭南建南汉国，开发广州，称兴王府，以商贸财富把广州建设得花团锦簇，博得民间百姓爱戴。值得称奇的是，宋灭南汉，皇城毁于战火，而唯城隍庙独存。南汉遗民为纪念刘皇，遂借城隍庙之名，塑刘皇像祀之。至洪武三年（1370年）诏封城隍为神，庙遂提高规格修建，历500余年至民国时代重修。

[漆壁画]

这幅被命名为《开天辟地·神仙卷》的画作，由4位广州知名画家和

30多名广州美术学院学生历时半年绘制，将镶嵌在城隍庙主殿墙面永久展示。漆壁画中，有传说的开辟世界之人盘古、化育万物修天补地的女娲、源于山川崇拜的五岳帝君，还有三清天尊、玉皇大帝、四海龙王、二十八星宿、十二生肖……一共描绘了132位人物化的神仙，都是中华民族自远古传说到上下五千年所产生的英雄、典范、人格楷模和圣贤忠烈，演绎一段段天上人间的传奇故事。

在净高12米的城隍庙大殿内，挂着4盏2米高的八仙红木大宫灯。而本次新建的头门天地间两对大小狮子威武守护，在头门前面，还建起取材福建花岗岩和东南亚菠萝格的如意斗拱牌楼，三间四柱三楼石木结构，成为目前广州唯一依照明清风格建成的仿古牌楼。

交通 公交102路、215路、864路等到农讲所站。

10.番山亭

“番山亭”又名“龟岗亭”，位于现在的孙中山文献馆后面的小山丘上，始建于南宋乾道三年（1167年）。据考，昔日这里是番山所在地，高有数丈，连绵起伏。

古时广州城内的番山、禺山两座山岗原本连成一脉，有广州古城龙脉之谓。番山，在今文德路中山文献馆北面的九思亭小丘一带。而禺山则位于今北京路以西，小马站以东，西湖路与越秀书院街之间。南汉时为了扩建广州城区将这条龙脉凿平，宋代时在番山旁筑起了一座九思亭，其后又改称为“番山亭”，如今番山亭成为广州古城龙脉地标。

事过境迁，往日的九思亭原来的形式与原貌已经难寻其踪影，现改为钢筋混凝土结构建筑，建在一高50厘米的台基上，六角攒尖顶，边长1.45米，三面设台阶，其余三面砌筑栏杆。人们现在称呼它为“番山亭”，但它依然像一位老者，给我们讲述着广州古城的历史，讲述着时代的变迁。

交通 乘坐10路、12路、182路、190路到文德路下车步行24米。

11.东濠涌

广州是一座被水滋润着的城市，素有“东方威尼斯”的美誉。作为广州仅存的旧城护城河，东濠涌的历史、文化意义自不待言。它的身上承载了广州太多的兴衰记忆，苦乐悲欢。古时的广州是一座水城，纵横交错的有东濠涌、西濠涌、玉带濠、六脉渠等，然而在清末以后的百年间，随着古城墙的拆除、马路的开辟，水运的逐渐衰落使广州城内的河涌逐渐湮没而失去了“水城”的特色。

东濠涌是珠江广州段的主要河涌之一，在广州市越秀区境内。其发源于白云山长腰岭之西，经麓湖、下塘村到小北花圈，然后经越秀北、越秀南至筑横沙入珠江前航道，呈南北走向。河涌东风路以南为明涌段，以北至麓湖路全线均覆盖为暗涌段。

东濠涌在明洪武三年(1370年)建城时疏通成濠，长4225米，宽7～11米，全长约5公里。因在广州城东，故名东濠涌。

历史上的东濠涌涌宽水深，可以通舟船，明朝时仍然是广州城东的交通要道；其水质良好，是当时广州居民的主要供水渠之一。东濠涌含3条水道：一条是从下塘来的文溪，另一条是从黄花岗、淘金坑来的，还有一条是从越秀山东湖来的。近代，由于自然生态环境变迁，致使甘溪、文溪水源逐渐干枯。特别是东濠涌流域的城市化发展，工业和生活污水大量流入，使其水质污染。河涌淤积，污染加剧，鱼虾绝迹，成了藏污纳垢的臭水沟。河涌两岸居民苦不堪言，不少家庭常年都不敢打开窗户。2010年6月东濠涌1.89公里明涌段的综合整治完毕。如今，踏上东濠涌越秀路段，映入眼帘的已经是一幅新景象：新种植的树木随风摇曳，沿涌两岸花团锦簇，小瀑布清水四溅，营造出一方又一方的亲水平台，过去的混凝土堤岸全部改成由绿色植物覆盖的生态堤岸，犹如河边小公园。

目前走在东濠绿道上，满目绿色、清爽宜人，呈现一派生机盎然的自然生态景象，随处可见市民亲水、戏水的情景。同时，政府在东濠涌整治中把文化建设贯穿河涌治理全过程，挖掘水文化、桥文化、石文化、广府文化、名人文化等人文历史内涵，进一步擦亮“广府文化源地、千年商都核心”品牌，提升城市文化品质。河岸设立有以河涌为主题的博物馆和治水碑记，展示河涌沿线历史文化遗存及古今治理河涌史实。博物馆建筑面积680平方米，分上下2层，共5个展厅，分别以东濠溯源、东濠商贸、东濠蕴梦、东濠哭泣、东濠新篇等为主题进行布展。而让人印象最深刻的是东濠哭泣这个展厅，里面没有太多的图文，只是利用相关技术把整个展厅装饰成一个污染的河床，让人一下子体会到在肮脏的污泥中行走的感觉。其生动地再现了一段新旧东濠涌大改变的历史，唤起了广州人涌动不息的水城记忆。

交通 公交11路、184路、222路、236路等到越秀中路站。

二、风云际会，峥嵘岁月——近现代革命史迹

（一）特色概述

广州市花——木棉花

广州的市花是木棉，这是一种奇异的花，每年春天，高大的木棉树叶脱尽，随后开出满树的硕大鲜红的花朵，整个城市被一片片的红云笼罩，仿佛给现代优美的广州城笼罩上一层悲壮的色彩。木棉花又叫英雄花，它们的盛放仿佛提醒人们在广州的近代史上那一段悲歌慷慨的故事。

广州是一座英雄的城市，具有光荣的革命传统，是中国近代变革的先行之地。三元里抗英斗争纪念碑、洪秀全纪念馆、万木草堂等都真实地记录了广州革命的先声。孙中山在此开始了“走向共和”的步伐，并以此为根据地，促成第一次国共合作，创办黄埔军校，成为中国近代军事将领的摇篮。黄花岗七十二烈士陵园、广州起义纪念馆等记录了民主革命浴血者的足迹。毛泽东、刘少奇也在广州留下了他们的故事，农讲所、总工会仍记录着他们的功勋。

所以说，要知道中国的3000年史，应该去看西安；要知道中国的500年史，应该去看北京；要了解中国的近现代史，广州是最好的地方。目前在广州市29个全国重点文物保护单位中就有11个属于近现代革命史迹，可见广州在中国近现代革命史上的重要地位。所以，来到广州，一定要去参观黄埔军校旧址，去感受一所学府如何引领了一个民族的沧桑；来到广州，一定要去追寻民主革命的气息，去触摸一个国家近代史的沉浮。广州的近代历史，在中国社会的发展和进步中留下了深深的烙印。

（二）主要景点

1.洪秀全故居与洪秀全纪念馆

[洪秀全故居]

洪秀全故居位于广州市花都区新华街官禄布。1814年1月1日，洪秀全在花县福源水村出生后不久，全家迁到这里定居。洪秀全曾在这里读书、教书、耕作并从事早期的反清活动，他的儿子幼天王洪天贵福也出生在这里。

洪秀全当年在广西金田村起义之后，清政府于1854年和1864年先后两次到官禄布“诛九族”，烧杀抢掠，惨绝人寰，故居也在那时被毁。现在我们看到的洪秀全故居是1959年在旧址上复原的。同时复原的还有洪秀全青少年时期读书和教书的私塾“书房阁”。现在这里还保留有洪秀全手植的一棵龙眼树、洪秀全高祖洪英纶夫妇的画像、洪仁玕故居遗址和民房墙基等文物和遗址。3块牌匾“广东省花县洪秀全纪念馆”、“洪秀全故居”、“书房阁”均为郭沫若先生题写。

洪秀全故居是全国重点文物保护单位，省和市的爱国主义教育基地。

故居是当地农民平常居住的普通泥砖平房，一排六间，分别陈列着一些洪秀全日常生活用品和文房四宝等物件。

故居的右侧是洪氏宗祠，现已成为洪秀全故居的辅助陈列室。宗祠内陈列着洪秀全及太平天国的历史。

[洪秀全纪念馆]

纪念馆建于1991年6月，占地1.3万平方米，展馆面积1715平方米，1991年11月12日正式对外开放。

纪念馆除序厅外，共分4个展厅，主要展出反映洪秀全在花县生活、学习和领导太平天国农民运动的文献资料。

展览馆序厅在正中，安放用汉白玉雕成的洪秀全坐像，背后是反映洪秀全生平事迹的木雕。第一展厅反映洪秀全所处的时代背景及整个成长过程，包括反清思想形成、创立拜上帝会、著述文献、确立理论等内容，同时根据洪秀全故乡民房建筑特点，采用仿青砖灰瓦墙为底板，突出其家乡特色。第二展厅介绍金田村起义，采用旗帜形状为底板，黄底红边，配以灯光衬托，重现了金田起义当年那种风起云涌、轰轰烈烈的气势。第三展厅是坚持战斗，保卫天京，采用了天朝宫殿的样式，展现太平天国农民政权的建立。第四展厅内容是悲壮奋斗，采用城墙破裂的形式，色调呈乌紫红色，以衬托出天京被围、洪秀全领导太平天国将士英勇作战的主题。整个展览颇具气势和特色。

洪秀全故居周围环境优雅，人文景观与自然环境和谐、统一，游客除了可以了解这位杰出的农民运动领袖成长初期的历史环境，还可以感受到独特的客家民俗风情和浓郁的田园乡土气息。

交通 公交花21路到洪秀全故居总站下车；或在越秀公园前乘花都专线至花都，转公交花21路到洪秀全故居总站。

2.三元里人民抗英斗争纪念馆和纪念碑

广州是一座有着反帝反封建光荣革命传统的英雄城市，100多年来，林则徐、洪秀全、康有为、孙中山等仁人志士在这里留下了许许多多反帝反封建斗争可歌可泣的事迹。广州还有不少民众自发的反抗帝国主义侵略的斗争史迹，三元里人民抗英斗争纪念馆以及附近的抗英烈士纪念碑就是其中之一。抗英斗争纪念馆所在地三元古庙，1961年3月被国务院公布为全国重点文物保护单位，1996年挂牌为全国青少年爱国主义教育基地。

1840年6月，英帝国主义对中国发动了一场罪恶的侵略战争，即鸦片战争，给中国人民带来了深重灾难。当年，英帝国主义封锁珠江口，进犯厦门，逼近天津。1841年1月，英国侵略军进攻珠江口沙角、大角炮台，强占香港。5月份又炮击广州城，进入城内烧杀、抢掠，为非作歹，广州人民对此深恶痛绝。

1841年1月7日，英军攻占虎门要塞沙角和大角两座炮台，当时陈连升等守台官兵壮烈牺牲。2月26日英军又猛攻虎门要塞，提督关天培血战殉国。接着，英军闯进狮子洋，深入珠江内河。5月下旬又先后包围了广州城南、西、北面的主要炮台，从三面包围了广州，并在越秀山的蟠龙岗上的四方炮台设立了侵略军的总部。广州知府余保纯向英国侵略者递送了求和书，献上600万银元的“赎城费”，并签订了丧权辱国的《广州和约》。

《广州和约》的签订，以及侵略者烧杀抢掠的强盗行径，激起了广州人民的极大愤怒。1841年5月29日，侵略者一路杀掠到三元里的萧岗乡，遭到三元里人民的英勇反抗。村民在村内的东华里伏击侵略军，当场打死几名英兵，并将其尸体投入粪坑内。现在萧岗村内保存下来的东华里门楼，就是那次斗争的历史见证。

[抗英斗争纪念馆]

抗英斗争纪念馆所在地三元古庙，原来是供奉北帝的道教庙宇。该庙坐落于市区广园路的三元里的北面。处在城郊结合部的三元里村，现在已是高架路飞渡、高楼大厦林立的繁华市区。而在一个半世纪以前，这里是全部种植蔬菜的郊区。

话说当年三元里人民在忍无可忍的情况下打死英国侵略者的第二天，也就是5月30日清晨，村民们估计敌军定会前来报复，于是村民们在村北的三元古庙前集会，群情激昂，决定武装抗击，并即与各乡联络，由萧岗举人何玉成“柬传”广州东北郊、南海、番禺、增城各乡联合抗敌。于是，各乡代表众志成城，齐聚庙前誓师。他们取出庙里的三星旗作指挥旗，约定“旗进人进，旗退人退，打死无怨”。之后，他们还分头联络三元里及周围103乡的农民约15000人组成平英团，齐集在三元里村东北的牛栏岗上，商定利用该处复杂地形，诱歼敌人，一旦发现英军，就“一乡锣响，众乡响应”。

果然不出所料，英军逃回四方炮台后，由统帅卧乌古率军进犯。义勇诱敌于牛栏岗，顿时，漫山遍野的义勇高举义旗，手提大刀、长矛、藤牌、三尖枪、挠钩、长棍、抬枪以及锄头等原始武器，追歼敌人，连妇女、儿童也在呐喊助威。除当地农民外，前来参战的还有打石和纺织工人、驻防石井的水勇等。

中午的时候，天空突然间下起了暴雨、电闪雷鸣，使得敌人的火药枪在雨淋之下不能开火，敌人只得结成方队退却。村民们用挠钩把敌人从队伍中拖出来劈死，或用锄头将陷在西洋菜田泥泞里的敌兵锄死。

这次战斗，三元里人民大获全胜。英军连死带伤100多人，直到天黑仍不能全部逃回驻地。

残敌在英侵略者总司令卧乌古的率领下，狼狈退回越秀山四方炮台的指挥部内，连鸦片战争的策动者、英军全权代表义律亦被围困在里面。

第二天，103乡农民和从增城县、从化县、花县等地赶来助战的群众将四方炮台团团围住。英军非常恐慌，急求广东当局给予解围。于是两广总督命令广州知府余保纯率领南海、番禺知县来到现场，用欺骗和威胁的手段强迫乡民解散。当天，义律在余保纯的护卫下，率残部逃回停泊在珠江白鹅潭的军舰上，退回虎门。

三元里人民抗英斗争的胜利，揭开了近代中国人民反侵略斗争的序幕，在中国革命史上写下了不朽的篇章。解放以后，为了纪念这次伟大的反帝斗争史迹，1958年11月，三元古庙这座当年义勇抗英盟誓的古建筑物被辟为“三元里抗英斗争纪念馆”。

三元古庙建于清代初期，是二进四合院的布局。因道教以天、地、水为“三元”，所以称之为“三元古庙”，里面供奉的是北帝神。原古庙在第二次鸦片战争时被英、法侵略军焚毁，现在所看到的这座是1860年由三元里当地人民集资重建的。

纪念馆内的展品主要有沙盘、七星旗、武器和战利品。沙盘是当年三元里及附近103乡农民抗击英国侵略者斗争的示意模型，重现了当年乡民大败英军的场面与杀声震天的情景，使我们如临其境，如闻其声。馆内的“黑底牙边三连星旗”曾是三元里抗英斗争的指挥旗，英军打仗忌黑旗，一见到这面旗就失色惊呼：“打死仗者来了！”顿时落魄惊魂，斗志尽失。现在北京中国革命历史博物馆内展出的三星战旗是复制品，它和陈列在这里的大刀、长矛、缴获的英军军服，以及陈列在大门两边的4门古炮，被一代代保存下来，作为爱国主义教育的生动教材，让后人永远记取这段光辉的斗争历史。该馆现分别为广州市、广东省以及全国百个爱国主义教育基地。

[抗英烈士纪念碑]

100多年前三元里人民英勇抗击外来侵略者的斗争业绩可歌可泣，为此而牺牲的先辈们在这片木棉花盛开的土地上洒下了滴滴英雄热血。这正是：手执锄矛举三星，百乡同心结联营；振我民族英雄气，牛栏岗上鬼魂惊！

为了永远缅怀英烈们的英雄业

绩，解放后，广州市人民政府于1950年10月在三元里村西门楼的山岗上建起了三元里人民抗英烈士纪念碑，纪念碑四周建成三元里抗英纪念公园。公园占地面积7920平方米，布局庄严肃穆。公园中心高处耸立着高约10米的英雄纪念碑，上面镌刻着两行醒目的大字："一八四一年广州人民在三元里反对英帝国主义侵略斗争牺牲的烈士们永垂不朽！"

交通 地铁2号线到三元里站B出口，或公交46路、101路、103路、105路、175路、179路、189路、241路、278路、470路、540路到三元古庙站。

3.万木草堂

广州是中国近现代革命的策源地，近百年来许多可歌可泣的革命运动发生在这里。其中，康有为作为中国近代思想解放运动的第一人，其光辉业绩与他在广州创办的万木草堂被记载在中国近代革命史上，令世人仰慕。

康有为创办的万木草堂旧址在今中山四路长兴里3号，是晚清时期康有为创办的一所私立学堂。1891年至1898年康有为在广州授徒讲学，力图以教育兴国，鼓吹变法，培养出了梁启超、陈千秋、麦孟华、徐勤等一批政治家和学者，他们后来都成为戊戌变法的骨干人物。

万木草堂历史上曾三迁堂址：现定为广州市文物保护单位的中山四路长兴里旧址是万木草堂最早的落堂处，原名"邱氏书室"；1892年草堂迁至卫边街的邝家祠，地点在广卫路附近；1893年又迁至广府学宫仰高祠（即今文明路广州市第一工人文化宫内），原定仰高祠租赁期10年，但到1898年戊戌变法失败后，该处即遭清政府查封，堂中藏书300余箱亦同时被毁。

万木草堂所迁的三址，后二址今已不存，现存的长兴里旧址已辟为博物馆，但门面及"邱氏书院"石额仍存旧观，成为昔日"草堂"的历史见证。

交通 公交10路、219路等到文德路站。

4.黄花岗公园

辛亥革命之前的历次起义中，黄花岗起义是最著名的一次，也是最壮烈最鼓舞人心的一次。

1911年4月27日，是农历辛亥年的三月二十九日，下午5时半，黄兴率领革命党先锋队160多人在广州举行起义。起义军与清兵激战一昼夜后失败，伤亡极其惨重，100多名革命党人壮烈牺牲。事后革命党人的遗体被陈尸在咨议局前的旷地上，惨不忍睹。其时，潘达微先生冒着杀头的危险，收集了死难烈士遗骸72具，合葬于东郊红花岗上。葬后潘达微还以"咨议局前新鬼录，黄花岗上党人碑"为题，将安葬烈士情况在报纸上作了报道。潘认为，"红花"不及"黄花"一词雄浑优美，故在报道中将原"红花岗"易名为"黄花岗"，此后该名一直沿用至今。这里也成为纪念“三·二九”起义的黄花岗公园。

辛亥革命胜利后，英烈们终于可以告慰泉下。1912年，孙中山先生亲手栽种了青松。1918年烈士方声洞的哥哥、滇军师长方声涛募款修建七十二烈士墓。1919年参议院议长林森又发起向海外募款扩建，从此增建了墓亭、纪功坊、乐台、四方塘等建筑。此后又增建了黄花亭、西亭、正门等建筑。至1935年陵园已基本建成，并开辟为黄花岗公园。

黄花岗七十二烈士墓是辛亥革命的重要史迹，在国内外具有重要的影响力，1961年被国务院公布为第一批全国重点文物保护单位之一。

黄花岗公园坐落在越秀区先烈中路区庄附近,公园坐北向南，占地13万平方米，主要建筑分布在中轴线上。

正门宽32.5米，高12.5米，为一座三拱仿凯旋门式的建筑。门额上的花岗石刻有孙中山题写的“浩气长存”4个金色大字。

进大门后是长达230米的宽阔墓道，当中有默池、石拱桥，尽头为七十二烈士墓。

墓呈正方形，每边长17.5米，石砌围栏四周围有铁链栏杆。墓中建一墓亭，亭内立有一墓碑，上书“七十二烈士之墓”。亭顶形如悬钟，寓警钟长鸣之意。墓前右侧碑亭内立有“黄花岗七十二烈士之碑”，碑上刻有72位烈士的姓名。左侧立一碑，上补刻有至1932年审查所得的14位烈士的姓名，碑名“补书辛亥三月廿九广州革命烈士碑”。

墓后是章炳麟撰写的“缔结民国七十二烈士纪功坊”,坊身正面刻着与正门相同的“浩气长存”4个大字。纪功坊东、西两侧各有螺旋式梯级抵达坊顶。坊顶中间正反面各用72块长方形石块横列成崇山形的“ 献石堆”，象征72位烈士。顶端伫立着一位高擎火炬的石雕自由女神像。

纪功坊后耸立《广州辛亥三月二十九日革命碑记》连州青石碑。该碑是1934年刻置，高3.92米，宽1.82米，是广州现存最大的连州青石碑刻。碑文长达3000余字，详细地叙述了广州“三·二九”起义的历史和墓园修建的经过，以及86位烈士的就义情形。

七十二烈士墓东面是潘达微先生墓。潘达微，1880年出生，1929年病逝于香港。他是广东番禺人，1905年与友人在广州创办《时事画报》，1906年参加同盟会。潘先生当年冒死收殓烈士遗骸受世人称道。潘先生死后，广东省人民政府于1951年将潘达微先生的墓葬移葬于七十二烈士墓园内。潘达微墓碑侧面及背面是潘达微先生于1921年写的《自述》全文，追记了他收殓烈士遗骸的详细经过。

墓园的东北角一带，还立有不少著名的资产阶级革命家的陵墓。其中包括“中国始创飞行大家冯如之墓”，墓碑后刻有临时大总统按少将阵亡抚恤冯如家属及将其事迹宣传国史馆的命令。

邓仲元墓。建于1924年，墓园约有3600平方米，坐西北向东南，有墓道门楼、铜像、乐台、八角亭、墓冢和墓表。邓是辛亥革命的名将，积极参加讨袁及反对军阀的斗争，功绩卓著。当孙中山得知他遭暗杀后，觉痛失良将，追赠邓仲元为陆军上将。

杨仙逸墓。杨仙逸是“中国空军之父”，1918年应孙中山之召从美回国，组建中国第一支空军，1923年9月随孙中山出师讨伐陈炯明，后因鱼雷爆炸不幸以身殉职。孙中山闻讯，极为悲痛，下令追赠杨为陆军中将，并定其殉难之日即每年的9月20日为航空节。

史坚如祠。史墓原在先烈路青菜岗，1913年建。1978年因建设需要迁至现址。墓门上有“史坚如先生祠”石额，为胡汉民题。1900年10月在孙中山发动的第二次起义（惠州三洲田起义）时，史坚如为配合惠州起义，挖地道入广东巡抚署，埋炸药炸广东巡抚、署两广总督德寿未遂。事后被捕牺牲，年仅22岁。

此外，园内还有叶少毅、王昌、梁国一、韦德、金国治及越南志士范鸿泰等革命烈士的坟墓。

碧血黄花，浩气长存，缅怀一代英魂。

交通 地铁5号线到区庄站，公交11路、65路、74路、85路、112路、127路、192路、223路、236路、285路、535路、大学城专线4路等到黄花岗站。

5.孙中山大元帅府纪念馆

孙中山大元帅府纪念馆是依托广州孙中山大元帅府旧址筹建的人物纪念馆，为国家二级博物馆，今位于广州市海珠区纺织路东沙街18号。该旧址的前身为兴建于清光绪三十二年(1906年)的广东士敏土(水泥)厂，因孙中山1917年和1923年两次在这里建立革命政权而得名。

1917年9月1日，孙中山被选为中华民国军政府海陆军大元帅，领导护法运动，与北洋军阀进行斗争。孙中山借用了广东士敏土厂一部分地方，设立大元帅府。不久，由于受到盘踞在广东的桂系军阀的破坏和干扰，护法运动以失败而告终。孙中山被迫于1918年5月离职，并经汕头，转道日本去上海。

1920年底陈炯明率粤军从福建回师取得广东后，孙中山回到广州。1921年5月5日，中华民国政府成立，孙中山就任非常大总统，设总统府于观音山麓。在孙中山的领导下，中华民国政府进行了征讨桂系军阀、北伐等军事活动。但在1922年6月16日，陈炯明发动武装叛乱，围攻总统府（已毁，现在原址建起中山纪念堂）。孙中山幸免于难，但在8月被迫再次离开广东。第二次护法运动又以失败告终。

1923年2月，在革命军驱逐陈炯明叛军之后，孙中山回到广州，第三次在广州建立政权，建立陆海军大元帅大本营，就任大元帅。帅府大本营再次设于广东士敏土厂。在此期间，孙中山改组国民党，终于促成了国共的第一次合作，同时还创立了广东大学（即中山大学的前身）和“陆军军官学校”（简称“黄埔军校”），展开了轰轰烈烈的国民革命运动，为统一广东革命根据地，实行北伐统一全国奠定了基础。

1996年11月，孙中山大元帅府旧址被国务院公布为全国重点文物保护单位。1998年10月，在孙中山大元帅府旧址筹建孙中山大元帅府纪念馆，2000年修葺后的大元帅府以崭新的面貌重新对外开放，每年慕名而来的海内外游客络绎不绝。

现在馆内设有《帅府百年》复原陈列、《孙中山在广州三次建立政权》基本陈列，《帅府名人》、《民国广州》、《帕内在广州建筑史迹》和《帕内眼中的岭南》等常设展览，同时还定期举办各种专题性的临时展览。

交通	公交8路、11路、24路、121路、131路、182路等到大元帅府站，50路、65路、93路、112路、129路、220路、264路、276路、285路、299路、551路到江湾桥南站。

6.中华全国总工会旧址

1925年5月1日，第二次全国劳动大会在广州召开。大会通过了政治斗争、经济斗争和工农联合等30多项决议案，并成立了中华全国总工会，选举了林伟民和刘少奇两位工运领袖担任正、副委员长，邓中夏、苏兆征等25人为执行委员。

中华全国总工会（简称“全总”）是第一次国内革命战争时期中共领导的全国工人运动的领导机构，它在发展壮大工会组织、领导工人运动、统一广东革命根据地和北伐战争等多次军事、政治运动中，都起到了重大的作用。“全总”成立后积极领导全国工人阶级进行革命斗争。1925年6月组织了震惊中外的省港大罢工，这次罢工坚持了一年零四个月，锻炼了工人阶级，巩固了广东革命根据地，为全国如火如荼的大革命运动作了充分的准备。

“全总”成立后，先后在文明路和越秀南路原惠州会馆办公，1927年2月迁往汉口，越秀南路原址改为“全总”驻广州办事处。今天，这里已被辟为中华全国总工会旧址纪念馆，对外开放供游人参观。

位于越秀南路的“全总”旧址是一座砖木结构的两层楼房，中国国民党中央党部曾在此办公。1925年8月20日，廖仲恺在此被暴徒暗杀后，国民党中央党部随即迁走。同年10月，“全总”办公机构才从中共广东区委迁到这里，并和广州工代会合署办公。旧址一楼是广州工代会礼堂和办公室，主席刘尔崧也在此办公。二楼是“全总”礼堂和秘书处及组织、教育、宣传等部的办公室，刘少奇在此办公，审批文件，并与其他负责人一起研究工作。

当时正值省港罢工运动的高潮，省港罢工委员会机关报《工人之路》的编辑室也设在这里。天台上还搭有临时建筑，作为党内会议室和宿舍，“全总”与省港大罢工中的许多重大问题都在这里研究决定。“全总”举办的劳动学院是专门培训工会干部的学校，第一期在大楼的地下室内举办。

1926年5月，“全总”在广州举行第三次全国劳动大会。大会作出决议：在大楼前为参加工农运动而牺牲的烈士和廖仲恺先生分别建立纪念碑。

广州作为中国近代革命的策源地，这里有毛泽东同志主办的第六届农民运动讲习所，又有刘少奇等领导的中华全国总工会组织，广州成为大革命时期共产党领导全国工人运动的中心。

全国解放后，文物部门对旧址进行修整复原，1958年辟为纪念馆，1988年被国务院公布为全国重点文物保护单位，是著名的爱国主义教育基地。

交通 公交1路、219路、544路等到珠光路站。

7.中共“三大”旧址

中共“三大”会址位于广州市越秀区恤孤院路3号，是全国重点文物保护单位。

1923年6月12日至20日，中国共产党第三次全国代表大会在广州召开。出席代表至少40人，代表全国420名党员。广东党组织的代表谭平山、马菊坡、阮啸仙、刘尔崧参加了大会。

大会正确估计了孙中山反帝反封建军阀的民主主义立场，以及使国民党改造为工人、农民、小资产阶级和民族资产阶级革命联盟的可能性，讨论并决定共产党人以个人身份加入国民党，与国民党合作，使其改造成为民主革命联盟，同时必须保持共产党在政治上和组织上的独立性。

大会提出的革命统一战线方针，为第一次国共合作建立作了必要的准备。之后，为了贯彻党的三大路线，共产党帮助孙中山改组国民党，参加国民党“一大”，协助国民党创建黄埔军校，开办农民运动讲习所，举行旨在消灭反动军阀为目的的北伐战争等等。革命战争形势大好，一度如火如荼。

交通 地铁1号线到东山口站，公交811路、813路到恤孤院路站。

8.黄埔军校旧址

众所周知，黄埔军校是中国近代最著名的军校之一，在中国近代史和军事史上都有着重要的地位，历来被誉为“将帅的摇篮”，为国共两党培养出许多军事家和将领。

在中国人民解放军10位元帅中就有5位出自黄埔军校或曾在此工作过，他们是徐向前、叶剑英、聂荣臻、林彪和陈毅。解放军首批授衔的10位大将中也有3位出自黄埔军校，他们是陈赓、许光达和罗瑞卿。周恩来、陶铸、刘志丹和左权等，也在黄埔军校工作和学习过，他们为中国人民的解放事业作出了重大的贡献。而国民党军队的将领中，黄埔军校毕业的著名将领有杜聿明、胡宗南、宋希濂等，数以百计。

20世纪20年代的广州，长洲岛

交通不便，离市区又远，且偏僻，为什么军校会选中这个地方呢？是有各种原因的：第一，在20世纪20年代，各路军阀独霸一方，滇桂军阀盘踞着广州市。当年孙中山选取在远离市区的孤岛办军校，就是要避开军阀的控制和干扰。第二，这个岛环境幽静，四面环水，筑有炮台多处，与隔江相对的鱼珠炮台、侧面沙路炮台形成三足鼎立之势，把守控制江面，易守难攻，便于学习与练武。第三，孙中山很熟悉长洲岛，他曾多次来岛视察，知道岛上清陆军小学堂的校舍仍在，略加修葺即可使用，还可节省许多人力和资金。为此，孙中山决定把军校设在长洲岛上。

黄埔军校是孙中山在中国共产党和苏联帮助下创办的一所新型的军事政治学校。孙中山任校总理，蒋介石任校长，廖仲恺任党代表。1924年6月16日举行开学典礼，孙中山在开学演讲中提出“创造革命军，来挽救中国的危亡”作为办校宗旨。军校在长洲岛共办了7期，1930年迁往南京，后又迁往成都和台湾。

[军校大门]

大门门匾上写的“陆军军官学校”是军校早期的名称，后来随着形势的发展，军校曾几次易名，其实都没有真正挂过“黄埔军校”的门匾。只因多次改名，校址不变，都在黄埔长洲岛上，所以人们通称它为“黄埔军校”。

大门上白底黑字的“陆军军官学校”6个苍劲有力的大字，是国民党元老谭延闿的手笔。谭延闿是清末进士，曾任清末翰林院编修，辛亥革命成功后，曾担任湖南省省长、第二军军长、国民政府代理主席等职务。

大门后的建筑，称为校本部。它原是清末广东陆军小学堂，由两广总督张之洞创办，叶挺和邓演达青年时曾在此就读。黄埔军校创办后，总理、校长和各部的办公室、学生课堂、宿舍、饭堂都设在这里。很可惜，这些建筑在1938年遭到日机的轰炸，荡然无存。1996年5月初，广州市政府决定重建校本部。在各方面的大力支持下，奋战98天，耗资2000多万元，于同年11月12日孙中山诞辰130周年之际落成，重现昔日风貌。

[校本部]

军校的二门，原是清末广东陆军小学堂的大门，是典型的南方祠堂式建筑。它和大门是两种截然不同的建造风格。

校本部建筑面积10600平方米，是两层砖木结构，三路四进，即3条主要通道，4排房舍。在南北走向的中轴线东西两侧，房舍排列的形式一致，且相互对称。4排房子之间以走廊连通，四周有围墙。整座建筑宁静幽雅，自成一体。

校本部下设政治、教授、教练等6部。其中政治部掌管全校政治教育、党务和宣传，我们敬爱的周总理当年曾担任黄埔军校政治部主任。设立党代表和政治部是新型军官学校的重要标志之一，毛泽东同志后来也曾充分肯定军校的这种制度。

校长室和总理室设在楼上。校长室是蒋介石办公和休息的地方，里面的摆设是按原貌恢复的。墙上贴着第一期学生的名录，包括姓名、籍贯、年龄、评语等项。评语一栏由蒋校长亲自填写。每天中午，蒋校长都找几位学生问话、谈心，将了解到的情况写到评语上。他在陈赓的评语栏写上这样的评语："此人外形文弱，但性格稳重，能刻苦耐劳，可以带兵。"可见他能细致观察学生的性格、能力和特点。

隔壁是校长的中英文秘书室。秘书协助校长处理日常文件，负责资料的译编等工作。中文秘书叫张家瑞，英文秘书叫王登云。

校本部还设有校长办公厅，由于蒋介石一般都在校长室办公，所以此处也可以说是党代表廖仲恺的办公室。党代表廖仲恺身兼数职，他到军校时就在这里办公和休息。作为国民党元老的廖仲恺为军校建设呕心沥血，鞠躬尽瘁，死而后已。那时军校经费十分困难，有时甚至没有隔宿粮食。廖仲恺千方百计为军校筹款，经常委曲求全地亲自到军阀杨希闵家中，坐在烟榻旁边，等他抽完大烟，签了字，领到经费，到深夜才回家。军校遇到经费困难时，廖仲恺总是说："大家放心，经费由我负责，你们只要把学生训练好就行了。"他在军校声望很高，被誉称为"党军慈母"。

校本部中的校长会客厅有一副对联："登高望远海，立马定中原。"这是国民党元老、著名的书法家于右任赠给蒋介石的。这幅对联很工整，也很有气势，表达了军校师生立足黄埔，北定中原，统一中国的抱负，同时又抒发了革命情怀，深得蒋介石的钟爱。

教授部与政治部一样是重要的部门。最初，军事总教官是何应钦。何应钦虽是总教官，但他对先进的教练方法并不熟悉，有些东西只能边学边教。当时采用苏联红军的训练方法，先要向苏联教官学习，学会了，然后给学生授课。教授部是个很重要的部门，负责制订教学计划和成绩考核。教授部主任是王柏龄，副主任是叶剑英。

[孙中山故居]

孙中山先生故居是一座中西结合的两层洋房建筑，原为清朝末年的海关楼，墙上嵌有"孙中山先生故居"牌匾。1952年维修时，把木楼梯从西侧改到室内。

楼内举办"孙中山、梅屋庄吉与黄埔军校"和"小楼昨日"图片展览。在这里，大家可以详细地了解军校的另外一段历史。

[孙中山纪念碑]

孙中山纪念碑建于1928年，1930年落成。碑的造型可以说是独具匠心、构思非常奇巧的，远看犹如一个巨大的"文"字耸立天穹。孙中山名文，号逸仙，碑上的"文"字则暗含了孙文的意思。碑座正面刻有"亲爱精诚"4个大字。"亲爱精诚"是军校的校训，其意是大家要互助互爱，真诚合作。纪念碑四面都刻有碑文。

孙中山先生铜像身穿西服，左手叉腰，右手前伸，面向大众，神采奕

中山纪念堂

大元帅府

奕，宛如他生前站在讲台上讲述“三民主义”的原理。铜像是孙中山先生生前的好友、日本友人梅屋庄吉赠送的。梅屋庄吉和孙中山30年交谊不渝，积极支持孙中山的事业。当得知孙中山病逝后，他十分悲痛，本来想写些什么来纪念孙中山先生的，后来他决定铸铜像来纪念，使人们一看到铜像就自然想到孙中山先生革命和伟大的一生。梅屋庄吉原想铸造7尊铜像，分放在日本和中国，但他当时经营的生意不好，且已经破产，身又患病，为了解决铸像经费，他抱病四处筹款，连女儿准备结婚的储蓄也挪用了。塑像是他委托雕刻家牧田祥哉塑造的。最后由于经费不足，只铸成4尊，运来中国。一尊竖立在这里，其余3尊则分竖立在广州中山大学、南京中山陵和澳门孙中山纪念馆。4尊铜像都是一模一样的，均高2.6米，重约2000斤。

纪念碑身正面刻有“孙总理纪念碑”6个隶体大字，是胡汉民的笔迹。东面刻着“和平、奋斗、救中国”。1925年3月12日，孙中山在北平（今北京）生命弥留之际，用微弱的声音断断续续地呼唤“和平、奋斗、救中国”这7个字，来表达他心中的理想。

碑身背面刻有总理像赞：“先生之道，天下为公；先生之志，世界大同；三民建国，允执阙中；况在吾校，化被春风；江流不废，终古朝宗。”这是孙中山革命一生的写照，也是师生继承孙中山遗志的誓言。

西面刻有总理训词：“三民主义，吾党所宗。以建民国，以进大同。咨尔多士，为民前锋。夙夜匪懈，主义是从。矢勤矢勇，必信必忠。一心一德，贯彻始终。”1927年国民党定都南京后，“总理训词”便成为中华民国国歌。民国时期，每逢星期一举行总理纪念周时，都要唱这首歌，背诵总理的遗嘱。

一般的纪念碑多是坐北朝南的，但这座纪念碑却坐南朝北。据说，其中隐含着孙中山北定中原、统一中国的遗愿。

1995年黄埔军校旧址纪念馆被评为广州市爱国主义教育基地之一。2000年，又被评为广东省首批爱国主义教育基地之一。现有军校正门、校本部、孙总理纪念碑、中山故居、俱乐部、游泳池、东征烈士墓、北伐纪念碑、济深公园、教思亭等十几处建筑。1988年，黄埔军校旧址被国务院公布为全国重点文物保护单位。

交通　公交383路、430路、夜65路到长洲路口站。

9.广州农民运动讲习所旧址

毛泽东同志在大革命时期，曾3次到广州从事革命活动。第一次是1923年6月，来穗出席中央“三大”会议，并当选为中央委员、中央局秘书。第二次是1924年1月，来穗参与帮助孙中山先生改组国民党，并出席国民党“一大”会议，当选为国民党中央候补执行委员。第三次是1925年9月来穗，10月担任国民党中央宣传部代理部长，主持国民党政治委员会机关刊物《政治周报》。第二年5月至9月，主办第六届农民运动讲习所（简称农讲所），担任所长，为中国革命事业培养了大批的农民运动的骨干，并在后来的革命斗争中实践了“农村包围城市，武装夺取政权”的革命口号，为推翻三座大山，建立一个民主、自由、富强的新中国立下了不朽的功勋。

广州农民运动讲习所旧址坐落在广州市中山四路42号，原址为番禺学宫，又叫做孔庙，始建于明洪武三年（1370年）。这座宏伟的古建筑从南到北由棂星门、泮池拱桥、大成门、大成殿、崇圣殿和两侧东西廊庑等组成，它与德庆学宫、揭阳学宫一道，是广东省著名的三大学宫。旧址纪念馆于1953年建立，并由原农讲所教员、国务院总理周恩来同志亲自为旧址题名“毛泽东同志主办农民运动讲习所旧址”。1961年旧址被国务院公布为全国重点文物保护单位。2001年被评为“全国爱国主义教育示范基地”。2005年被评为“全国红色旅游经典景区”。

交通 地铁1号线到农讲所站，或公交102路、107路、108路、1路等到农讲所站。

10.广州起义纪念馆

坐落在广州起义路（原维新路）的广州起义纪念馆，是以广州起义时建立的苏维埃政府旧址为馆址建立起来的。

大家知道，震惊中外的广州起义、南昌起义和秋收起义，是中国共产党在第一次国内革命战争时期发动的著名起义。在广州建立的第一个城市红色政权虽然仅仅存在3天，但在中国近代革命史上却是翻开了新的一页，很值得广州人民骄傲与自豪。

1927年4月12日，蒋介石在上海发动了“四•一二”反革命政变，4月15日国民党反动派在广州开始搜捕和屠杀共产党人和革命群众。同年12月11日，在共产党员张太雷、苏兆征、叶挺、叶剑英、周文雍、聂荣臻等领导下，广州人民举行了震惊中外的武装起义，并在原国民政府广州市公安局内建立了中国第一个城市红色政权。

起义在凌晨3时半爆发，经过两个多小时的激烈战斗，起义的士兵和工人控制了市内的大部分地区，并攻克了伪公安局，在此设立起义指挥部。12日中午，起义军在丰宁路（现人民中路）“西瓜园”召开了广东工农兵拥护苏维埃政府大会，正式宣布成立“广州苏维埃政府”。这是中国第一个无产阶级城市政权。苏维埃政府选举了16个公社委员，苏兆征为政府主席，发表了告全国工农兵和全世界无产阶级宣言。当时广州城内一片欢腾，锣鼓喧天，红旗蔽日，劳苦大众扬眉吐气，欢呼胜利。

然而重新集结在珠江南岸的反动势力，在帝国主义炮舰和陆战队的帮助和掩护下，对新生的红色政权进行疯狂反扑。由于敌我力量悬殊，寡不敌众，到12月13日下午，起义终于失败，革命政权仅仅存在了3天。最后，起义队伍大部分撤出广州，往东江和广西的农村继续进行战斗。反革命势力重占广州后，立即对共产党人和革命群众血腥大屠杀，在5天时间内就有5700多人惨遭杀害。1954年在修建广州起义烈士陵园时，从烈士遗骨上卸下的钢铁镣铐就有800多副。

广州起义纪念地主要有两处：一处是建于中山二路的广州起义烈士陵园，另一处是广州公社旧址。前者是广东省文物保护单位和全国重点烈士纪念建筑物保护单位，后者则是全国重点文物保护单位。

广州公社旧址由大门及其后面的大院和南、北、中三座两层楼房组成。当时中楼是会议室、办公室、工人赤卫队总部，北楼是军事指挥部，南楼是办公室及储存武器的地方。

1956年这里设立广州起义史料陈列馆，1971年被列入全国重点文物保护单位，并辟南楼为纪念馆，复原了广州苏维埃政府的部分办公室，在大院中竖立了广州起义苏维埃政府的9位主要领导人的汉白玉雕像。1977年国家文物局等单位曾拨款进行修缮。1978年1月建立广州起义纪念馆，叶剑英同志为纪念馆题写了“广州起义纪念馆”、“广州公社旧址”等牌匾。

交通　地铁1号线到公园前站，或公交102路、107路、108路、1路等到农讲所站。

11.广州起义烈士陵园

广州起义烈士陵园是为纪念1927年12月11日中国共产党领导的广州起义牺牲的烈士而修建起来的。

陵园坐落于中山二路东较场的北面，占地18.6万平方米，由陵和园两大部分组成，是一个自然式和规则式结合的园林，其中西面陵区部分是几何规则式，东面园区部分则是自然式风格。陵园的主体主要有正门、广场、陵墓大道、广州起义纪念碑和圆形的陵墓等，构成陵区部分。东面园区部分辟有人工湖，建有中朝人民血谊亭、中苏人民血谊亭、血祭轩辕亭等。园内镌刻有周恩来、邓小平、董必武、朱德、叶剑英等党和国家领导人的亲笔题咏。陵园西南部还建有广东革命历史博物馆。

陵园正门朝着中山三路的英雄广场和广东省体育场。大门墙上镌刻着周恩来同志为该园题写的园名“广州起义烈士陵园”。

园内连着正门的是一条宽30米、长167米的花岗石大道，大道两旁是苍松翠柏，绿荫如盖。

大道的北端是一座高达45米的广州起义纪念碑。该碑是1987年广州起义60周年时兴建的。纪念碑造型十分独特：3块巨石中，一只有力的巨手紧握钢枪，高举着直指云天；钢枪上系着起义的识别带——红领巾；雕像底部基座宽阔，坚如磐石；枪尖如刺，崇高向上，表现了当年革命先烈举枪呐喊，誓要推翻帝国主义、封建主义、官僚资本主义三座大山，用武装斗争夺取政权的决心；纪念碑正面刻着邓小平手书的漆金碑名；3块巨石上刻有4幅反映广州起义战斗场面的浮雕。

纪念碑东面是圆拱形的烈士陵墓。墓冢直径43米，高10.5米，封土上铺青草，象征着烈士们“野火烧不尽，春风吹又生”的革命精神。墓冢四周是一圈围墙，为花岗石砌成。墙体中镶嵌着40多根白云石栏杆，每根栏杆均镇坐着一只石狮子。墓冢正面一块特大的青石板上镌刻着朱德题书的“广州公社烈士之墓”8个大字，是陵墓的主碑。1987年广东省、广州市人民政府又在墓冢东面的墙上镌刻上《广州起义碑记》。

陵园东面坐落着一个八角湖心亭，亭上悬挂着董必武题书的“血祭轩辕”牌匾。这是为纪念广州起义后被俘就义，在刑场上举行婚礼的陈铁军、周文雍两位烈士而修建的纪念亭。

湖心亭的东面还有两座规模较大的纪念亭：一座是为纪念在广州起义中为中国人民献出生命的150名朝鲜战友而修建的中朝人民血谊亭，另一座是为当年参与广州起义被杀害的苏联驻穗副领事及馆员而修建的中苏人民血谊亭。

在广州起义烈士陵园西南侧的岗地上，还耸立着一座叶剑英元帅纪念碑。碑高4.6米，碑体由整块巨大的青灰色花岗石雕凿而成，上面刻着身穿元帅服的叶帅半身雕像，像下刻有“叶剑英”3个镏金大字。像碑前安放着一块大理石卧碑，碑上刻着中共中央委员会撰写的碑文。卧碑下面，安放着叶剑英同志的骨灰。叶剑英元帅纪念碑坐落在一片苍松翠柏之中，周围的花丛与红棉将碑石衬托得庄严肃穆。该碑于1987年10月落成。

在陵园的西南部还有一座广东省革命历史博物馆。该馆建筑面积约3500平方米，是一幢仿罗马议会式的圆拱顶二层大楼，门额上悬挂叶剑英题写的“广东革命历史博物馆”横匾。楼房建于1907年，原为清末广东咨议局旧址。1958年筹建广东革命历史博物馆时重加修缮，1959年建成开放。

广州起义烈士陵园既是广东省文物保护单位，又是全国重点烈士纪念建筑物保护单位，也是广州市首批爱国主义教育基地之一。园内松柏常青，风景宜人，旭日东升，阳光普照着整个陵园，好一派壮丽的景色！1963年和1986年陵园两度被评为羊城八景之一，称“红陵旭日”。

交通 地铁1号线到烈士陵园站，公交102路、107路、108路、1路、183路等到烈士陵园站。

12.中山纪念堂

广州市是一座有着光荣革命传统的英雄城市。近百年来广州人民在这里创建了许多可歌可泣的英雄的业绩。孙中山先生是伟大的革命先行者，资产阶级民主主义的革命家。他发动辛亥革命推翻清皇朝，建立起中华民国；他“联俄、联共、扶助农工”三大政策后来成为新三民主义，一生追求中国人民自由解放之路。孙中山先生逝世后，全国各地建起了多座纪念性建筑。著名的除南京中山陵、中山市孙中山纪念堂外，还有广州中山纪念堂。

1911年10月10日孙中山领导的同盟会在武昌起义成功，全国各地纷纷响应，不久即建立起革命政权，孙中山从国外回来并被推选为中华民国临时大总统，1912年1月1日孙在南京宣誓就职，建立中华民国临时政府。

中山纪念堂是一座富丽堂皇的八角形大型建筑，其外形庄严宏伟，具有浓厚的民族特色。纪念堂的原址为清代抚标箭道、督练公所。民国初年为广东都督、广东都军署。1921年孙中山在广州就任非常大总统时，总统府即设在这里。1921年陈炯明叛变并把总统府烧毁。孙中山逝世后，广州人民为纪念他的革命功绩，在此地建造中山纪念堂。纪念堂于1929年1月奠基，由当时省政府主席李济深主持建造，后李被蒋介石囚禁于南京汤山，其职务由陈济棠接任并继续兴建。奠基石现仍镶嵌在纪念堂大门东墙壁上，上刻题字："中华民国十八年一月十五日为孙中山先生纪念堂奠基筹备委员李济深等立石"。

中山纪念堂坐落在越秀山下的东风路上，为纪念革命先行者孙中山而建造。设计者是现代中国杰出的建筑设计师吕彦直先生。吕彦直是山东人，1913年在清华大学毕业后，留学美国的康奈尔大学。当年他设计的著名建筑除这座金碧辉煌的纪念堂外，还有南京中山陵和越秀山上的纪念碑，都同样是孙中山的纪念性建筑。

中山纪念堂是一座八角形宫殿式建筑，建筑面积为1.2万平方米，由东西南北四面重檐拱托着中央高耸的八角亭顶，红柱黄墙衬着黄色的琉璃瓦，瓦面分高低4层，层层飞檐出卷。大堂正面檐悬挂着孙中山先生手写的"天下为公"的金字匾，檐下朱色大石柱拱托着彩绘的廊檐和具有拼花图案的天花板。大堂四周基座和石阶梯级为白色花岗岩，显得既庄重又典雅。整座建筑装饰堂皇富丽，富有浓郁的民族风格和中国传统建筑的艺术特色，是中国传统建筑的经典之作。

中山纪念堂的特点和作用有3个方面：一是具有革命意义；二是具有极高的建筑艺术价值；三是具有广州这座革命英雄城市的标志意义，其本身就是一座标志性建筑。

中山纪念堂内的建筑有4个特点。第一，整座建筑物由钢筋混凝土构成。大堂中间是30米跨度的钢桁架，堂内地面至顶高58米，南北各宽71米。堂内分楼上楼下2层。大堂内有8座楼梯、11个门口，供5000名观众上下和进出。

第二，大堂内看不到一根支撑柱。8根八角形的柱子巧妙地被藏在周围的内墙中，进到堂内的观众从外表上当然看不到柱子了。这些柱子支承着4个跨度约30米的大型钢结构桁架，上面支承着8个主桁架，构成一个八角形的顶盖，像一把张开着的无柄雨伞一样。

第三，顶盖以桁架为骨干，分3层砌成，最下层是云纹色彩的斜形方格，中层镶嵌有玻璃天窗，最上层是一个乳黄色的弧形圆顶，光线可通过大面积的嵌花玻璃射入堂内，使偌大的会堂白天不用亮灯也可见物，采光极佳。

第四，由于钢桁架的跨度很大，

构成的空间也非常大，人们坐在堂内的每一个座位上都不会被柱子挡住视线。而且，堂内没有回音，即使坐满观众，在堂中的任何一个座位都可清晰地听到舞台上的音响。这种构造，可说是建筑师吕彦直对声学和力学原理的匠心独运。

中山纪念堂广场竖立有一座中山先生雕像。雕像基座下面刻有《国民政府建国大纲》。1945年以前，纪念堂只建有孙中山纪念像的基座而没有纪念像。1945年春，中山大学把该校孙中山铜像供放于此。1956年11月12日，由著名雕刻家尹积昌等人创作的孙中山全身像塑成后，才将原铜像送回中山大学校园。1998年中山纪念堂经全面维修后，屹立在中山纪念堂正门广场前的孙中山塑像已用全铜质重塑。铜像高5.5米，总重为3.9吨。

堂前广场的左右两侧，东、西面各耸立着一座云鹤华表和旗杆。大家知道，中国只有皇宫式的建筑才有华表出现，可见孙中山先生这位伟大的革命先行者在人民心目中有着崇高的地位。

大堂后，东、西两侧还各建有一座两层的配楼。院内，古木参天，珍贵树木很多，有木棉、白玉兰、桂花、银桦、含笑等70多种名贵树木与花卉，在各个不同季节盛开不辍。北门有一棵木棉树已有300年的历史，被称为广州的“木棉花王”。它胸径达178厘米，每年春天来临，别的树木才刚刚开始发芽，万千朵红棉花已在此争先盛开了。

园内两侧还有两棵大白玉兰树，均有70多年的树龄，其胸径90厘米，树荫覆盖面均超过200平方米，它们是广州树龄最老、树荫覆盖面积最大的白兰树，又是一个广州之最。

纪念堂于1998年初，由市政府斥资6000多万元，对其进行大规模的维修。维修后的中山纪念堂，建筑主体内外富丽堂皇，内部设施配套，更换了中央空调系统、霓红灯光音响系统、消防监控和保安监视系统，增加了电容量，基本满足了中外大型文艺演出的需要。现在大厅内的座位由1975年的4929个减少到现在的3238个，增加了活动升降乐池，舞台由原深15米扩宽为19米，还改善了内部空间吸音效果。

现在中山纪念堂已由过去每年几次集会几场演出发展到每年大型高雅艺术的近百场演出，成为广州近几年大型文艺演出的主要场所之一。这里的演出团体有中国的、外国的，演出剧目有歌舞、芭蕾舞、交响乐、合唱、杂技魔术，还有超大银幕的大电影放映。中山纪念堂是全国重点文物保护单位，不愧是镶嵌在广州传统城市中轴线上的一颗明珠，它还与黄花岗一道以“辛亥之光”荣膺“广州市十大旅游美景”的光荣称号。

交通 地铁2号线到纪念堂站，公交2路、56路、62路、85路、133路、204路、209路、261路、284路、293路等至中山纪念堂站。

13.十九路军淞沪抗日阵亡将士陵园

十九路军淞沪抗日阵亡将士陵园位于广州市水荫路113号，总面积62120平方米，是全国重点烈士纪念建筑物保护单位和广东省文物保护单位，也是全国和省、市的爱国主义教育基地，是为纪念1932年国民革命军第十九路军“一•二八”淞沪抗日战役中阵亡将士，于1933年由华侨捐资建成的。

园内有凯旋门、先烈纪念碑、英烈题名碑、抗日亭、将士墓、战士墓、先烈纪念馆等7处烈士纪念建筑物。整座陵园建筑规模宏伟，布局严谨，造型庄重典雅，是一座富有古罗马建筑风格的陵园。园内纪念建筑均用花岗石砌成，上面完好保存有民国时期李济深、林森、宋子文、胡汉民、陈铭枢、吴佩孚、蒋光鼐、蔡廷锴、戴戟等知名人士的题词。陵园旧址的大门现位于沙河顶水荫路口，它是一座花岗石结构的仿古罗马纪功式建筑门楼，又称为“凯旋门”。门楼高13.4米，宽11米，门楼上端镌刻“十九路军抗日阵亡将士坟园”，背面上书“碧血丹心”。凯旋门现已成为先烈路和沙河一带的一处标志性建筑物。陵园主体建筑是一个巴洛克风格的半圆柱廊，在柱廊前的中央耸立着一座高约20米的花岗石纪功碑。纪功碑上一座威武的十九路军铜铸战士塑像，肩托步枪，背系一顶铜鼓帽。塑像前下面台阶伏卧着两对铜狮，8个铜铸宝鼎排列在拱卫纪功碑的石基上。铜像、铜狮、铜鼎，整体寓意着“一•二八”淞沪抗日。

1981年后，广州市政府十分重视陵园的建设和保护，成立管理机构，对陵园进行公园化管理。从1991年起，广州市人民政府用了10年时间对陵园进行整治修复，使陵园成为广州市具有影响力的集文物古迹、教育和休闲于一体的纪念性公园。其中新建的陵园东大门，高18米，宽18米，全部用花岗石砌筑，整座园门颇具欧式风格，显得庄严雄伟，气派恢宏。运用现代化展示手法重新布展的先烈纪念馆和新修建的文化墙，充实了十九路军淞沪抗日的史迹陈列，宣扬了十九路军淞沪抗日的英勇事迹。陵园内题名碑西侧，建有长46米、高4.6米的花岗石浮雕墙，以雕塑的艺术语言再现了十九路军在“一•二八”淞沪抗日的战斗场面，加上花岗石铺砌的浮雕广场，给参观者留下震撼的视觉感受。

交通 公交6路、27路、78路、78A路、192路、199路、547路到达十九路军淞沪抗日阵亡将士陵园。

14.辛亥革命纪念馆

辛亥革命纪念馆坐落在风景秀丽、文化底蕴深厚的长洲岛，位于广州市黄埔区长洲岛金洲北路。它建成于2011年10月，是为纪念辛亥革命100周年而实施的省、市共建的重点项目，是经中央批准建设的一座具有全国性题材的辛亥革命主题大型纪念馆。纪念馆占地面积为77338平方米，主体建筑面积为18228平方米，外墙由花岗岩砌成，整体建筑外形犹如一方顽石，中间一条道路，寓意“共和之路”。

展馆展览内容主要有基本陈列《开创共和新纪元——辛亥革命主题展》和专题展览《辛亥革命时期的广东名人展》、《伟人后代的平凡人生——孙婉女士遗物展》，突出广东地区作为近代革命策源地的历史地位，再现辛亥革命峥嵘岁月。目前，馆内征集有文物6200余件（套）。

交通 公交383路、430路、夜65路到长洲路口站。

十九路军淞沪抗日阵亡将士陵园

三、羊城新颜，魅力之都——现代都市风貌

（一）特色概述

有着2200多年历史的广州，在2010年迎来了千载难逢的历史性机遇，亚洲最主要的大型体育盛会——第16届亚运会在这里举行。成千上万的国际友人光临广州，共襄盛举。

作为历史文化名城、千年商都、岭南文化的中心、现代革命的策源地、改革开放前沿的广州，乘改革开放的东风，迎来了30余年改革开放历史上最伟大的变革。经过30年的精心刻画、10年的辛勤努力，广州人民见证了羊城蝶变最光彩夺目的时刻。海心沙、广州塔、广州新图书馆、广州歌剧院……共同成就了广州国际大都会的新高度与新内涵，徜徉在这些新的都市景观中，你不仅可以寻找到广州历史文化名城的厚重，更可以细细感受和品味广州的惊艳之美。

来广州不能不看繁华的现代都市景观。作为中国经济仅次于北京和上海的南方名城，广州处处高楼耸立，商业繁荣，现代都市中央的花城广场、高峻的国际金融中心、天河北林立的摩天大厦、雨后春笋般新崛起的经济开发区、如巨帆起航的新会展中心和新白云国际机场，都一定会给你留下深刻印象。

（二）主要景点

1.广州新城市中轴线

广州新城市中轴线北起燕岭公园，南至珠江外航道海心沙岛，以广州母亲河珠江前航道为界分为南、北段，全长12公里。贯穿火车东站、天河体育中心、珠江新城、新电视塔，南至珠江后航道的海心沙岛。东至林和中路—体育东路—冼村路向东拓展200米，西至林和西路—体育西路—华夏路向西拓展200米，总用地面积5.88平方公里。北段有3个重要节点，分别是核心商务区、海心沙、广州塔（广州新电视塔）。北边“山水城”自成一格，强调宜居、生态；南段则主打“花城绿轴”牌，定位为“有岭南特色的行政中心”，并分五大功能区。

新城市中轴线上汇集了一系列标志性建筑物，如花城广场、广州塔、海心沙公

园、国际金融中心（西塔）等，规划中的珠江新城区段还将会出现一系列新的标志性建筑物，形成南北向的城市景观主轴线。其中，广州新图书馆将与广东省博物馆、广州大剧院、广州市第二少年宫成为广州新城市中轴线文化艺术广场四大标志性建筑。

交通 参考具体景点的交通。

2.花城广场

花城广场，位于黄埔大道以南、华夏路以东、冼村路以西、临江大道以北的广州新城市中轴线上，总面积约为56万平方米，最宽约为300米。周边规划建造39幢建筑，其中少年宫、大剧院、图书馆、博物馆等标志性文化设施建筑已经建成。4座文化设施建筑并列于广州新城市中轴线花城广场上，与中央林荫大道、滨江绿化带共同形成广州文化艺术广场，构成广州市一道亮丽的风景线。

花城广场给人的感觉十分宽敞、美丽、雅静。这里不仅有多处人造景观湖区、大型喷泉、灯光广场和冷雾降温系统，而且种植了各种树木多达600多株。在广场的北端，还建造了5个种植花卉的小岛，配上依依的杨柳树，达到了以种植的花红柳绿衬托出花城缤纷多彩的目的，营造出花城一年四季如春的意境。

花城广场是目前广州市面积最大、花卉品种最多、造型最美、花城特色最为鲜明的花卉观赏场所和市民休闲文化广场。

广州新图书馆

[广州新图书馆]

广州新图书馆位于花城广场东侧，投资总额约8.4亿元，于2012年年底完工。项目地上10层（部分8层），地下室设2层（其中地下1层设一层夹层），建筑高度为50米，总用地面积21067平方米，总建筑面积98977平方米。

广州新图书馆设计藏书量达400万册，阅览座位达6110个，配置信息点2520个，平均接待读者量1万人次/日，高峰期为1.5万人次/日，具有广州市文献存储中心，文献信息传递中心，面向社会的文化教育中心，公共信息导航中心，信息加工、生产、增值中心，图书馆学业务研究辅导中心，对外文化交流的重要窗口7项功能。

[广东省博物馆新馆]

广东省博物馆新馆位于花城广场东侧，北与广州图书馆新馆相邻，南濒秀丽的珠江，与海心沙亚运公园隔江相望，环境优美，交通方便。

广东省博物馆新馆是广州市七大标志性建筑之一、广东省重点文化项目、广州市在2010年亚运会的重点工程。新馆设计新颖，风格独特，像一个“盛满珍宝的容器”，建筑外轮廓则采用凹凸不平的立面，具有丰富的文化内涵。

该工程总投资9亿元人民币，占地面积4万多平方米，建筑面积6.6万平方米，地下1层地上5层，建筑总高度44.5米。广东省博物馆新馆工程采用钢筋混凝土剪力墙——钢桁架悬挑悬吊预应力结构体系，由悬臂23米的巨型桁架悬吊下部3层结构，总用钢量1.8万吨，是目前世界上最大的悬挑悬吊结构建筑。

新馆陈列展览分为3个部分，共5个展厅，包括历史篇“广东历史文化陈列”、自然篇“粤山秀水 丰物岭南——广东省自然资源展览”、艺术篇“漆木精华——潮州木雕艺术展览”、“紫石凝英——端砚艺术展览”、“土火之艺——馆藏历代陶瓷展览”。

[广州市第二少年宫]

广州市第二少年宫位于花城广场西侧，于2005年建成，是广州新城市中轴线文化艺术广场四大标志性建筑中最早建成使用的。第二少年宫总占地面积为16530平方米，总建筑面积达46008平方米。南面弧形建筑首层采用架空的开敞空间处理方式，将入口大厅及演艺中心前厅植入其中，二至六层为剧场建筑及其附属用房。北部主楼以序列设计为成长辅导及服务中心、办公室、展览厅等，二至六层设计为外语、电脑、美术、书法、合唱、乐器及舞蹈课室，七楼为国际交流厅和乐器排练厅，总共有140多个课室。可容纳2万人，一年可培训5万多名学员，使长期困扰广州青少年的市少年宫学位紧张的局面得到极大缓解。

第二少年宫是广州市具有代表性的文化设施之一，它与紧邻的广州新图书馆、广州大剧院、广东省博物馆新馆等一起，为广州市市民尤其是广大少年儿童学习知识、增长本领、陶冶情操提供了又一个现代化、高水平的基地和场所。

交通 地铁3号线或5号线到珠江新城站，地铁APM线到歌剧院站。

3.海心沙亚运公园

海心沙被誉为广州旅游新名片，自建成以来成为游人心驰神往之地。海心沙位于广州市珠江内江心沙洲，在珠江北主航道上。有人说，亚运之后畅游广州，必定先从海心沙开始，沿着新中轴线去看个饱。

亚运会之后我们还能看到场内的部分设施，如帆屏、威亚等都会作为广州亚运会的遗产予以保留。这8块帆屏安装高度达80米，上帆宽25米高24米，下帆宽28米高26米，显示屏面积约5760平方米，不论暴雨还是台风天气都可在户外使用，没到现场看亚运开闭幕式的市民也可以一睹这8块巨型帆屏的真面目了。市民也可以现场看到那达1600平方米的露天水舞台，回味开幕式上那瞬间水涨水退的壮观景象。

2010年，海心沙岛成为第16届亚运会的开、闭幕式举办场地。一场以珠江为舞台，以城市做背景的宣传岭南文化、寓意扬帆起航的水上开幕式，给人们带来了视觉感官上的冲击和震撼。而闭幕式则将一场“立足中华文化、融合亚洲文化、彰显岭南文化”的文化盛宴呈现给了世界数亿观众，海心沙也因此而闻名中外。

由于海心沙的设计是按照永久性建筑标准设计建造的，2011年，政府部门对海心沙的未来的改造再利用重新进行了定位：亚运名片、市民广场、国际时尚。

交通 地铁APM线到海心沙站，公交40路、407路到广州大剧院西门站。

4.广州塔

广州塔位于广州新城市中轴线与珠江景观轴交汇处，与举办第16届亚运会开闭幕式的海心沙岛和广州市21世纪CBD区珠江新城隔江相望，目前是中国第一、世界第三的旅游观光塔。广州塔于2005年11月25日动工建设，2010年9月28日，广州市城投集团正式举行新闻发布会，正式公布“广州塔Canton Tower”的名称。2010年10月1日，广州塔正式公开售票接待游客。在2010年第16届亚运会开幕式上，广州塔流光溢彩的灯光夜景和艳光四射的焰火表演赢得了世人的瞩目。

广州塔建筑总高度600米，其中主塔体高450米，天线桅杆高150米，以中国第一、世界第三的观光塔的地位，向世人展示腾飞广州、挑战自我、面向世界的视野和气魄，因其独特设计造型，与珠江交相辉映，成为新中轴线上的亮丽景观。广州塔由上小下大的两个椭圆同心相错、逆时针扭转而成，在塔身中部形成纤纤细腰的形体，由于旋转，造成塔身外形曲率的变化，形成每个方向形体各异的独特效果，宛如扭身回望的少女，极富动感与深情，无论从外观形态还是高度上，广州塔与世界同类高塔相比都显得独一无二。

广州塔是一座集都市观光、时尚餐饮、至高游乐、婚庆会展、影视娱乐、环保科普、文化教育、购物休闲等多功能于一体的、具有丰富文化内涵的大型旅游观光建筑，成功打造为一个世界一流水平的旅游景区。广州塔采用了当代最优秀工程设计和最新施工技术，以其独特的建筑造型与世界新高度，依托得天独厚的旅游资源，创造了全球最高横向“摩天轮”、世界最高（488米）“户外观景平台”、世界最刺激“速降体验”游乐项目、世界最高的旋转餐厅等多项世界纪录。广州塔还凭借其显著的社会影响力，成功加盟“世界高塔联盟”，为登塔观光游览赋予了时代的魅力。

作为“羊城新八景”之一，广州塔肩负着传承广州2000多年历史文

花城广场

化底蕴、传扬广州国际化大都市发展轨迹的历史使命，一跃成为城市新地标，成为广州最受游客瞩目的旅游景区。新城市，新地标，广州塔令您体验全新广州城貌。

交通 地铁3号线到赤岗塔站，公交121路、204路等到赤岗塔站。

5.广州国际金融中心（西塔）

广州国际金融中心(简称广州IFC/广州西塔)建于珠江新城CBD中轴线上，占地面积约3.1万平方米,总建筑面积超过45万平方米，楼高432米，跻身全球十大超高层建筑之列，和广州经济发展一脉相承。它修长而通透的水晶之身将为广州这座有2200年历史的岭南老城嵌入更多时尚的元素。它不光是这个城市里夺目的风景，还是被寄予了整个城市金融业希望的图腾。

2012年9月26日，广州IFC开业庆典在广州四季酒店隆重举行，不仅标志着珠江新城首座超高层商业综合体和广州新城市地标的正式亮相，也意味着珠江新城核心商务区、广州区域金融中心和广州国家中心城市的建设又迈上了一个新的台阶。广州IFC将以强大的品牌优势、综合的规划功能、优异的产品品质、集聚的高端客户、完善的服务体系成为广州商务形象的新标杆。

广州IFC主塔67～100层为广州四季酒店，由四季酒店集团管理。豪华气派的酒店中空大堂，挑空30层的钻石中庭高达115米，可直接仰望蓝天白云。典雅宽敞的商务客房，演绎豪华气派的商旅感受。99层超高休闲天吧，100层特色餐厅，客户在“云中漫步”、尽览珠江美景的同时，更可享受最高水准的商务生活。

广州IFC附楼共28层，其中7～28层为雅诗阁服务公寓，配套逾2000平方米高级豪华会所，由世界知名公寓管理公司经营管理，打造华南地区最高水准的服务式公寓。裙楼设有高档购物商场，并引入广州友谊集团经营高端精品百货，提供国际奢华品牌店、高档餐饮、银行及金融连锁机构等高档商务配套，满足国际商务人士商业、休闲的需求。

顺应天时、因缘地利、汇聚人和，广州IFC以六大领先优势——国际地标优势、核心区位优势、高端定位优势、安全可靠优势、环保舒适优势及单一业权优势，成为广州建设现代产业体系，提升第三产业尤其是商业服务业整体发展水平的最重要的载体，以坚实的步伐实践广州腾飞的诺言。

交通 地铁3号线或5号线到珠江新城站。

6.中信广场

中信广场位于广州市商业、金融业繁华的天河北路，于1993年7月奠基，1997年4月竣工，混凝土结构标高333米，建成时为当时亚洲第一高楼，现仍是全球最高的钢筋混凝土结构建筑物。中信广场的建筑设计和建造质量得到业界及用户的一致赞许，其主楼外观线条简洁大方、整体稳重典雅，被国家建设部评为“全国建筑业新技术应用银牌示范工程”，同时还被授予“国家优质工程银质奖”。

中信广场占地面积2.3万平方米，总建筑面积达32.2万平方米。其中主楼为办公楼，共80层，楼高391米；裙楼5层，1～4层为商场，5楼为国际俱乐部及会所，近4万平方米大型配套商场集食肆、购物、休闲娱乐于一体；酒店式服务公寓由两栋38层大楼组成，建筑设计极富创造力，其建筑外形如同展翅飞翔的双翼，让中信广场主楼充满朝气。

2002年9月，附属中信广场的玻璃墙瀑布水景被命名为新世纪羊城八景之一，称“天河飘绢”，进一步确立了中信广场作为广州市标志性建筑的地位。

交通 地铁3号线北延长线到林和西路站，公交122路、183路、185路、195路等到林和西路站。

7.珠江夜游

进入夜晚，华灯初上，广州这个现代都市的夜景更是令人惊艳。广州的繁华在夜色中显得更加绚丽多姿，而最具代表性的夜景就是珠江两岸了。

珠江是广州的母亲河。自宋代至今，历代“羊城八景”都少不了珠江的景致，如“珠江秋色”、“鹅潭夜月”、“珠江晴澜”、“珠水晴波”、“珠水夜韵”等。

云山珠水被称为广州最具代表性的自然景观。从1993年开始，广州市政府将珠江规划为风景游览河段，经过多年整理，减污截污、挖深河道、整饰两岸、规划景观等工程建设，珠江23公里的景观长廊逐渐形成，江水日益清澈。两岸琼楼玉宇林立，高楼大厦鳞次栉比，并逐步建成“珠江彩虹”工程。入夜，珠江两岸万家灯火，华丽辉煌，五光十色的霓红灯饰绚丽夺目，一派新时代岭南文化的风采表露得淋漓尽致。

特别是广州的城市建设经过2010年广州成功举办第16届亚运会之后，广州新城市中轴线横跨珠江，广州塔、西塔、花城广场、广东省博物馆新馆、广州新图书馆、广州大剧院等一批标志性景观建筑流光溢彩，屹立在珠江两岸，使得夜晚的珠江更加绚丽夺目，璀璨动人！

欣赏广州夜景之美，珠江夜游是首选。打扮得华光闪烁的游船徜徉在流光溢彩之中，人民桥、解放大桥、海珠桥、江湾桥、海印桥、广州大桥、猎德大桥7座跨江大桥在灯光照耀下，如7道光芒夺目的彩虹飞落人间，配合着两岸十里华灯，点缀着这等良辰美景，世界著名的法国巴黎塞纳河夜景也不过如此！

珠江夜游项目已经成为广州旅游的品牌产品，成为展示广州旅游形象的一个窗口，每年参加珠江夜游的中外游客超过200万人次。酒足饭饱之后有什么比坐着游船看夜景来得更惬意的呢？坐上游轮，体验一下“珠江夜游”，它将会为你的旅途记忆增加一抹鲜艳的亮色。

交通 天字码头、大沙头码头、西堤码头，中大码头、省总码头、芳村码头均有游船。各码头游船型号、发船班次均有差异，可预先查询。

天字码头（沿江中路、北京南路交界）公交信息：219路、194路、544路、1路、10路、183路到南关站或海珠广场站下，57路、128路、208路、旅游2线到文德南站下，或者广州地铁2号线至海珠广场站A出口，向东步行5分钟。

大沙头码头（沿江东路466号）公交信息：乘坐抵达大沙头公交车，如7路、12路、36路、44路、57路、61路、80路、89路、128路、131路、182路、184路、92路、194路、208路、287路、543路、546路、旅游公交2号线等。

西堤码头（沿江西路南方大厦斜对面）公交信息：乘坐31路、38路、181路、186路、202路、217路、219路、227路、251路、236路、239路、288路、281路、527路、538路、541路、556路、823路公交车可达。

中大码头(滨江路中大北门) 公交信息：旅游观光1线、旅游2线、夜6路、8路、11路、24路、夜42路、高峰快线59路、121A路、121路、131A路、131B路、182路、229路、266路到中大北门站下。

省总码头（沿江西路149号）：旅游2线、1路、夜1路、夜31路、57路、58路、64路、夜67路、夜69路、128路、131A路、186路、208路、219路、236路、281路到靖海路口站下。

芳村码头（长堤街20号）：782路、966路、990路到芳村码头（总站）下。

第三章

百世传扬颂精彩——文化盛宴

一、千姿百态，芳菲馥郁——岭南文化艺术

（一）特色概述

岭南文化源远流长，历史悠久。秦始皇统一岭南前，越族先民已经在负山带海的岭南地区创造了自己的土著文化，虽然它远不及已经发展到相当高水平的中原汉文化和岭北楚文化，仍处于较低的、朦胧的状态。秦统一岭南和南越国的建立，特别是广州建城后的2000多年间，在与先进的中原汉文化交融中，在古代广州商业和对外贸易非常发达的社会背景下，以及在近代西学东渐（欧美文化的传入）和民主革命影响下，使得岭南地区的文化发展独树一帜，逐渐发育成为中华民族文化的一个重要分支。在漫长的历史岁月中，广州一直是中国岭南地区的政治、经济、文化中心，长盛不衰，从未中断。它随着历史的步伐，在长期的社会生活中积淀，并与外来文化（包括中原汉文化和欧美西方文化）不断交流、融洽，逐渐形成了自己的特色文化，即岭南文化。由于地理、历史等因素，岭南文化艺术形成了独立的个性和鲜明的风格。它的特点就是：极其浓郁的地方色彩的地域性、善于吸收和补充新内容和新形式的开放性、呈现多文化特色的兼容性，以及与时俱进的创新性。

岭南文化艺术是岭南文化的重要载体，也是岭南文化的一朵耀眼奇葩。在此向大家介绍岭南文化中最有代表性的粤剧、广东音乐，相信您听完介绍后一定对岭南文化艺术有一个初步的了解。

（二）主要艺术项目

1.粤剧

我们敬爱的周总理说过“昆曲是江南的兰花，粤剧是南国的红豆”，把粤剧与中国最古老的昆剧相提并论，给予高度的评价和赞扬。从此，“南国红豆”成为粤剧的美称。粤剧不但深受广东人喜爱，而且深受云、桂人民和港澳同胞以及海外华人的喜爱，是中国最先走向世界的剧种，可见其魅力四射。

粤剧，原称大戏或者广东大戏，源自南戏，它是融汇明清以来流入广东的海盐、弋阳、昆山、梆子等诸腔，并吸收珠江三角洲的民间音乐所形成的以梆子（京剧称西皮）、二黄为主的我国南方一大剧种。自明朝嘉靖年间开始在广东、广西出现，最初演出的语言是中原音韵，又称为戏棚官话。到了清朝末期，知识分子为了方便宣扬革命而把演唱语言改为粤语广州话，使广东人更容易明白。2006年5月，粤剧被列入我国第一批518项国家级非物质文化遗产名录之内。2009年9月30日，粤剧获联合国教科文组织肯定，列入人类非物质文化遗产名录。

早在20世纪二三十年代，粤剧人才辈出，出现了粤剧五大流派、四大名旦。五大流派是有“万能老倌”美誉的薛觉先开创的韵味流长的“薛腔”；名丑马师曾开创的“马腔”，即“乞儿喉”；被称为“小生王”的白驹荣开创的“白腔”；丑生廖侠怀开创的“廖腔”以及“金牌小武”桂名扬开创的“桂腔”。四大名旦是当时誉满省港澳的上海妹、谭兰卿、谭玉兰、卫少芳。

红线女（1924～2013年）是现代著名的粤剧表演艺术家，舞影歌声，独步一时，在国内外享有盛誉。她从10多岁在澳门首次登台以来，唱红了珠江两岸，唱红了整个岭南，唱红了港澳和东南亚。1957年以《荔枝颂》一曲荣获匈牙利世界青年联欢节一等奖。她与马师曾创作了《搜书院》、《关汉卿》等优秀剧目，培养出一大批粤剧后起之秀，被誉为“国宝级”艺术家。毛泽东主席称她为“劳动人民的红线女”。为振兴粤剧、褒奖粤剧艺人为发扬光大粤剧的贡献，广州市政府还专门为红线女建立了艺术中心。

粤剧独特的魅力，使之成为具有浓郁岭南特色的地方剧种，深入到千家万户，从岭南经济文化中心广州、珠江三角洲发展到全省、广西、港澳地区以及上海、台湾等地操粤语人士聚居之处，并流传到美、加及东南亚地区。

2.广东音乐

广东音乐又称粤乐，是以广东民间曲调和部分粤剧音乐、牌子曲为基础发展和完善起来的，具有浓郁岭南地方特色的民间音乐。广东音乐与粤剧一样，也是在国内外很有影响的岭南文化奇葩。19世纪中晚期，以广州为中心的珠江三角洲一带，民间逐渐孕育和形成了广东音乐。广东音乐在演奏上使用装饰音和“加花”所产生的音色和风格，明显有别于其他地方的民间音乐。它具有岭南文化“折衷中西，融会古今”的特点，以及较强的开放性和兼容性。广东音乐这一乐种一开始形成，立即便以其清新明快、优美动听的旋律以及其旺盛的生命力而迅速发展起来。

广东音乐早期以琵琶或扬琴为主奏乐器，辅以箫、筝、柳胡、二胡、三弦等。民国初年逐渐形成3种基本乐器组合，一是二弦、竹提琴、三弦（或月琴）的“三架头”硬弓组合；二是以唢呐为主奏配以打击乐器；三是洞箫、椰胡、琵琶（秦琴）的组合。20世纪20年代作曲家们受到西方乐器的启发，把二胡的丝弦改为钢弦，创出粤胡（又称高胡），改良扬琴，加入琵琶（或秦琴），形成软弓“三架头”组合。到20世纪20～40年代，广东音乐的作曲家们又尝试使用数十种西洋乐器与中式民族乐器合奏，从中筛选出小提琴、萨克斯管、电吉它、木琴等几种，使广东音乐音色变化更丰富，表现力更强。因此，广东音乐可以说是中西文化融合的结晶。

100多年来，广东涌现出许多著名的广东音乐作曲家、演奏家和作品。19世纪中晚期是广东音乐的形成期，出现了何博众、严老烈等著名作曲家、演奏家，著名作品有《雨打芭蕉》、《饿马摇铃》、《连环扣》、《旱天雷》等。这些作品在旋法、调式、调性、曲式结构以及律制等方面，均显示出独特的色彩和风格，标志着这一曲种的形成。20世纪二三十年代是广东音乐飞速发展，广为传播的成熟时期和全盛时期，涌现出何柳堂、何与年、何少霞“何氏三杰”及吕文成、尹自重、何大傻、何浪萍“四大天王”，还有丘鹤俦、易剑泉、陈德钜、陈文达等一批作曲家和演奏家，创作出《赛龙夺锦》、《娱乐升平》、《平湖秋月》、《步步高》、《鸟投林》、《柳浪闻莺》、《凯旋》、《惊涛》等数百首作品。这些作品大多灌成唱片，在电台、码头、车站以及火车、轮船上播出。那时广州民间有数十个业余乐社（或称私伙局），在上海、天津、香港、澳门乃至东南亚、美洲的华人聚居地也有广东音乐乐社。据不完全统计，在数百首广东音乐中，至少有50首至今仍流传于海外，可见其影响之广阔和深远，故世称“凡有华人处，即有广东音乐知音”。

3.粤曲

粤曲与粤剧一样，是港澳、珠江三角洲地区以及西江流域一带人民群众爱好的艺术品种。广义上粤曲是指广东省内的各个曲艺品种，如粤曲演唱、木鱼、龙舟、南音、粤讴以及潮州歌册、客家板歌、惠东渔歌等，但通常所说的粤曲是指粤曲演唱，或称广东曲艺。

粤曲是广州方言区流行最广的一大曲种，已有150多年历史。它以省港澳为主要活动基地，流行地区扩及两广。可以说凡有粤籍华人聚居的世界各地，均有粤曲的演唱。粤曲原为粤剧的曲调，后来逐渐形成独立的曲种。粤曲的特点是音乐性极强，注重听觉艺术，讲究唱工；唱腔属于皮黄系统的板腔体，梆子、二黄、牌子曲、小曲、歌谣构成整体；分平喉、子喉、大喉3种喉腔。

粤曲紧跟时代而发展，它善于吸收，能够兼融并蓄，不断丰富，不断创新，拓宽了唱腔音乐，如将粤剧的“梆、簧”，广东的曲艺龙舟、南音、粤讴、木鱼歌，乃至广东音乐（包括杂曲小调或器乐曲）均拿来填词演唱。伴奏除高胡、扬琴为主奏乐器外，还加入了萨克管、小提琴、电子琴等等。

粤曲传统曲目有八大名曲：《百里奚会妻》、《辨才释妖》、《黛玉葬花》、《六郎罪子》、《弃楚归汉》、《鲁智深出家》、《附荐何文秀》、《雪中贤》。

2010年5月18日，粤曲被列入了文化部公布的第三批国家级非物质文化遗产名录推荐项目名单。

4.广州杂技

杂技是表演艺术的一种，包括蹬技、手技、顶技、踩技、口技、车技、武术、爬竿、走索以及各种民间杂要等，通常也把戏法、魔术、马戏、驯兽等包含在内。我国杂技艺术历史悠久，远在春秋战国时期就开始萌芽，至汉代已初步形成。其后历代经艺人们的不断丰富、创造，到了中华人民共和国成立后得到更为蓬勃的发展，形成了鲜明的民俗风格。

广州的杂技源自中原地区。据史籍记载，广州在宋代开始已出现来自中原和江南一带的民间杂技表演，明清更为繁盛。开辟岭南现代杂技艺术先河的是顺德人翁达德。他在上海学习南派魔术，1930年回广州创办民众幻术研究社，传播和研究魔术，举办小型演出。1946年研究社发展扩大为春雷大魔术团，正式在广州演出。这是广州本地最早的以魔术为主的杂技团。20世纪40～50年代，广州文化公园曾是杂技演出的主要场所。这些杂技班、团对广州杂技艺术的发展产生了较大的影响。

广州现代杂技艺术在新中国成立后获得蓬勃发展。1959年，广州杂技团成立，该团继承和发扬中国民间传统杂技技艺，吸取舞蹈、艺术体操、滑稽和戏剧等艺术门类的精华，不断改善和丰富杂技的技巧，形成了岭南独特的现代表演艺术风格，所创演的许多节目屡获大奖。

5.广州木偶戏

我国木偶戏始于汉代，发展于唐、宋，盛行于元、明、清。古时称“傀儡戏”。广东木偶戏，大约在元代传入。

广东木偶戏的种类很多，计有杖头木偶、提线木偶、铁枝木偶、布袋木偶等。各自分布在省内粤语、潮语、客家话、雷州话等文言区，各个种类的木偶雕刻制作、操纵技艺以及艺术风格，彼此有异，丰富多彩，均是广大群众喜闻乐见的民间传统艺术。被誉为“百年古傀儡，时代新经典”的具有400多年历史的高州木偶戏，已被国务院列入“第一批国家级非物质文化遗产名录”。高州单人木偶曾赴法国、德国、中国港澳等地演出，备受欢迎。广东木偶戏在历史学、社会学、民俗学、美学、戏剧等方面，都具有很高的艺术价值。

1956年，广州市创办广东省木偶剧团，创作出富有南国特色的木偶艺术，木偶造型精雕细刻，神采各异，传神逼真，栩栩如生，深受广大人民群众喜爱。2008年文化体制改革，广东省木偶剧团更名注册为国有独资的广东省木偶艺术剧院有限公司。该团的木偶艺术在国内、国际上享有盛名，曾获罗马尼亚国际木偶、傀儡戏联欢节银质奖章，深得各国艺术界的赞赏。近年来，一批新创作的剧目也屡获国内大奖。

6.岭南书画

提起岭南书画，大家都会想到岭南画派。是的，岭南画派正是在广州这片肥沃的文化土壤上孕育而出的一朵艺术奇葩。您如果去过人民大会堂参观，或者在电视里留意过的话，会发现人民大会堂许多地方都挂有岭南画派第二代传人著名画家黎雄才、关山月创作的国画。

岭南画派在中国近现代绘画史上独树一帜，涌现了一大批著名的国画大师，他们高举“折衷中西，融汇古今”的旗帜，创作了许多表现岭南特有的风土人物、花、鸟、山水的新国画。

岭南画派是中国近现代画坛上的一支绘画流派，是人称“岭南三杰”的高剑父、高奇峰和陈树人所创立。高剑父和陈树人为清末广州著名花鸟画家居巢、居廉的弟子，高奇峰曾与其兄高剑父留学日本，学习美术。“岭南三杰”在中国近代绘画史上最早提出并在实践中调和中西画法，高举“艺术革命”旗帜，宣扬“折衷中西、融汇古今”，创作“新国画”。“三杰”在中国画的基础上，融合日本和西洋画法，着重写生，多画中国南方风物和风光，章法、笔墨不落俗套，色彩鲜丽，自成一格，而且他们及其学生都是岭南人，所以从20世纪30年代后期起被人们称为“岭南画派”，从此成为中国画坛的一支很有影响力的流派。岭南画派旗帜鲜明地提出：真正有生命力的绘画艺术必须反映现实生活，强调与社会和大自然紧密结合；对传统绘画技法应推陈出新，作必要的相应的变革；反对定于一尊，主张古今中外一炉共冶，吸取西方绘画艺术之长，以补传统国画之短，使之现代化、民族化、大众化，提高审美功能和教化功能。

为纪念岭南画派和收藏、陈列、展览其作品，广州市有关部门于1991年建造了岭南画派纪念馆。纪念馆坐落于广州美术学院校园内，由岭南建筑大师莫伯治、何镜堂等设计。纪念馆总建筑面积4900平方米。主馆是四层白色建筑，建筑面积3200平方米。底座及首层分别设收藏部、研究部、创作部、展览部。二、三层为展厅，四层为岭南画派历史和基本陈列。主馆前方和南北高墙上方两棵浮雕式参天大树，象征岭南画派叶茂根深。

7.岭南古琴

古琴作为中华民族最早的弹拨乐器，在中国已有数千年的历史，由于受到不同地区的风土人情、民间音乐、地方语言及师承关系的影响，逐渐形成了众多流派，岭南派为其中之一，主要流行在广州市区及其周边地区。岭南古琴，最迟在汉代便逐渐发展起来，历代都出现不少有名的琴人，写作了不少琴学的典籍，创造和保藏了不少有名的古琴乐器和琴谱。极具岭南特色的传统名曲有《碧涧流泉》、《渔樵问答》、《怀古》、

《鸥鹭忘机》等。这些琴曲的演奏手法与其他流派的传谱有很大区别，充分体现了岭南琴派的古朴、刚健、爽朗、明快的特点。岭南古琴的演奏营造了清、微、淡、远的意境，构筑出传统文人抒情达意、陶冶情操、净化心灵的殿堂，具有浓郁的中华民族文化特色。

粤韵

前言

二、精彩绝伦，载誉中外——岭南工艺

（一）特色概述

在中华民族悠久的历史长河中，在中国民间工艺美术的百花园里，广东民间工艺以悠久的历史、独特的风格、精湛的技艺、深厚的文化内涵和高度的审美价值焕发出绚丽的姿彩，享誉中外。郭沫若曾题诗赞曰：“天工人可代，人工天不如；果然造世界，胜读十年书。”

广州地处我国最南方、五岭之南东部，它北依逶迤的南岭，南临浩瀚的南海。山川秀丽，气候温和，土地肥沃，物产富饶，人文毓秀，是中华民族文明的摇篮之一。自古以来，世代劳作在这块美丽神奇土地上的各族人民，凭着得天独厚的自然条件和勤劳智慧的双手，不仅创造了独具地方特色的岭南文化艺术，而且创造了巧夺天工的民间工艺美术。这是历经数千年的创造和积淀的最质朴的劳动大众艺术，并且在新世纪的传承中不断创新求变，从而谋求新的活力。

（二）主要工艺

1.广彩

广彩的全称是“广州织金彩瓷”。广彩的生产始于清康熙年间，至今已有300多年的历史。当时广州工匠借西方传入的“金胎烧珐琅”技法，用进口材料创制出“铜胎烧珐琅”，后又把这种方法用在白瓷胎上，成为著名的珐琅彩，这是广州彩瓷的萌芽。

广州织金彩瓷

顾名思义，所谓织金彩瓷，就是在各种白胎瓷器的釉上绘上金色花纹图案，仿佛锦缎上绣以色彩绚丽、高雅华贵的万缕金丝，然后用低温焙烧而成。作为广州彩瓷初期产品的珐琅彩，以其高贵艳丽的特色，备受中外富豪贵族的喜爱，清廷列为贡品，外国一些王室贵族派官员专程来广州求购。后来干脆由欧洲商人带来彩瓷图样由中国商人按要求制造，专供出口。那时广东商人从景德镇运来瓷坯，采用江西粉彩技艺仿照西洋彩画的方法加以彩绘，再焙烧而成。后来广彩艺人继承明代彩瓷的艺术特色，吸收西洋画法，绘上具有岭南地方特色的图案，逐渐形成独特的岭南艺术风格，并将许多图案固定下来，成为广彩的传统花款，例如花篮、龙凤、彩蝶、金鱼、古装人物等。最常用的构图是用花边图案围出若干形状各异的空格，在空格内绘以花卉、物景和人物。也有不设圈格，进行满花彩绘，表现一花多姿、百花齐放的画图。

广州织金彩瓷的风格不同于以景德镇为代表的江西彩瓷，广彩的风格特点主要表现在：广彩是运用我国织锦图案的手法，以色彩艳丽、构图严谨、绘工精细著称；广彩利用各种颜色和金银水进行钩、描、织、填，宛如无数金银彩丝织于白玉之上，显得是那么光彩夺目、富丽堂皇。有一首诗十分概括和形象地总结出广彩的特色：“彩笔为针，丹青作线，纵横交织针针见，何须锦缎绣春图，春花飞上银瓷面。”

数百年来经过艺人们一代代不断发展、创新，广州织金彩瓷已生产出90～100多头光彩夺目、雍容华贵的配套餐具以及茶具、大皮碗、圆盘、笔筒等。1956年建立的广州织金彩瓷工艺厂生产的广彩花色品种有100多种，其中仿古的“双凤朝阳”、“汉宫秋月”、“鹅蛋寿月”以及“堆花儿童节”、“游河乐趣”等最著名。“红地百花彩凤15头梨形茶具”获轻工部陶瓷评比优秀奖，“黑地百花15头白兰茶具”获全国旅游产品优秀奖等多个奖项。

2.广雕

雕刻艺术在我国有悠久的历史，按雕刻的质体分类，可分为牙雕、玉雕、木雕、石雕、砖雕、骨雕等。广雕是指以广州为代表的具有岭南地方特色的雕刻工艺及其制品。广雕中最负盛名的是牙雕、玉雕和木雕。

[牙雕]

据史书记述，我国牙雕工艺已有3000多年历史，广州牙雕的出现比中原地区稍晚，亦有2000多年历史。在西汉南越文王墓出土文物中有一捆5支大象牙，最大的长达126厘米。据鉴定，象牙的产地是非洲，可能是通过海上丝绸之路运来的。另外，还出土了刻画象牙卮、象牙算筹和残牙雕器等，可见这些象牙是进口作雕刻原料之用。过去岭南人，特别是广州及珠江三角洲人视象牙为吉祥之物，认为可以“辟邪除秽”。这里介绍的牙雕是指象牙雕刻。广州的象牙雕兴盛于明代后期，经过历代的发展，逐渐成为广州的著名特产。

广州的牙雕兼有浓郁的东方民族色彩和精雕细刻的岭南风格，多以花木、山石、龙舟、宝塔、蟹笼等岭南山水景物为题材，擅长独特的镂空技艺。其中以镂雕象牙球、画舫著称，尤以镂刻精细多层象牙球最负盛名。雕刻艺术家们用一块完整无缺的象牙料，镂空成各种规格、层数不等的圆球，象牙球最小的仅二三层，最大的有40多层，每层都刻上龙凤、花卉等各种图案，且能灵活转动。早在1915年广州牙雕艺术家镂雕的20层象牙球在巴拿马国际博览会上获得工艺特种奖。迄今为止，广州象牙球镂雕层数已达45层。亭台大花舫也是著名的广州牙雕作品。花舫的船身以龙为造型，上有2～7层楼阁，舫上人物多达3000人，还有旌旗、灯饰等，栩栩如生，千姿百态，非常壮观。此外还有用整支象牙雕成的全牙雕、渔翁撒网、通雕蟹笼、古装仕女等。

广州象牙微雕也是举国闻名，在20世纪30年代初，广州著名的微雕艺术家冯公侠在一粒与大米一般大的象牙米上刻出孙中山先生遗嘱全文154字。他还在64开纸页大小的象牙片上刻出长达25000字的《共产党宣言》。他的儿子冯少侠也是一位微雕大师，继承父亲的技艺，创作出在一粒象牙米上雕出形象各异、栩栩如生的十八罗汉像。这些巧夺天工的微雕作品代表了广州象牙微雕的最高水平，令人叹为观止。

到了20世纪80年代，由于全球保护野生动物运动风起云涌，大象作为被保护的野生动物，严禁猎杀，国际上规定任何国家不得销售象牙及象牙制品，我国政府严格遵守这一规定。在这种情况下，广州的牙雕工艺尤其是象牙雕刻行业遭受严重打击，不得不选用了别的材料代替，勉强使这项传统工艺得以延续。45层象牙球和亭台大花舫成为空前绝后的艺术珍品、举世孤品。

[玉雕]

广州人认为玉与象牙一样，能辟邪消灾，如意吉祥，因此特别喜爱玉，视玉为宝。

1983年在南越文王墓中出土大量的玉器，其中有玉璧、玉盒、丝缕玉衣、玉印、玉佩、玉角杯等130多种“汉玉中的稀世之宝”。这些玉饰精品均经精雕细刻，构思奇妙、工艺精湛。这说明广州的玉雕工艺在西汉时代已经达到了相当高的水平。而到了唐代中后期，广州的玉雕工艺更加兴盛，可谓源远流长。广州玉雕艺术继承了宋代巧色玉的传统，创造了“留色”的特技，显出了原玉的天然颜色，特别精美。到清代道光年间（19世纪初叶），广州玉雕工艺制造业已成行成市，而且出现了玉器工商行会组织。

广州玉雕艺人汲取各地玉雕技术，博采众长，与广州牙雕技艺结合起来，在品种、工艺、用料等方面创造出自己的风格。广州玉雕的原料多选自粤西信宜的“南方玉”。信宜玉呈草绿色，半透明，多自然斑纹，磨琢后晶莹通透，别具一格。广州玉雕制品有首饰品和摆设品两大类。首饰品有玉镯、戒指、耳环、玉坠以及以金银宝石镶嵌的玉饰等。摆设品有传统的花卉、人物、鸟兽、瓶罐以及玉球、花舫、宝塔等别具风格的高级工艺品。其中通雕玉球是广州玉雕艺人攻克玉石高硬度、难加工的产品，这种玉球构思独特，造型精美，多达20多层，大球套小球，厚薄均匀，各层转动自如，托在手上轻轻晃动，会传出玉石碰击的清脆声，而且球上还雕上山水、花卉、人物、虫鱼、花鸟等衬花，形象生动逼真。薄胎南方玉碗和玉雕小茶具也是广州玉雕中的精品，是中国玉雕艺术的珍品。

[木雕]

我国木雕工艺与其他雕刻工艺一样源远流长。木雕出现于春秋战国时期，历唐、宋、元、明、清各代至今，长盛不衰，不断创新发展。广州木雕是广州传统雕刻工艺之一，它与北京的京式木雕、江苏的苏式木雕构成我国木雕艺术三大流派。广州木雕以半立体通雕、满屏雕和多层次雕刻相结合的风格著称。建于清光绪年间的陈家祠，集中了木雕艺术的精华，特别是清代潮州金漆木雕神亭、香炉罩等更体现了广州木雕工艺精巧、玲珑剔透的独特风格。著名的广州红木家具的雕刻工艺就是源于广州木雕工艺。

3.广绣

刺绣是我国优秀的民族传统工艺之一，具有2000多年的历史，举世闻名。广绣是以广州为中心的珠江三角洲民间刺绣工艺的总称，以构图饱满、形象传神、纹理清晰、色泽富丽、针法多样、善于变化的艺术特色而闻名寰宇。广绣与潮州刺绣合称粤绣，与湖南的湘绣、四川的蜀绣和江苏的苏绣并称中国四大名绣。

广绣

粤绣始于唐朝。关于广绣有一段真实的故事。据史籍记载，唐代一个叫卢媚娘的14岁的广东姑娘在一幅1尺见方的丝绢上绣出一卷佛经《法华经》，字体比粟米还小而且点划分明。这个故事说明广绣的历史是多么悠久绵长，技艺是多么卓越超群。广绣发展到明代，已经成为民间重要的手工业之一。明正德九年（1514年）一个葡萄牙商人在广州购得龙袍绣片回国献给国王而得到重赏，广州绣品从此扬名海外，每年均有不少产品输出国外。

明末到清朝中期是广绣业的繁荣时期。英国商人开始来样加工。由于来样设计色调丰富，突出了西洋画的艺术风格，运用了透视和光线折射原理，故对广绣产生深远的影响。广绣开始从民间小作坊小批量生产逐渐向商品生产发展。室内装饰和日用衣饰的广绣绣品大量生产，使之出口进入了全盛时期。

广州刺绣以构图匀称、色彩斑斓、极富装饰性著称。广绣大致分为两大品类：一是盘金刺绣，一是丝绒刺绣。盘金刺绣以金线为主，辅以彩线刺绣，金碧辉煌，灿烂夺目，雍容华贵。丝绒刺绣开丝纤细，色彩缤纷，绣出的花鸟尤其精美。

广绣所使用的基本材料有线绒、真丝、金线、银线、金绒混合等几大类。近二三十年来虽然更多地使用尼龙等混合纤维绣料，但金银绣线和金绒混合绣等传统工艺依然最负盛名，深受人们喜爱，是广绣的代表。金银绣以其独具装饰性为艺术特色，构图饱满匀称，色彩辉煌，更显出作品的富丽华贵。长期以来，广绣以其绣艺精湛、品种繁多、技法善变、色调瑰丽、风格独特而享誉海内外。

新中国成立后，广绣这种广州传统工艺得到很大发展。今天，随着市场经济的发展，广绣逐渐向普通日用商品发展。虽然作为传统特种手工艺，传统广绣业已基本消失，纯艺术作品已很少出现，但是，广绣的品种更加多样化，已发展出刺绣、织锦、抽纱、机绣、绣衣、通锦绣、珠绣、手工编织等。其中珠绣是一种新兴而且很有发展前景的产品，其品种有珠绣手袋、珠绣腰带、珠绣鞋、珠绣服装及珠绣挂画等。其中一些品种，如闪光珠片、串珠、水晶珠、宝石珠等珠绣晚礼服及珠绣鞋在国外市场享有盛誉，产品大多销往中国香港、日本、美国、法国、英国、德国、意大利、澳大利亚、沙特阿拉伯等50多个国家和地区。广绣不仅为国家赚取了大量外汇，而且为国家争得了荣誉。

4.榄雕

广州榄雕源远流长，至今已有300多年的历史。其取材于增城、番禺、中山等地出产的乌榄。由于乌榄核个大质脆，并有比象牙更硬的硬度，早在明代榄雕就已盛行，达到很高水平。到了清代，更是历年的贡品。史上最为出名的是清代咸丰年间新塘老艺人湛谷生雕的《苏东坡夜游赤壁》花船，被称为雕刻之王。由半个小指头大的一个乌榄核雕成，船舱中有8扇可以开合的窗门、3张小凳、1张小桌、3个茶杯，苏东坡等3人依案而坐，旁边还有一个书童，正在摇扇煮茶。船舱后面刻有火炉、吊绳、薄扇、木柁，一个舵工正昂首掌舵，船底则刻有《赤壁赋》全文，计有700多个字，用放大镜看去，字体颇为秀丽。如今，这件稀世珍宝珍藏在增城博物馆内。而同样来自广东的艺人陈祖章所创作的核舟，目前更是收藏于台北故宫博物院中。

传统的广州榄雕主要运用镂雕、浮雕、圆雕等手法创作，而当代榄雕大师曾昭鸿更是别出心裁，利用榄核的外形、特性，独创榄核镶嵌技艺，可将几个甚至上百个榄核镶嵌后进行创作，技艺精湛，令人叹绝，有很高艺术价值。其中2007年创作的超过200颗榄核镶嵌而成的大型作品《中华世纪龙》，创下了榄核雕刻之最，为中国传统榄雕史写下了灿烂辉煌的一页。

2008年6月，广州榄雕被国务院正式列入国家级非物质文化遗产。

5.广式红木宫灯

广式红木宫灯

红木宫灯为广州人所创，起源于明朝，曾是贡品。宫灯最早是用于帝王宫殿照明的，最初的宫灯是北方人制造的白木宫灯，灯只有一个架子，里面放一碗油，点燃灯芯后，外面糊一层纸。到后来，丝绸就取代了纸作为灯罩，宫廷画师在丝绸上作画。后来，郑和下西洋时从缅甸、泰国、越南等国大量进口各种红木。广州的木雕艺人将红木精雕细琢，发明了可装可拆的红木宫灯，并在沙玻璃上作画。明朝时期红木宫灯是进贡皇宫的珍品，清朝时红木宫灯开始大量出口，很受外国人的喜爱，被称为“中国灯”。后来朝中达官贵人争相模仿，遂逐渐流传到民间。宫灯技艺有雕刻、画，造型很有特色，具有广式特色，既有实用性又有装饰性，具有收藏价值。

历经辉煌后，这种工艺日渐式微，上海、北京、广州等地的红木宫灯制作厂都相继停业了。近年来，红木宫灯制作工艺在广州又开始得到恢复和发展。广东省高级工艺美术大师罗昭亮老人在白云区江高镇神山老家开办了艺华美术工艺厂，研制传统红木广式宫灯。他继承并发展了宫灯的民族特色、南北风格和技艺特点，不断推陈出新，制作出的宫灯与环保密切配合，装置了竹炭、活性炭及负离子发生器的台灯和碉楼灯系列，还研制出适用于世界各国不同民族、不同节日使用的“百变节日灯”，把宫灯文化推向世界。融入岭南红木雕刻技艺的盘龙走马宫灯，在全国第五届文化博览会获得了“中国工艺美术文化创意奖铜奖”。2009年，广式红木宫灯入选广东省第三批省级非物质文化遗产名录。

三、百代相传，五彩缤纷——岭南传统风俗

（一）特色概述

广州古为岭南百越之地，其风俗习惯和民俗风情的根基来自中原，千百年来又吸收了外来文化，从而形成了古今荟萃、南北交汇、中外融合的独特的岭南文化和岭南民俗。广州，作为岭南的政治、经济、文化中心，广州的民俗风情是岭南地区民俗风情的代表。

广州许多传统节日的内容和习惯，特别是一些重要节日，如春节、元宵、清明、端午、中秋、重阳、冬至等，大多承袭中原例俗。然而由于广州历史、地理、气候以及民情的变化等诸多因素的影响，也形成了自己的特色。例如，广州地处北回归线附近，四季如春，雨量充沛，一年四季百花盛开，所以广州除夕有“迎春花市”，是我国城市罕见的独特的民俗。又如岭南的醒狮舞，从形式到内容，也有别于北方的狮子，其他如农历二月十三日的“波罗诞”、“沙湾飘色”、“麻车火狗”等风俗习惯都是广州所特有的。尤其是广州人饮早茶的风俗，更是广州地区所特有的民俗。

广州民俗有什么独特之处呢？归纳起来，有3个特点：一是广州民俗丰富多彩，既古老又年轻，南北文化融会，中西文化交流，成为广州民俗形成特点的主要原因；二是广州民俗活泼明快，充满南国水乡的浪漫情调，如赛龙舟、舞狮、“飘色”等；三是广州民俗具有兼容性、开放性，表现形式多含蓄、温馨和浪漫。

下边所介绍的迎春花会、波罗庙会、舞狮、赛龙舟、麻车火狗、元宵灯会等广州民俗均体现了上述3个特点。

（二）主要风俗

1.迎春花市

广州美称“花城”，其一年一度的迎春花市已为世人所瞩目。春节前夕，广州的大街小巷都摆满了鲜花、盆橘，各大公园都举办迎春花展，特别是除夕前

3天，各区的主题街道上搭起彩楼，架起花架，四乡花农纷纷涌来，摆开阵势，售花卖橘，十里长街，繁花似锦，人海如潮，一直闹到初一凌晨，方才散去，这就是广州特有的年宵花市。

广州的迎春花市，早就名扬五洲，饮誉四海，是全国独一无二的民俗景观。每年的迎春花市分别在广州市的八大花街举行，一是越秀区的西湖、教育路花市，二是东山区的大沙头三马路花市，三是荔湾区的荔湾北路花市，四是海珠区的江南西路花市，五是天河区的体育中心花市，六是黄埔区的大沙地花市，七是荔湾区的花地花市，八是白云区的新市大街花市。广州迎春花市一年举行一次，每次由春节前年廿八开始，至年初一凌晨结束。

广州的花市，历史悠久，源远流长，是广州独有的传统民俗。这与广州的地理位置、历史文化、民俗传统不无关系。广州属亚热带季风气候，夏无酷暑，冬无严寒，年平均气温为21．7℃，年降雨量为1982．7毫米，平均相对湿度为77%。广州地区日照时间长，雨量充沛，四季常青，花团锦簇，素有“花城”之誉。优越的地理位置和良好的自然环境，为各种花卉的成长提供了极佳的生长条件。

广州花市的形成，可追溯到明朝。当时广东罗浮山的药市、东莞的香市、广州的花市、廉州的珠市，称为广东“四市”。特别是广州的花市，规模之大、影响之广、游客之多，举国无双。

广州迎春花市不但呈现了古老的岭南春节习俗，更与广州人的生活密切相关，迎春花市融合了广州人“讲意头”的传统，从而形成了自己独特的花卉语言。花市的花，按包装形式可分为三大类：枝头、盆头、散花（又叫花脚）。

枝头主要有桃花、银柳花、吊钟花等。广州人春节爱插桃花，所谓“一树桃花满庭春”。一株靓桃花插在厅堂里，满树星红，挂上节日彩灯，披上绿绸杏带，确是增添了不

迎春花市

少春色，所以不但居家喜爱，各大宾馆酒楼届时也必以一株大桃花装点门庭。桃花成了广州的春节“圣诞树”。

盆头有茶花、兰花、芍药、月桂、玫瑰、含笑、牡丹、水仙、海棠、蟠桃、金橘、橘红、大红柑、大红橘、四季橘、朱砂橘、金蛋果、代代果、热带肉质植物等。因为每棵花的下面都有一个盆，所以这一类花叫盆头。

在观赏花市的时候，很多人都喜欢一枝一枝地选购鲜花，这一类花就叫做散花。人们可以随意挑选，可以讨价还价。散花主要有菊花、剑花、银柳、鸡冠花、芍药、玫瑰等。行花街的多数广州人都慷慨解囊，大把大把地选购各式各样的鲜花，无怪乎有诗人发出“素馨花市闹黄昏，抛掷金钱价莫论，争似种花郎有幸，一生长伴美人魂”的感叹。

除夕之夜，广州八大花市处处灯火辉煌，通宵达旦，人流如海，鲜花如潮。欢乐的人们眼里看着花，嘴里说着花，手里举着花，肩上扛着花，形成了一道奇特的花流。除夕之夜的广州，是花的城市、花的节日、花的海洋、花的世界，使人真正领略南国“彩楼穿花”的风情。

2.舞狮

舞狮，广州俗称“舞醒狮”，是以武术功法为基础，又以“舞”为形式的独特民间艺术舞狮。由两人合作，首尾配合，舞动一头四不像“狮子”，前有“大头佛”逗引，配以象征狮吼和风雷之声的大鼓、厚锣、响钹，随着乐声起伏，把“狮子”从酣睡到奋起的神态举止、喜怒哀乐表现得淋漓尽致。每逢佳节喜庆、迎春赛会、开张庆典，人们必敲锣打鼓，舞狮助兴。

广州舞“醒狮”活动起源于明朝末年，初为表现武术馆的尚武精神。清朝中叶，已广泛流行于两广地区，并传至南洋、北美和华侨华人聚居的地方。广州三元里、泮塘的“狮子”尤具特色。

其实，狮子有“北狮”和“南狮”之分。“北狮”重形，广州民间的“南狮”重“意”，讲究桥马，善于抽象传神。“南狮”造型套路甚多，酣睡、出洞、起势、过三山、上楼台、发狮威，无不神似；喜则欢而碎步，怒则气冲牛斗，哀则闭眼稳步，乐则跃而跨步。这是南狮重“意”的舞法。还有迎宾舞、跳龙门、叠彩、采青等各种形式。“舞狮”高潮在“采青”。人们把象征“松柏常青、身壮力健”的“青叶彩礼”（通常是一棵连根的生菜，菜中扎有一封利是）高高挂起或放置于盘中，“狮子”从探青、惊青、食青、吐青按套路表演。“采青”时视“青”的高度，少则二三人“叠罗汉”踏肩而上，多则数十人肩托圆盘至五六重，摘取彩礼。舞狮者必须顺利地一次采到“青”，并将“青”食下，然后再把“青”吐出来抛给主人，主人接“青”以后就表示接到福了，会无比高兴。

现在广州的醒狮，头上是有角

的，这是一个非常独特的造型，名为“狮子”，实为一头不像狮子，不像犀牛，不像麒麟，不像虎豹的“四不像”。这个“四不像”还有一个传说，在明朝初年，有头独角怪兽出现在佛山，害人害物，人们不得安宁。后来有人想了个办法，以兽治兽，做了一头竹编纸糊的头上也长独角的狮子，并且敲锣打鼓、大放鞭炮，把怪兽吓跑了，从此便把独角狮子作为驱邪消灾的吉祥物。

3.波罗诞

在南海神庙每年都有“波罗诞”盛事。“波罗诞”又称南海神诞、南海波罗诞，是珠三角地区乃至岭南地区最具影响力的民间庙会，蕴含了岭南最有代表性的民间民俗文化元素，有着千年的历史文化传统，是现今全国唯一对海神进行祭祀的活动。会期为每年农历的二月十一日至十三日，十三日为正诞。庙会期间，南海神庙（波罗庙）方圆数十里的民众，还有珠三角、港澳地区的善男信女及东南亚华侨都从四面八方前来南海神庙“游波罗”，包括水上、陆上地区都热闹非凡，四乡云集赶赴庙会，热闹程度更胜春节。当地俗语有云“第一游波罗，第二娶老婆”，把游庙会与人生大事相提并论，足见对其重视的程度。

波罗诞起源于何时，于今已难考证，但波罗诞的盛况在南宋诗人中有明确的记载，如宋代著名诗人杨万里（1127～1206年）写了一首谒南海神庙的诗，名为《二月十三日谒两庙早起》，诗云“起来洗面更焚香，粥罢东窗未肯光”。诗名明确讲二月十三日前去神庙拜神，可见宋朝时已定下二月十三日为南海神诞。同期诗人刘克庄（1187～1269年）的《即事》诗也反映了当时波罗诞的景象，诗云：“香火万家市，烟花二月时。居人空巷出，去赛海神祠。东庙小儿队，南风大贾舟。不知今广市，何似古扬州。”

南海神庙又称波罗庙，建于隋开皇十四年（594年），是古代为祭祀南海而建，是古代帝皇祭海的场所，至今已有1419年历史。进出庙前，众多的商船均停下来上庙祭祀，以祈求航路平安、生意顺利。明代之后，随着扶胥港商贸的衰落，尽管统治者仍然重视在南海神庙举行祭海，但其功能更多地演化为祈福、览胜、旅游，尤其每年的波罗诞变成民众的祭祀、会亲、自娱自乐，各种民间民俗活动就愈演愈烈，到清代达到鼎盛。波罗诞延续至今，人们在这里烧香祭祀南海神，纯粹是民间性的祈祷求愿，不再与海上贸易官方拜祭南海神有关。20世纪40年代，古庙年久失修，民众自发性的庙会仍没有中断。80年代古庙重修，庙会恢复昔日的盛况。近两年，在社会各界的共同努力下，每届参加庙会活动的游客均超过60万人次。

4.沙湾飘色

广州地区有很多“色”，例如飘色、跷色、马色、秋色，而最著名的“色”，当然是沙湾飘色了。

赛龙舟

广州番禺区沙湾的飘色是南国的一种古老的民间艺术。沙湾飘色源远流长，据传是在邻村员岗飘色的基础上发展起来的，而员岗飘色又是明代自江西省传入的。飘色因为最先从沙湾镇传播开来，世代相传至今已有300多年的历史，所以叫沙湾飘色。

作为戏剧人物造型的一种独特形式，沙湾飘色集戏剧、杂技、装饰、力学原理于一体。这项民间文艺活动，每年农历三月初三在沙湾举行。

“飘色”的“飘”，即“飘在空中”，“色”即是“景色”，“飘色”就是“飘起来的景色”。飘色中的“色板”是一个长153厘米、宽77厘米、高64厘米的流动小舞台，由4～8人扛抬。台上或坐或立的人物造型叫做“屏”，上面凌空而起的人物造型叫“飘”。

“屏”与“飘”的表演者都要经过严格的挑选：人物要长相俊美和体重适中，前者不超过13岁，后者不逾3岁。“屏”与“飘”由一条经过伪装的“色梗”连为一体，不逾3岁的小孩巧妙地固定在“色梗”上，看似惊险无比，实际安全得很。沙湾飘色传统有200多板，每一板都取材于戏曲、小说、民间故事、古代神话，如“嫦娥奔月”、“苏武牧羊”、“哪吒闹海”等。近年来还创作出一些现代题材的飘色，如“江山秀色”、“和气夫妻”、“体育之光”等。游行时，飘色队列之前为鲜艳的旗帜、罗伞，后有响亮的吹打乐器渲染，不同板的飘色凌空而来，喧闹一番而去。

5.赛龙舟

赛龙舟是广州市历史上的传统节日活动。每年端午节前后，从农历五月初一开始到五月初十的10天内，海珠区、白云区、黄埔区、番禺区各村镇以船会友，相互拜访，在河、涌举行竞渡活动。竞赛当天，江边彩棚高搭，彩旗飘扬，红男绿女蜂拥两岸，条条油光蜡亮、焕然一新的龙舟静泊江心，划船的桡手早已摩拳擦掌，准备一展雄风。一声炮响，千桡齐发，百舸争渡，水上锣鼓喧天，鞭炮齐鸣，两岸欢声雷动，得奖的龙舟可获花红利市。

五月初五的龙舟活动，于1994年由广州市政府正式定为龙舟节。

近年来，广州市每年都在珠江海珠桥至人民大桥之间举办“广州国际龙舟邀请赛”，既有广州市各区的参赛龙舟，又有来自美国、泰国、新加坡、马来西亚、中国香港、中国澳门等多个国家和地区以及省内南海、顺德等地的龙舟参赛。该赛事还打破过去女人不准上龙舟和不准参加龙舟比赛的习俗，出现了男女同划，甚至女子击鼓指挥的喜庆场面，为龙舟竞渡这个民间盛大的节庆添姿彩。

6.掷彩门

“掷彩门”是从化富有特色的民间喜庆活动，是群众共同参与的竞赛活动。每年正月元宵前后，从化各处乡村皆举行烧土炮、掷彩门活动，除村中民众欢聚贺庆外，亲戚朋友和邻村群众也前来观赏。所谓“彩门”，其实是装满各式烟花和炮竹的花篮，色彩斑斓，十分好看。以往，彩门是竹编纸糊而成，周围缠上导火线，装上小起火、小车乙、小飞鼠、小柳花等。彩门对从化人来说寓意着“彩数”、“好彩”，即好运气、吉祥之兆。掷彩门时先点燃小鞭炮抛向高悬的彩门花篮，谁先引燃彩门，就被视为中了彩、当年会行好运。

7.貔貅舞

增城貔貅舞是广东省非物质文化遗产，是客家人的传统舞蹈节目，又称“舞客家猫”、“舞客家狮”、“舞醒狮”，是当地客家人每逢喜事、年节，甚至单位落成典礼、开店铺、新建房都要举行的表演活动。相传，唐僧、沙僧、孙悟空以及猪八戒师徒四人去西天取经路上经过峨眉山石燕洞看见凶猛无比的雄狮，待唐僧师徒取经后来到南方，看到客家地区发生瘟疫，当地人民处在灾难之中，唐僧便叫孙悟空驯服狮子遣到南方，为客家地区人民消灾避难，保一方平安。从此以后，客家人用柱子、纸皮及绸布扎成狮子、沙和尚与孙悟空组成一套舞醒狮的节目，逢年过节、喜庆日子就进行舞狮表演，庆祝节日快乐，祈盼新的一年风调雨顺，五谷丰登，六畜兴旺，生活平安幸福。在舞狮的过程中狮子与沙和尚、孙悟空互相挑逗取乐，惟妙惟肖，气氛热烈，喜庆欢乐。

四、岭南奇葩，清香淡雅——广州艺术圣殿

（一）特色概述

自20世纪90年代开始，广州文化事业以建设现代化大都市为目标，加大改革力度，加大对文化设施建设、文艺创作和艺术革新的经济投入，向新的高度发展。在继承和发扬传统文化艺术的同时，一批现代化、多功能、高水平的文化艺术设施相继建成投入使用，使广州的城市文化品牌形象获得了极大的提升。在广州，既可以在中山纪念堂、星海音乐厅、广州大剧院这样极富盛名的演出场馆欣赏阳春白雪的艺术演出，也可在遍布广州街巷的文化馆、文化站体验下里巴人的群众文艺活动，还可去广东美术馆、广州艺术博物院接受岭南书画美术的熏陶。2012年，广州市有大型演出场馆10个、市级大型专业艺术表演团体7个，在广州的艺术圣殿中，您可以细细品味岭南文化的独特魅力。

（二）主要艺术圣殿

1.广州大剧院

广州大剧院位于花城广场西侧，由曾获得“普利兹克建筑奖”的英籍伊拉克女设计师扎哈·哈迪德设计，宛如两块被珠江水冲刷过的灵石，外形奇特，复杂多变，充满奇思妙想。而广州大剧院的声学设计大师、全球顶级声学大师哈罗德·马歇尔博士，精心打造了广州大剧院的声学系统，使广州大剧院传递出近乎完美的视听效果。

广州大剧院是目前华南地区最先进、最完善和最大的综合性表演艺术中心，总占地面积4.2万平方米，建筑面积7.3万平方米，建筑总高度43.1米。剧场设施包括1个歌剧厅、1个实验剧场、3个排练厅（歌剧排练厅、芭蕾排练厅以及交响乐排练厅）以及1个当代美术馆。同时，剧院拥有完备的附属设施，包括票务中心、大型停车库、餐厅等。

广州大剧院自正式开幕以来，已经迎来近千台全世界高水准及国内外演出，包括开幕演出《图兰朵》、世界经典歌剧《托斯卡》、世界经典音乐剧《妈妈咪呀》中文版，著名表演者包括世界三大男高音之一卡雷

拉斯、世界著名大提琴家马友友、二度来穗的世界指挥大师洛林·马泽尔等。到目前为止，广州大剧院已成功聘请了多位世界知名艺术家成为广州大剧院签约艺术家，如世界第一华人大提琴家马友友、世界第一歌剧指挥丹尼尔·欧伦、罗马歌剧院驻院导演马蒂亚、世界指挥大师洛林•马泽尔、华人指挥大师汤沐海等。

交通 公交40路、194路、777路、778路到花城广场（友谊国金店）站，107路到花城大道（华穗路口）站；或乘地铁3号线、5号线至珠江新城站B1出口，APM线至歌剧院站A出口。

2.红线女艺术中心

红线女艺术中心是广州市政府为表彰红线女对中华优秀文化艺术的卓越贡献而投资兴建的。

红线女（1924～2013年）是著名粤剧表演艺术家，在国内外享有盛誉，被誉为“国宝级”艺术家。毛泽东同志在给她的信中称她为“劳动人民的红线女”。她从艺60多年，在前人的基础上不断开拓、创新，创造了享誉海内外的“红派”艺术，她所塑造的一个个光彩夺目的舞台形象在粤剧史上留下了绚丽的篇章，她所独有的以声带情的唱腔艺术代表着当代粤剧旦角艺术的最高成就，被誉为岭南文化瑰宝。

红线女艺术中心位于景色秀丽的广州珠江新城，落成于1998年12月。这座建筑面积达6840平方米的艺术中心，是一座以展览厅、实验小剧场为主体的综合性、多功能的现代建筑物，是收藏、展览、展演红线女艺术成果，开展国内外艺术交流和学术探讨、培训人才的专门场所。

这座建筑物把凝重的建筑格调与优美的戏剧元素结合在一起，以错位、组合、扭转为构图手法，使整个建筑造型表达了一种婉转回旋的动感，使戏剧艺术与建筑艺术在观感上和意念上达到融会贯通。室外平台以飞动的彩色大理石图案为导引，正立面半圆形斜向玻璃及入口形式是乐器和乐声的象征，舒卷开合、高低错落的白色墙体和旋梯的回旋形式是对中国戏剧表演中飘动的服饰和水袖的摹写。开阔的门厅和变化的空间可同时作为展览场地，在门厅与排练厅的过渡带的上空插入带状天窗，既解决了采光通风问题，丰富了室内空间，又使建筑正面的墙体不开窗，保证了整个建筑空间复合体在雕塑造型上的完整性。

红线女艺术中心记录着红线女60多年漫长岁月艺术道路上一个个鲜明的足迹。一面红石墙上镌刻着一代伟人毛泽东雄浑苍劲的手迹：“活着、更活着、再活着，变成劳动人民的红线女。”这里摆放着6尊两米高、由著名雕塑家潘鹤等雕塑的红线女艺术形象——王昭君、李香君、翠莲、朱廉秀、刘琴、沈洁，每尊雕塑都由汉白玉或青铜制成，做工精致，栩栩如生。

弘扬祖国优秀文化艺术，保存和发展“红派”艺术，为广东的精神文明建设增光添彩，是红线女艺术中心的宗旨。红线女艺术中心体现了岭南文化的独特韵味，是广州这座南国名城亮丽的文化景观。

交通 公交138路、778路、545路到红线女中心站，或137路、138路、278路到国防大厦站。

3.星海音乐厅

星海音乐厅位于珠江的二沙岛上，主体建筑造型新颖独特，富于现代感，有如江边展翅欲飞的一只天鹅。特别是在晚上，在泛光灯饰反衬下，珠江水面波光粼粼，更凸显珠江明珠的风采。

星海音乐厅建于1997年，总占地1.4万平方米，建筑面积1.8万平方米，由交响乐演奏大厅、室内乐演奏厅、视听欣赏室和音乐文化广场、水上演奏舞台以及音乐喷泉等组成，还有集视、听、读服务功能于一体的音乐图书资料中心。音乐厅从捷克、德国、日本等国家购进了管风琴、钢琴等大型高级乐器和先进的音频、视频、同声传译设备。它的总投资达2.5亿元，是中国目前规模最大、设备最先进、功能最完备、具有国际一流水平的音乐厅。

星海音乐厅是在广东省委、省政府关怀和领导下，由省文化厅组织实施兴建的精神文明建设重点工程，为社会公益性文化事业单位。这座以人民音乐家冼星海的名字命名的音乐厅，是广东省第一家上演高雅、严肃音乐的专业场所，也是对外文化交流的重要基地。这里经常组织国内外交响乐团、民族乐团等音乐团体和音乐艺术家演出，承办国际声乐、器乐比赛和国际音乐节，举办群众演唱、演奏和音乐讲座，还开展音乐艺术教育活动，提供音乐知识、信息咨询服务。

交通 公交191A路、194路、89路、B21路等到星海音乐厅站。

4.广东美术馆

广东美术馆位于二沙岛上，1997年11月28日落成开馆。该馆是按现代多功能目标规划建设的造型艺术博物馆，是一个免费向公众开放的永久性国家文化事业机构，它担负着收藏、研究、展示国家艺术珍品以及公民素质教育、对外文化交流、推动当代美术事业发展的社会责任和历史使命，具备收藏、研究、陈列展览、教育、交流、服务六大功能。

美术馆总建筑面积2万多平方米，馆内展区8000平方米，设有12个展厅以及5000平方米户外雕塑展示区，可同时或分别举办展览与陈列。常年以“中国近现代沿海美术，海外华人美术，中国当代美术”为主要展出内容，展出国画、油画、版画、雕塑、陶艺以及当代艺术等作品弘扬了本土美术和传统文化，并创立了具有国际影响力的“广州三年展”等文化品牌。美术馆还设有共300个座席的现代化多功能学术报告厅、1800平方米对社会公众开放的人文图书馆和500平方米的少儿艺术培训中心。

广东美术馆利用典雅优美的环境和艺术氛围，以其独特的服务项目为

广东美术馆

大众营造一方愉悦轻松的文化休闲场所，使大众在休闲活动中获得潜移默化的艺术熏陶，为提高整个城市的文化品位、落实文化惠民作出了积极的贡献。

交通 公交131A路、194路、89路、B21路等到星海音乐厅（广东省中医院）站。

5.广州艺术博物院

广州艺术博物院从成立于1957年的广州美术馆发展而来，坐落在广州市北面的麓湖畔，景色宜人、环境优雅，由广州市人民政府立项投资，于1995年奠基兴建，2000年9月23日正式对外开放。广州艺术博物院为广州市重要的爱国主义教育基地，常年向社会公众开放，并于2009年9月起向社会公众免费开放，设有咨询接待、参观引导、资料提供和安排讲解员等服务。观众参观踊跃，尤其在免费开放后，年观众量超百万人。

广州艺术博物院占地面积2万平方米，建筑面积近4万平方米，其中展览厅和参观场所达2万平方米，包括展厅12000平方米及户外展览场地8000平方米。建筑由中国工程院院士、著名建筑设计师莫伯治主持设计，以白色为主色调，配合岭南特有的红砂岩柱廊，显得端庄典雅、恢宏，整体环境有浓厚的艺术氛围。

广州艺术博物院的陈列内容以中国历代书画作品为主，尤以岭南历代书画作品为重点，还兼顾其他门类的历代艺术品。收藏既有广州美术馆数十年来积聚的丰富而精美的中国历代书画，又有当代一批著名美术家、收藏家捐赠的各类艺术品。藏品类别包括国画、书法、油画、版画、水彩画、水粉画、漫画、雕塑，以及唐卡、铜器、陶瓷、剪纸等工艺品。现有藏品31499件（套），其中一级文物118件，二级文物1845件，三级文物

2570件，藏品总量与质量位列全国艺术类博物馆前茅。

广州艺术博物院共有13个长期陈列馆：高剑父艺术馆、陈树人艺术馆、赖少其艺术馆、关山月艺术馆、黎雄才艺术馆、赵少昂艺术馆、杨善深艺术馆、廖冰兄艺术馆、杨之光艺术馆、欧初艺术博物馆、赵泰来收藏馆、马思聪音乐艺术馆、岭南画派专题陈列馆。此外，还有多个专题展览馆不定期举办各种短期展览，引导观众接受系统的美术史、美术鉴赏等方面的知识。

广州艺术博物院通过举办一系列独具特色、雅俗共赏的陈列展览，以扩大影响力和提升知名度。除展示丰富的藏品之外，还通过与上级部门、社会各界合作，成功举办了一系列大型的展览与活动。此外，还通过与国内外的文化界和博物馆同行建立了长期广泛的合作关系，开展陈列展览、学术研究、宣传教育、艺术交流等活动，逐渐成为广州市对外文化交流的重要窗口。

交通 乘坐10路、247路公交在广东省第二中医院站下，297路、184路、109路、110路公交在横枝岗站下，546路、544路、76路、76A路、190路公交在广州电大麓湖校区站下，245路、63路、旅游1线在艺博院站下，乘地铁5号线在小北站下。

6.十香园纪念馆

十香园位于广州海珠区江南大道中怀德大街3号，是岭南画派蒙师居巢、居廉二人居住、作画、授徒之所，被誉为岭南画派的“祖庭”。因院内曾植有素馨、瑞香、夜来香、鹰爪、茉莉、夜合、珠兰、鱼子兰、白兰、含笑10种香花，故名“十香园”。

居巢、居廉在晚清画坛上享有盛名，他们的绘画艺术在继承前人没骨法的基础上创造出“撞粉”、“撞水”技法，题材多以花鸟鱼虫为主，兼及社会民生，构图造型巧出新意，成为清末岭南画坛的主流。十香园以蒙馆形式，培养了广东、广西等地的一大批美术人才，其中以岭南画派创始人高剑父、陈树人为最出色的入室弟子，故十香园又称“岭南画派的摇篮”。

2007年，十香园纪念馆依托十香园成立，现分为遗址区域和美术展览区域，总占地面积为3879平方米。遗址区域包括今夕庵、啸月琴馆、紫梨花馆3座主体建筑，以“居巢、居廉与十香园”为固定展，介绍“二居”的艺术成就及十香园的历史沿革。美术展览区包括两层美术展馆及艺术家交流厅和园林水榭、亲水平台、休闲广场等配套设施，以“诗情画意溯流源——隔山画派及岭南画派先师纪念展”为固定展，通过“一人、一画、一史”的形式系列地介绍隔山画派及岭南画派的发展和传承脉络。

交通 地铁2号线到江南西站下。

五、科技引领，创新天地——广州科技创新

（一）特色概述

广州是海上丝绸之路的始发地，对外贸易基因使这座城市从不缺少新思想、新潮流，高山大海更是赋予了这座城市开放、包容、创新的勇气和魄力，改革开放30多年使广东从农业大省发展到工业大省、从经济大省发展到科技大省。广东今天的时代地位是建立在不断创新之上的，人们的精神风貌、城市的气质也是在这种创新的过程中塑造而成的。今天的广州，您既可以看到像广东科学中心这样的科普教育示范基地，又可以在众多科技园区感受科技创新带来的产业成果。

广州，这个古老又现代、传统又时尚的城市，在科技创新引领下，正在酝酿着一次新的蜕变。

（二）主要科技创新景点

1.广东科学中心

一半是科学一半是艺术的广东科学中心作为岭南特色一张闪亮的城市名片，既是岭南文化和科技的象征，又是这座城市创新文化的标志。

广东科学中心位于广州市大学城（番禺区小谷围岛西端），占地面积45万平方米，建筑面积13.75万平方米。展馆整体建筑形象为“科技航母”，造型独特，气势恢宏。从正面看，像一只灵动的科学“发现之眼”；侧面看，像一支整装待发的“舰队”；俯瞰整个建筑，酷似一朵盛开的木棉花，是我国“绿色建筑”代表工程、广州市的标志性建筑。

广东科学中心一期展示工程于2008年9月27日建成开放。馆内设有儿童天地、实验与发现、数码世界、交通世界、绿色家园、飞天之梦、人与健康、感知与思维8个常设主题展区，三维巨幕、四维、球幕、虚拟航行4座科技影院；数字家庭体验馆、开放实验室和多个临时主题展区。展品采用多种高新技术，将科学性、知识性、趣味性有机融合，让观众在动手参与、亲身体验中获得科技知识。户外的科学探索乐园拥有8万平方米人工湖、60多个经典科学展品，培植有2000

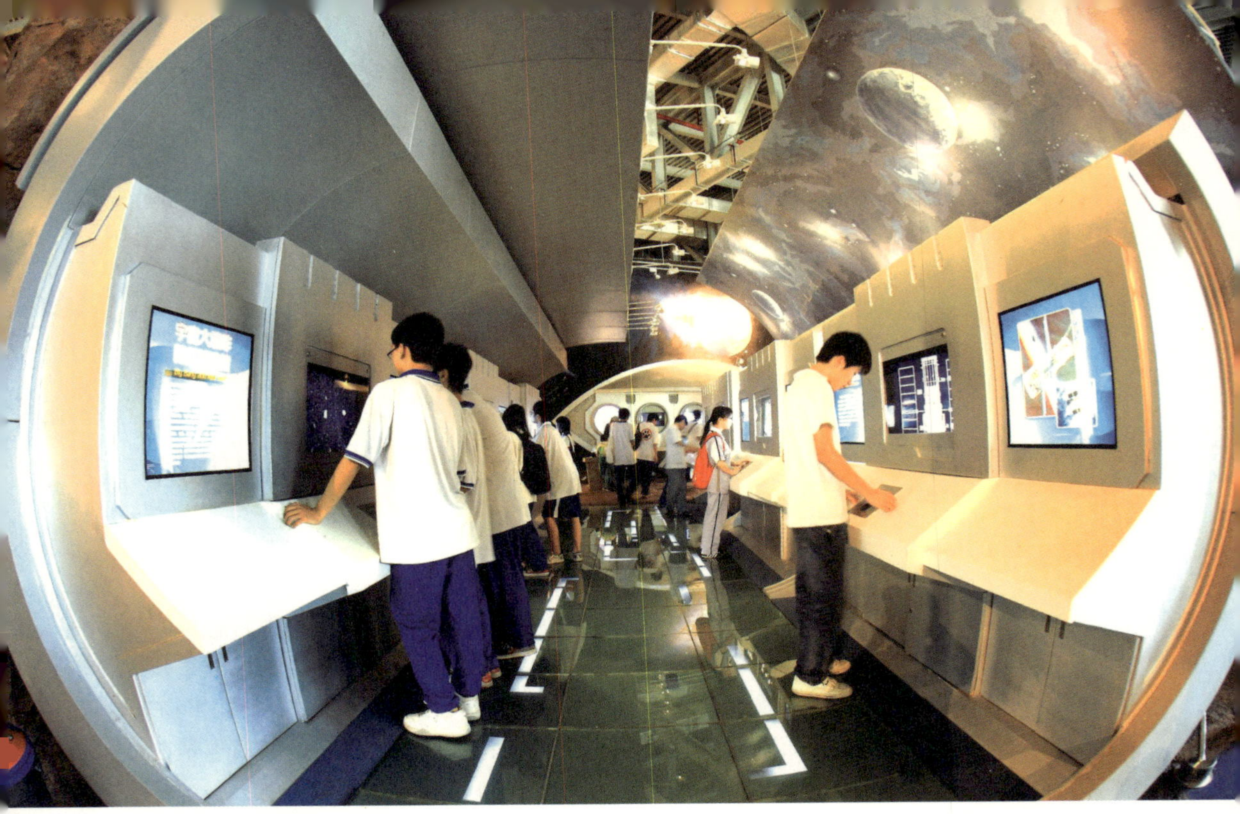

广东科学中心

多种岭南特色植物，设计独特，景观迷人，是深受观众喜爱的科学公园。开馆以来，广东科学中心先后荣获“广东省科普教育基地”、“广东省青少年科技教育基地”、“国民旅游休闲示范单位”、广东省首个“科技旅游示范点”、国家4A级旅游景区等多个荣誉称号。

除科普展览以外，广东科学中心还致力于组织各类大型科技活动，并为各级政府、企业、事业单位提供完善的科技展览、推广、交易、交流和会议服务。充足的展览场地，完善的配套设施，包括客房、多功能会议厅、阶梯报告厅、会议室、咖啡厅、同声翻译设备、餐厅等，可满足各类会议、活动需求。

广东科学中心正在筹划的二期展示工程，将围绕“国内领先，国际一流”的建设目标，以社会前沿科技为内容重点，突出现代科学技术成果，并利用广东科学技术和经济文化的资源优势，完善各种科技活动服务设施，把广东科学中心建设成为广东省重要的科技发展成果展示窗口，成为泛珠三角地区重要的科普教育平台和科技资源中心。

交通 公交387路、801路、番202路到达科学中心站，公交33路、76路、86路、252路等11条大学城岛外线路到达大学城换乘387路，或乘坐地铁4号线到达大学城换乘387路。

2.广州科学城

广州科学城是广州高新技术产业开发区的核心园区，是广州市东部发展战略的中心区域，于1998年12月28日奠基，规划面积为20.24平方公里，有5个功能组团区：电子信息产业区、生物医药产业区、新材料与新能源产业区、综合研发孵化服务区、生态保护区。广州科学城已建成100万平方米孵化器，加快建设100万平方米加速器、100万平方米公共技术平台和100万平方米的生活配套设施。拥有各类科技研发机构285家，其中国家级研发机构7家。科学城总部经济区首期建成，首批入驻项目注册资本达105亿元。2011年，广州科学城实现营业收入2400亿元。近10多年来，广州科学城累计投资300多亿元，加大基础设施建设力度，大力引进高新企业和研发机构，成为华南地区创新资源高度密集的地区之一。

该区域规划设计科学、地理位置优良、交通运输便利，实行生态优先，开发建设起点高，是广州发展高新技术产业的重要基地、21世纪的标志性科技工程、未来广州最适宜创业发展和生活居住的现代化生态园林城市的样板区、现代化新型城区和休闲旅游景点，致力于打造东方的“欧洲城”。

广州科学城是广州乃至广东发展高新技术产业的重要基地，是高科技产业的孵化基地和摇篮，其重点产业发展方向是计算机及软件、生物医药、光电子、新材料、环保设备等。目前拥有各类科技研发机构285家，其中国家级研发机构7家。随着开发建设步伐的不断加快，道路、景观、绿化等各项基础设施的日臻完善，相信在不久的将来，一个环境优美、设施齐全的高标准高新技术产业基地、一个面向21世纪的美轮美奂的生态园林城区将在珠江三角洲腹地崛起。

交通 公交324路、336路、B22路或者夜52路至广州科学城总站。

3.广州国际生物岛

广州国际生物岛原名“官洲岛”，是位于广州市东南端、沿珠江后航道发展带上的一个江心岛，占地面积1.83平方公里，南依广州大学城，北望琶洲国际会展中心，东面与长洲岛隔江相望，西面为广州果园生态保护区。2000年，官洲岛获准立项建设国际性的生物技术研究及生产基地，并获正式命名“广州国际生物岛”。

生物岛将会作为未来生物科技的CBD将聚焦高端产业环节，规划主要分为产业孵化区、研发创新区、产业服务区、生活服务区、综合管理区、绿化广场公共活动系统6个功能组团，其主要产业发展方向为生物新药创制、生物能源、生物信息、基因工程与蛋白质工程和海洋生物等方面的研发。2008年，《珠江三角洲地区改革发展规划纲要》把广州生物岛项目上升为国家战略。全岛空气清新，生态环境良好，紧邻华南快速干线和环城高速公路，交通便利，十分适合生物技术研究开发基地的建设。长达10443米的生物岛绿道，被匠心独运地设计为岭南风情滨水骑游绿道，获评全省绿道样板工程。广州国际生物岛于2011年7月8日对外开放。在2011年“羊城最美绿道大PK”活动中，广州国际生物岛绿道最终艳压群芳，以60万的超高票数问鼎“PK榜”，获得“最美绿道”称号！

交通 广州地铁4号线到官洲站下，节假日公交专线5（体育中心总站—长洲岛总站）于生物岛叠翠园站下。

4.番禺节能科技园

番禺节能科技园是以科技资本、地产资本、金融资本“三资”融合创新模式，打造以“绿色、低碳、环保”为主题的创新型民营科技园区。园区依托产、学、研区位优势，坚持科技创新、服务产业转型升级，着力打造自主创新平台，培育发展了一大批科技型中小企业。

番禺节能科技园首期建设用地面积750亩，园区坚持发展“两头在园区、中间在外部”的总部经济模式，着力培育战略性新兴产业，节能环保、新能源、新一代信息技术类企业已占园区注册企业的90%，其中，新一代信息技术类占44%，新能源类占21%，节能环保类占25%，其他10%为配套服务型企业。园区全部建成后，将可安排1300家左右的科技型中小企业进驻。园区已成为推动区域产业转型升级、引领绿色发展的“创新集群”。

番禺节能科技园与有关部门、科研机构合作设立了“产学研结合示范基地”、“国家动漫游戏网络产业园区”、“中国科学院广州技术转移中心”、“广东省科技企业上市培育基地”、“广东现代服务交易中心”、“华南理工大学院地合作基地”、“广东省小企业创业基地”、“广州市物联网产业示范园区”、“广州市创业（孵化）示范基地”、“广州市低碳经济示范园区”、“广州市中小企业创业基地”、“广州市创业(孵化)示范基地”、“广州市环保产业示范基地”等发展平台，促进入园企业的发展，并先后获得“全国优秀博士后科研工作站”、“全国节能突出贡献示范单位”、“广东省环保突出贡献单位”、“广东省诚信示范园区”、“广州市中小企业服务示范园区”等多项殊荣。

交通 公交10路、307路、309路、657路至节能科技园。

六、创意无限，精彩纷呈——广州创意园区

（一）特色概述

随着创意工业的兴起，国内很多城市都开始利用废旧厂房改建成创意园。广州自1999年12月天河软件园成立以来，文化创意产业园区发展迅速。据统计，包括小洲村、太古仓、红专厂、TIT纺织服装创意园、信义国际会馆等在内，广州一共有24个创意产业园。这些产业园区将发展成为创意产业的聚集地，并且成为广州市民体验时尚文化的休闲胜地。其中，小洲村已成功吸引了国内外众多艺术家聚居此地，成为艺术创作的伊甸园；珠江琶醍啤酒文化创意区、红专厂、TIT纺织服装创意园、太古仓成为由工业企业转型为创意文化及旅游休闲产业基地的成功典型。在周末找个附近人少的创意园区去慢慢转悠，感受创意、小资、休闲的氛围，也是一个不错的选择！

（二）主要创意园区

1.小洲村艺术创作基地

小洲村位于广东省广州市海珠区的东南部，是广州“万亩果园”保护区内的村庄，面积4.5平方公里，南临大学城、生物岛，四面环水，河网纵横，形似小岛，古称“瀛洲”。小洲村是具有1000多年悠久历史的古村。小洲村人口约6500人，其他居住人员约3500人，居住总人口约10000人。果林面积270公顷，水网面积30公顷，是目前广州地区唯一的自然景观和人文景观保存最完整的水乡，来此地考察地理、人文、环保、建筑、旅游等方面的专家都普遍称赞。小洲村相继被评为“广东省生态示范村”、“广东最美丽乡村”、“广州市特色乡村旅游点”、“中国乡村旅游‘飞燕奖’之最佳古村镇文化奖”、“中国独具特色名村奖”、“中国生态文明楷模”、“第一批国家级生态村”、“首批广东省古村落” 、“中国最有魅力休闲乡村”和“广东省旅游特色村”等。

小洲村素有“岭南水果之乡”的美誉，杨桃、木瓜、番石榴、龙眼、黄皮等被称为“小洲五美”。村内建成了广州市第一个以绿色生态为主题的公园——

瀛洲生态公园，融合生产、科研、观光等多种功能，每年接待游客超过10万人，为现代化都市农业向高层次发展开辟了途径。瀛洲生态公园被评为“广东省生态示范园”、“广东省科协教育基地”、“广州市农业旅游示范点”和“广州市小城镇建设样板工程”。

小洲村与艺术结缘始于岭南画派杰出代表关山月、黎雄才等艺术大师的关注。这些画家看重小洲村的宁静秀丽，发起组建了小洲艺术村，广州大学城的建设则成为小洲艺术村的强力助推器。如今，小洲村独特的水乡环境和深厚的文化底蕴吸引了大批专业人员来到这里进行艺术创作，成为艺术家们寻觅创作灵感、写生、摄影的首选之地。来自美国、加拿大、法国、南非和国内许多地区的知名艺术家、众多中青年艺术家聚居此地，建立各种工作室潜心创作，小洲村已成为艺术家的伊甸园。

交通 公交45路到小洲总站，252路到小洲村站，B25路到广大生活区转35路、565路、310路、86路到瀛洲生态公园下车。

2.珠江-英博啤酒博物馆及琶醍啤酒文化创意艺术区

它是以珠江-英博国际啤酒博物馆为依托，在磨碟沙隧道顶部及沿江区域用全新的创意建筑，打造臻具现代格调的啤酒文化艺术平台及高端餐饮休闲娱乐地带，将工业年代的货运码头改造成为游艇、观光游船可以停靠的水上交通码头，营造出生态与美态兼容的优质城市公共空间。

珠江-英博国际啤酒博物馆是华南最大的国际化啤酒文化展示场所，是中国唯一一家将世界啤酒文化、中国啤酒文化、岭南文化、泛珠三角地域文化以及珠江啤酒企业文化融会贯通的综合性啤酒文化博物馆。它以一种特殊而具体的世界性语言，生动地向人们描绘啤酒业发展的历史和现状，带您走进麦芽、酵母、啤酒花的世界，领略啤酒酿造的过程，感受非同寻常的啤酒文化，并共同见证珠水品牌——“珠江啤酒”的独特魅力。

从啤酒博物馆拾步而下，是珠江南岸1公里江景线的琶醍啤酒文化创意艺术区。主题广场在琶醍艺术区沿江而设，自东向西分别展示着亲水码头广场、以工业用途麦芽仓为背景的大型舞台、室内艺术空间，以及各具特色的国际餐饮休闲地带。在艺术区内可以体验前卫的裸眼3D油画，欣赏各种中外艺术展览、新车发布、时装秀、音乐会、跳舞派对，享受即日鲜啤配搭亚欧各国不同风味的琳琅美食的曼妙滋味，观览广州塔、猎德桥、珠江新城连成一线那摩登建筑的现代城市魅力，体会广州城的国际化都市生活质感。

交通 B7路、20路、229路、262路、304路、505路、大学城3线车至磨碟沙站。

3.太古仓码头创意区

太古仓码头地处广州市海珠区革新路124号（珠江后航道东岸），码头占地面积54888平方米，连同水域面积共71236平方米，码头岸线312米。码头由原英商太古洋行于20世纪20年代建造而成，故名“太古仓”。太古仓码头是广州近现代对外贸易和港口运输的重要历史遗迹，是民国时期外资进入广州港口运输及仓储行业的历史见证，是中国古代海上丝绸之路历史文化和近代十三行对外贸易历史文化的延续，也是华南地区保存最完好、历史最悠久、最具英式建筑特色的码头。

新中国成立以后，太古仓码头收归国有，移交交通部广州港务管理局接管，后由广州港集团有限公司经营。码头是国家一类口岸，以进出口货物的装卸、储存功能为主，为广州市的对内对外贸易作出了重要贡献。

太古仓见证了多宗历史事件，成为广州市文化交流的重要场所。20世纪六七十年代，太古仓码头曾经是广州港运送援越物资的重要军运码头之一。由于太古仓特有的旧码头仓库建筑风格，以及不可多得的港口历史文化，曾多次吸引影视界在这里拍摄外景，其中有电视剧《虾球传》、《风雨西关》，电影《中华英雄》，共和国建国60周年献礼影片《秋喜》等。

按照广州市珠江两岸整治规划和“退二进三”的整体部署，广州港集团有限公司对太古仓码头实施了转型改造，于2008年4月正式开工，2010年3月一期工程全部完工。项目成为省市各大媒体关注的焦点，被誉为“广州的798”。转型后的太古仓码头定位为以集文化创意、展贸、观光旅游、休闲娱乐等业态于一体的商业文化景区。项目凭借深厚的文化积淀、得天独厚的私家岸线、市内唯一的“T型”码头、极具实力的现代业态，成为珠江岸边最具人气的商业和景观亮点之一。

交通 地铁8号线到沙园站A出口（光大花园出口）；公交车813路、243路、123路到金沙路下，或9路、10路、75路、79路、220路、239路、288路、521路到凤凰新村下车。

4.红专厂

广州红专厂创意产业园于2009年5月建立，位于天河区员村四横路128号，前身为广东鹰金钱罐头厂，保存了丰富的工业建筑历史遗产，以苏式建筑为主，左右呈中轴对称，平面规矩，主楼高耸，回廊宽缓伸展，“三段式”结构，房子空间大，冬暖夏凉。园区占地12.2万平方米，建筑面积约5万平方米，是一个国际一流的以设计、创意、生活为主题的文化产业园区。目前园区入驻企业约125家，成功聚集了广州集美组、星艺装饰设计院、天萌建筑设计、道灏设计、山水比德景观设计等一批知名设计企业，香港当代美术馆、中央美术学院实习基地、清华大学吴冠中艺术研究中心、广州美术学院实习基地、中国陈设艺术委员会、香港艺穗会等的入驻，更为园区增添了产、学、研相结合的产业模式。园区入驻企业的员工约5000人。每天来园区参观的游客约1万人次，初步形成一个高水平文化创意园的规模。2012年园区企业产值达18亿元，利税1.8亿元。

红专厂内的各种餐饮休闲设施也都各具特色。它们当中，有的是利用旧厂房改造，有的是对旧仓库进行重新设计，甚至是旧火车也派上了用场，每一家餐厅、酒吧都独具匠心，流光溢彩，美不胜收。来这用餐，在品赏美食的同时，也会让您品味艺术的盛宴。

交通 公共汽车243路、B11路至美林海岸花园总站，901A路、B7路、B7快线、B25路、137路、304路、564路、239路、大学城1线、大学城2线、大学城4线至琶州大桥北，步行至美林海岸。

5.广州TIT纺织服装创意园

广州TIT纺织服装创意园位于海珠区新港中路397号，园区占地面积约为9.34万平方米，处于城市新中轴线上，与广州新电视塔南广场连为一体。

TIT创意园的前身是建于1956年的广州纺织机械厂，广州纺织工贸集团积极响应广州市政府“退二进三”政策，本着“修旧如旧”的原则，以巨资投入打造一个以服装、服饰为主题，产业多元化整合，集时尚、文化、艺术、创意、设计、研发、发布、展示功能为一体的创意产业平台。园区由品牌设计区、跨界创意区、商业文化区、展示发布区、配套服务区、休闲红酒区等功能板块组成，致力于打造一个设计研发、流行趋势发布、新品展销、品牌推介等功能紧密结合的服装产业资源整合平台。

除了商业功能，园区内还设有酒窖以及酒吧等休闲娱乐场所。广州纺织机械厂建设于特殊的历史时期，为了防止敌对势力的进攻，当时的建设者们修了防空洞，但是对于目前的和平时代，防空洞已经失去了原有的存在意义，所以TIT的设计人员就有了将之改为酒窖的想法，既利用了资源也构建了新的产业。在这些酒吧中，设计师们可以畅谈想法，工作之余休闲放松一下，激发更多的灵感，这不得不说又是一个“三旧”改造中值得其他建设者借鉴的地方。

TIT创意园内设有酒店及餐饮设施，均是由原厂区旧建筑改造，游客在此休闲游憩的同时，还能零距离触摸广州纺织工业发展的历史记忆。

交通 地铁3号线或地铁8号线客村站A出口。

6.广东动漫城

广东动漫城坐落于广州北部环境优美的从化，是广东省政府重点支持发展的大型文化产业项目。自2012年6月21开园以后，广东动漫城的客商如流，入驻企业与日俱增。广东动漫城将通过引进动漫产业链关键节点的骨干企业，构建完整的动漫产业生态链，形成以产业链为主导的产业聚集效应，致力于打造动漫产业链整合平台，实现“立足广东、辐射华南、引领全国、走向世界”的宏伟目标。

广东动漫城文化产业旅游基地是广东首个文化产业旅游基地。它汇集了众多的动漫品牌形象雕塑、国际大师的动漫原创展品、品种精美的动漫衍生产品、新鲜刺激的赛车游戏、惟妙惟肖的3D影院、近景的手绘表演等，让您耳目一新，获得全新体验。现有旅游景点包括：

（1）占地6000多平方米，极具动漫色彩的动漫主题广场。

（2）国内唯一的日本索尼家庭娱乐游戏官方体验厅。

（3）与众不同的俄罗斯动漫文化艺术及衍生品展。

（4）汇聚巴西、印度、俄罗斯、印度尼西亚、土耳其、南非等不同国家文化艺术风格的“新兴国家、新兴市场”动漫特展。

（5）阿达-中国动画走向世界的先行者。

（6）动漫原创作品现场手绘表演。

交通 可坐车至广州市从化广从北路北侧从化动漫产业园（太平镇105国道旁）。

7.“神农草堂”中医药博物馆

“神农草堂”中医药博物馆位于广州市沙太北路389号，广州市白云山南麓的广州白云山和记黄埔中药有限公司厂区内，是一个集中医药历史、文化及中草药种植于一体的半开放式现代中医药博物馆。

“神农草堂”中医药博物馆突破传统博物馆以室内展示为主的固定模式，采用园林式设计，将中医药历史文化陈列展示与原生态中草药种植有机结合起来。

整个工程分三期进行。一期工程——中华医药园于2006年11月30日正式对外开放，占地3000多平方米，综合运用浮雕、景墙、实物标本、仿真药具、原生态草药种植及多媒体等多种表现手法，将知识性、趣味性、观赏性完美结合，使来访者在游览的过程中轻松体验中医药文化的灿烂辉煌及博大精深。园区与公司厂区相邻，天然的“草堂”与公司的现代化厂房、山坡背景相互衬托辉映，形成一个有机整体，真实地反映了草根树皮是如何变成防病治病良药的过程。

二期工程——岭南医药园于2012年11月对外开放，总用地面积约为22000平方米，总建筑面积近3000平方米。展示的内容主要包括岭南医药、中医药养生、药食同源文化及药用植物种植4个方面。特设岭南宫和松乔宫，突出展示岭南中医药发展史和中医药养生文化。园内还设有百丈青龙画廊、蹴鞠互动场、名方廊、仿古药铺、仿古凉茶铺等特色景点，并种植1000余种药用植物。扩建后的“神农草堂”成为具有岭南特色的中医药健康文化山水园林和社会公益性的公共服务平台，游客可在此享受到淋漓尽致的“中医药文化盛宴”。

三期工程将建数字园区，利用网络展示“神农草堂”及宣传中医药文化。

交通 公交246路、808路、884路、501路、201路、72路至白云山中药厂下。

太古仓码头

七、多元宗教，和谐共存——宗教文化史迹

（一）特色概述

广州宗教历史源远流长。佛教、道教、伊斯兰教、天主教、基督教五大宗教俱全，除道教属中国本土宗教外，其余的均由国外传入。传入广州市时间最早的是佛教(255年)，其次是道教(306年)，伊斯兰教于唐初传入，天主教和基督教分别在明末、清初传入。

广州宗教文化底蕴深厚。至2011年末，广州市依法登记开放的宗教活动场所有72处(佛教22处、道教7处、伊斯兰教4处、天主教6处、基督教33处)，外国人宗教活动临时地点1处。其中，全国重点文物保护单位6个(光孝寺、六榕寺、圣心大教堂、路德圣母堂、怀圣光塔寺、清真先贤古墓)，省级重点文物保护单位3个(大佛寺、万寿寺、仁威祖庙)，市级重点文物保护单位6个(华林寺、海幢寺、三元宫、纯阳观、濠畔寺、东山堂)。最为特别的是在广州旧中轴线上分布了五大宗教近10间重点寺观教堂，勾勒出宗教文化与广州历史文化相互交融的独特人文景观，增添了广州历史文化名城的风采。

（二）主要景点

1.光孝寺

光孝寺是广州市历史最悠久、占地面积最大的佛教寺庙，是全国重点文物保护单位。它与潮州开元寺、韶关南华寺、肇庆鼎湖山的庆云寺并称广东四大名寺。

光孝寺坐落于光孝路，是广州市四大丛林（光孝、六榕、华林、海幢）之一，其始建年代距今1700多年。

俗话说：“未有羊城，先有光孝。”该寺最初是西汉南越王赵佗之孙赵建德的府邸。三国时期吴国骑都尉虞翻因忠谏而触怒吴王孙权被贬广州，遂在此处修建住宅并讲学，虞死后家人将其住宅捐施佛门改成庙宇，取名“制止寺”。到了东晋，罽宾国（今克什米尔）高僧昙摩耶舍来穗传播佛教，在此修建了一座

光孝寺

五间的大雄宝殿，改寺名为“王苑朝廷寺”，又叫“王园寺”。南朝梁武帝普通元年（520年），我国禅宗初祖达摩泛海至广州，驻锡本寺弘法。唐代，又改称法性寺。唐仪凤元年（676年），禅宗六祖惠能在此与寺僧论风幡后公开身份，削发受戒，开创佛教禅宗南派。其后该寺多次易名，南宋绍兴十五年（1145年）称报恩广孝寺，南宋绍兴二十一年（1151年）始定名为光孝，改“广”字为“光”字，遂定名“报恩光孝禅寺”，简称光孝寺，沿用至今。

光孝寺作为岭南第一间佛寺和岭南佛教的传播地，人们还常常怀念佛教的禅宗六祖惠能，因为他当年曾在这里作过著名的“风幡论辩”而名声威震佛门，他在此削发，成为佛教禅宗南派的领袖，并因此使这座千年古刹有六祖殿、瘗发塔、风幡堂等而增色不少。

[有关六祖惠能的故事]

事情的起因似乎很简单。当年，惠能因为聪明和智慧，从五祖弘忍那里继承了衣钵。惠能一路南下，翻山越岭，历尽艰辛，回到新兴故乡后隐姓埋名，一晃16年过去了。直到唐高宗上元三年（676年），惠能听说广州光孝寺来了大法师印宗，遂来到这里。676年有一天夜晚，印宗法师正在讲经，惠能悄悄地进去恭听。忽然吹来一阵大风，悬挂在大殿的佛幡被吹得左右摇动，弟子们议论纷纷。有的说：“幡是无情物，是风在动。”有的说：“明明是幡动，这哪里是风动？”一时间双方各执一词。惠能在旁边听着，觉双方未能识自本心，便说：“不是风动，也非幡动，而是人的心在动。如果仁者的心不动，风也不动，幡也不动了。”在座的人一听，无不感到震惊。印宗法师见惠能语出不凡，便邀请他入室详细询问。惠能这才将珍藏了16年的袈裟和圣钵出示，印宗这才知道，原来他就是人们追寻了16年的六祖。那天是正月初八。

正月十五元宵节，印宗法师在光孝寺大雄宝殿后面的一棵菩提树下给惠能削发受戒，在场的有当时国内的十大高僧。后来人们在惠能的头发埋地处盖一塔，名叫“瘗发塔”。从此，惠能便成为佛教禅宗的六祖，即第六代的宗师，光孝寺因此而名扬天下。

惠能公开成为禅宗南派领袖之后，转至韶关的南华寺开坛传法36年。惠能认为，万物皆是人内心的体现，只要内心向佛，就能去恶从善，见性成佛。如果照他这样说，人人都有机会成佛了。这种“顿悟”的参禅方法和北宗的“渐悟”比起来，更容易为一般人所接受。所以南宗在南中国也越来越兴盛，终于形成了临济、沩仰、曹洞、云门、法眼宗五家，并对日本、朝鲜都产生了很大的影响。

[古建筑及其特点]

光孝寺内，庭园广阔，古木参天，殿宇棋布，文物众多。在这里我们不仅可以了解到中国古代佛教文化的发展历史，还可以领略中国古代建筑的艺术风采。

寺内至今保存的建筑、历史遗迹及文物主要有：始建于东晋的大雄宝殿，南朝时达摩和尚在此开凿的洗钵泉，唐朝建造的瘗发塔和经石幢，南汉时的千佛铁塔，宋朝时期的六祖殿和伽蓝殿，以及碑刻、佛像、诃子树和菩提树等佛家信物。

光孝寺占地3.1万平方米。中轴线由南往北的建筑计有：山门、天王殿、大雄宝殿、瘗发塔。其西有大悲幢、鼓楼、睡佛殿、西铁塔等，其东有达摩古迹洗钵泉、钟楼、伽蓝殿、祖堂（六祖殿）、东铁塔等，形成了一组颇具规模的古建筑群。寺内的诃子树和菩提树均是200年以上的古树名木，绿叶婆娑，巨冠如伞，整个环境显得十分开阔幽静。

[天王殿、钟楼和鼓楼]

天王殿中那位笑呵呵的佛像是朋友们熟悉的弥勒佛，它“笑口常开笑天下一切可笑之人，大肚能容容世间一切难容之事”。弥勒佛的两侧是威风凛凛、手执法器、各司其职的四大天王，分别是手持利剑的南方增长天王，手握琵琶的东方持国天王，手执雨伞的北方多闻天王，手捏龙蛇的西方广目天王，分别职“风”、“调”、“雨”、“顺”之责，合起来是一个成语“风调雨顺”，寓意着人们美好的祝愿“五谷丰登”、“国泰民安”。弥勒坐像的后面是佛教寺庙中的守护神韦驮。

天王殿后、大雄宝殿前的两侧矗立着两座建筑：右边的钟楼和左边的鼓楼。钟楼安放着一口大钟，楼下供奉的是地藏王菩萨。鼓楼的底层是伽蓝殿。伽蓝是佛教的护法神，由于他事迹动人，名气甚大，佛教、道教乃至儒教都将他奉为偶像：佛教称之为“伽蓝神”，道教叫“关公”或“关圣帝君”，儒教尊之为“武圣人”。

[大雄宝殿]

大殿神龛上供奉的是华严三圣：中间的佛像高5米多，是释迦牟尼佛，只见他结跏趺坐，左手横放在左脚上，右手举起，曲指作环形，正在向众生说法；侍立在他两旁的是迦叶尊者和阿难尊者；在释迦牟尼两旁的两位菩萨，左边是文殊师利，又叫大愿菩萨，右边是普贤，又叫大行菩萨。这一佛两菩萨三尊佛像合起来称作“华严三圣”，与其他佛殿供奉三世佛（过去世、现在世、未来世）、三身佛（洁身佛、应身佛、报身佛）和三方佛不同。而令人惊喜的是，1950年在大佛腹中竟发现有一批木雕罗汉像，经考证均是唐代木雕，这批珍贵木雕现已收藏在博物馆内，成为难得的唐代文物精品。

[睡佛殿]

睡佛殿在大雄宝殿的西侧。殿内这尊睡佛采用缅甸白玉雕成，长4米，重6吨，刻的是释迦牟尼的涅槃像。整座睡佛头西面南，作侧卧状，体态自然，面部表情十分安详。传说当年释迦牟尼为了传播佛教，几乎走遍了整个印度半岛。80岁时，在拘尸那城附近的娑罗双树下入灭（圆寂）。后来所有的卧佛像都雕成了他圆寂时的姿势。

[瘗发塔]

瘗发塔为仿楼阁式的砖塔，八角七层，高7.8米，是当年六祖惠能削发受戒后埋藏头发的地方。瘗发塔建于唐代，形制十分精致。这类隋唐时期的古塔是广东乃至全国至今保留的为数不多的珍贵文物之一，在广东省仅存5座，除瘗发塔外，还有潮阳灵山寺的大巅祖师塔、龙川县佗城的正相塔、新会市龙兴寺的石塔和玉台寺的镇山宝塔。

[风幡阁]

瘗发塔的东面是风幡阁，由原来的睡佛阁与风幡堂合为一体而得名。睡佛阁为唐代建筑，原楼上供奉睡佛，下藏梵经。风幡堂亦是唐代所建，是为纪念六祖在光孝寺的“风幡论辩”事迹而建的。明代重修时将两楼合为一体。现风幡阁中有六祖、达摩的石刻像碑，一面刻有六祖像，另一面刻有达摩像，这是元代的碑刻。风幡阁墙壁上有两幅彩画：一幅是记载六祖“风幡论辩”的事迹，一幅则记载达摩东渡的故事。达摩当年自古印度东渡来穗，在西来初地结庵居住（该庵即现在的华林寺），再到光孝寺（诃林）住下讲学，传播佛教。光孝寺门内东边的洗钵泉，相传还是达摩洗钵的一口深井呢。

[六祖堂]

六祖堂在瘗发塔的旁边，建于北宋真宗年间，是为纪念六祖惠能而修建的。堂内有座六祖惠能的雕像，为近年所雕，神态安详，表情中充满了智慧。而在六祖堂前还有一只大木鱼，木鱼为佛教法器之一，刳木为鱼形，中凿空洞，叩之作声，鱼头是朝外的。按佛寺里的规定，只有十方丛林才能将鱼头朝外，由此可见光孝寺地位之高。木鱼是法师们做法事诵经时捶击用的法器。又因为鱼日夜都不会合眼，所以特意用它来警醒众僧，白天黑夜都不要忘记修行，才能“以至于道”。

[东、西铁塔]

在大雄宝殿的东西两侧还有两座铁塔，这是南汉国在广州遗留下来的古迹。西铁塔建于南汉大宝六年（963年），清末时塔殿倒塌压坏4层，现剩下3层。东铁塔是南汉大宝十年（967年）建造的，高7.69米，共7层。这座塔的基座上有盘龙图案和莲花宝塔，铸造得十分精细，这可算是国内目前发现的最大、最古老、最完整的铁塔了。据史书记载，在清代乾隆年间，这座铁塔上还曾有过千只贴金的小佛像，所以它又叫“涂金千佛铁塔”，可见当年这座佛塔是何等的金碧辉煌！

交通 乘2路、31路、38路、103路、181路、186路、202路、239路、251路、260路、288路、538路、556路、823路、883路公交车到人民北路站下，或乘地铁1号线到西门口站下。

2.圣心天主教堂

圣心天主教堂坐落于广州市一德东路，是天主教广州教区最宏伟、最具特色的一间大教堂。

石室教堂始建于1863年，落成于1888年，前后历时25年，至今有130多年的历史。由于教堂的全部墙壁和柱子都是用花岗岩石砌筑，所以称之为“石室”或“石室耶稣圣心堂”、“石室天主教堂”，是全国重点文物保护单位。2004年，广州市政府拨专款近2000万元对石室进行全面维修，教堂得以重焕新颜。

石室教堂建筑总面积2754平方米，坐北朝南，东西宽32.85米，南北长77.1米，底层建筑面积约2200平方米，从地面到塔尖高58.5米。教堂属哥特式风格，可与闻名世界的巴黎圣母院媲美。1863年6月28日是天主教圣心瞻礼日，正式举行奠基典礼，并命名为圣心大教堂。

教堂的建筑结构是：正面为一对巍峨高耸的双尖石塔，塔尖直插蓝天。石塔中间西侧是一座大时钟，东侧是一座大钟楼，安放4座专门从法国运来的大闹钟。据说当时由于机械钟造价不菲，等机械钟以及4座大铜钟装置到位以后，才在石塔四周砌门，使得大钟无法从狭窄的门洞运出。堂内是尖形肋骨高叉的拱形穹窿。正面大门上方和四周墙分布的花窗棂都是合掌式。当时，所有门窗都以法国制造的较深的红、黄、蓝、绿等七彩玻璃镶嵌。这种玻璃可避免窗外强光射入，而使室内光线终年保持着柔和，形成祥和、肃穆、神秘的宗教气氛。

石室的平面为“十”字形，这是有其十分明显的象征意义的。“十”字在世界各地的远古时代是太阳和火的象征，也即“光明”之意。但十字又是古代一种极其残酷的刑具，它用横直二木交叉而成。行刑时，将受刑者的两手分别钉于横木的两端，双足合在一起重叠钉于直木的下方，然后将木架竖起，使受刑者高悬，距地面3米。受刑者最终由于体力或心力衰竭而死去。当年耶稣就是被钉死在这样的十字架上的。

圣心大教堂现仅存教堂、主教府和东面颐铎堂。教堂建筑可分为前后两个部分：前半部分是两座尖顶石塔，这种哥特式建筑艺术有着浓厚的宗教色彩与含义，象征着向天升华、皈依上帝的宗教思想；后半部分是大礼拜堂，这礼拜大堂又高又圆又大。其顶部原为木桁桷结构，1929年由法国人巍畅茂改为现在的钢筋混凝土结构。基石位于堂前东西两侧：东侧刻有拉丁文“耶路撒冷”，西侧刻有“罗马”字样。其意思十分明显，意为天主教创立于东方的耶路撒冷，而盛兴于西方的罗马。基石下面除藏有清代流通的银币以及宗教用品外，还有建堂人法国主教明稽章和中国青年

"亚海"分别取自耶路撒冷和罗马的泥块，各1公斤。

教堂的外围四周有大小石亭近百座，按原设计可安放宗教人物塑像之用。后因故未能实现，成为该建筑物未完成之部分。

交通 公交8路、86路、823路、61路、82路至一德中路（交运医院）站下，或40路、194路、58路至广医一院总站。

1996年11月广州沙面建筑群被国务院确定为全国重点文物保护单位，该堂为其中的建筑物。

交通 公交105路、123路、181路、1路、208路、209路、夜1路、夜26路至六二路站下车，或102路、103路、105路、106路至文化公园总站下车。

3.路德圣母堂

路德圣母堂，位于广州市沙面大街14号，建于1890年，哥特风格的建筑，该堂原为法国驻领事馆的教徒过宗教生活而设，花园南边建筑一座圣母山，安放路德圣母像。路德圣母堂有一个尖塔，正面也是上中下三段式，现在建堂经过了重新的粉刷，和整个沙面建筑群色彩统一。

天主教堂路德圣母堂是典型的法国哥特式建筑。其外观做法比较简洁，没有繁琐的装饰线条、雕像、神龛等，但因保留了哥特式教堂的主要特点，故仍显得比较宏伟壮观。建筑总体东西向，平面为一字形，南端建有钟塔一座，塔身造型精美，层层收分，级级向上，富于装饰的红色塔顶更是挺拔陡峻。钟塔塔尖有许多绿色的琉璃砖块镶嵌在期间装饰，是整个建筑显得最轻盈的地方。塔底开有透视门，成为教堂入口门厅，门洞顶部为尖券，两侧有装饰柱。门上方有圆形的象征天堂的玫瑰窗，并设带有层层内收线脚的窗套。

4.怀圣光塔寺

地处广州市越秀区光塔路56号的伊斯兰教古寺——怀圣清真寺，是伊斯兰教传入我国后最早建造的清真寺之一。为纪念伊斯兰教创始人、"至圣"穆罕默德，故名怀圣寺，因寺内有一光身柱形塔，故又称光塔寺。寺、塔相传始建于唐代，元至正三年（1343年）曾毁于火，至正十年（1350年）重建；其后明成化、万历，清康熙、道光、同治年间先后重修。寺现有大门、二门、看月楼、礼拜殿、碑亭、光塔等，其中以光塔最著名。

怀圣光塔寺是中国最早融会中阿建筑艺术的典范。全寺坐北向南，占地面积3800多平方米。寺内庭廊楼檐对称布局是唐代中国建筑风貌，光塔则是阿拉伯式建筑。该寺现在还保留着历朝修葺的历史遗迹。

入寺门后经过甬道，迎面是清光绪皇帝御赐的"教崇西域"牌匾，边框镶嵌着6条盘龙，气宇非凡。继进是状似古城门的看月楼，重檐斗拱，红墙碧瓦，拱门四开，贯通两廊庭阶。

圣心大教堂

看月楼用“红米石”砌成的城墙，是元明时代重修的遗迹；四层的重檐斗拱是清康熙年代重修的遗迹。看月楼四周各开一拱门，南、北门分别通向庭院、东、西门各连接廊庑；廊庑里镶有该寺历代碑刻。壮丽宽宏的礼拜大殿，广庭居中，是穆斯林进行礼拜的神圣庄严之地。殿前月台的小广场环绕着48块元代精工雕刻的石栏。殿南两翼，各有东、西碑亭，分别竖着元至正十年（1350年）和康熙三十四年（1695年）重修怀圣光塔寺碑记。殿后东侧建有藏经厅。碑亭和东廊保存有历代碑碣和楹联。

作为清真寺“邦克塔”的光塔，坐落在怀圣寺内西南角，原塔身高36.3米，塔表圆形，光洁无层，宛如一支银笔直指苍穹，一柱擎天。塔脚南北各开一门，均有螺旋梯级直通塔顶平台。光塔原建在唐初时期古珠江河北岸边上，晚上在塔顶点灯兼作导航标灯，原在光塔上的小塔顶部竖有一只能随风转动的金鸡，发挥指示风向信风仪作用。

怀圣寺与光塔是中国和伊斯兰国家人民友好往来的历史见证，是研究中国海外交通史与伊斯兰宗教史的重要古迹。

1996年，怀圣寺光塔被公布为全国重点文物保护单位。

交通 公交58路至光塔路下，56路至光塔路（总站）下，102路、104路、107路、193路等至中山六路下，地铁1号线至西门口站下。

5.六榕寺

六榕寺位于广州市的六榕路，该寺离光孝寺不远，是广州市一座历史悠久、海内外闻名的古刹。寺中宝塔巍峨，树木葱茏，文物荟萃，历史上留下不少名人的足迹。寺中的六榕花塔2006年被公布为全国重点文物保护单位。

六榕寺因苏东坡当年为寺庙题字而得名。它与光孝、华林、海幢寺并称广州佛教四大丛林。同时，六榕寺和寺中的花塔一样，历来为人们所称颂，加之历史地位与光孝寺齐名，素有“光孝以树传，净慧以塔显”之称。净慧是六榕寺的别称。

六榕寺始建于南朝梁武帝大同三年（537年），初名宝庄严寺。大家知道，魏晋南北朝是中国佛教兴盛的时期，当时还出现了一个历史上最狂热推崇佛教的皇帝，他就是南朝的梁武帝萧衍。在他的影响下，全国各地都建了大量的寺庙，后来唐代诗人杜牧写的“南朝四百八十寺，多少楼台烟雨中”指的就是这一历史事实。六榕寺就是在这种气氛中兴建的。原因是梁武帝的母舅昙裕法师，当年从南京携带来自柬埔寨的佛舍利到广州。当时广州刺史萧裕为了迎接这一佛宝，特意修建了这个寺院——宝庄严寺，还修建了一座塔来供奉佛舍利。

南汉时宝庄严寺改名为长寿寺。宋初寺、塔均毁于火，北宋端拱二年（989年）重修寺院，更名净慧寺。北宋绍圣四年（1097年）重修宝塔，下瘗佛牙舍利，龛藏贤劫千佛像，故更名为千佛塔。北宋元符三年（1100

年），大文学家苏东坡由海南贬所北归，路经广州到该寺游玩时，应寺中僧人道琮之请为寺题字，他见寺内6株榕树绿荫如盖，盘根错节，气势不凡，即欣然书下“六榕”二字，后人敬重苏东坡遗墨，将“六榕”刻字造一木匾悬挂于寺门之上，又于明永乐九年（1411年）将净慧寺改称六榕寺，舍利塔称六榕塔，又名花塔。

六榕寺山门前门楣上悬挂的“六榕”二字牌匾，是苏东坡所书。门两边的楹联是“一塔有碑留博士，六榕无树记东坡”，是民国初年顺德文人岑学侣撰写的。这里有一段典故：公元675年的12月，初唐四杰之一的王勃在南昌滕王阁写下“落霞与孤鹜齐飞，秋水共长天一色”这脍炙人口的千古绝句之后，南下省亲来到广州，受寺内和尚邀请，参观并写下了《宝庄严寺舍利塔碑》。这篇碑文当然是写得十分好的，因而“一塔有碑留博士”中的“博士”是指王勃，纪念他为舍利塔撰写碑文；而“六榕无树记东坡”指的又是什么呢？那是指岑学侣来的时候，6株榕树已经没有了，只有苏东坡当年题写的匾额依然风采犹存。

进入山门，笑迎我们的当然是弥勒佛了，他又被称为未来世佛。按佛教的教义，万物都有一个产生、发展和变化的过程，有生必有死，佛也不例外。作为现在世佛的释迦牟尼佛，他的教法也会灭尽。再经过很久远的年代，会由弥勒菩萨下降人间成佛教化人类，因而叫做未来世佛。弥勒佛两边的一副对联含义深刻，它告诉人们时时处处要做到：“大腹能容，容天下难容之事；张口而笑，笑世间可笑之人。”

弥勒佛两旁是佛教中的护法神将四大天王，它们手执的四大兵器分别寓意“风、调、雨、顺”。穿过天王殿，后面便是韦驮殿了。韦驮原是南方增长天王手下的一名将军，素以英勇、疾走如飞著称。相传释迦牟尼被火化后，有个“捷疾鬼”趁人不备突然偷走了佛的两颗牙齿，被韦驮紧追，最后夺回来了。韦驮立功之后，就专门担当起守护佛祖灵塔和大雄宝殿的重任。

原来的净慧寺规模相当宏大，占地甚广，山门朝南。到了明洪武六年（1373年），寺院一半面积辟为永丰仓，自此之后山门便改为现在的向东，而寺院面积日渐缩小，现在的六榕寺占地7000多平方米。山门内向西依次为天王殿、花塔、大雄宝殿，北有解行精舍，南有碑廊、观音殿、六祖堂、补榕亭等。殿堂房舍大部分是清代以后重建或者新建，只有刚才看到的天王殿仍保留着明代的建筑风格。

[六榕花塔]

过了天王殿，便是一个庭园。庭园正中是一个色彩艳丽、蔚为壮观的花塔。花塔是六榕寺院中的舍利塔，是寺中最令人瞩目的建筑。因此塔一层层的塔角飞檐宛如吐苞向天开放的枣红色花瓣，塔刹又酷似花蕊，整座宝塔犹如一支直插蓝天的巨大花柱，再加上塔身红白相间，色彩斑斓，所以人们又习惯称其为花塔。

六榕花塔

花塔的平面呈八角形，外观9层，内设暗层8层，共17层。它是一座仿楼阁式的穿壁绕平座结构的砖木塔。塔高57.6米，是岭南地区现存最高的宋代古塔。塔刹为元至正十八年（1358年）铸，铜质刹柱身上有1023尊浮雕小佛，还有彩云缭绕的天宫宝塔图。千佛铜铸连同顶上的火焰宝珠、双龙宝珠、九霄盘、覆盘以及8根铁链等各种构件，重量超过5吨。

值得一提的是，花塔的根基很有特色。由于古时花塔濒临珠江（旧时珠江宽达2公里），地下水位较高，为了保护塔基，花塔的建造者们先沿着塔基，像打井一样用坚固的花岗岩石砌筑9个水井并相互连环依托，形成一个九井环基，然后在上面建造高塔。北宋和解放后重修时都发现了这个九井环基。经科学测量，现在的花塔塔身虽然倾斜了1.7米，塔基仍然比较稳固。

花塔外观十分漂亮，登上塔顶可以饱览羊城的秀丽风光。

[大雄宝殿]

六榕寺的建筑布局比较特别，花塔位于庭园中央，且在大雄宝殿的正前方。这保留了古印度早期佛寺以塔为中心的建筑风格，在中国大多寺庙中较为少见。因为，自佛教大规模传入中国后，寺庙建造有了变化，多数以大雄宝殿为中心，佛塔则建在中轴线的旁边了。

参观完佛塔，再到大雄宝殿参观。宝殿是佛寺的正殿，殿内供奉着3尊佛像，每尊高6米，重10吨，是省内最大的古代铜佛像。到此参观的游客可能会问：为什么这规模不很大的宝殿会安装如此巨大的佛像呢？原来这3尊佛像是在清康熙二年（1663年）由平南王尚可喜在建广州大佛寺时铸造的。大佛寺位于惠福东路的龙藏街，广州人俗称“人过大佛寺，寺佛大过人”，这里提到的“佛大过人”（比人还大），就是形容这3尊佛像。“文化大革命”时红卫兵破“四旧”，3尊大铜佛被“清出”大佛寺，运到南岸废品仓库，等待处理。粉碎“四人帮”后拨乱反正、落实政策时，六榕寺最早归还寺僧管理。在1983年修建大雄宝殿时市文管部门把3尊还未被破坏的大佛从废品堆里抢救出来，供奉在殿内。

交通 公交56路、58路在六榕寺站下，乘5路、7路、29路、85路、86路、88路、102路、104路、107路、124路、180路、203路、217路、243路、244路、253路、273路、519路、552路公共汽车到中山六路站下，或地铁1号、2号线在公园前站下。

6.清真先贤古墓

清真先贤古墓位于广东省广州市越秀区解放北路901号，是著名的伊斯兰教古迹，古称“回回坟”。墓园为庭院建筑，门额上横书“清真先贤古墓”，进门后过了“高风仰止”石牌坊便是墓地。墓室坐北向南，形制上圆下方，宽深约6米，地板砌黑白相间的小瓷砖，东西墓壁各有一小窗，墓壁极厚。室内筑成拱顶，作穹窿形，犹如悬钟，在室内诵经或讲话，回声响亮，故又称“响坟”。墓署唐贞观三年（629年）所建，墓室正面开一小门，门额上书“宛葛素墓”。门前增建一座拜亭，亭和墓室四周绕以石栏杆。墓园周围广植花木，墓室西、南面还建有拜殿、方亭等房舍，墓园附近为历代知名伊斯兰教徒墓地。

清真先贤古墓既是伊斯兰教传入我国的重要历史见证，也是古代海上丝绸之路的重要历史遗迹。1962年广东省人民委员会公布其为广东省重点文物保护单位，现为全国重点文物保护单位。

交通 地铁2号线至越秀公园站下，公交101路、103路、105路、108路、109路、110路、113路、夜12路、夜22路、夜26路等至越秀公园站下，或公交42路、180路、186路、211路路等至解放北路口下。

7.大佛寺

广州佛教四大丛林是光孝、六榕、华林和海幢四大古寺，如果谈到五大丛林的话，就应该加上大佛寺了。

大佛寺坐落于广州市惠福东路惠新中路21号，为南汉二十八寺之一。据《番禺县志》记载，这座庙在明代叫龙藏寺，后为巡按公署。清顺治六年（1649年），巡按衙门遭火烧毁。到了康熙二年（1663年）春，新入主广州的平南王尚可喜等捐资，在废墟上仿京师官庙建筑了大佛寺，第二年冬天大佛寺建成。

尚可喜是汉族出身的藩王，他与靖南王耿仲明之子耿继茂于1651年进驻广州之后便大兴土木，准备营造如同皇族一样的王府，但遭到皇族们的反对，清帝也不允诺。于是，尚可喜便将构筑王府的资财用来建造佛道寺庙。除大佛寺外，尚可喜还捐修了海幢寺、三元宫、应元宫、观音阁等。在其带动下，部属们亦纷纷解囊，又在广州城中捐修了12座寺观，一时蔚为壮观。

据史料介绍，其时的大佛寺是仿京师的官庙建造，规模宏大，主要建筑有头门、钟楼、鼓楼、天王殿、大雄宝殿等。清雍正十一年（1733年）又在殿前增建了宝谕亭和韦驮殿、伽蓝殿两偏殿，此外还建成“佛境”和“禅林”东、西两门。这样，大佛寺的规模就更为雄伟壮观了。

由于晚清及近代战火不断，又因为“文革”期间部分房屋被占用，昔日大佛寺的各种建筑设施今天大都荡然无存，只剩下大雄宝殿堂宇和一块石碑刻。

“文革”后，广州市委、市政府批准大佛寺重新开放。寺中大雄宝殿按原貌修复，3尊大铜佛像亦重铸，各高6米，重10吨。1993年，广州市政府公布大佛寺为市级文物保护单位。2008年，大佛寺大殿被公布为广东省重点文物保护单位。

交通 公交7路、12路、22路、24路、42路、102路、107路、108路、182路、191路、215路、233路、243路、264路、833路，高峰期专线7路、高峰快线9路，夜2路、夜8路、夜12路、夜21路、夜27路、夜40路等至中山五路站下。

8.仁威祖庙

仁威庙位于广东省广州市荔湾区昌华街泮塘社区泮塘路仁威庙前街22号，是一座供奉真武帝的神庙，始建于宋皇祐四年（1052年），历代多次重修、重建。2002年11月该庙交由广州市道教协会管理。

仁威庙坐北朝南，为广三路砖木结构建筑，总面阔33.53米，总进深48.13米，总占地面积1613.8平方米。该建筑平面呈梯形，分前后两部分，前中路分别为头门、拜庭、中殿、后殿，左右为东西配殿，以青云巷与正殿相隔。后有横贯三路的后巷和斋堂，后巷与斋堂之后原有后楼，供奉观音，现改建为混凝土结构建筑。

该庙硬山顶五花封火山墙，碌灰瓦，正殿蓝琉璃瓦滴水剪边，东西配殿绿琉璃瓦滴水剪边。建筑外墙青砖砌筑，石墙脚，各间木雕封檐板雕刻故事人物，头门、二进、三进均有陶塑正脊，分别饰人物、亭台楼阁和戏曲人物、花草等，头门脊上有“文如璧造”及“同治丁卯年”字样。头门墀头上残存砖雕人物图案。头门外两侧各立一花岗岩龙柱，柱头雕狮子，柱身雕祥云及二龙戏珠图案，刻“道光八年”字样。庙内采用抬梁式建筑结构，大量使用木雕、陶塑、灰塑工艺，工艺精美。地面除中路后殿，东、西路三进铺设大阶砖外，其余均铺设长条石板。庙内现存碑刻30方。

该庙为岭南建筑艺术之集大成者，对研究泮塘地区民俗文化具有较重要意义。2012年公布为广东省重点文物保护单位。

交通 节假日公交专线3至中山八路（总站）下，或8路、25路至仁威庙下，或66路至泮塘总站下，地铁5号线至中山八路站B出口。

9.华林禅寺

中国佛教禅宗之源在哪里？在西来庵，也就是华林禅寺。

广州市荔湾区下九路的北边有个地方叫西来初地，里面坐落着广州市四大丛林之一的华林禅寺，它是中印两国人民文化交往的一个重要史迹。

话说当年，印度僧人菩提达摩为到中国传教，远渡印度洋和太平洋，经过3个寒暑的跋涉奔波，终于在南朝梁武帝普通七年（526年）来到广州。后人尊崇他是来自西方佛国的高僧，便称他最初登岸的地方为“西来初地”。1000多年过去了，昔日还是珠江边的“西来初地”一直沿用至今。达摩到达广州后建筑的寺庙叫西来庵，这是他在我国最先传扬佛教教义的圣地。后来达摩还被奉为中国禅宗的初祖。二至六祖是谁呢？是惠可、僧璨、道信、弘忍和惠能。现在人们依然十分敬仰禅宗初祖达摩，除称达摩登岸之处为西来初地，称其初建草庵为西来庵之外，今下九路一带的西来正街、西来后街及西来西、西来东、西东新等街巷均由此而得名。

华林禅寺建造经历了由兴到衰，再由衰到兴的历史过程。

西来庵建成后，历隋、唐、宋、元、明、清诸代多次修葺，并经多次改建为砖木结构，“传灯不绝”，长盛不衰。清顺治十一年（1654年），住持宗符禅师募资扩建，增设了禅房、僧房、大雄宝殿，又开拓庭院，广植树木，引入流水，营造起一座更清新、典雅、幽静的颇具规模的佛教丛林，并将西来庵改名为华林寺。

清康熙四十年（1701年），该寺建舍利殿，内有七级的石舍利塔。塔的位置是在今华林禅寺前的街道中，高约7米，六面七层，每面有门，刻有花纹，玲珑精致。塔墓内藏有佛祖舍利22颗，从外到内用石、木、铜、银四重套贮放。

清道光二十五年至二十九年（1845～1849年），华林寺住持祇园法师奉诏命由杭州净慧寺摹祥（描罗汉图），回来修建了五百罗汉堂。

华林禅寺

民国初年，华林禅寺大部分寺产被官方没收，殿堂庑廊拆改为民房，仅存五百罗汉堂。“文化大革命”中，华林寺遭到浩劫，寺内原有的佛像、众多罗汉像被毁。

1963年，广州市政府公布该寺为市重点文物保护单位。1965年，白石塔被移置广州兰圃公园内。移置时，在塔基中心发现有佛舍利子套盒，盒共有石、木、铜、银四层，外层石函盖上有“舍利子”3个朱红字，铜盒盖面铭刻着“大清康熙辛巳孟秋华林寺住持沙门之海敬合”字样，盒内装有珍珠、琥珀和沉香木，银盒还刻有莲花和圆点纹。自1986年重修恢复开放以来，被占房舍逐渐收回并进行修葺。1989年五百罗汉堂率先对外开放。1994年白石塔从兰圃移回华林寺，安放在寺院的北端，与寺门相对。虽经300余年岁月的劫难，白石塔仍保存完好，风采依然。

今天的华林禅寺虽地处繁华市区，但闹中取静。寺坐西朝东，山门两侧各放两只石狮子和两只石鼓。山门石额上镌刻着“华林禅寺”4个字，两侧石柱刻有一副对联：“华严世界观十万诸佛，林龙鹫山隐五百应真。”进了山门，两端是星岩石塔，南面为一列平房，内有一间功德堂。功德堂的旁边有初祖达摩堂，堂内供奉达摩盘膝全身像。

交通 公交17路、79A路、79路至德星路总站（上下九步行街）下，或114路、125A路、125路、17路、180路、181路、205路、238路、297路、288A路、521路、夜3路、夜45路、夜79路等至华林寺下。

10.纯阳观

纯阳观位于海珠区新港西路南边的五凤村漱珠岗。这里是侏罗纪火山岩石叠成的山冈地，其间岩石状异，古木参天，环境幽雅。

纯阳观周围环境清幽，古树葱茏，怪石嶙峋。观内亭台楼阁布局有致，曲径通幽，是被誉为“古松怪石，溪山如画”的游览胜地。纯阳观所在地由漱珠岗、葫芦岗、凤岗3座小冈组成。小山冈均为古火山岩，经长年风化剥蚀，岩石多成润圆光滑的“石珠”，故该地叫做“漱珠岗”。此冈此观既有自然景观又有人文景观，既具有旅游价值又有地质学研究价值。

广州两大道场。一是三元宫，二是纯阳观，广州道教中人素有“北到三元宫，南去纯阳观”之说。近代广州有许多文人名流、书画家、诗人，诸如居廉、居巢、苏云朋、高剑父、高奇峰等经常在此雅集，为道观留下不少墨宝和史迹。

清道光四年（1824年），著名道士、天文学家李明彻为祭祀吕纯阳，即吕洞宾，而倡建纯阳观。由于李明彻是天文学家，因此观中除修筑道教殿堂外，还筑有一座可供观察星象的朝斗台。这座方形天文台至今仍矗立在山岗上。

纯阳观占地1万平方米，坐北向南，依山构造，高踞冈顶，石径幽深，并多怪石奇松。全观原有山门、灵官殿、大殿、拜亭、东西廊房、步云亭、东西客房等11座建筑物，如今仅存山门、灵官殿、方殿、拜亭、朝斗台、杨孚祠、清献祠及李明彻墓。

步入山门，见门石额“纯阳观”3个篆体字出自当年两广总督、大学士阮元的手笔。门两旁有一副对联：“灵山松径古，道岸石门高。”对联是当年广州“海山仙馆”主人潘仕成所题。

纯阳观内的灵官殿是供奉主宰人灵魂的天官的殿堂。早期道教以天、地、水为三元，主三元的神灵分别称天官、地官和水官。后期道教又以天、地、人为三元。人是万物之灵，主人的天官谓之“灵官”，这是道教的一种演变，也是玄虚道学中新增的一点人文意味。

纯阳殿是观中的主殿，供奉“纯阳子”吕洞宾。吕是八仙之一，又是全真道派“北五祖”之一，世称为吕祖。中国道观中，一般都附设有吕祖殿，唯有此观以“纯阳”来命名。

交通 公交125路、129路、263路、273路、276路、287路、夜24路、夜33路、夜43路等至东晓南路下，或125A路、5路、70路、780路、82路至五凤乡下。

11.三元宫

三元宫是广州市历史最悠久的一座道教宫观。它坐落于越秀山南麓，南临应元路，往前是中山纪念堂，北靠越秀山。

三元宫的前身因在城北之故，俗称作北庙。相传它是赵王庙，是为奉祀南越王赵佗而兴建的寺庙。据考古学家的推测，赵佗墓可能在越秀山越王台；而越王台则在观音山（孙中山纪念碑东面，镇海楼南部）上，它是南汉时的歌舞岗。北庙旧址在象岗，始建于汉武帝建元四年（前137年）前后，南越国灭亡后北庙渐废。

到了东晋时，南海太守鲍靓信奉道教，公元319年，他在原北庙旧址建造了越岗院，用于传授道家学说。当时，葛洪投其门下钻研道术，并娶其女鲍姑为妻。

到了唐代，越岗院曾一度更名为佛教的悟性寺。宋代又复称为北庙。

明代洪武年间，即1380年前后，广州扩展北城，凿象岗而建北门。时北庙正当门楼位置，于是北庙迁至今址。

明万历年间，1573年至1619年改建北庙，恢复道教面目，才更名为“三元宫”，沿用至今。

[鲍靓、鲍姑及葛洪]

自鲍靓在北庙旧址建造越岗院以来，三元宫已有1600多年的历史了。从三元宫上溯到越岗院，不能不说到鲍靓、鲍姑和葛洪三人的生平和事迹。

鲍靓字太玄，魏晋时在广州任南海太守，他笃信道教，还是最早把道教丹鼎派传入岭南的人物。后来，他在当时叫越井岗的越秀山下建了一所越岗院，在此宣传道教并炼丹。

鲍靓后来收了一个徒弟叫葛洪。葛洪在历史上是一个传奇人物。他是晋代江苏句容人，字稚川，号抱朴子，三国时吴方士葛玄的重孙。葛洪是一名道教理论家、医学家和炼丹术家，自幼好神仙道寻养生之术，曾向葛玄的弟子郑隐学习过炼丹术。惠帝末年，他应广州刺史嵇会之请，到广州任参军，居广州约10年。后他追随鲍靓探究道教理论及炼丹、养气之术，并与妻子鲍姑一道替百姓治病。24岁那年，葛洪首次来到广州，拜师学艺长达10年，终成为一个学识渊博的人，年未过四十便著有《抱朴子》内外篇70卷、《金匮药方》100卷等著作。他精通针灸术，据说三元宫内原有的针灸经络图碑刻就是他留下的。东晋元帝时葛洪曾到南京（时称建康）任官，官至丞相，因而他又被人称为丞相道士。后来他听说交趾即今越南盛产丹砂，便辞去高官厚禄携眷第二次来到岭南，受到广东刺史邓岳挽留，此后他在罗浮山整整生活了30年，炼丹制药，著述不辍。葛洪还在罗浮山建造了东、南、西、北4个庵，即现在的冲虚观、白鹤观、九天观和酥醪观。

葛洪的妻子鲍姑，亦精于医道。鲍姑是鲍靓的女儿，从小深受道教影响。由于鲍靓深爱和器重徒弟葛洪，便把18岁的鲍姑许配给他，那时葛洪已年过四十了。此后夫妻二人恩恩爱爱，共同研究炼丹与医术。鲍姑一生几十年都是在广东度过的，为了采药、行医，她的足迹遍及南海、番禺、博罗、惠阳等地。她医术十分高明，老百姓都亲切地称她为“女仙”、“鲍仙姑”。后鲍姑患急病而死，后人在越秀山下建“鲍姑祠”纪念她，她用过的井被称为“鲍姑井”，又叫“虬龙古井”。可惜现在这祠和井都不复存在了。而三元宫内却建起了纪念她的“鲍仙姑殿”。鲍靓后来将女儿葬于罗浮山，山上的“黍珠庵”就是为纪念鲍姑而建的。

[三元宫古建筑和古迹]

三元宫是广州市保存较为完好的明代建筑物。它坐北朝南，地势北高南低，从正门三元殿到旧祖堂、老君殿，地势逐级升高，使整座古建筑高峻轩昂，气度不凡。

登上40余级石阶可达山门。山门正上方有“三元宫”3个大字，门两旁的石刻对联是“三元古观，百粤名山”，笔法洒脱雄浑。门前立着一对巨大的石狮。门内是灵官殿，供奉有护法神王灵官。山门始建于清乾隆五十一年（1786年），同治二年（1863年）重修。

进入山门，正对着的是三元宫的主殿（正殿）三元殿，这是全宫布局的中心。殿面阔五间20.07米，进深五间16.85米。殿前拜廊为卷棚顶，拜廊两边为两层的钟鼓楼。该楼层较矮，卷棚与拜廊连成一体，并跟三元殿前檐相接，与山门连在一起，成为整座建筑物的核心，风格十分独特。这在广州古建筑中是独一无二的。

三元殿是整座庙观的中心。越岗院之所以改名为三元宫，是因为明万历和崇祯年间扩建之后，殿内供奉着三元大帝，所以三元宫的3个诞日也是因为这三元大帝三元诞的缘故，即农历正月十五、七月十五和十月十五的上元天官、中元地官和下元水官的诞辰日，道教定此3日为斋戒日。依道家所说，天、地、水为三元，“夫混沌分后，有天、地、水三元三气，生成人伦，长养万物”，又有上元天官（尧）、中元地官（舜）和下元水官（禹）之说。这说明三官神在道教中的崇高地位。由于道教吸收了民间对天、地、水的自然崇拜，奉天、地、水三官为主宰人间祸福的大神。民间普遍信奉天官能赐福，地官可赦罪，水官会解厄运，因而一年四季香烟缭绕，到了三元诞的日子，这里更是人声沸扬，香火鼎盛，善男信女来此参拜神仙，保佑平安。

三元宫以正月十五的上元诞最为热闹隆重。一早，四面八方的善信香客便蜂拥而来，聚集在三元宫门前，希望能烧“头柱香”，获得天官保佑赐福。农历七月十五是中元诞，是赦免人间罪恶的日子，当天又是人头涌涌，来进香礼拜者络绎不绝。十月十五的下元诞是三元诞中最后一个诞日，是下元水官的诞辰。道教认为这天是水官救难解厄运的日子，同样有许多善男信女聚集到三元宫来朝拜三元大帝。

除三元殿之外，重要的建筑还有旧祖堂和吕祖堂。旧祖堂供奉的是太上老君，也就是老子，所以又叫做老君殿；大殿的东北面还有吕祖殿。吕祖即吕洞宾，道教八仙之一，也是民间传说中故事最多的一个。吕洞宾是唐武宗会昌年间（841～846年）人，号纯阳子，道教全真派尊之为北五祖之一，通称为吕祖。

三元宫内比较著名的殿宇建筑还有鲍姑堂、钵堂等。各殿堂建筑总面积约为2000平方米。

三元宫是市级文物保护单位，又是广州市道教协会的所在地。

交通 公交211路、旅游公交1线至三元宫下，或21路、58A路至解放北路总站（应元路）下，或56路、284路、555路至解放北路（应元路口）下。

12.海幢寺

位于海珠区同福中路和南华中路之间的海幢寺，素以环境清幽、园林优美而著称。海幢寺占地面积1.97万平方米。其原址南汉时称为“千秋寺”，明末改称作“海幢寺”，清初该寺大规模扩建，遂成为广州四大丛林之一。1932年辟为河南公园，1933年更名为海幢公园。抗战时期园内设施为日寇尽毁，抗战胜利后和解放后都对公园进行过多次修葺。“文革”期间海幢寺惨遭浩劫，文物古迹尽遭破坏，各种佛像等艺术精品均无一幸免。1993年3月起海幢寺开始恢复正常的宗教活动，并投入近千万元复建了大雄宝殿，重建了天王殿、塔殿、放生池和7层的僧舍、藏经阁综合楼等。1997年又在大雄宝殿前空地东侧新建一座名为宝严塔的石塔。

海幢寺千百年来历尽劫难和坎坷，流传下不少的传说和掌故。

[未有海幢寺，先有鹰爪兰]

海幢寺坐落于海幢公园的西侧，公园内的百年古树很多，其中有树龄超过300年的菩提古树3株，相传明崇祯十五年（1642年）是天然禅师从光孝寺原株分植出来的。

值得一提的是，寺中最古老的名木是明代植下的一株不到一丈高的鹰爪兰，有400年的历史记载。这鹰爪兰位于公园南门内西侧，植于一座六角形石围墩子上。据清代文献记载："海幢寺藏经阁下有树一丛，名鹰爪兰，枝蒂如鹰爪，花六瓣，他处未见，亦异种也。"而到了现代，这株鹰爪兰更是绿叶婆娑，终年花发，清香远溢，闻名遐迩。

鹰爪兰原是明末郭家花园所种植，年代比海幢寺还要久远，因而有"未有海幢，先有鹰爪"之说。

到了清初，有一和尚云游至此，在这郭家花园旁边建立起一间佛屋，并在门额写上"海幢"两个字。什么意思呢？原来是依佛经上"海幢比丘潜心修习《般若波罗密多心经》成佛"的典故，而命名之为"海幢寺"。

[广州历史上四大丛林之一]

经历了南汉千秋寺、兰园和海幢寺变迁之后，到了清康熙五年（1666年），僧人池月、今无得到官方资助建成大雄宝殿。该殿宽35米、高7.5米，还在其右角建了地藏阁，并铸幽冥大铁钟。次年又大兴土木建起了藏经阁、天王殿、韦驮殿、伽蓝殿等。而藏经阁比大雄宝殿更加雄伟，阁宽45米，"碧瓦朱甍，侵霄烁汉"，蔚为壮观。此后这里又相继建成了丛观、西禅、镜空、松雪、悟闲、画禅等堂宇及其他僧舍、亭、宫等23座建筑，并将早期建的佛堂和准提堂改成客堂，环以回廊。

当时的海幢寺规模宏大、殿堂林立，为广州四大佛教丛林之一。这有康熙年间所刻《鼎建碑》中记载的"海幢八景"为证：花田春晓、古寺参云、珠江破月、飞泉卓锡、海日吹霞、江城夜雨、石磴丛兰、竹筠幽钟。后来出版的《羊城古钞》更将海幢寺称为宏敞庄严的岭南雄刹。

18世纪是海幢寺的全盛时期，寺院规模超过现寺的3倍。由于寺院北临珠江，南倚万松岭，加之风景秀丽，环境幽雅，因此清嘉庆十一年（1806年）寺院被辟为外国人的游览区，开了广州专门为外国人开辟游览区之先河。

清末海幢寺开始衰落，至民国初年全寺就只剩下天王殿、大雄宝殿和塔殿了。

[十六罗汉像]

大多佛教寺庙中的罗汉像有18尊，只供16尊罗汉像的极为少见。而海幢寺内的罗汉像就真的只有16尊。为什么？这里讲述一段奇闻：一天，济公和尚路过海幢寺，看见寺内的住持以高僧自居，对任何人都看不起，便有心戏弄他一下。济公化作一个疯僧，衣衫褴褛，挑着两个布袋来到寺前投宿。住持见此模样，十分讨厌，只让其住一晚，次日一早便赶他走。济公疯疯癫癫，将两个烂布袋放在大雄宝殿上，说要到韶关南华寺去，请住持帮他挑行李。

众僧听了哈哈大笑，骂声和呼喝声震动大堂。住持大怒道：“疯人，不识抬举，你若有本事，叫大殿的罗汉帮你挑行李吧。”济公随即走到堂前大声叫道：“奉本寺住持之命，特请当中两位罗汉现身，替我挑行李到韶关南华寺去。”话音刚落，忽见两位罗汉从堂中跳了下来，拿起两个烂布袋，飘飘然地随济公向北而去了。顿时，住持与和尚们吓得心惊胆战，主持俯伏在地叩首不迭。济公即现金身，立定云头，指着住持说：“大和尚你好好修行，放下架子才能成正果。”住持更是伏在地上不敢抬头。后来他没脸再在寺里住下去，云游他处去了。

那两个罗汉随济公飞走后，便不再回海幢寺了。现在，韶关南华寺原有的500罗汉像变为502尊，而广州海幢寺内原有的18尊罗汉则只剩下16尊了。

现大雄宝殿内供奉的3尊大佛各高10多米，是三世佛。天王殿内跟其他佛教寺庙一样，依然供奉着形态威猛、栩栩如生的东、南、西、北方四大天王像。大雄宝殿前的空地东侧是1997年新建成的石塔——宝严塔，塔的周围有石栏，为平面六角形、莲花基座、八角葫芦顶，檐角悬挂着铁钟。

今天的海幢寺虽然已失去昔日古寺院那种万籁俱寂、庄严肃穆、神秘超脱的气氛，但园林景观依然如故。这里古木参天，绿树成荫，江风阵阵，令人心旷神怡。除上面介绍的鹰爪兰之外，这里目前存在的3株菩提古树，一株在寺北门内侧，另一株在天王殿西南侧，还有一株在大雄宝殿后面的东南方。相传这3株菩提树是从光孝寺原株菩提树中分植出来的。这里寺庙与公园交相辉映，既保存着古色古香的寺庙风格，又呈现出瑰丽多姿的园林景观。

交通 公交113路、121路、243路、244路、250路、270路、273路、527路等至宝岗大道北下，或10路、16路、25路、183路、186路、270路、530路等至海幢公园下。

13.南沙天后宫

番禺南沙天后宫濒临珠江出海口的伶仃洋，依山傍水，风景秀丽，是番禺八大旅游美景之一。天后宫中的楼殿阁塔依山而建，殿宇辉煌，楼阁宏伟，集北京故宫的建筑风格与南京中山陵的建筑气势于一体，被誉为“天下天后第一宫”。

天后宫的前身是建于明代的天妃庙，清乾隆年间经修复后定名为元君古庙，抗战时期被日本飞机炸毁。为顺应民意，香港知名人士霍英东先生倡导并捐资，于1994年在南沙大角山重建天后宫，并于1996年5月10日(农历三月廿三)举行盛大的开光仪式。

南沙天后宫是参照福建莆田湄洲妈祖庙建成的（该庙是妈祖庙的祖庭），占地100公顷。其整体建筑群是清代宫殿式的建筑风格，庄严肃穆，极具宫廷气派。天后圣像高达14.5

米，屹立在占地1.5公顷的天后宫广场上。整座天后宫四周绿树婆娑，殿中香烟袅袅，置身其间令人顿生超凡脱俗的感觉。

交通 公交南沙18路、19路至鹿颈村下，或南沙3路、5路至蒲州花园下。

14.何仙姑家庙

何仙姑家庙是广州市重点文物保护单位，始建于明朝，因战乱屡经修建，最后一次重建是清咸丰八年（1858年）。家庙是砖石台梁式结构，三进式，第一、三进十三架出前廊为封火山墙；第二进四柱一间五架拜亭为硬山顶，其正脊和垂脊均有反翘装饰。庙正面山石门镌刻的隶书门额“何仙姑家庙”，为咸丰八年（1858年）戊午嘉平黄培芳所书；山门镌刻的行书石对联“千年履舄遗丹井，百代衣冠拜古祠”，出自当年吏官王映门手笔。这反映了何仙姑家庙历史悠久和人们对何仙姑的崇敬。庙二进正堂供奉何仙姑立像。何仙姑像用樟木雕塑而成，高约70厘米，为唐朝村姑装束。

家庙有两大节庆，每逢农历三月初七日仙姑诞和农历八月初八日仙姑得道成仙日，当地村民都会自发举行庆典活动，各乡唱大戏、放烟火，连续数天，并在仙井旁边请“仙汤”，以求福祉。其间，到家庙广场上祭祀的游人多达数万人，香火盛极一时。景区内主要景点包括何仙姑家庙、千年仙藤、庙顶仙桃、何仙姑宝塔、何仙姑钟楼、仙人洞、上楼仙榕等。

交通 公交增2汽（增城客运站—新围村）、增2汽（增城客运站—青迳村）、增城107路到何仙姑家庙下车。

15.广东圆玄道观

广东圆玄道观坐落于广州市花都区新华街迎宾大道西38号，是经国家宗教部门批准由香港圆玄学院全资兴建的宗教活动场所，是全国建筑面积比较大的宫观之一。2010年荣获“全国创建和谐寺观先进集体”称号。

广东圆玄道观按道教风水布局，建筑气势雄伟，做工精细。一期于1998年11月开光正式对外开放，以三清大殿为中心，建有纯阳殿、凌霄殿、元辰宝殿、观音殿、三圣殿和黄大仙殿等殿堂。三清大殿采用传统的天坛形式建造，布局巧究，气势宏伟，殿前两侧有钟楼、鼓楼。道观二期“老子道德文化园”于2011年11月开光正式对外开放，主体建筑以一座露天18.8米高的铜铸老子像为中心，后面建有五岳楼、罗天大殿，两旁则为巨幅青石浮雕壁画《朝元图》、《纪元图》、《福寿台》、《八德台》及财神金殿、姻缘石、金山湖等。其中《朝元图》已于2010年7月获得上海大世界吉尼斯纪录；而罗天大殿内供奉道教1200位神仙，神圣庄严，殿内的地面是巨幅3D立体画《祥云之端》。观内太和楼设有5个展馆及盆景园、青晖湖、茶室、素食馆等配套设施。

南沙天后宫

广东圆玄道观庭园广阔，绿树成荫，殿宇棋布，环境幽雅。在这里不仅可以了解到中国古代道教文化的发展历史，还可以领略中国古代建筑的艺术风采。2013年，广东圆玄道观被评为国家4A级旅游景区。

交通 花都公交车9路、21路、26路，或在地铁人和站出口的70路总站乘坐70路（往花都万科天景花园），均可到达圆玄道观站。

16.华峰寺

位于广州市永和街的华峰山纵横几十里，山高而不险，石秀而不露，林密而泉清，风光秀丽，华峰寺坐落于华峰山的半山腰。

华峰寺始建于唐朝中期，大规模建设始于清康熙壬戌（1682年）年秋，由南樵和尚始创，嘉庆十七年（1812年）、道光八年（1828年）、道光二十年（1840年）、同治六年（1867年）、光绪十七年（1891年）共5次进行修葺和扩建。据历史记载，华峰寺建筑宏伟壮丽、构造精巧，史称“古寺一景别有洞天，老梅百株自成香国”，共有“断尘石僧归”、“一叶轩乘凉”、“佛迹岩”、“梅花谷”、“罗汉溪”等名胜古迹27处。华峰寺全盛时期占地4万多平方米，总建筑面积5600平方米，名扬海内外。在明乘法师编著的100卷《中国佛寺志》中，广州地区仅收录了《光孝寺志》和《华峰山志》，可见，华峰寺在中国佛教史中占有重要一席，是我国佛教名寺之一。

抗日战争时期，东江纵队在禾丰一带建立的活动据点，在著名的黄旗山战役中重创日寇。随后，日寇迁怒于华峰寺，将古寺珍宝、经文、资料抢掠一空，驱散僧人，烧毁寺院。遭受战火摧毁的华峰寺，现仅存民国时期修建的藏经阁和嘉庆年间题写的“海门禅院”石刻牌坊。

交通 公交341路至华峰寺总站下，或580路、节假日公交专线9路到永华路站下。

八、山水工巧，画境天成——岭南建筑

（一）特色概述

岭南建筑的文化特色是建筑与岭南园林的有机结合，建筑有轻巧通透的体形，富有岭南传统文化的韵味。

广州地处南亚热带地区，气候炎热多雨，常受台风吹袭，因此传统的建筑在解决通风、隔热、防风、防雨、防潮等方面都极具特色。以广州为代表的岭南建筑经历了4个发展阶段：第一阶段是明清时期的书院、祠堂建筑；第二阶段是清末民初的西关大屋、竹筒屋和商业骑楼建筑；第三阶段是西洋建筑的传入，中外建筑师将中西建筑融合起来；第四阶段是新中国成立后，中西建筑技术融合，古为今用，洋为中用，使岭南建筑逐渐进入现代建筑的发展阶段，形成地方特色鲜明的岭南派建筑新风格，涌现出以佘畯南、莫伯治等为代表的一大批老中青岭南派建筑大师。广州的岭南建筑有许多代表作，余荫山房、小画舫斋、陈家祠、西关大屋、竹筒屋、商业骑楼建筑等都充分表现了岭南城市的风貌。20世纪50年代以后广州又如雨后春笋般出现了诸如北园酒家、泮溪酒家、白天鹅宾馆、花园酒店、中国大酒店、东方宾馆、矿泉别墅、白云山双溪别墅等一大批园林宾馆和酒店，它们都是现代岭南建筑的优秀作品。

这里向大家介绍构成岭南市井风情图画要素，让旅游者们充分领略岭南建筑文化风貌的宝墨园、余荫山房、岭南印象园和被誉为“岭南建筑艺术宝库”的陈氏书院（陈家祠）等。

（二）主要景点

1.广州陈家祠（陈氏书院）

陈家祠位于中山七路，又称陈氏书院。清光绪十四年（1888年）筹建，光绪十九年（1893年）落成。

陈氏书院坐北朝南，总体布局中轴对称，以中路为主线，两侧以厅堂、厢房围合，厅堂两侧以青云巷隔开，建筑间以长廊相连，深三进。祠堂前辟有宽阔的庭院，还有东院、西院和后院，占地面积1.5万平方米。

中轴线上主要建筑有头门、聚贤堂和祖堂。头门面宽五间26.9米、进深三间12米。梁架、驼墩、斗拱、雀替均刻有花卉、瓜果、人物等纹饰。头门大门上悬“陈氏书院”横匾，两边有石砌包台，门前两侧立一对直径1.4米、连座高2.25米的石鼓，两扇大门上彩绘门神。大门内设4扇双面缕雕屏门。头门明间与次间梁架高10.09米，稍间梁架高9.69米，形成高低错落两个屋面，硬山顶封火山墙，屋面铺碌灰筒瓦，正脊塑花鸟、人物灰塑与石湾陶塑，垂脊塑寿果、蝠鼠和狮子等灰塑。两侧东、西厅堂面宽14.05米、进深三间11.9米，其建筑规模、装饰比头门稍次。

聚贤堂原是陈姓族人举行春秋祭祀和议事聚会的地方。面宽五间26.9米、进深五间16.7米，梁架、驼墩、斗拱、雀替雕刻花纹，后外金柱明间、次间装12扇镂雕屏门，稍间设花罩；堂前设月台，月台宽16.7米、深8米，石雕望柱以岭南佳果为装饰，栏板嵌铁花。正脊上陶塑瓦脊是1981年修复时重新烧制。

后进祖堂及大厅三间原是安放神祖牌位及祭祀的厅堂。祖堂面宽五间、进深五间，后金柱间各设高8米的木镂雕龛罩，后稍间设神龛，内设21级木阶放置神主牌位。

除中轴线主体建筑外，其他厅堂、廊庑、斋室、厢房等建筑中广泛采用木雕、石雕、砖雕、陶塑、灰塑等不同风格的工艺做装饰，梁架、斗拱、驼墩、墙壁、墀头等均以花鸟虫鱼、岭南佳果、历史典故、戏曲人物等题材为装饰内容。

陈家祠于1988年被列为全国重点文物保护单位。2011年在广州市委、市政府主办的“新世纪羊城八景”评选活动中，陈家祠以“古祠留芳”名列羊城新八景之一。

中外闻名的陈家祠，其规模宏大，布局严谨，气势雄伟，装饰巧夺天工、富丽堂皇，无怪乎人们称它是岭南建筑的明珠，又说它集岭南装饰工艺之大成。在此，仅从岭南建筑、装饰工艺的角度向大家介绍这座广东规模最大最具岭南文化风格的古建筑，其中主要介绍其“三雕”、“二塑”的高超技艺。

陈家祠集岭南建筑工艺装饰之大成，几乎全部堂、院、廊、厅、门、窗、栏、壁、屋脊、架梁都展示了岭南建筑的“三雕二塑”，即石雕、木雕、砖雕和陶塑、灰塑，以及铁铸工艺的高超技艺。

[木雕]

陈氏书院的木雕，是以樟、柚等木材镂雕屏门、神龛、花檐、花栏、花窗、梁架和雀替等。首进头门梁架有8块以王母祝寿、晋文公践土会盟、曹操大宴铜雀台等为题材的柚木雕刻。首进大厅的4扇屏门有以金殿比武、金殿赏赐、孟浩然踏雪寻梅、渔樵耕读为题材的木雕。中进聚贤堂的12扇屏门有渭水访贤、六国大封相、李太白醉酒退蕃书等人物故事的雕刻。东西两厅屏门分别镂刻有《三国演义》、《水浒传》等故事。后进三间有11座雕工精美、气势雄浑的木雕龛罩。

[石雕]

陈氏书院的石雕主要有：大门左右两侧的一对抱鼓石，基座雕以日神、月神和八仙；聚贤堂前的月台以狮子、花鸟、佳果为题材的石雕望柱。各厅堂前有雕刻渭水访贤故事的石柱挑头，有雕刻暗八仙、苏武牧羊、画龙点睛的石栏板。这些石雕造型秀丽，线条圆润简练，玲珑剔透，流畅洒脱，不愧是岭南石雕艺术精品。

[砖雕]

陈氏书院的砖雕主要用于檐墙、墀头、门楣等处。书院正门两边东西檐墙上有6幅大型砖雕。东檐墙正中为“刘庆伏狼驹图”，左右分别为“百鸟图”和以凤凰、仙鹤、鸳鸯、鹁鸪、黄莺为代表的“五伦全图”。画旁分别刻以明代陈白沙、唐代杜牧、北宋程颢的七言绝句。西檐为取材于《水浒传》故事的“聚义厅”，两旁分别刻有宋代范中淹《岳阳楼记》名句及清代诗人的七言绝句。这些砖雕以浮雕、圆雕、透雕等多种手法镶嵌而成，布局严谨，层次分明，造型生动，气势磅礴，极富岭南特色，堪称砖雕艺术的奇葩。

[陶塑]

陈氏书院的陶塑五彩缤纷，琳琅满目，令人目不暇接。书院的正脊采用石湾陶塑共11条。首进5条和聚贤堂脊饰分别于光绪十七年（1891年）和十九年（1893年）烧制，中、后进东西两厅的4条脊饰于光绪二十年（1894年）和光绪十八年（1892年）烧制，后进大厅的脊饰则完成于光绪十六年（1890年）。11条脊饰中以聚贤堂的规模最大，其总长27米，高2.9米，连灰塑基座总高达4.26米。全脊共塑224个人物，题材包括刘备过江招亲、武王伐纣、四郎探母等，整条脊饰恰似一个巨大的舞台。其他脊饰的题材主要是龙凤、花鸟、瑞兽、山水，以及历史故事和人物群像等。

[灰塑]

陈氏书院的灰塑主要用于屋脊基座、山墙垂脊、廊门屋顶、厢房和庭院连廊及东西斋的屋脊上，总长1800余米，灰塑的题材与陶塑相近，主要是人物、花鸟、亭台楼阁、山水美景等，均具有浓郁的岭南特色。

[铁铸通花]

陈氏书院聚贤堂前后石栏杆中嵌有铸铁栏板。其正面6幅为麒麟玉书凤凰图，台阶两边是双龙戏珠，还有三阳开泰、金玉满堂等。这些铁铸通花栏板是以低碳钢为材料打制或铸造而成，工艺精湛，构图精美。

此外，陈氏书院内还有中国传统建筑特有的装饰美术形式——壁画和楹联。

陈家祠

书院东西厢房各绘有一幅壁画，壁画的题材分别是滕王阁图、夜宴桃李，人物有王勃、李白等。书院的楹联主要表达对祖先功绩的颂扬和缅怀，光大先祖文风宏业的理想和愿望。楹联多为楷书，自成一格。

交通	地铁1号线至陈家祠站下，公交17路、104路、107路、109路、114路、125路、128路、244路、250路、夜27路、夜30路、旅游公交1线、旅游公交2线至陈家祠下，或114路、181路、204路、238路、夜3路、夜45路至康王北路下。

2.余荫山房

余荫山房又称余荫园，位于番禺区南村镇，始建于清同治六年（1867年），同治十年（1871年）竣工，历时5年。该园主人邬燕天，为番禺当地举人。此园面积不大，占地仅1598平方米，但汲取了苏杭园林风格，结合当地的自然、地理特点，将亭、台、楼、阁及水池、小苑间以曲径小桥，并广植古树名木，珍贵花卉相衬托，从而形成一座以布局精美小巧、玲珑剔透为特色的岭南园林与佛山梁园、东莞可园、顺德清晖园合称为清代广东四大名园。

余荫山房以“浣红跨绿”廊桥为界分为东、西两大景区。廊桥是园中最有特色的建筑之一，前后各5级石阶，桥下为一石拱券，桥亭为卷栅歇山顶，前后分别题额“浣红”和“跨绿”，故称浣红跨绿桥，桥上设栏干，亭下设挂落，前后两端有风雨廊连接，廊两边设长靠椅，西区以深柳堂为主，以临池别馆为辅。堂前庭院盘绕着两株炮丈花古藤，花开时节，落英缤纷，瑰丽非常。东区主体建筑为玲珑水榭，此亭为八角，又建于一个八角形水池中央，故又称八角亭。东南角有杨柳楼台，东北角有孔雀亭、来熏亭、榄枝厅等小巧玲珑的古建筑，并栽有菠萝树、腊梅、南洋水杉等珍贵古树名卉。

园门位于西南角，园门两边有一对楹联“余地三弓红雨足，荫天一角绿云深”，既体现了“余荫”之名，又体现了“红雨”、“绿云”的园中特色。

余荫山房面积虽小，但设计巧妙。园、台、池、馆与游廊、拱桥、假山、花径交相穿插，构成曲折幽深、小中见大的庭苑空间，充分体现了岭南园林的特色，使游人耳目一新。

交通	公交番51路、番65路、番72路、番75路至广州科贸学院下，或番10路、番51路、番69路、番186路、至南村镇下。

3.广裕祠

广裕祠位于从化钱岗古村，庄严古朴，始建于明朝永乐四年（1406年），距今近600年。它是全国唯一一座有5次重修年代记载的祠堂。广裕祠获得2003年联合国教科文组织文化遗产保护竞赛、亚太地区文化遗产保护杰出项目奖第一名。

广裕祠堂共三进，建筑面积共816平方米，占地约992平方米。坐北向南，主座均为木构架，两旁山墙承重、屋面素瓦、悬山屋顶，是珠三角地区祠堂中具明显北方风格的实例。广裕祠兼具历史价值、建筑价值和美学价值，是考据北民南迁历史以及南北建筑风格互相借鉴发展的一座重要古建筑文物。联合国的获奖公告指出，广裕祠的修复是村民、政府机构和技术顾问组织精诚合作保护地方遗产的杰出范例。

广裕祠被专家认为是一部“中国从明朝到社会主义新时期的断代史”、“确凿的时间，记载着该祠堂所留下来的建筑风格作出明确的断代，这是极其珍贵的。它（广裕祠）简直就是岭南建筑历史的一把标尺”、“非常宝贵的建筑标本”。

2006年5月，由国务院公布为国家重点文物保护单位。

交通 B1路、B26路、B29路、B31路等至沙埔站下。

4.沙湾留耕堂

留耕堂位于番禺区沙湾镇，始建于南宋德祐元年（1275年），后几毁几建，现规模是于清康熙年间扩建而成的，比广州陈家祠（建于1893年）早了600多年。沙湾留耕堂又名何氏宗祠，是沙湾何氏宗族的大祠堂。“留耕”两字取自“阴德源从宗祖种，心田留与子孙耕”，意即建祠造福后人。

沙湾留耕堂的主要特色是柱多、雕刻精巧、书联丰富、气势雄伟。留耕堂计有112条石柱和木柱。这些木柱的原料，当时是从东南亚国家采购回来的。在雕刻方面，留耕堂保留了非常精致的石雕、木雕、砖雕、灰塑，体现了岭南庭园的精巧的建筑艺术。

留耕堂占地3300平方米，地势北高南低，依次为大池塘、大天街、山门、仪门（牌坊）、丹墀（天井）、月台（钓鱼台）、享殿（象贤堂）、寝殿（留耕堂）及东西庑廊和衬祠。

第一进是山门。留耕堂山门前是宽阔的、用大青石铺成的大天街（广场），大天街正对一池塘，在临近池塘处两边有驻马石和8个安装旗杆的石座，这种旗杆是古时考取功名后用以竖旗褒扬的。大天街东西两边各有堵红砖墙，墙上附有彩色灰塑，内容有“双龙戏珠”、“龙凤呈祥”、“麒麟呈瑞”等，做工精细，形象逼真，栩栩如生。大天街正北面是恢宏肃穆而又富丽堂皇的留耕堂正门，门上为红底金字“何氏大宗祠”横匾。正门的两扇大门由质地坚硬的木料制成，门上各绘金盔金甲的武将一员作门神，用的是我国重彩壁画的传统手法，极其鲜艳夺目，大门东西两侧是各由3条石柱和木柱及金字托梁所组成的包台。前是礼台，接礼所用；后是“八音台”，迎宾唱名所用。另外，还有“出孝”、“入弟（悌）”两间鼓楼，它们一起构成留耕堂的门面，已初步展现出这座古建筑的恢宏气象。

在正门最值得细心欣赏的是门顶的横梁，梁上的木雕极其精美，特别是在古建筑学上称为“驼峰”的33个三重如意斗拱，雕刻内容花样百出，或奇花异卉、飞禽走兽，或历史故事人物，无不栩栩如生。整座前门，梁、枋、斗拱共同构成了一组精美的岭南建筑艺术珍品。

进正门，一座高大的石碑坊便耸立在人们的面前，这座碑坊在古建筑学上称为仪门，属于留耕堂的二进。门额是清代著名书法家陈白沙所书“诗书世泽”的石刻，表明沙湾何氏是书香门第，历代不少人考取科举功名。

过碑坊，到丹墀（大天井），回首可见碑坊额上的“三凤流芳”4个苍劲大字。这是为了表彰沙湾何氏祖先在北宋后期考取进士的三兄弟，这三人在当时被尊称“何家三凤”而流芳后世。

第二进除了仪门外，还包括后面的丹墀（天井）、月台和两边的庑廊。天井由红砖铺成。月台（又称钓鱼台）依天井的北面而建，高出天井1米，原是族人在喜庆日子看戏的舞台。其基石由一列15块大理石构成，石上刻有“老龙教子”、“双凤牡丹”、“双狮戏珠”、“犀牛望月”、“苍松文理”及松、梅、竹、菊、牡丹等图案，刀法浑朴自然、玲珑剔透，是元、明年间的古石雕，非常珍贵。

享殿又叫象贤堂，进深达17米多，在古祠中是少见的，正中一前一后悬“大宗伯”、“象贤堂”两块红漆金字木匾。“大宗伯”指的是沙湾何氏第二代何起龙，明朝洪武年间任礼部尚书。礼部尚书当时人称“大宗伯”。“象贤堂”是为纪念沙湾何氏的宗祖何德明（号象贤）而设。象贤堂由4条石柱和24条两人合抱的大木柱支撑，梁、枋、驼峰斗拱均有玲珑剔透的云纹鸟兽、花果虫鱼等复杂木雕，令人叹为观止。

中座后面是后寝的东西庑廊，廊中有8个雕成仰覆莲花瓣的红砂石柱基础，造型美观别致，是明代的遗物。后寝是留耕堂的最后一进，分为中、东、西3间。中间的最大，正中的神龛呈长方形，精雕许多吉祥图案，外镀金漆，光彩夺目。正中檐下悬挂白底黑字“留耕堂”横匾。现后寝东西两边是番禺历史人物像展。西边有广东音乐典雅派的“何氏三杰”——何柳堂、何少霞、何与年3人的铜像。东边有番禺清代诗人屈大均，岭南画派三杰高剑父、高奇峰、陈树人等塑像。在寝殿的东西间，有番禺驰名的民间艺术——沙湾飘色的雕塑。沙湾飘色有几百年的历史，以色彩艳丽、造型传神、色梗纤细、装置巧妙而闻名海内外。

留耕堂长期以来以其恢宏的建筑气势、高超的雕刻艺术、丰富的民族文化底蕴而受人青睐。1989年，留耕堂被公布为广东省重点文物保护单位。

交通 公交番29路、番7B路至留耕堂下，或番12路、番67路、番108路、番130路等至沙湾文化中心下。

5.广东邮务管理局旧址

广东邮务管理局旧址位于广东省广州市荔湾区岭南街十三行社区沿江西路43号。清光绪二十三年（1897年）为大清邮局所在地，后遭火毁。1913年广东国税厅筹备处将该址拨为粤海关扩建邮政新局，邀请英国工程师丹备设计，1916年建成开业。邮政业务初由粤海关兼管，1918年由广东邮务管理局接管。1938年广州沦陷时，西堤一带火灾，该楼门窗、地板等全部焚毁。1939年由杨永堂工程师设计，在保持原大楼结构及外貌不变的情况下重建，1942年竣工，1953年改为市邮局。现该楼坐北朝南，钢筋混凝土结构，由南面三层主楼及北面两层副楼组成，主楼带半层地下室。该建筑平面呈不规则形，总面宽28.25米，总进深51.26米，总占地面积1110.4平方米。整栋建筑石砌外墙，天台四周带女儿墙，四角均设方形锥柱。南立面设爱奥尼柱贯通二、三层，内为柱廊。三层檐部原有“广东邮务管理局”中英文字样，后被毁重塑，现只有中文字样。建筑门前设台阶，门前立柱基座处理，斩假石基柱，线条简洁。楼内各室宽敞，设壁炉，室内柚木门窗地板，花阶砖铺砌通道，楼梯扶手以精美铸铁漏花装饰，美观大方。该处为广州近代较有代表性的仿欧洲新古典主义风格建筑，具有较高建筑艺术价值，同时，该处也是研究我国邮政发展史的珍贵物证，现为邮政博览馆。2002年7月该址被公布为省级文物保护单位。

交通 公交31路、38路、57路、102路、103路、105路、106路、110路、123路、131路、238路、281路、538路、旅游2线在南方大厦站下。

6.广东财政厅旧址

广东财政厅旧址在北京路376号。前身为明清两代的广东承宣布政使司所在地（即藩司衙门），民国后在此筹建广东省财政厅。

建筑工程分两期，首期工程建3层，民国四年（1915年）奠基，民国八年（1919年）竣工。大楼门顶部石匾书有“广东财政厅、中华民国八年六月吉日”字样。第二期工程建第四、第五层及穹隆顶。坐北朝南，平面呈“凹”字形。高5层半，原第一、第三层为钢筋混凝土楼板，第二、第四、第五层为木楼板。首层作基座处理，开平缓的旋拱。沿花岗岩石阶梯而上进入第二层。正面大门施以仿罗马多立克式巨柱，双柱和方壁柱贯通到三楼檐部，气势轩昂。半圆形多立克柱围成柱廊，三楼起拱券廊。四楼起双柱承托檐部。二楼内正中有一螺旋形梯，楼顶女儿墙变化多样的线脚与大楼顶部檐沿线相协调，浑然一体。

1921年5月5日，孙中山在宣誓就任非常大总统后，曾经在广东省财政厅大楼的阳台检阅庆祝游行的队伍。1993年公布为广州市级文物保护单位，2002年公布为第四批广东省文物保护单位。

交通 公交B4A路、B4路、264路、517路至广仁路总站下，或6路、185路、夜5路至越华路下，地铁1号线至公元前站D出口。

7.广雅书院旧址

广雅书院旧址位于广东省广州市荔湾区西村街广雅社区西湾路1号广雅中学内。

广雅书院是两广总督张之洞创办的学府，清光绪十三年（1887年）筹建，翌年6月开学，招收广东、广西两省的贡生、监生各100名。原广雅书院坐北朝南，四周设有护院河，占地面积达12万平方米。现只保留山长楼、冠冕楼及正面和左侧的曲流小桥、碑刻10方和部分后围墙。山长楼总面阔九间42米，进深三间12.4米，坐北朝南，建筑占地面积528.9平方米，硬山顶，碌灰筒瓦，后改盖绿琉璃瓦，瓦当刻“广雅”二字，灰塑博古脊，楼中为过道，两边有一对抱鼓石，前廊设石柱，两侧为厅。冠冕楼为1935年重建，钢筋混凝土结构，面阔五间，进深三间，高二层，坐北朝南，建筑占地面积742.7平方米，歇山顶，黄琉璃瓦绿脊，正脊施龙吻，戗脊饰仙人走兽，前设柱廊，柱间设栏杆，下为台基，正中设阶级。冠冕楼前有一石桥，花岗岩质地，坚固可靠。冠冕楼左侧曲流小桥为花岗岩一孔拱桥。现学校北面还保留了原书院的旧围墙，用青砖砌筑。现存广雅书院山长楼东西厅内墙及无邪楼遗址前等处10方碑刻。

广雅书院旧址现保存较好，现已在原址新建无邪堂、濂溪祠等建筑。该建筑群有较高历史价值，2002年7月被广东省人民政府公布为省级文物保护单位。

交通 公交134路、196路、215路、238路、256路至东风西路站下，或133路、215路、253路、256路等至东风西路站下。

8.宝墨园

宝墨园位于番禺区沙湾镇紫坭村。清末民初宝墨园是包相府，后称宝墨园，是供群众休憩游乐的地方，所以有人说它是番禺最早的公园。世易时移，原宝墨园早已被毁，原址已变成民居。改革开放后，发展旅游业和恢复文物古迹的春风吹到了宝墨园，1995年在港澳同胞及社会各界善长仁翁的鼎力捐助下，人们重建宝墨园的夙愿得以实现。

重建后的宝墨园，面积160多亩，规模宏大，造型高雅，集清宫文化、岭南建筑工艺、岭南园林艺术和珠江三角洲水乡特色于一体，成为远近闻名的庭园精品。

宝墨园正门的白石仿古牌坊，雄伟巍峨，巧夺天工。园中陶塑、瓷塑、砖雕、灰塑、石刻、木雕等艺术精品琳琅满目。惊世之作，当数已列入大世界吉尼斯之最的瓷逆浮雕《清明上河图》。巨幅砖雕《吐艳和鸣壁》工艺精湛。荔岛中的聚宝阁金碧辉煌，雍容华丽，阁内供奉万世师表孔子铜像，供游人瞻仰。此阁与宝墨藏珍、龙图馆、赵泰来藏品馆等珍藏的古今的名画、书法、陶瓷、铜器、玉器等，体现了中华文化源远流长，为宝墨园增添了浓重的文化色彩，简直是一座园林艺术馆。

全园水景堪称一绝。荔景湾、清平湖、宝墨湖与1000多米长河贯通，水清如镜，长流不息，30多座石桥横跨旖旎河湖之上。湖周围，绿柳侵烟；喜看锦鲤千千红浪涌，游人个个笑颜开。紫竹园里的紫竹溪，专供小孩玩水观鱼，更是儿童的欢乐天地。

交通 公交佛314路、佛349路、番12路、番67路到宝墨园总站下。

9.岭南印象园

岭南印象园位于广州大学城所在的小谷围岛，总占地面积300亩。这里四面环水，西临洛溪岛，北临生物岛，东临长洲岛，与会展中心所在的琶洲岛隔江相望，交通便利。岭南印象园依托天然的地域优势和原练溪村深厚的岭南民风民俗文化，建立了一个融文化观光、趣味游乐、特色餐饮、休闲购物、精彩演艺于一体的大型休闲文化旅游景区。

岭南印象园是典型的岭南传统风格建筑群落。民居依水而建，或窄门

宝墨园

高屋，或镬耳高墙。悠长的青云巷、古朴的趟栊门、壮观的蚝壳墙、精致的满洲窗，小溪蜿蜒，池塘清澈，处处散发着岭南水乡的韵味。

岭南印象园汇聚了大量的广东非物质文化遗产，在许多工艺美术大师和传承人的展示下，您可以亲眼看到亲身体会到广东非物质文化遗产的魅力，如广绣、珠绣、广彩、木雕、榄核雕、牙雕、灰雕、木雕、石雕、砖雕，广东粤剧、肇庆端砚、新会葵艺、佛山剪纸、佛山陶瓷、黄振龙的百年老店等等。除了参观之外，许多民间手工艺的大师还现场授艺，教游客现场制作，这些作品凝聚了众多艺术创作者的心血，具有很高的艺术价值。

交通	地铁4号线至大学城南B出口，沿中五路外环西路方向步行约10分钟；或乘坐节假日公交专线5至岭南印象园下；或310路、番52路至大学城总站（广工）下。

10.南粤苑

南粤苑位于紫坭村大川岗，东临紫坭河，南接宝墨园，西倚村民居，北望耕作区，占地面积100多亩，是一座山水园林与岭南建筑相融合、艺术珍品与岭南园林并茂的大型山水园林。南粤苑是岭南名园宝墨园的“姐妹园”，是宝墨园建设的深化与伸延，展现了沙湾历史文化名镇和禺山风采。南粤苑景观秀美，奇石丽水，雕梁画栋，馆阁藏珍，园内共有20个景点。

曲折逶迤、华彩艳丽的百转回廊贯穿南粤苑全园。园内有“巍雄聚秀”大牌坊、九龙壁、迎客轩、舒心阁、四知亭、怡乐亭、汇源亭等华丽的建筑群，有紫水清华、清流漱石、桂苑飘香、云岩叠翠、飞瀑松音、水帘幽洞等山水园林美景，还有藏珍聚宝的赵泰来藏品馆、霍宗杰藏品馆、

岭南印象园

珍宝馆、玉器馆和陶瓷馆。南粤苑既具岭南建筑的风格，又有皇家建筑的特色，把生意盎然的自然美和艺术美融为一体。

交通 公交佛314路、番12路、番67路到紫坭村委下车。

11.西关大屋

来到广州，看到四通八达、车水马龙的交通，一幢幢直插云端的高楼大厦和鳞次栉比的琼楼玉宇，已经初步领略这座国际大城市的现代化风貌。现在向大家介绍仅广州特有、最富有岭南地方特色的古老传统民居，那就是西关大屋。

西关大屋是清末豪门富商在广州城西“西关角”（今荔湾区）一带兴建的极具岭南特色的广州传统民间住宅形式，被称为“西关大屋”。西关在明朝已成为广州城区的商业中心，十八甫在明代已逐渐形成。而西关角形成于清代同治、光绪年间，范围包括文昌桥、大观桥、泮塘、昌华苑周围一带。西关大屋集中在宝华路、多宝路、宝源路、逢源路，后来又扩展到西关的其他地区，多为名门望族、官僚巨贾所建。

西关大屋多为砖木结构、青砖石脚，高大正门用花岗石装嵌。平面布局按中原传统的正堂屋形式，基本上是纵深方向展开。典型平面为三间两廊，左右对称，中间为主要厅堂。中轴线由前而后，由南而北，依次为门廊、门厅（门官厅）、轿厅（茶厅）、正厅（大厅或神厅）、头房（长辈房）、天井、二厅（饭厅）、二房（尾房）。每厅为一进，一般大屋为二三进。两旁偏间前部左边为书房及小院，右边为偏厅和客房。客房顶为平天台，供乘凉、赏月和西关小姐们七夕拜月（拜七姐）等用。偏厅、客房后部为卧房、厨房等。庭园中栽种花木，筑有假山鱼池，颇为典雅清幽。

大屋两侧各有一条青云巷，取“平步青云”之意。青云巷又称冷巷、火巷、水巷等，具有交通（女眷或仆役出入）、通风、采光、排水、晾晒、栽花、清运粪便垃圾等多种功能。

西关大屋是广州传统建筑的瑰宝，据统计现存100多间，具有保留价值的有10多间。最著名的西关大屋有坐落于宝源北街18号的梁资政第、坐落于多宝路的邓宫保第以及坐落于宝华正中约的钟家花园等。十分可惜，这些名园大宅大多早已不复存在。现在硕果仅存的名宅只有小画舫斋。

小画舫斋位于荔枝湾上，建成于1902年（清光绪壬寅年），是一座环形园林式的西关大屋，四周为楼房，中间是花园，楼房精致典雅，花园花木茂盛，整体结构别具浓郁的岭南建筑韵味。正门在三连直街，南向；后门在逢源大街，北向。门额石刻清末书法家苏若湖所书“小画舫斋”四字。小画舫斋整座建筑为白花岗石脚、水磨“东莞青砖”精砌墙壁，平滑洁亮。

正门进门是一座玲珑剔透的木雕通花套石刻红花玻璃大屏风。屏风后面是门厅，前边有一条东西走向的长廊，长廊中建有一座名叫“诗境亭”

的半边亭。西边是“船厅”，呈画舫形，小画舫斋因此得名。这里还有阮元题书的“白塘红荔泮塘西”木刻横额。朝荔湾涌一侧全部是蚀刻蓝玻璃满洲窗。北面有供奉黄家先祖的坐北向南的“家庙”（祖先庙）。

交通 公交2路、25路、55路、74路至多宝路口下，邻近逢源大街小画舫斋。

12.商业骑楼建筑

当您漫步在北京路和上下九商业步行街时，您会对马路两旁非常特别的建筑形式发生兴趣，又感到十分新奇，因为这种建筑形式在北方任何城市都是看不到、找不着的。这种建筑形式就是商业骑楼建筑，简称骑楼。

商业骑楼建筑是岭南和广州近代城市商业街市的一大特色，也是广州建筑的最大特色之一。

骑楼最能体现广州的丰富多彩的南国市井风情。一幢幢不同风格的骑楼建筑从街的一端延伸到另一端，鳞次栉比，连绵不断，街的两边骑楼隔道相望。骑楼宛如一把神奇的大伞，在烈日当空或大雨滂沱时默默地为行人遮阳挡雨。骑楼是城市安全的港湾、名正言顺的人行道，进入骑楼，一种安全感油然而生，因为不必担心各种飞驰的车辆碰撞你。在沉醉东风的晚上漫步于这望不到头的长廊里，在微风吹拂下，令人心旷神怡，无限温馨。

关于骑楼这种建筑结构形式的来由，有两种不同的意见。一种意见认为是从古代岭南越族的干栏式（高脚楼）发展而来。另一种意见认为是外来建筑形式，是广州人将西方古典建筑券廊式与广州传统建筑结构相结合而形成的。多数观点倾向于后者，因为这更接近岭南文化开放性和兼容性的特点。

骑楼是一种敞廊式商业建筑，最早出现于地处南欧和地中海一带的古希腊（公元前5世纪～前4世纪）的城市。敞廊式商业建筑的产生与古希腊商业发达和气候炎热多雨有关。敞廊能为顾客和行人遮阳挡雨，提供良好的步行环境，适应商业的需要，同时也丰富了城市景观，浓化了城市的特色。敞廊式商业建筑，即骑楼在古罗马时期得到了更广泛的应用和发展。拜占庭继承古罗马的建筑文化，在首都君士坦丁堡建设了两旁带有商业敞廊的中央大街。据记载，这是当时世界上最壮观的街道之一。从中世纪和文艺复兴时期开始，敞廊式商业建筑更是遍布欧洲各地。至今，欧洲许多历史名城如瑞士的伯尔尼、意大利的佛罗伦萨、法国巴黎等仍然保存着这种敞廊式商业建筑。

到了近代，随着殖民主义的扩张、资本的输出和科技文化的传播，骑楼这种敞廊式商业建筑迅速传播到世界各地，也包括中国广州。1840年鸦片战争后，中国进入了近代史阶段，清政府闭关自守的封闭状况被列强的洋枪大炮所破。外国建筑的新技术、新材料、新结构和新形式随科技文化传入中国，尤其是传入了当时中国对外贸易的大商埠广州。因此从19世纪到20世纪20年代，在广州的一些道路，如长堤大马路、一德路、人民南路、中山五路等率先出现骑楼建筑。其中广州最早的带骑楼的道路是1886～1920年建筑的长堤大马路。

1930～1937年是广州骑楼街道建筑的鼎盛时期。那个时期的东山区、越秀区、荔湾区一带都修建了一大批道路。当时广州市区内骑楼街路段共有36条，总长20多公里，集中于10多平方公里的范围内，其中最著名的、骑楼最集中的街道有第十甫路、上下九路、中山路、解放路、人民南路。最有代表性和最气派的骑楼应属新亚酒店、南方大厦、爱群大厦等。

由于广州的骑楼商业街具有很多优越性，在城市建设中崛起获得极大的成功，并对类似广州的南方城市起了示范作用，产生了巨大的影响。这样，从20世纪20年代到30年代，以广州为中心，骑楼建筑发展到广东全境，辐射到广西、福建、海南等与广东邻近的华南地区。梧州、南宁、厦门、漳州、泉州、福州、海口、文昌等地处热带、亚热带，炎热多雨以及华侨众多的城市都有数量颇多的骑楼建筑。

九、南风古韵，都市遗踪

——古建筑群和历史文化街区

（一）特色概述

广州是国务院公布的首批历史文化名城之一，自秦汉以来一直是岭南的政治、经济、文化中心。2000多年的城市历史积淀了特别丰富的历史文化遗存和资源，古建筑群和历史文化街区不仅是广州城市生命的延续，而且是建设现代化中心城市不可缺少的重要内容，对继承和弘扬中华民族优秀历史文化传统有着不可替代的作用。广州古建筑群和历史文化街区风格各异，布局有序，对研究岭南地区古代建筑艺术和民情风俗提供了宝贵的实物资料。其中最知名的莫过于北京路和上下九步行街。北京路是广州市一条集文化、娱乐、商业于一体的街道，是广州市有史以来最繁华的商业中心，日均人流量约35万人次。上下九步行街是广州市三大传统繁荣商业中心之一，蜚声海内外。在漫长的历史长河中，上下九逐步形成了当今商业步行街中西合璧的西关风情特色，并构筑成一幅独特的、绚丽多姿的西关风情画，营造出亮丽的旅游风景线。

（二）主要景点

1.北京路千年古道

北京路是广州古城发展的中心轴线，也是历史上最繁华的商业集散地，被誉为岭南名街。现在日均人流量约35万人次，是广州市最繁华的步行街，其范围包括附近的中山四路、中山五路、西湖路、教育路和禺山市场以及周边商业网点。步行街北面越华路一带从西汉南越国时期起到清代，均是广州城的中心地区，而北京路是唐、宋、元、明、清历朝广州城内的主要街道，自明代起逐渐形成市内最繁华的文化商业街。

在北京路一带及周边地区，沉淀了广州城多姿多彩的历史风貌与文化古迹。据有关史料和专家考证，目前北京路、教育路、西湖路的周边区域已有或已建成及挖掘出土的历史文化遗址有：秦汉番禺城、秦汉造船工场遗址、西汉南越国宫署遗址、唐清海军楼遗址、南汉御花园遗址、明大佛寺、明城隍庙等多个朝代的10多个具有较高历史文化价值的文物古迹。同时，北京路又是百年老店和广州老字号商铺的集中地，还有20世纪40年代全市闻名的大百货公司之一的新大新公司。所有这些令广东人耳熟能详、如数家珍的老店名店，无不一一印证着羊城的历史变迁和文明进程，历久常新。

1997年3月，北京路商业步行街被中宣部确定为“全国文明商业街示范点”。1999年初，越秀区斥资3000万元以“现代都市特色，岭南建筑风格，浓厚商业文化氛围，文明示范窗口”的原则高标准建设北京路商业步行街，全面翻修了人行道，整饰了商铺立面、广告招牌，整治了“三线”，增加了灯光照明，美化道路夜间景观。1999年2月经中宣部检查验收，北京路商业步行街再次被确认为全国精神文明创建活动示范点。

2002年7月初，北京路步行街在整饰工程路面开挖过程中出土了大量砂岩石条与古城墙砖。经过两个多月的抢救性挖掘，掘出了自南汉以来共5朝11层的路面和宋代拱北楼基址。经过文物专家对其进行防潮、防长草、用玻璃钢罩覆盖等技术性处理后，该“千年古道遗址”在熙熙攘攘的休闲购物人流中成为一道亮丽的风景线，成为广州“千年商都”的一个标志性景点。

2010年，步行街以迎亚运为契机，以“千年商都”商业文化底蕴为整治主题，以恢复商业街区历史风貌为整治主线，以突出历史文化、突出岭南建筑风格为原则，进行了全面综合整饰。整饰的重点一是恢复、展现原有的岭南骑楼风格建筑，让市民、游客能够更加充分感受到北京路岭南建筑的特色；二是新增加了文化旅游元素。在北京路中山五路入口的建筑物墙面制作了北京路周边区域6个千年历史文化史迹的浮雕刻字，还专门请原广东省委书记吴南生同志为该浮雕上的“北京路”亲笔题词；在北京路与西湖路交界处，建造了始建于元代、重建于清代，被誉为中国现存最大、最完整的古代计时器——铜壶滴漏雕塑，昭示北京路千年商都的悠远历史。

交通 地铁1号、2号线至公园前站下，公交7路、12路、24路、27路、42路、102路、107路、108路、191路、215路、233路等到中山五路站下。

2.沙面古建筑群

当步入广州，或从西堤乘船参加“珠江夜游”之时，人们会很惊奇地发现，在喧哗闹市中居然会有一方净土，幽静的浓浓的绿荫下耸立着一幢幢具有西洋古建筑风情的洋楼，它就是全国重点文物保护单位、素有“广

沙面古建筑群

州第九景”美誉的沙面建筑群了。

沙面原是古珠江江心岛中流沙的一部分，是渔民聚居之地。

从宋代开始到清代，这里曾是对外通商要津和十三行的仓库，鸦片战争时期曾经是城防要地。第二次鸦片战争后，这块宝地被英法侵略者看中，1861年9月，清两广总督劳崇光分别与英、法两国官员签订协议，沙面正式成为租界，从此沙面便成为我国最早的“租界”之一。此后又有10多个国家相继在此建立起领事馆，还兴建了一批教堂、洋行、邮局、电报局、商行、医院、酒店和住宅，当时的住户多是各国领事馆、银行、洋行的职员，以及外籍的税务官和传教士。

沙面建筑物的主要形式有新古典式、新巴洛克式、券廊式等，共150多栋，还有古树名木100多株。

在沙面、芳村和海珠区三地环抱中的江面叫白鹅潭。每当夜里圆月高照、凉风习习、华灯齐放时，大楼四周传来阵阵的美妙歌声，一个非常幽雅写意的景致出现了，那就是脍炙人口的旧羊城八景之一“鹅潭夜月”。

交通 公交1路、57路、105路、123路、181路、188路、209路、270路、538路、552路等至市中医院下，地铁1号线至黄沙站下。

3.上下九步行街

闻名遐迩的上下九商业街位于老城区西关，东起上下九路，西至第十甫西，横贯宝华路、文昌路，全长1237多米，全路段店铺林立，共有商店300多家，日客流量达60万次，荟萃了岭南文化中的岭南建筑文化、岭南饮食文化和岭南民俗风情。

清代，西关就是广州对外贸易与文化交通交汇点，形成了多条商业街。1937年，西关的商业逐渐向下九路和第十甫路转移。抗战胜利后，为避战乱而疏散的商人回来重整旗鼓，形成西关繁华一条街。当时，上九路多是金铺、棉布庄，下九路多是鞋店、绸缎店和摄影店，时人称之为“扮靓一条街”；第十甫路则以食肆居多，有“百步必有一小吃”之说，广州百年老字号莲香楼、陶陶居就是其中的佼佼者。

西关上下九路和第十甫路，不但以商业繁华成为广州的购物天堂，还以浓郁的西关风情扬名海外，这条古老街道至今原原本本地保持着古老骑楼街的岭南建筑风貌。

骑楼跨人行道而建，形成一个步行的长廊，特别适用于广州多雨和高温日晒的亚热带气候，同时，人行道内的商铺也便于敞开门面，方便顾客。现在大家看到的西关骑楼建筑，就富有清末民初中西合璧的建筑风格，既有中国特色的满洲窗、女儿墙、栅花、拦河，又有西式的外墙装饰图案和铸铁通花阳台。

人们在步行街购物之余，可以此为中心，参观具有西关风情特色的华林禅寺、五眼井、文塔、西关大屋保护区、陈家祠、仁威庙以及沙面欧陆风情区。在步行街上几乎每一条街、每一条巷都有一个美丽的传说及深厚的历史由来，如下九路至今仍有“文澜巷”，印证着昔日十三行富商组建的“文澜书院”的历史。第十甫路的湛露直街至今仍有岭南画派大师昔日开办的“岭南艺苑”故屋。陶陶居历史上是粤剧艺人的聚所，曾以“西关古（故事）坛”、霜华小苑书画展驰名，这里群众的自娱自乐的粤曲演唱“私伙局”也颇有名气。十甫书店的荔湾雅苑书画展销厅、上演粤剧的平安戏院，更是这条步行街上的文化小绿洲。

步行街内大小食肆数十家，既有百年老店陶陶居，亦有“国家特级酒家”广州酒家，还聚集了一批经营“西关名小食”的南信甜品店、欧成记面店、西关人家等特色小食店，也尽聚了制作广式月饼的著名传统饼店——莲香楼、陶陶居、趣香饼家、广州酒家，每逢中秋佳节，这里出产的各式月饼畅销国内外，以慰游子思乡之情。港、澳、台以及国内外的饮食亦进军步行街，成了传统与现代、民族与国际饮食文化交流的区域，充分体现出“食在广州，味在西关”的饮食文化风情。

交通 公交17路、79路、205路、309路、530路、556路、79A路等至上下九站下，或地铁1号线至长寿路站下。

4.荔枝湾涌（逢源大街）

荔枝湾涌，又名荔枝湾，与逢源大街一起构成了一个具有西关风情，又具有岭南水乡特色的历史文化街区。

荔枝湾的兴起与繁盛：相传公元前206年，汉高祖刘邦派遣陆贾来广州向赵佗劝降，当时陆贾以今天的西村为驻地，且开始经营这一名胜。其后经过千百年来人工与天工的巧妙结合，这里成为广州著名的消夏游乐地。在唐代，那里建有著名的园林名胜“荔园”；南汉时，又建有皇家园林“昌华苑”。每当荔熟之时，皇帝与妃子及臣子在那里赏荔游乐，称“红方宴”。明代这里被列为羊城八景之一“荔湾渔唱”。清嘉庆、道光年间，岭南一代名园海山仙馆宛如人间仙境镶嵌其间。每当“荔枝红熟，绿树丛中，如缀如缯，游人乘画舫泛

荔枝湾涌

舟溪中，歌吹相鉴”。这一情景一直延续到解放初。虽然后来由于人为与自然的种种因素发生了许多变化，但荔枝湾在历史的风雨中跋涉了千百年却依然存在，在荔湾湖公园内保留着一段长约400米的故道，两岸古树嵯峨，浓荫掩映，一派岭南独特的自然风光和历史风情，弥足珍贵。

到了20世纪40年代，随着广州城区的扩展，城市人口逐渐增加，荔枝湾河溪两面成为菜农、贫民聚居地，居民为建房屋砍掉了荔枝树，再加上20世纪40年代末期荔枝湾附近成了广州市近代工业的基地，造成了河涌污染，水质持续恶化，再也难以适应荔枝树的生长。1958年建立了荔湾湖公园，保留了部分湖泊和水道，河道仍能北通逢源桥，南至多宝桥，但水系的各条支流被填平变成街道；随着周围的工厂建立和人口聚居，荔枝湾水系已经沦为大污水池，1985年前后，荔湾湖至多宝桥的水道被覆盖；1992年，随着泮溪酒家至逢源桥的最后一段水道被覆盖，荔湾涌彻底成为历史。1999年，荔湾区政协提出了关于“复建荔枝湾故道”的提案，并在2009年正式实施，1992年填埋的最后一段河道重见天日。2010年10月16日凌晨，荔湾湖的湖水被引入河涌，曾经的荔枝湾涌迎来新生，曾经的荔枝湾胜境从历史又变成现实。

今天的荔枝湾涌，已成为广州市的一个著名旅游街区。2011年，被评选为羊城新八景“荔湾胜境”。名胜古迹包括荔枝湾涌、荔湾湖、仁威庙、文塔、荔湾博物馆、蒋光鼐故居、小画舫斋、海山仙馆、陈廉伯故居、梁家祠及西关大屋历史街区等，这里是西关大屋、西关小姐、西关五宝、西关美食及粤剧曲艺等老广州文化符号的发祥地、集中地，可谓“十里荔枝湾，千年西关情”。

交通 公交2路、25路、55路、74路至多宝路口下，或3路、15路、82路、夜33路至多宝路（广医三院）下，或公交8路、55路、61路、74路至市三宫下。

5.文德路

文德路辟于北宋庆历年间，在当时广州府孔庙东侧，时称学府东街。清同治年间改名文德路，并沿用至今。从北宋起，文德路便一直是一条文化街巷。清末时期，更是达到了鼎盛，有各种文化商肆近50家。

文德路地处广州古城区核心地带，具有深厚的历史底蕴。路上有光绪二十八年（1902年）创立的私立教忠学堂（广州市第十三中学前身）、广府学宫（市第一工人文化宫前身）、文德楼、孙中山文献馆等景点，北边有距今2000多年的秦代造船工厂遗址，南越国宫署遗址，我国独一无二、媲美罗马古城的地下石构建筑和我国最早的宫院遗址，以及城隍庙等古迹。东有番禺学宫（农讲所）、贡院、鲁迅纪念馆、省博物馆、中山图书馆。西有北京路商业步行街、大佛寺、古药洲等。

如今的文德路被称为“广州文化第一街”，路两旁经营的文化用品店铺达300户，有广州市文物总店、文悦轩等经营高档古玩、字画、文房四宝等大型商场，也有经营各式中低档文化用品的沿街商铺。目前文德路形成的镜画经营市场对国内的镜画市场有很大的影响力，在同行中有极高知名度。

交通 公交1路、7路、10路、12路、24路、夜7路、夜8路等至文德路下。

6.一德路

一德路在广州城区中部，东接海珠广场，西连人民南路。清代时是广州南城墙，民国九年(1920年)拆建马路，因路旁有明、清时代一德学社而得名。

一德路上曾有两广总督的府邸，作为清廷封疆大臣的驻地，在第二次鸦片战争中遭到英法联军的炮击，之后法国人在原址修建了圣心大教堂，今人习惯称之为石室，它是中国最大的哥特式教堂，据说仿巴黎圣母院设计。在随后拆城墙新辟的一德路上，诞生了广州最具规模的专业街。直到今天，一德路的玩具、干果、海鲜以及工艺品年销售值25亿元以上，销售量占广州的七成。

其实早在唐宋时代，广州城内就已出现了专业街，同行业的店铺聚集经营，自宋代以来，出现了雨帽街、扁担巷、竹蒿巷、白米巷、海味街和麻行街，大新路的象牙玉器、高第街的丝绸布匹、状元坊的广绣无人不知，而新辟的一德路后来居上。当时在沿江西路一带，码头连片，是水路客运和货运的主要地段，一德路成为蔬菜、瓜果、鱼、副食品的集散地，所以有菜栏、果栏和咸鱼栏“三栏”之称。民国初年，一德路东起石室路口，西至海珠路口的咸鱼、海味、凉果、副食贸易经营已很发达，行栈、货仓毗邻，有大小市场10多个，再加上沿街摆卖的小贩，不宽的一德路拥挤异常。日军占领广州期间，日本人也在一德路315号开设了振裕洋行，干起贩卖东洋咸鱼海味的行当。1946年，一德中路甚至还诞生了广州市的咸鱼商业协会，可见咸鱼业在当时的重要地位。新中国成立初期，一德路咸鱼栏尤其兴旺，是省内最大的咸鱼市场。

交通 公交29路、180路至海珠广场（一德东）下，或552路至解放南路下。

7.耀华大街

耀华大街位于广州市荔湾区文昌北路，全长110米，属于逢源街耀华社区，是至今保存较完整的西关传统民居的缩影，被市政府划定为“广州市历史文化保护区”。

文昌北路耀华大街是荔湾区为数不多经过整饰的西关大屋保护区之一，原为清代同治、光绪年间开辟的宝华西关大屋住宅区的一部分。耀华大街有30个门牌、39个开间，通过麻石街相连各式民居。街内房子多为西关大屋门面（趟栊、吊脚门、洋杂木大门）、青砖石脚的二层小洋楼建筑，也有少量是传统清代单层高、大、深的西关大屋。

耀华大街30号，正间有一对高近8米的仿罗马柱，外加浅绿色的意大利批荡，80年来完好如初，建造者商号“合昌隆”、批荡者“大利华”均作了标记。正间天台栏河还采用牌坊式的居中装饰，以显示主人的超群家势，可说是广州建筑工艺的精华。

耀华大街古往今来有众多名人曾在此居住。8号和10号是粤剧名伶白玉堂的故居，耀华大街30号则是南海横江名门黄咏雩的故居，画家黄中如、黄中羊也自小居住在耀华大街。

交通	公交3路、61路、82路、530路、夜56路等至长寿西站下，地铁1号线至长寿路B出口下。

8.恩宁路

恩宁路位于广州市荔湾区，东起宝华路，西北至多宝路与龙津西路相接。它诞生于1931年，有18米宽、1公里多长，可以并排行八顶大轿，一时风光无限，被誉为“广州最美老街”。2007年底，恩宁路被广州市政府纳入旧城改造计划。

恩宁路沿路多为砖木混合结构的居民住宅。恩宁路是西关骑楼建筑的精髓。恩宁路、龙津西路与第十甫、上下九步行街骑楼连接，成为全市最完整和最长的骑楼街，分布了十几处文物古迹，著名的有泰华楼、广东八和会馆、李小龙祖居、詹天佑故居等。

恩宁路是一条一生与粤剧纠缠着的“粤剧之街”自有八和会馆，不少粤剧艺人开始在恩宁路落脚，盛极一时。

恩宁路作为广州市政府实行旧城改造新模式的试点，改造面积将达9万平方米，是近年来广州危破房改造面积最大的一块，其改造将在政府制定控规的前提下，引入社会力量参与设计建设等全过程，骑楼建筑和保护文物都会妥善保留。

交通	公交3路、15路、25路、74路、82路至市二医院（多宝路）下。

9.资政大夫祠

资政大夫祠建筑群位于花都区三华村中华社，坐南朝北，建于清同治年间，不论在建筑规模还是建筑艺术上均居花都区现存古建筑之首。建筑群从东至西，由资政大夫祠、南山书院、亨之徐公祠组成，其间以宽2.3米的青云巷相隔，巷道用5列花岗石并排铺砌。资政大夫祠右侧还有一路附属建筑。资政大夫祠及南山书院后面相距约6米处建有两座毗连的后楼，总面阔56.7米，总进深57.1米（不含后楼），总建筑占地3500平方米。门前旷地进深15米，花岗岩条石铺地，旷地前有约2700平方米的水塘，后有花园，总占地面积约2.21万平方米。水仙古庙在建筑群的东侧，因此纳入建筑群管理。建筑群门楼两侧有雌雄青石狮一对，活泼雄伟。

2002年7月，公布为广东省文物保护单位。

交通 公交花70路到毕村五队路口下，或花16路、63路、80路、81路、82路、86路至三花村下。

10.横沙书香街

在广州市黄埔区横沙村南部，有一条260多米的街道，这里曾坐落了85间家塾、书舍、公祠以及其他古建筑，街道也因此被人们称为书香街。

横沙书香街是一条古色古香的街道，建于元代，重修于清代道光、咸丰、光绪年间，由85间古老房屋组成。走在街上，私塾一家接一家出现，“日新家塾”、“锦江家塾”、“广仁家塾”、“文清家塾”、“敬德家塾”、“留香家塾”和“斐士家塾”。此外还有一批古老的祠堂，如“罗氏大宗祠”、“德星罗公祠”、“银石罗公祠”等。除了私塾和祠堂，书香街还大致保留了古时风貌的巷和里，包括“长春巷”、“德福里”、“朝阳里”和“仁寿里”等等。在“福聚里”内还有宋代理学家朱熹第四代玄孙朱澄的居屋及朱氏大宗祠。

交通 公交240路、292路、431路、513路、570路等至大沙东站下。

11.文冲明清古建筑群

位于黄埔区的文冲村被一条小河分成东坊和西坊，陆氏家族世代生活在这个小村庄里。这条有800年历史的古村里隐藏着有400年历史的明清古建筑群，当中最古老的是一座有443年历史的古碉楼，还有13间公祠、7间私塾、1间书院，明末清初的古民居16间、古门楼10座，散落村中各处。如此庞大的古建筑群，它们中的幸运者将在改造后得以原地保留，更多的将以平移或先拆后重建的方式迁移，把罕见的古建筑群迁聚于一处。

改造后的新文冲将以有332年历史的陆氏大宗祠和邵山书院为中心，保留13座祠堂等老建筑，采取平移或拆后重建等方式将其他古建筑集中起来，形成一个3万平方米的古建筑群。在广州新城区建设日新月异的发展中，文冲村可以说是一个名副其实的“古村落保留地”。

文冲村口的东门楼，又称大更楼，位于东坊大街，坐西南向东北，门面阔5.6米。大更楼是一座朴实的明清风格建筑，青砖建造、花岗岩石脚，门额上的“文冲”两个大字被涂上蓝色，为乾隆甲寅年(1794年)所刻。

别处的祠堂匾额都用红色书写，而文冲村大小祠堂和更楼匾额上的字都被涂成蓝色，甚至陆氏大宗祠里的祖宗牌位也与众不同地被涂成绿色。当地人解释说，因为“陆”在粤语里与“绿”同音，于是村民将匾额涂成蓝或绿色，取姓氏之谐音。

这座朴实的更楼当年是文冲村

的第一道防线，有非常情况时，大更楼便会发出警报，村里听见警报即会派出青壮年把守，关上栅栏，保证村民安全。古时候，报时和报警称为“更”，大更楼由此得名。如今每逢端午节，村中长者都会在大更楼敲响锣鼓，这时的鼓声意味着龙舟饭开始了，在水上奋战了一整天的龙舟手便欢呼着奔向大祠堂，享受丰盛的龙舟饭。

交通 地铁5号线至文冲站，或公交320路、328路至文冲站下。

12.聚龙村古建筑群

广州芳村有一处保存完好的清代古建筑群——聚龙村。聚龙村又名“邝家村”，在清光绪五年（1879年）由一批祖籍台山的邝氏华侨买地而建。聚龙村坐落在冲口街陇西与招村之间，村口正对一湾河水，整修过的河岸两边古榕蔽日，仍带有田园风光。

聚龙村占地5200多平方米，坐落着成片整齐划一、外观设计一致的青砖大屋。这些古老的屋宇，其建筑特色颇有些像西关大屋。

聚龙村的青砖大屋，墙脚用整块麻石砌成，窗楣的灰塑绘有富贵吉祥图案。大屋的门分几层，从外到内，依次是角门、趟栊门、大门。

聚龙村的楼房内部设计大同小异。大厅内有3道屏风门装饰。不少屏风的木雕因年代久远退去了色彩，但却更添古朴的风雅。大厅两侧左右对称，各侧排列四间房。二楼共有5间房，有些彩色的窗上嵌有诗词佳句。

在小巷中还可看到几间“蚝壳屋”，以青砖作柱，再以蚝壳砌墙，比当地学校旁边的“蚝壳屋”规模更大，墙体更高，差不多有两层楼高，不同的是学校旁边的蚝壳屋连柱子都是以蚝壳砌的。

现存房屋19幢，均为两层青砖楼房。该村按井字形平面布局，建有7条街巷，纵横整齐美观，错落有致，每座民居院落占地约200平方米，坐北向南。其建筑风格具有浓郁的岭南特色和较高的历史价值，被列为广州市历史文化保护区。

交通 公交19路、64路、206路、217路、275路至大冲口站下。

13.坑背村古建筑群

坑背村古建筑群位于中新镇坑背村（广汕公路旁），建于明末清初，通面宽152.43米，通深53.96米，面积8225.12平方米。建筑群前面还有长方形的打谷场及围墙，占地2416.57平方米。整体建筑分为10列5排，面向东北方向。各独立房屋形制基本相同，为硬山顶，碌灰筒瓦，锅耳封火山墙，施彩绘，面阔均三间，宽度为10.49米。排、列之间有纵横青云巷。

稍有不同的地方约有3处。第一处是最右列为书房、花园前后各半的布局，书房面宽14.02米，深26.48米，约成小型四合院落；花园面积相同，布局严谨，名“别有开”花园。

第二是在其余9列的中间一列正中建有式谷毛氏祠，作为整个建筑群的核心大祠堂。该祠深三进，通宽10.98米，通深30.07米。头门面阔三间10.98米，深三间7.93米，硬山顶，锅耳封火山墙，龙船形正脊，碌灰筒瓦，滴水剪边，花岗石檐柱，覆盆柱础，条石墙裙，额为石雕。二进深达9.76米，形式略同，三进深为8.35米。

第三处是在左后角建有碉堡楼。碉堡楼长、宽均为16米，原5层20米高（现只剩2层），视野极为开阔；首层内设12级台阶地基，墙角由花岗岩砌叠，石与石连接处遍布直径4厘米的枪孔，左、右、后三面墙围成“凹”字形，下面以花岗岩砌门框，以直径5厘米的钢条为横栅。此外，首层还设有内隔墙、水井和粮仓，而二层多置较大枪眼。该碉堡楼防卫非常坚固，如遇敌情，全村人可同时登楼避险。该建筑群保留了清代建筑风格，布局有序，对研究岭南地区古代建筑艺术和乡村民情风俗提供了宝贵的实物资料，是广州市历史文化保护区。

交通 开往增城方向公交到中新镇坑背村下车。

14.沙湾古镇

沙湾古镇，始建于宋代，历史悠久。在800余年的发展过程中，沙湾古镇形成和保留了独具广府乡土韵味的文化，是以珠江三角洲为核心的广府民间文化中的杰出代表，荣膺“中国历史文化名镇”、“中国民间文化艺术之乡”等荣誉称号。

虽历经800多年，沙湾古镇“三街六市”的粤中地区典型商业市镇格局仍保存完整。沙湾现有约7万平方米的古建筑群，如古祠留耕堂，古塔水绿山青文阁，古街安宁西街、车陂街，古巷升平人瑞巷，古井清水井以及鳌山古庙群等，其间蕴藏着丰富的砖

坑背古村

雕、灰塑、木雕、壁画艺术珍品，充分展示了南宋至今珠江三角洲地区的城镇变迁史，堪称岭南民间建筑文化的博物馆。

现在的古镇区主要包括车陂街区和安宁西街区。车陂街为历史上富户聚居的名街，而安宁西街则是一条典型的岭南珠江三角洲富裕乡村的街市。两条古街中祠堂多达12座，有许多著名古建筑保留至今。

沙湾自古地灵人杰，文化鼎盛，是广东音乐发祥地。历史上沙湾曾经造就了广东音乐的“何氏三杰”（广东音乐作曲家何柳堂、何与年、何少霞），诞生了《雨打芭蕉》、《赛龙夺锦》等传世名曲；巧夺天工、闻名遐迩的民间艺术奇葩——沙湾飘色依然在今天文艺的百花园里灿烂地盛开着，还有精彩的龙狮技艺和古朴的鳌鱼舞蹈等等，都印证了沙湾传统民间文化艺术的长盛不衰。

交通 公交番29路到滴水岩森林公园总站下，或番29路、番7B路到留耕堂站下。

15.大岭古村

番禺石楼镇大岭村位于石楼镇西北面，坐北向南，依山傍水。

大岭村原名菩山村。据了解，大岭村有陈氏开村和许氏开村两种说法。陈氏原籍江西，第三代孙遗庆公于南宋绍兴元年（1131年）自南雄珠玑巷迁徙至大岭开村。另有记载：大岭村的开村主为广东始兴郡皇后之父许氏，于北宋宣和元年（1119年）从南雄珠玑巷逃至大岭开村繁衍。

大岭村建村近900年，历史悠久，人文郁盛，钟灵毓秀，人才辈出。文化教育历史源远流长，文化底蕴深厚，古今英才辈出，据不完全统计，古代有进士38名、举人55名、贡生8名，有官职而无学位的知县以上30名，合计超131名，可见大岭村确实是“书香世家”、名副其实的“历史文化名村”。

2002年大岭村被评为“广州市历史文物保护村”，2007年被评为“国家级历史文化名村”。大岭村历史文物有：龙津桥、接龙桥、显宗祠、两塘公祠、陈氏大宗祠、陈永思堂、菩山第一泉、大魁阁塔，三逻庙、姑婆庙、“贞寿之门”石牌坊等。

交通 地铁4号线到石碁站出来换乘番禺市桥—莲花山的公车到石楼镇下车，换乘莲花山—化龙的公交到大岭村。

16.塱头古村

塱头村位于花都区炭步镇西南面2公里处，是一条民风淳朴浓厚的古村落。塱头村的起源可以上朔至南宋年间（约1140年），当时的祖先们从湖北江夏郡迁往江西，接着迁入南雄珠玑巷，几经辗转，最后迁到现在的塱头村。从第七世祖黄仕明立村，至今已经有800多年的历史了。该村古建筑坐北朝南，占地面积6万多平方米，至今仍保留古建筑388座，34间书室、书舍，18条古巷，17座炮楼。较有代表性的有黄氏祖祠、谷诒公书室、乡贤栎坡公祠、友兰公祠、渔隐公祠、留耕公祠等。

塱头古村历史悠久，文化底蕴深厚。全村孕育出较多的功名人物，共有15个进士、10个举人和15个秀才，是名副其实的“进士村”。

交通 机场高速（太成出口）—迎宾大道—红棉大道—风神大道（炭步方向）

17.高塘墟历史街区（江高骑楼街）

高塘墟历史街区位于白云区江高镇爱国西路，始建于清嘉庆年间，1938年10月被侵华日军烧毁，1943年重建。街道为东西走向，全长800多米，南北走向街道5条，每条长110多米。两边商铺林立，均为两层骑楼式建筑，是白云区现存最长的一条骑楼街。由于其交通便利，曾是禺北最大、最兴旺的一个墟市。现高塘墟仍保存着原有的建筑风貌，但商贸活动已日渐式微。

江高骑楼街虽然少了以往的繁华与喧嚣，但多了一份独特的宁静与历史沉积感。骑楼楼顶由青砖堆砌而成的石柱整齐划一，人形屋顶上每隔一段就有一块明瓦透光，带少量雕纹修饰的暗绿色窗户则别致地镶嵌在二楼外墙，透出淡淡的古色幽香。江高的骑楼大多数都保留了老广州骑楼的特色，楼下经商，楼上住人，外加一条长长的走廊，旧楼旧阁，古香古色。

交通 公交509路、511A路、843路和977路至江高镇刘家沙站下。

18.曾氏祠堂建筑群

曾氏祠堂建筑群位于广州市白云区钟落潭镇龙冈村，是由曾氏大宗祠、曾氏宗祠、应阳曾公祠、曾惠公祠等组成。宗祠的建筑布局是一大三小四座祠堂，连绵成群，采用三路四进建筑群式。

在四座祠堂中，曾氏大宗祠地位最高，历史最长，又称追远堂，始建于明代，清乾隆年间进行重建，民国期间进行过重修。曾氏大宗祠坐西北朝东南，一路四进加后楼，由头门、前后天井、四柱三间三楼花岗岩牌坊、中堂、后堂及后楼、两侧廊组成，右边为曾氏宗祠，左边为应阳曾公祠、曾惠公祠，祠堂之间以青云巷相隔。头门面阔19米，总进深68.1米，均是镬耳山墙，蔚为壮观。该祠厅宇恢宏、轩昂，伟柱雄崎，灰塑、木刻、砖雕、石雕人物栩栩如生，是白云区难得的一座古祠，对研究广府建筑艺术和地方家族史有重要价值。

2002年7月，曾氏大宗祠被公布为广州市文物保护单位，2003年“古祠春晖”被评为白云区十景之一。

交通 公交473路、727路、826路至龙岗村下。

19.白云区民俗文化博物馆（平和大押）

曾经被誉为“广州最豪华当铺”的平和大押是目前广东省发现保存最完整、规模最大的一座旧当铺，雄伟壮观、坚如碉堡，当铺楼上的四坡瓦面在国内同类建筑中独一无二，楼顶4个瞭望塔为省内同类建筑所独有。

近80年来一直藏在“深闺”无人知，2003年，在广州市开展第四次文物普查时被发现，从而揭开了神秘的面纱。白云区委、区政府高度重视保护和利用历史文化遗产，2010年在白云区迎亚运环境整治项目中将均和墟历史街区列入环境整治项目，投入1000多万元对均和墟历史街区进行了保护整饰。2011年再投资近1000万元对平和大押旧址进行保护修缮，并辟为白云区民俗文化博物馆。

和平大押位于均和墟的南面，建于民国十七年（1928年），由黄润和、黎络宗、袁梓文、黄以材等股东筹资兴建，耗费白银3万两，使用青砖18万块。当铺坐东朝西，由铺面、库楼、南北侧院组成，占地面积1003.38平方米。前厅为传统建筑，面阔三间深两进，建筑占地面积260平方米，为营业大厅。库楼建造成碉楼状，面阔三间深三间，建筑占地面积208平方米，楼高6层26.62米，是储存典当物品的库楼。楼体坚如磐石，防御措施十分周全，为典当物品提供了最大的安全保障。

库楼四面墙壁开有106个窗户，每个都是内宽外窄，既可以采光通风，又作为射击孔使用。库楼顶部4个墙角各建有一个外凸圆柱形瞭望塔，这塔里只能站立一个人，三面开枪口，视觉达到270度。

新中国成立后，平和大押收归国有，曾长期作为均和粮油购销站使用，2003年之后空置，目前为广州市文物保护单位。

交通 公交127路、509路、509路班车、539路、807路、840路至均和墟站，978路至加石路口站。

第四章

千年商都展宏图——繁荣兴旺

广州是中国唯一的逾2000年不衰、从未中断的通商口岸、外贸大港和滨海商都，是中国改革开放综合实验区的中心城市、沿海开放城市。广州拥有以广交会为典型代表的商贸会展活动和国际化商贸配套。经久不衰的港口商贸文化、改革开放的前沿商贸地、与国际接轨的商贸水平三大方面，集中体现出广州的商贸城市特色。

广州自秦汉以来就是我国南方的古都会，唐代广州港已发展成为可容大小海船近千艘的港口，官方首设市舶使（中国最早掌管海外贸易的官职）于广州，并开辟了长达14000公里的由广州通向西方的航线，这是当时世界上最长的航线。

明代，广州首创外贸交易会，每年夏冬两季定期举办外贸集市。那时，广州是中国朝贡贸易第一大港，也是中国外贸第一港。明嘉靖年间，因西方殖民者和倭寇的侵扰，朝廷实施海禁政策，废除宁波、泉州两市舶使，对外只保留广州一口通商。广州独揽了全国的对外贸易大权。

清代，广州设立“十三行”，专门从事对外贸易。乾隆二十二年（1757年），清政府关闭漳州、宁波、云台山3处通商口岸，只留广州一口对外贸易长达83年。

新中国成立后，1957年起，中国出口商品交易会（广交会）一直在广州举行。广交会是我国规模最大、档次最高、成交量最大的出口商品交易会，其成交额占全国出口贸易的三分之一，被称为“中国第一展”。

一、千年商都风采

——海上丝绸之路的重要史迹

（一）特色概述

广州古称番禺，位于南海之滨，凭着海上交通中心的优越条件，成为中国古代海上丝绸之路的发祥地，是世界海上交通史上唯一的2000多年长盛不衰的大港。

海上丝绸之路是古代中国与外国进行经济文化交流的重要通道之一。广州南临大海，海上运输、对外贸易的历史悠久。作为我国海上丝绸之路的主要发祥地，广州自古以来就“舟舶继路，商使交属”。

海上丝绸之路主要是指以广州等地为起点，经过中国南海，过马六甲海峡，进入印度洋、波斯湾、红海等的海上交通线，是古代中国与外国进行商业贸易的通道。长期以来作为岭南中心城市的广州，在海上丝绸之路贸易往来过程中遗留下来许多珍贵遗迹。

（二）主要景点

1.秦代造船工场与广州古代海上交通文物

秦代造船工场遗址位于广州市区中山四路原市文化局内，在深5米的第八文化层。1975年试掘，结果发现有3个并排的造船台和木料加工场。其中1号、2号船台还各揭开了一部分造船工场，由行滑板组成滑道，下垫枕木，上置木墩构成造船台。滑道宽1.8米和2.8米，长度在100米以上。这里还出土有锛、凿等铁工具和秦、汉半两钱，铜镞等。造船工场建造于秦代，至西汉文景年间废弃。

秦代造船工场遗址是我国目前年代最早、规模最大、保存最好的造船工场遗址。1996年，遗址作为南越国遗迹的一部分被公布为全国重点文物保护单位。

根据造船遗址考证，2000多年前的造船工场已颇具规模——当时可以造出宽8米、长30米、载重50～60吨的木船来。

两晋南北朝时期，广州已能造出载人五六百、载货万斛的船舶，而最壮观的是广州的楼船，有4层，楼高三四米，抵御风浪的能力十分强，可把大量的丝绸运到外国去。

唐代中后期广州有了大规模的造船业，能造楼船、斗舰、游艇等6种船只，在性能、设备、载重、动力、作战能力各方面已进入世界的前列。

宋代广州的造船业更具规模，所造船舶大，可载数百人和备用一年的食品，还能在船上酿酒。此时船上已拥有当时世界上最先进的航海设备指南针导航。

元代，广州建造了可远航爪哇（印尼）的大船500艘。大船可载上千人，共4层，卧室、客厅、货仓、厕所一应俱全。

在中国近代史上，外国资本企业在中国出现最早的是广州的船舶修造业。1845年苏格兰人约翰•柯拜在广州黄埔长洲兴建了柯拜船坞，这是外国人在中国开设的第一个船坞，也是中国现代造船工业的开端。

交通 公交7路、夜2路、夜8路、夜12路、高峰快线7路、高峰快线9路至中山五路站。

2.南海神庙

当您来到广州东面黄埔的庙头村时，一座古老而宏伟的庙宇耸立在您的视野中，它就是全国重点文物保护单位、中国古代广州对外海上交通贸易的重要遗址、国家4A级旅游景区南海神庙。

南海神庙是我国古代海神庙中唯一遗存下来的最完整、规模最大的建筑群，占地面积达3万平方米，始建于隋文帝开皇十四年（594年），距今已有1400多年的历史，以后历代不断重修扩建。现存的是清代建筑，但仍保留唐宋时代的规模和建制。1986年起，政府也曾对南海神庙作过3次较大的修复，现已基本恢复了庙宇的古貌。

修复前神庙仅存前门、仪门和后宫。如今庙宇规模宏大，占地面积达3万平方米。其主体建筑是一座五进的庙宇，由南至北依次为头门、仪门及复廊、礼亭、大殿和昭灵宫。南海神庙门前有石牌坊，额题“海不扬波”。庙中保存有历代的许多石刻，还有华表、石狮、韩愈碑亭、开宝碑亭、洪武碑亭、康熙万里波澄碑亭等附属建筑，构成一组颇具规模的古建筑群。庙中还保存有汉代铜鼓和明代的铁钟，以及南海神玉印等重要的文物，还有木棉树、相思树等古树名木。这里存放的东汉铜鼓是中国现存三大铜鼓之一。庙西一小山岗上有浴日亭，宋元时羊城八景之一的“扶胥浴日”即指此处。

中国古代海上丝绸之路从西汉时就已经开始形成，到了隋唐宋时期达到了鼎盛阶段。尤其是唐代，从广州出发的贸易船队经过南亚各国，越印度洋，抵达西亚及波斯湾，最西可到达非洲的东海岸，明清之后更远航至欧美了。这条航线长达1万多公里，沟通了东、西方的政治、经济和文化，扩大了中国在世界上的影响力。

处于这条航线重要位置上的南海神庙，在古代有码头，码头外面是茫茫的大海——南海，南海实际是太平洋靠近东南亚大陆部分，大海又紧连着太平洋，通往印度洋。出海航船或来自远方的航船，都须经过坐落着南海神庙的这个古码头。于是，众多商船顺路经过这里均停下来上庙祭祀，以祈求航路平安、生意顺利。于是，神庙附近的扶胥镇便商旅云集，民间庙会交易频繁。南海神庙之兴旺，成为广州海上贸易繁荣的历史见证，遗留下许许多多珍贵的历史文物，包括皇帝御赐的碑文、题字等，是一点也不奇怪的。当然，百姓们更多的还是感恩于庇佑他们一帆风顺、平安大吉的南海神。

南海神庙是中国古代广州海上丝绸之路的起点和重要遗址，2013年被公布为全国重点文物保护单位。

交通	公交B1路、B1快、B26路、B28路、B29路、B30路、B31路、夜41路至南海神庙站，地铁5号线至文冲站，转乘公交至南海神庙站。

3.古扶胥运河

古时候，珠江水面辽阔，浩似大海，故广州人往往乘轮渡过江过海，又称江边长堤为海皮（边）。而位于广州东面南海神庙前的珠江口，更被称为大海了。这里海面风浪较大，如果遇着恶劣天气，更是白浪排空，汹涛浪涌。来往于东江与珠江的小船，只有风平浪静的日子才能平安无事。

为了使小船不经珠江口水域便可来往于东江和珠江之间，唐代时，有人在离神庙不远的地方，即现在黄埔发电厂东侧开凿了一条古扶胥运河。运河宽10丈多，经志成围、穗东联围到东江横沥出东江，全程10多公里长。古扶胥运河把黄木湾与东江连接起来，缩短了珠江到东江的航程，百吨以下的小船可以全天候来往于两江之间，而不再受珠江口风浪之苦了。

运河开凿后，大船小船都喜欢选择这一航道。因此，运河河道热闹非凡，长年不衰。运河功能一直延续至今，它也是广州海上丝绸之路的一段美好的插曲。

交通	乘公交292路、210路至庙头站下可达。

4.黄埔古村（港）

黄埔古村位于广州市海珠区东南面，占地面积60公顷，北临新港东路，南隔黄埔涌与仑头相望，西临东环高速公路，东隔珠江与长洲、深井相望。

黄埔古村是17～18世纪中国海上贸易黄金时期的一个窗口，也是中西方经济文化交流的枢纽，见证了海上丝绸之路的繁荣，素有“粤海第一关”之称。黄埔古村是广州重要的历史文化遗产，是广州辉煌海贸史的见证，至今在黄埔村还保存着古港口、古宗祠、古寺庙、古民居及名人故居等众多遗迹。

自宋代以后，黄埔村长期在海外贸易中扮演重要角色。南宋时此地已是“海舶所集之地”。明清以后，黄埔村逐步发展成为广州对外贸易的外港。据《黄埔港史》记载，从乾隆二十三年（1758年）至道光十七年（1837年）的80年间，停泊在黄埔古港的外国商船共计5107艘。乾隆二十二年（1757年），闭关自守的清廷撤消了江、浙、闽三海关，保留粤海关，指定广州为唯一对外贸易口岸，其间黄埔古港迅速发展，在这里有黄埔税馆、夷务所、买办馆等，外国商船必须在这里报关后由中国的领航员带商船入港，办理卸转货物缴税等手续，然后货物才能进入十三行交易。后来因河道堵塞变窄，古港迁至长洲岛，沿用黄埔港名称。

“哥德堡”号商船由瑞典东印度公司于1738年建造，曾经3次抵达广州，航行于海上丝绸之路。1745年9月12日“哥德堡”号装载着中国的瓷器、丝绸、茶叶等货物，在第三次中国之行返程时遭遇暴风雨袭击，不幸沉没在哥德堡港入口处。

2006年7月17日，仿古船瑞典“哥德堡”号到访广州，黄埔古港因之得以整治和修复。

交通 公交旅游3线、229路琶洲石基村总站下，地铁8号线至琶洲站出来转公交229路或旅游3线琶洲石基村总站下，地铁8号线、地铁4号线至万胜围站出来步行至黄埔技工学校站转乘公交229路或者旅游3线琶洲石基村总站下。

5.古琶洲塔

琶洲塔位于广东省广州市海珠区的琶洲（今新港东路），靠近珠江边。传说当年珠江中常有金鳌浮出，所以原称海鳌塔；又因建塔的山岗为两山相连如琵琶，故称为琶洲塔，塔名沿用至今。

琶洲原为江中沙洲，宋时为海船停泊之地，现已和南岸相连。琶洲塔建于明万历二十八年(1600年)，塔为八角形楼阁式砖塔。内膛为八角直井式，外观9层，内分17层，高50余米。塔基直径12.7米，壁厚3.97米，辟3门。第二层起，每层相对错开，各面设有佛龛。

琶洲塔为省级重点文物保护单位，塔基八角均镶有石刻托塔力士，刻工古朴，为明代石雕佳作。当年，在琶洲未与珠江南岸相连时，岗顶的琶洲塔俨如中流砥柱，故“琶洲砥柱”被列为清代羊城八景之一。

琶洲历史上曾是古代著名的海港，叫琶洲港，是广州海上丝绸之路的重要遗址。我们在珠江游的游船上会看到这座著名的琶洲塔。

交通 公交76路、137路、203路、229路、262路、306路、507路至琶洲塔站，地铁2号线至琶洲站。

6.海珠石传说与明代广交会

[海珠石传说]

海珠石也是旧时珠江河道中的巨型礁石岛，又名海珠岛，在今沿江西路与新堤附近。海珠石因长期被江水冲刷而浑圆如珠，所以被称为海珠石。宋时该石仍位居江心，后因泥沙冲积，渐与珠江北岸陆地相连。1931年扩筑新堤建沿江西路时，海珠石始沉埋地下。

海珠石准确的位置应在珠江北岸长堤海珠花园里。历史上海珠石曾是珠江上的一个著名景点，到现在仍然具有较高的旅游开发价值。

广州作为海上丝绸之路的始发地之一，围绕着海珠石有着两个版本的有关故事传说。

传说故事之一：很久很远以前，有一位阿拉伯商人来到广州这条如练的江上，手里拿着一颗硕大的珍珠观赏，一不经心，珠落水中，变成一座海中的珍珠宝岛——海珠岛，所在的这条江后人都把它叫作珠江。故事经人们一传开，又演绎出另一个关于海珠石和珠江得名的故事。

传说故事之二：相传，从前光孝寺后花园旁边住着一个赵举人，他祖父是前朝的宰相，自己却是个坐享祖先福荫的二世祖，喜欢古玩却没有一点真才实学。一天来了个外国的珠宝商，说要买他家的家宝。珠宝商挑来挑去，最后看中他家玉杯下的青石板，要高价购买。赵举人大吃一惊：这块从书房前洗砚池边打捞上来的青石板居然能卖好价钱？珠宝商见他犹豫，便说："你若不肯整块出卖，可分为3块，我取中间一块，给你3000元。"赵举人应允了，双方即立下契约。当玉工将青石板剖开，中间那块竟是一幅天然的山河浴日图，上方群山叠翠，树木青葱；下方碧波荡漾，东方旭日，一片耀眼霞光。赵举人惊呆了——原来这是无价之宝，但后悔已晚了。外国商人拿了宝石后，急忙在坡山渡口（即五仙观附近）坐船回国。船走没多久，突然大浪翻滚；第二次开航仍是如此；第三次开航，眼看船快驶出珠江口，怒吼的波涛却将船掀翻，连同珠宝沉到江底。原来，这件珠宝形同中国河山，南海神将屡次把它送回未果，只好将它沉落江底。第二天清晨，船只沉没处浮起了一块银光闪闪的巨大礁石，人们说就是那宝石了，便叫它海珠石，而日夜流经广州的这条江因此叫珠江。

[明代广交会]

海珠石（珠海岛）在古代曾是广州著名的旅游景点，明代曾经在这里举办我国最早的出口商品交易会——定期市，因此带旺了这一带的商业，以至延伸到今天喧闹繁华的长堤商业区。解放以后，第一届中国出口商品交易会就设在海珠广场。

古代广州是中国最早开放的门户，在中国与世界各国的政治、经济、宗教、文化的交往中，广州起着重要的桥梁作用。

巨大的商业利润也吸引着福建和广东的商人。明万历以后，广州每年夏、冬两季均举行定期的市集贸易（故称"定期市"），每次数天或数个星期不等。

交通 公交40路、57路、61路、64路、86路、88路、121路、131B路、190路、194路、208路、219路、236路、519路、夜8路、夜16路、夜31路、夜69路至海珠广场。

7.十三行路与十三行

十三行路是广州现今的一条马路名，位于广州文化公园的北面。在明清时期，十三行路包括现广州文化公园范围的整片土地，是广州对外贸易的中心地带。因清代最初汇聚专营对外贸易的13家牙行（中介商行），得名“十三行”。各牙行分别称某某洋货行，简称“洋行”或“行”。

明清时期，外商不能直接与中国商人接触，所以要有中介商人来主持对外贸易。于是，广州便有了十三行这个垄断对外贸易的经济组织和经济形式，并让对外贸易权掌握在十三行商人的手中。

外商在十三行街区设有“商馆”，亦称“十三行夷馆”。该馆为外商住宿、办理商务和堆放货物之用。建筑以三层小洋楼为主，多具西方建筑风格。

广州十三行贸易垄断一直延续到道光二十二年（1842年），一个半世纪以来长盛不衰。在这一时期，广州的贸易以其得天独厚的地位，处于高速发展的黄金时代。十三行富甲一方、名扬天下的巨富有潘启官、卢观恒、伍秉鉴、叶上林等，他们创办的同文行、广利行、怡和行、义成行最为著名。现在人们仍然可以从广州西关的同文路、怡和大街、宝顺大街（宝顺行）、普源大街（普源行）、仁安街（仁安行）这些由洋行命名的街道中，寻觅到当年十三行一度辉煌的历史痕迹。

1840年鸦片战争爆发后，英国炮舰轰开了清朝政府闭关锁国的大门，战败的清廷被迫签订了《中英南京条约》，广州长达83年的“一口通商”和十三行的垄断特权被取消。

1856年，第二次鸦片战争滚滚硝烟中，愤怒的广州民众焚烧了外国商人居住的夷馆，十三行也在这场大火中化为灰烬，结束了它长达156年的对外贸易特权的历史。

交通 公交31路、38路、61路、102路、106路、103路、128路、134路、186路、202路、209路、217路、239路、251路、288路、521路、541路、556路、823路至人民南路站，步行至十三行。

8.粤海关旧址

粤海关旧址位于广东省广州市荔湾区岭南街十三行社区沿江西路29号，2006年6月被公布为全国重点文物保护单位。

粤海关创立于清康熙二十四年（1685年），它与江海关、津海关合称全国三大海关。1913年拆去旧楼，由英国建筑师戴卫德•迪克设计新楼，晖华工程公司承建，新楼落成于1916年。

粤海关大楼高31.85米，建筑面积4421平方米，大楼坐北朝南，四层建筑，四层以上建钟楼，钟楼部分位于大楼中央前部，上为穹顶。大楼内部各室高大宽敞，光线柔和充足，室内配有壁炉，柚木门窗顶略呈平缓的拱形，地板多以山樟木铺砌。各层走廊宽阔，花阶砖铺地，彩磁砖墙裙，花岗岩石楼梯完好无缺。

粤海关大楼是一座上附钟楼的西

洋式建筑，是广州近代西方新古典主义建筑的代表作之一，俗称大钟楼。楼上大钟响时，钟声清脆，声传十里，在芳村地区也能听到。

该楼现为广州海关的办公大楼。

交通 可乘坐81路、102路、103路、105路、106路、110路或乘坐地铁1号线至黄沙站下。

9.柯拜船坞遗址

黄埔港是今广州港口作业区之一，是华南最大的沿海和远洋交通运输的枢纽。隋唐时期，黄埔港湾已是船舶进出广州的外港停泊地。

柯拜船坞位于黄埔长洲岛西北部现黄埔造船厂内。船坞是用老板约翰·柯拜的名字命名的。1845年大英轮船公司职员柯拜受大英轮船公司派遣，负责公司送入黄埔修理船只的监修工作。他在当地租了几个泥船坞，雇佣了一批中国工人办起了一间修船厂，后毁于第二次鸦片战争中。1860年，柯拜的儿子利用第二次鸦片战争所得的赔款，将泥船坞改建为石船坞，后人称之为柯拜船坞。

柯拜船坞是外国人在中国开设的第一个船坞，也是中国现代造船业的开端。船坞在19世纪60年代为中国最大的石船坞。

船坞长167.64米，坞口宽24.38米，深为5.19米，有两道浮门分为内外两区，可供5000吨轮船入坞修理。1863年，柯拜的儿子小柯拜将船坞卖给怡和洋行财团，结束了柯拜船坞的历史而成为香港船坞公司的一部分。

交通 从新洲码头转乘轮渡至黄埔军校码头。

10.琐罗亚斯德教教徒墓地

位于黄埔长洲岛的巴斯山山顶上的无声塔，是清朝番禺地方政府划定给旅居广州的世界最为古老的宗教之——琐罗亚斯德教教徒的专用墓地，占地约1000平方米，是海上丝绸之路重要的史迹之一。

巴斯山海拔38.9米，墓地面临珠江，内有成人墓10多座，按埋葬的时间先后向东参差排列。根据墓碑标记，最早的葬于1847年，最迟的葬于1852年。各座墓的地面部分均用花岗岩石砌筑成阿拉伯式石棺，碑文则刻凿在顶盖石的上面，分别记载死者的名字、宗教信仰及去世的日期、地点、年龄等。

交通 公交43路、261路、292路、513路、517路、561路、562路至黄埔军校码头。

二、现代商贸中心——世界商业贸易重镇

广州市政府早已明确提出了以“国际商贸中心”作为未来城市发展的一个战略定位。广州要作为国际商贸中心，就要以商贸服务为主线，并且依托金融、国际贸易、商贸会展、现代服务、文化创意、休闲旅游、体育赛事、餐饮美食等要素的支撑，以增强对华南地区、全国、全世界的辐射和集散能力，从而更好地发挥国家中心城市的主体功能和综合配套功能，成为名副其实的购物天堂、国际商贸会展中心、国际采购中心等。

（一）国际商贸会展中心

中国会展业的历史要从广州写起。1957年，第一届中国出口商品交易会（简称“广交会”，现改称为中国进出口商品交易会）在广州鸣锣开展，写下了中国会展经济史上的第一笔。广交会至今已举办100多届，荣登“中国第一展”的宝座。

商旅游客从全球涌向广州，会展带来旅游的热潮，商旅也促进着会展的发展，良性循环下广州的会展环境逐渐完善。现在展览经营企业达数百家，五大专业场馆可展面积约50万平方米，会展业硬件设备在国内处于领先水平，其中中国进出口商品交易会展馆是目前亚洲最大的会展中心。

在广交会传统品牌之外，新的展会如雨后春笋般相继出现，如先后涌现的广州国际照明展、中国（广州）国际建筑装饰博览会、中国（广州）国际家居博览会、中国（广州）国际汽车展、广州国际设计周等一批知名展会。这些展会在时间上相互衔接，内容上相互补充，使得参展、参观的商务旅游保持了规模效应。

1.中国进出口商品交易会展馆

中国进出口商品交易会展馆位于海珠区赤岗琶洲岛，简称“广交会展馆”，又被称为琶洲国际会展中心。

根据广州市城市建设规划，琶洲地区的发展目标定位为：以广州会展博览中

心为核心，以会展博览、国际商务、信息交流、高新技术研发、旅游服务为主导，兼具高品质居住生活功能的RBD（休闲商务区）型、生态型城市副中心。

琶洲国际会展中心总建筑面积110万平方米，室内展厅总面积33.8万平方米，室外展场面积4.36万平方米。其中展馆A区室内展厅面积13万平方米，室外展场面积3万平方米；B区室内展厅面积12.8万平方米，室外展场面积1.36万平方米；C区室内展厅面积8万平方米。

在设计上，会展中心是一座注重建筑节能及室内外生态环境、集建筑艺术和现代科技于一体的现代化智能建筑。它采取“北低逐渐南高”的流线形设计，体现出“飘”的动态意念。

琶洲展馆是目前亚洲规模最大、设施最先进的多功能、综合性国际展览中心，能满足大型国际级商品交易会、大型贸易展览、大型庆典活动等多方面的需要，也是21世纪广州城市新形象的标志性建筑和旅游观光景点之一。

交通 公交137路、229路、262路、304路、461路、564路、B25路、B7路、B7快、大学城1线、大学城2线、大学城3线、大学城4线、地铁8号线、南站快线、夜48路至琶洲站。

2.白云国际会议中心

广州白云国际会议中心，位于广州“现代国际新城，生态山水新城，个性文化新城”——白云新城核心地段、风景名胜白云山畔，是华南地区规模最大、设施最先进、配套最完善的集会议中心、展览中心、演出中心、豪华酒店于一体的综合性场馆。无论在硬件设施方面还是在软件服务上都体现着国际化大都市的魅力。会议中心总占地面积约为31万平方米，总投资超过40亿元，主体建筑包括3栋会议展览中心和1间高端商务酒店，客房总数共1112间。

交通 36路、38路、66路、76A路、76路、127路、223路、245路、265路、529路、805路、864路、891路、大学城1线、高峰快线16路、旅游3线、夜52路、夜9路至白云国际会议中心站。

3.广州国际采购中心

广州国际采购中心是一座集会展和商务写字楼为一体的现代常年展贸中心，位于琶洲会展圈的核心位置，西侧与广交会二期展馆紧密相连，由广州银怡集团投资开发，总建筑面积28万平方米，分为东区和西区两部分，其中西区展馆（1～4层及负一层）面积约15万平方米；目前可提供西区1～4层、负一层及东区1～4层共计20万平方米展场，共约过万个国际标准展位，同时提供展区及其相应配套服务。

中国进出口商品交易会

广州国际采购中心从设计、建筑到设备安装、内部装饰都是完全按照现代化展览中心的要求进行的，1～4层各楼层层高6米，负一层层高7米。数百部手扶电梯、观光电梯、大型货梯保证人流物流畅通无阻，电信、网络、电子商务、保安、新闻中心、商务中心、银行、餐饮、会议等设施一应俱全。

交 通 公交137路、229路、236路、262路、304路、461路、564路、582路、762路、763路、B7路、大学城3线、地铁8号线、旅游3线至琶洲站，再步行至国际采购中心。

4.保利世贸博览馆

保利世贸博览馆是保利世界贸易中心的重要配套项目，与保利世贸品牌馆并排矗立在新港东路琶洲地铁站南面，东西两侧分别与中洲中心及广州国际会展中心三期展馆相邻。

博览馆占地28770平方米，地上建筑面积9.23万平方米，拥有6个标准展厅，层高12米，净高9米，可提供超过6.6万平方米的租用面积，容纳国际标准展位4020个。博览馆拥有完善的配套设施和良好的承重能力，适合举办各类展会及活动。

交 通 公交137路、229路、239路、262路、304路、461路、564路、582路、762路、763路、B7路、大学城3线、旅游3线至琶洲站。

5.中洲国际商务展示中心

中洲国际商务展示中心地处琶洲商务会展黄金地段，总面积3.6万平方米，可布置近1800个标准展位，负一层展厅直通地铁8号线琶洲站，交通便利，是一座集展贸、商贸洽谈、会议、餐饮、客房等功能于一体的现代化综合展贸中心。

交通 公交137路、229路、239路、262路、304路、461路、564路、582路、762路、763路、B7路、大学城3线、旅游3线至琶洲站下或地铁8号线至琶洲站下。

（二）广州专业市场

广州被誉为“购物天堂”，有近千家大型专业批发市场，每年货品的成交量和成交金额惊人，广州专业市场有效地推动了广州经济尤其是商贸、物流、旅游服务业的发展。

广州的专业市场以其功能清晰、区域性强、产品集中、数量充足、门类齐全而闻名中外，如以名商天地皮具材料龙头市场、白云世界皮具贸易中心、中澳皮具城、中港皮具商贸城、新兴皮具城为代表的三元里-梓元岗皮具批发市场群，以白马、红棉、天马为代表的流花时尚服装批发市场群，中山八路童装批发市场群；汇集广州国际鞋业广场、步云天地、西城鞋业广场、天和鞋城、万国童鞋世界为代表的站西路-广园西路鞋业市场群，以山海城、海中宝等大型海味干货批发中心为代表的一德路海味批发市场，以万菱玩具精品市场、德宝交易广场为代表的一德路玩具礼品批发市场群，以东旺食品综合批发市场、江南蔬菜批发市场为代表的增槎路食品、农副产品批发市场群，以谊园为代表的黄沙学生文具、办公用品批发市场群以及附近的黄沙水产品交易市场和全国最大的药材批发市场广州清平药材批发市场，以广州花卉博览园、花鸟虫鱼市场、南方茶叶批发市场为代表的芳村批发市场群等多个批发市场群。

此外，广州还拥有诸如广州国际玩具礼品城、广州南天国际酒店用品批发市场、广州沙溪国际酒店用品城等大型特色批发市场。

1.清平药材批发市场

广州清平中药材市场是国内开办最早的专业市场之一，坐落在珠江河畔，位于清平路、梯云路十字交汇处，市场面积达1.1万平方米，有商铺1500多家，是唯一建立在大都市中心区域的中药材市场。该市场还是全国第一个准许经营范围达5大类别的医药展贸平台：中药材、中药饮片、中西成药、医疗器械、保健品。重金打造的9层楼清平医药中心是其标志性建筑。

交通 公交1路、5路、9路、25路、38路、57路、64路、69路、75路、81路、181路、217路、233路、236路、270路、281路、382路、530路、541路、556路至市中医院站。

2.黄沙水产品交易市场

黄沙水产品交易市场位于广州市黄沙大道，为我国最大的水产品交易市场。每天吸纳国内外的海鲜河鲜600多吨，其中海外空运来的海鲜占15%，达70多吨，其余85%来自内地各水产品生产基地。黄沙市场的水产品流通量占广州水产品市场总流通量的7成，商品辐射全国除台湾、西藏以外的30多个省市自治区，其中50%供应广州地区，15%供应广东省省内其他各地，35%销往其他省市。

交通 公交9路、25路、57路、64路、75路、181路、208路、219路、556路等至黄沙码头站，地铁1号线至黄沙站。

3.广州白马服装市场

广州白马服装市场位于广州市越秀区，紧邻广州火车站的站南路，附近有广州汽车客运站、省汽车客运站，交通十分方便。

广州白马服装市场作为中国十大服装专业市场，自1993年开业至今，凭借优质的市场硬件、完善的市场配套和贸易服务，成为享誉海内外的知名服装专业市场，在全国服装专业市场行业中占据重要地位。市场拥有来自泛珠江三角洲地区、长江三角洲地区等全国各地及港澳台、韩国等地的服装厂商1100多家，每年吸引来自国内31个省、市以及世界五大洲主要市场的采购商前来采购，每年场内商户直接营业额超过35亿多元，通过白马这一销售平台年交易额超过100亿元，其中外销比例超过30%。

2011年，以广州白马服装市场为龙头的广州流花地区服装市场集群，成功被评为“广东时尚服装国际采购中心”。

交通 广州地铁2号线至广州火车站。

4.广州三元里皮具批发城

三元里是全国第一个自发性的皮具市场，南临广州火车站，北接机场高速，是广州最为繁忙的商圈。自1987年形成开始，至今已发展成拥有近30家大型皮具专业市场，经营商铺6000余户，占地约16万平方米，年营业额达100亿元的大型综合皮具产业集群。经过近30年的蜕变，如今已经发展成了中国乃至全球皮具产品的贸易中心。

交通 公交21路、101路、103路至三元里站。

5.南方茶叶市场

南方茶叶市场位于芳村大道中洞企石路，占地面积103052平方米，现有商户1500家，专营茶叶商铺600余间，为“国家农业部定点专业市场”，被广州市政府确定为5个重点扶持发展的市场之一。

南方茶叶市场茶叶品种繁多，有浙江龙井、黄山毛尖、武夷山岩茶、福建铁观音、云南普洱、滇红、杭州菊花、潮州凤凰单枞、台湾高山茶等近千个品种。茶价钱以质论价，高低不一。这里还有与茶文化相关的精美装饰工艺品，宜兴、景德镇、潮州等产地的茶具，宋、明、清代茶家具、木雕、字画等。茶叶远销美国、加拿大、东南亚等国家和地区，年交易额达15亿元，成为全国规模最大、品种最齐全、辐射面最广的集购物、观光、旅游于一体的茶叶集散地，成为传播我国茶文化的重要窗口。

交通 公交91路、838路至南方茶叶市场总站下。

6.白云世界皮具精品展贸中心

坐落于广州市解放北路1356号、1358号和1382号的白云世界皮具贸易中心、白云世界皮具精品展贸中心位于桦元岗皮具商圈的最东面，中心经营面积达39000平方米，拥有商铺1600余间，采购商网络遍布全球，是桦元岗皮具商圈的龙头市场，是华南乃至中国规模最大、配套最全、服务最优的皮具成品交易平台。

依托广州桦元岗皮具商圈的产业集群优势和中心的巨大影响力，白云世界皮具贸易中心、白云世界皮具精品展贸中心的年交易额已达66亿元人民币，占据桦元岗皮具商圈总交易额的近一半。近年来，中心累计吸引了1200多个自主皮具品牌企业的进驻，成了真正意义上的自主品牌展贸基地。

交通 公交5路、7路、夜12路、42路、180路、夜8路、夜55路至解放北路站。

7.广州江南果菜批发市场

作为全国乃至东南亚果菜销量最大的批发市场之一的广州江南果菜批发市场，创建于1994年，位于广州市白云区增槎路926号，占地面积40万平方米，主要从事蔬菜和水果产品的批发经营。目前建成信息中心、结算中心、检测中心、办公大楼、冷库、废弃物处理中心、银行、酒楼等较为完备的配套设施。同时，有完善的信息发布系统、监控系统、财务结算等系统，这些为市场的果农、菜农、果菜经销商提供了比国内同行更为优越的交易环境。

江南市场连续多年排名全国蔬菜十强第一、全国水果批发市场十强市场排名第一，获得了国家农业产业化重点龙头企业、亚太地区知名市场、农业部定点批发市场、商务部双百工程市场、全国绿色批发市场以及省、市农业龙头企业，广东省流通龙头企业，广州市优秀民营企业等众多荣誉。

交通 公交B3A路、B3B路、B3路、夜19路、佛276路至罗冲围总站（增槎路）。

第五章

云山珠水揽花城——锦绣羊城

一、生态山水城——森林公园

（一）特色概述

广州地处亚热带海洋季风气候区，终年绿意盎然、花开四季，因此广州自古又有“花城”之誉。

“山、水、城、田、海”是广州城市的特色空间结构。近年来，广州一直在加大投入，打造“花城、绿城、水城”，完善城市绿地系统，治理河系水道，构建“郊野公园—城市公园—社区公园”三级公园服务层级和网络体系。其中，流溪河国家森林公园是我国首批建设的十大国家森林公园之一，总面积8813公顷，被誉为“北回归线上的明珠”。广州目前已有17个免费森林公园，在秋高气爽时节，市民游客可在广州体会到“城在林中、林在城中”的感觉。

（二）主要森林公园

1.流溪河国家森林公园

流溪河国家森林公园位于从化东北部，距广州93公里，交通方便，是我国首批建设的十大国家森林公园之一，总面积8813公顷，被誉为“北回归线上的明珠”。该公园是集自然景观、人文景观与森林保健功能于一体的生态公园。

在公园的中央，是群山环抱的流溪湖，面积2万多亩，有22个大小岛屿。流溪湖湖水面积15平方公里，湖水深处达100多米。被湖水淹没的山丘露出峰顶，形成一个个小岛，酷似翡翠撒落在湖中，湖水盈盈，碧波荡漾，为水库平添风韵。水库四周的山丘连绵数十里，重峦叠嶂，千姿百态。公园东南耸立着五指山、牛角山、鸡枕山等海拔千米以上的6座山峰。其中鸡枕山海拔1146.7米，是公园内第一高峰。清流倾泻，于山峰峡谷中形成瀑布奇景。近处茶园，层层绿浪，把山坡点缀得婀娜多姿。湖岸修竹，挺拔苍翠，远山林木，郁郁葱葱，构成一幅幅如画美景。

公园内有南山瀑布、仙牛戏水、人面怪石、流溪红叶、五指云海、夕照黄牛、三棵寿松、鸡枕日出、翡翠群岛自然景观等，其中尤以流溪香雪最著名。流溪河国家森林公园又以梅林驰名，水库四周种有梅林2000亩，距公园3公里的南山有几百亩连片梅林，这就是与“罗岗香雪”齐名的“流溪香雪”。冬季梅花盛开时节，山腰白皑皑一片，湖水湛蓝，山上竹木葱翠，蓝色、白色、绿色绘出森林公园美丽的奇特画卷。另一处景观是猴岛，有200多只猴子，为游客增添了乐趣。

三椏塘幽谷是流溪河国家森林公园最新开辟的集体育运动、森林保健于一体的旅游风景区。三椏塘又名“三丫塘”，全长2500米的三椏溪贯穿整个幽谷中部，溯溪而上，沿途景色美不胜收。幽谷里虫鸣鸟啼、林深叶茂，洋溢着森林特有的神秘气息，让游人于深山密林、峡谷清溪之中自然而然地产生一种平和、宁静、舒适之感。

公园内建有意大利式单边暖廊层级的“翠楼”、双层的“碧波楼”，还有中国庭院式的山庄别墅“鸟径”、“陶陶”以及家庭式的普通房舍，并附设有7个会议室和1间的士高舞厅。这些楼宇依山傍水，幽雅别致。设计独特的松涛餐厅建在湖边松林之中，席间可饱览美丽的湖光山色。在山坳湖边小岛上建有各式的曲廊、石桥、长廊、凉亭、塔亭。

交通 广园客运站—从化街口专线车—森林公园空调大巴。

2.石门国家森林公园

石门国家森林公园位于从化东北部大岭山林场内，距广州市85公里，离从化城区25公里。林场总面积3.9万亩，森林面积2.4万亩。树种繁多，森林覆盖率达98%以上，有华南地区仅存的原始次生林1.4万亩，是北回归线上的一片绿洲，堪称“绿色宝库”。林区气候温和，年平均气温为21度。

广州市最高峰“天堂顶”位于园内西北角，海拔1280米。高数十丈的“巍峨石门”，清澈见底的“石门水池”，寒梅斗艳的“谷地香雪”，云雾缭绕的“石灶浮烟”，泻玉流浆的“百丈飞浪”，还有“鲤鱼板石”、“仙人推磨”等绝妙的天然景观，都是大自然的神功鬼斧所塑造。

“石灶浮烟”因位于石灶而得名。该景区内有原始次生林，古木参天，云雾缭绕，景色奇异。山石壁立，天然形成一座巍峨石门。两山之间有一条卵石自然铺就的石河，河水清澈，河中乱石激起无数浪花，发出阵阵清脆的响声，仿佛在弹奏着一曲曲美妙的乐章。石河旁有数株石榕，为石门平添几分秀色。石门香雪坐落在石门谷中，有数百亩壮年梅林，梅花竞放时节，繁花似雪，疏影横斜，香风阵阵，踏雪寻梅的人群纷至沓来。

交通 在广州各大客运站（如市客运站、东圃站、天河客运站、火车东站、坑口客运站、广园客运站、海珠客运站等）乘坐开往从化汽车客运站的班车，到从化站后再乘坐的士前往。

3.帽峰山森林公园

帽峰山森林公园是广州市近年来新开发的一处森林生态休闲公园。公园位于广州城区东北部，坐落在白云区太和镇、钟落潭镇交界处，距广州市中心25公里，地理位置优越。

2001年省林业局批准帽峰山森林公园为省级森林公园，面积达61433亩，森林公园内生态环境极佳，林木葱郁，空气清新，是广州市著名的“氧吧”、“绿肺”。主峰揽月峰，海拔571米，为广州市区最高峰，可驱车到山顶。周围聚集着海拔200米以上的山峰20多座。帽峰山山势陡峭、沟谷幽深、森林茂盛、流水淙淙，尤其朝暮雨后，山峰隐现于云雾之间，宛若戴上一顶雪白的大帽子，因而得名。

帽峰山森林覆盖率高达74.4%，山体基本被茂密的植被所覆盖，空气负离子含量丰富，最高可达到每立方厘米17000个，空气清新，景色秀美，环境幽静。森林资源丰富，植物种类较多，有维管植物179科569属875种(其中栽培217种)，以山壳斗科、山茶科、樟科、芒香科、松科、大戟科、杜英科、梧桐科、桑科等植物为主。公园内脊椎动物较多，据统计，共有脊椎动物4纲21目54科125种，其中国家级保护动物15种。

森林公园内没有大河流，但是由于宽阔的山体被良好的植被所覆盖，形成丰富水资源，沟溪众多，清澈的山水终年不断。全园水面积达3012亩以上，较大的水库有3处，即铜锣湾水库（415亩）、合龙水库（1310亩）和沙田水库（537亩）。三大水库如3颗闪亮的明珠镶嵌在公园的中部、东部及西南部，为开发森林旅游提供了非常优越的自然景观。在铜锣湾水库边垂钓，没有城市的喧嚣，也没有人打扰，万籁俱寂，可以尽情地品味那份难得的清净。

九龙涧位于帽峰山北麓，占地2000多亩，属山区气候，昼夜温差大。所谓“山不在高，有仙则名；水不在深，有龙则灵”，在这里，9支充满灵气的泉水蜿蜒在苍山绿树之间，然后汇聚成湖，湖水一尘不染，清澈如镜，因此得名“九龙涧”。山上的帽峰古庙，始建于公元960年，是远近闻名的朝圣之地。庙虽不大，却是香火鼎盛。另有千年古道——千步梯，从九龙涧山麓可直达古庙前广场，全用麻石铺砌，共637级，陡峭曲折，实属罕见。此外还有龙口泉、神仙床及瀑布等多处景观。

交通 758路公交车从龙归地铁口至帽峰山古庙景区牌坊下，或帽峰山公交车从太和镇公交总站到铜锣湾水库坝下。

4.大夫山森林公园

大夫山森林公园位于番禺市桥以西3公里处，毗邻顺德碧桂园，北与祈福新邨接壤。总面积约8500亩，其中林地7110亩，以人工林为主，境内地势起伏，沟谷交错，有大量的人工山塘，蓄水面宽阔。境内有大小山岗9个，主峰大夫岗海拔高度222.6米。是一个集旅游观光、休闲度假、健身疗养、科普教育于一体的森林公园，是广州南部城区的“绿肺”、“氧吧”。

大夫山森林公园以山水为依托，突出森林特色，科学开发，适度建设，充分利用森林、山水等自然资源，辅设人文自然景观和游乐设施，使观光、游览、休闲度假融于现代森林公园中，是广州南部地区假日休闲的好去处。

交通 在番禺区市桥街乘坐番9路、番15路、番16路至大夫山森林公园总站下，在广州市区坐288路、307路、番97路、番100路、番109路、番125路至大夫山公园北门下。

5.王子山森林公园

王子山森林公园是省级森林公园，位于花都区北部与清远市交界处，西接清远，横跨花都梯面、芙蓉两镇，占地3200公顷。公园内群山环峙、峰峦叠嶂、山深谷窈，园内森林植被群落繁多，是广州地区内难得一见的“世外桃源”。公园东北面高峰叫做王子山，海拔572米，是花都区第二高峰；西南面的山峰叫做英牙山，海拔 586 米，是花都区第一高峰，也是广州地区第一高峰。两座高峰相距不过500多米，两高峰之间的山窝叫做大坳顶。

王子山森林公园内的动植物资源十分丰富，林内空气质量经省林业勘查院测定为“最清洁空气”，负离子含量高，树高林密，溪水清澈，还隐藏有山洞秘道，是寻幽探秘的好地方。王子山的植物群落构成类型很多，先后发现了10多株国家一级保护植物桫椤。其植物群落多为多层林，中草药材丰富，有药源品种100多个。

交通 自驾车旅游者来王子山森林公园游览，可以沿106国道北上经花山镇到梯面镇中心，然后顺指示牌自东往西进入王子山，也可以从芙蓉门经芙蓉嶂风景区内的主干道进入王子山。

6.火炉山森林公园

广州火炉山森林公园位于广州市天河区东北部的五山地区，长约3公里，面积600公顷，处处能见到黎朔、荷树、火力楠、海南红豆、美丽异木棉等亚热带和南亚热带优良阔叶树。因状似葫芦，故名为葫芦山；其山上泥土多为红泥土，空中看上去为火红色，所以称火葫芦，简称“火炉”，因此又称火炉山。主峰白架顶，海拔321.8米。此山山势浑圆，坡度平缓，山间大石遍布，形状各异，是近年广州地区“行山友”的新聚脚点，也是大众休闲、游玩的理想之地。

交通 公交578路、581路、582路、772路、773路、776路、901A路、902路、高峰快线32路到教练场口（火炉山森林公园）下车。

7.凤凰山森林公园

凤凰山森林公园于2000年10月被广州市林业局批准兴建，总面积约800公顷。它位于筲箕窝水库东南，前倚广州市天河区龙眼洞广汕公路，背靠风景秀丽的火炉山森林公园，呈东北—西南走向，主峰海拔373.3米，山体由花岗岩和页岩构成，植被为南亚热带常绿阔叶林。山顶上有一大草窝，传闻为凤凰栖息之处。

最高峰大和嶂海拔390.8米，比白云山主峰高8米。山间泉水富含矿物质，山上奇石遍地，树木郁郁苍苍；登峰远眺，北望白云区，莽莽林海，连绵群山；向南鸟瞰，渔沙坦、龙洞村一马平川，田园美景，蔚为壮观。山间新修2400阶水泥阶梯。

交通	公交492路、84A路、夜71路到渔沙坦。

8.龙眼洞森林公园

公园位于广州市天河区东北部、龙洞村西面山东坡，公园地处北回归线南缘，属亚热带海洋性季风气候。公园内有3座水库，分别为卧龙湖、藏龙湖、迎龙湖，水质清澈纯净，是附近区域的食用水源。

公园特色：爬山健体，领略大自然的秀丽风光，欣赏多层次森林景观。拾级而上，处处茂林修竹，鸟语花香，苍松翠柏，山明水秀，一年四季花常开。冬天，这里除一般常见的花木外，还有含笑、鹤顶兰、白玉兰、象牙红、英雄树等等，红妆满树。湖光如镜的卧龙湖景色宜人。

交通	公交28路、30路、39路、84路、夜10路至龙洞森林公园下车。

9.天鹿湖森林公园

天鹿湖森林公园有“广州东肺”之称，其中，天鹿湖水库是广州近郊面积最大、海拔最高的湖泊，是休闲度假不可多得的好去处。由于原始风光和自然植被保存得非常完好，该森林公园被称为“科学城的后花园”。

传说有一只天上的仙鹿到此饮水，因迷恋美丽的湖光山色而久久不愿离去，错过返回天庭的时间，便幻化成一颗鹿形橄榄树长守于此，天鹿湖也因此得名。

公园地形以丘陵为主，植被良好，林相丰富。在森林公园内，生长着广州地区罕见的大型木质藤本花卉——禾雀花。禾雀花又名百花油麻藤、雀儿花，花开四瓣，花托似禾雀头，两旁各有一粒似眼睛的小黑点，正中一瓣弯弯似雀背，花内一撮细长略弯的花蕊则是其“内脏”，现在每年一度的禾雀花旅游文化节吸引了成千上万的游客前来观光休闲。

交通	公交346路至慕园站下。

10.龙头山森林公园

龙头山森林公园地处广州市黄埔区南岗镇庙头村，距广州市中心20公里，因山间有一股清溪蜿蜒而流，如飞龙起舞，故名龙头山。

龙头山有山峰10余座，最高峰海

拔198.8米。龙头山森林公园总面积5028亩，林业用地面积为3907亩，占公园总面积的78%，土地肥沃、植被繁茂，乔木、灌木、草本、蕨类、藤蔓等植物有100余种，终年郁郁葱葱。园内森林覆盖率达75%，保存有较为完整的天然次生林——南亚热带季风常绿阔叶林。山上奇石遍布，树种繁多，涧水长流，鸟鸣蝶飞。在山顶迎旭亭可远眺珠江、莲花山，观海上升红日，蔚为壮观。

交通 公交夜41路、夜73路或B1路、B26路、B29路、B30路至庙头站下。

11.滴水岩森林公园

滴水岩森林公园建于2002年，位于番禺区沙湾镇北村，林业面积、苗圃地面积共6187.5亩，水面面积712.5亩，是番禺极具潜力的自然风光旅游景区。

滴水岩森林公园以山之秀美与水之灵动著称。园内番禺第三高山“青萝嶂”高耸，山上有古峰火台，覆盖了大面积生态林，如马尾松林、湿地松林、相思林、桉树林等。山中泉水经滴水岩流下，常年不息，汇流成河，形成天然水潭，清澈见底，犹如明镜。日落时，水面日光反照，湖光山色，清风拂面，美不胜收。青山绿水之间，灰鹭、白鹭、猫头鹰、猴面鹰、山雀、黄莺、毛鸡等多种鸟类在此栖息繁衍，公园遂成为鸟类等野生动物的乐园。

园内景物多有神话传说。相传有神仙曾在此间休息，睡过的床即被称为神仙床，现辟为神仙床景区。青萝嶂上有“鹿洞”，因传说中南汉王曾于此获鹿而得名。

公园还有入口牌坊、荷花池、山顶公园、观鸟长廊、水上乐园、青少年野营基地等，供游客观光游玩。

交通 公交番29路到滴水岩森林公园总站下，或番2路至象贤中学北门下。

流溪香雪

二、国际花园城——城市公园

（一）特色概述

广州有很多公园，历史与现代、文化与生态相互交融，雅俗共赏，各有特色。它们像一片片绿洲，在自然和人文的交相辉映中显得安宁祥和，璀璨夺目。

其中，代表广州羊城形象的越秀公园是广州最早的公园之一，也是一座规模较大的综合性公园。这座绿树参天的城市中心公园，历代均被评为“羊城八景”之一。海珠湿地公园是现代都市中难得一见的生态净土，让您深刻领略到“公园在城中，城在公园中”的花城之美。此外，华南植物园、广州动物园等景区构成了广州城市公园的宝贵财富。

（二）主要景点

1.越秀公园

越秀公园东连小北路，南接应元路，北邻环市路，西临解放北路，可从正门、东门、南门和北门等7个门进园，全园总面积92.8万平方米，地域包括越秀山及木壳岗、长腰岗、鲤鱼头岗、桂花岗等7个山岗及北秀、南秀、东秀3个人工湖；园内还有亭、台、馆、榭，以及五层楼、中山纪念碑、五羊石像等多处名胜古迹，并有大型体育运动场、游泳场、美术馆等。这座绿树参天的城市中心公园，历代均被评为“羊城八景”之一，如元代有“粤台秋月”，明代有“粤秀松涛”，清代有“镇海层楼”和“粤秀连峰”，现代有“越秀远眺”、“越秀层楼”、“越秀新晖”之称。2011年再次以“越秀风华”入选羊城新八景。

越秀山属白云山余脉，东西绵延约3公里，海拔70余米。历史上又名粤秀山、越王山。明代永乐年间，山上曾建观音阁，所以民间又常称之为观音山。

登上木壳岗，岗上巍然耸立着一座石雕，那就是著名的五羊石雕。

“五羊衔谷，萃于楚庭”，是古代广州人民向往美好生活而衍生出来的神话故事。根据古老的传说，1959年在越秀山建了一座五羊塑像。这座五羊石雕，连基座高11米，共用130余块花岗石雕刻而成，体积约53立方米，仅羊头部的一块石料就重达2吨多。40多年来，五羊石雕被誉为广州城徽，是外地游客来越秀公园的必游景点。

交通 公交5路、7路、42路、180路、夜12路、夜55路等至解放北路下，或101路、103路、105路、109路、244路、256路、556路至越秀公园下。

2.广州动物园

广州动物园位于广州市先烈中路，占地面积近42公顷，每年接待海内外游客400多万人次。园内设有猛兽区、草食动物区、灵长动物区、飞禽大观、两栖爬行动物区等五大展区，饲养和展出国内外700多种近20000头（只）动物，是国内展览动物种类和数量最多的城市动物园之一。该动物园不仅被建设部评为全国十佳动物园，还是国家旅游局认定的国家4A级旅游景区，与北京动物园、上海动物园并称为全国三大城市动物园。

同时，广州动物园还是广州市内最具特色的科普教育基地，先后被中国科学技术协会、中国野生动物保护协会、省和市政府评为“全国科普教育基地”、“全国野生动物保护科普教育基地”、“广东省青少年科技教育基地”、“广东省防震减灾科普教育基地”和“广州市科学技术普及基地”。

交通 地铁5号线至动物园站下，大学城4线、6路、11路、16路、65路、78路、78A路、85路、112路、192路、199路、201路、219路、236路、246路、290路、535路、547路、833路、862路、862B路至动物园站下，B2路、B2A路、B3路、B3A路、B3B路、B3C路、B10路、大学城4线、30路、133路、191路、209路、221路、233路、245路、256路、278路、280路、287路、301路、301A路、545路、810路、886路、886A路至动物园南门站下。

3.华南植物园

中国科学院华南植物园位于广州市天河区龙洞天源路1190号，创建于1929年，占地面积333公顷，集科学研究、植物保育、科学传播和植物资源利用于一体，是我国历史最久、种类最多、面积最大的南亚热带植物园。现与世界80多个国家和地区的200多个植物园建立有学术及种苗交换关系，迁地保育植物13600多种，被誉为永不落幕的“万国奇树博览会”，有“中国南方绿宝石”之称。

华南植物园遵循了“师法自然”的中国园林美学思想，建立了木兰园、姜园、苏铁园、澳洲植物园等近30个专类园。世界植物奇观——温室群景区宛如4朵“漂在水上的木棉

海珠万亩果园

花”，展示了博大精深的世界植物奇观和赋予美丽传说的植物世界；飞鹅岭新石器时代“广州第一村”遗址、南宋抗元名将文天祥的老师朱澄的古墓为园内珍贵的历史人文景观。此外，园内还建有科普信息中心、多媒体讲座室等科普旅游服务设施，并开设科普导游、研究生导游、志愿者导游、科技夏令营、观鸟、植物标本制作等一系列科普活动项目，园内还设有旅游自行车、旅游电瓶车、婚纱摄影、烧烤场、儿童游乐场、餐厅等一系列旅游休闲项目。

华南植物园既是著名的植物种质资源收集、生物多样性保育的科学研究基地，又是普及植物学与环境科学知识、生态旅游的休闲园地。植物园是国家4A级旅游景区，被国家有关部委，广东省、广州市有关部门命名为“全国青少年科技教育基地”、“全国科普教育基地”以及“植物学与环境教育基地”等。

交通 B12路、28路、30路、39路、84路、534路、535路、564路、775路公交车直达；地铁3号线至天河客运站下，转以上公交车可直接到达。

4.南沙湿地景区

南沙湿地位于广州最南端，地处珠江出海口西岸的南沙区万顷镇十八涌与十九涌之间，总面积约10000亩，被誉为“广州之肾”。

南沙湿地景区分为两期建设，一期面积约3400亩，为生态保护核心区，以开展生态系统科研科普教育为主；二期面积约6000亩，为综合开发生态旅游区，是集生态观光、科普教育、文化影视、休闲健康等综合配套为一体的生态旅游休闲区。

南沙湿地景区种植有数千亩约20个品种的红树林，吸引各种鸟类在这方乐土繁衍生息，形成珠江三角洲难得一见的鸟类天堂。每年冬季，成千上万的候鸟从北方飞来越冬，据华南濒危动物研究所统计数据显示，在南沙湿地监测发现的鸟类多达149种，其中包括东方白鹳、白尾海雕、黑脸琵鹭等18种国家重点保护鸟类及20种省级重点保护鸟类。景区项目包括核心保护区、综合游览区、科普展示区、休闲游憩绿道等。

南沙湿地景区内给游客提供多种休闲游憩设施，其中乘坐游览船可观赏红树林、芦苇荡、莲花池、鸟巢和鸟类觅食区等水上景区，乘观光车、自行车或步行游览榕荫绿道、海景长廊、原野步行区等景区。在这里游览，可享受“曲水芦苇荡，鸟息红树林，万顷荷色美，人鸟乐悠悠”的意境。

2011年，经过全民投票，南沙湿地被评为“羊城新八景”之一——“湿地晚唱”。此外，南沙湿地还荣获15届联合国环境规划署与国际公园协会（IFPRA）联合主办评选的可持续发展自然环境最佳生态景区银奖、国家4A级旅游景区等多项殊荣。

交通 公交南沙11路、节假日专线23路至南沙湿地游览区。

5.海珠湿地公园

海珠湿地位于广州市中心城区、海珠区东南部，被称为广州市的“南肺”和“肾”，主要包括万亩果园、海珠湖及相关河涌39条，总用地面积约800公顷，水域面积达380公顷，是珠三角河涌湿地、城市内湖湿地与半自然果林镶嵌交混的复合湿地生态系统。湿地内土地肥沃，雨量充沛，是石硖龙眼、红肉杨桃、鸡心黄皮、胭脂红番石榴等10多种岭南佳果的传统产区。海珠湿地积淀了珠江三角洲湿地千年的果基农业文化，富有岭南水乡文化特色。

海珠湿地一期示范区是海珠湿地核心区和国家级生态湿地示范区，始建于2012年6月，通过连通水系、调清活水、迁移苗木、雕花飞檐、镬耳山墙等，重点突出生态、岭南、水乡、野趣，打造了亲水花溪、空中栈道、石榴湾湿地等生态湿地特色景观和粤式广府文化景观牌坊、飞阁流丹仿古展厅群等岭南文化特色建筑。在这里，游客可零距离亲水、接触果林，领略“生态、岭南、水乡、野趣”的果园湿地特色风貌。

交通 公交14路、45路、206路、250路、264路、270路、762路到新滘中路（龙潭）站下，或地铁3号线至大塘站B出口。

6.荔湾湖公园

位于广州市西关荔枝湾泮塘地区，东至龙津西路，南至西关口支涌下游之间，西至黄沙大道，北接中山八路。公园于1958年由群众义务劳动开挖而成，面积约28万平方米，湖面约占三分之二。荔湾湖公园是最能体现南国优雅柔美风情、以湖为主的公园。

公园取名于古时西珠江上的一个河湾——荔枝湾，该河湾以广植荔枝而著名，有“一湾溪水绿，两岸荔枝红”的诗情画意，原接西珠江的水道至明代仍可通舟楫，故明羊城八景中仍有“荔湾渔唱”一景。随着西珠江上源的日益淤浅，荔枝湾便由河湾逐步变为今天的内湖。

荔湾湖公园以湖泊为主体，由小翠湖、玉翠湖、如意湖、五秀湖组成，是一座集游览、文体、娱乐、休息于一体的多功能、综合性公园。园内设有各种游乐设施、健身场馆、国际标准的游泳池、游艇等。还设有饭店、酒廊、小卖部等服务设施。为逐渐恢复昔日荔枝湾的园林景观，荔湾区政府投资数百万元在五秀湖畔复建清代名园海山仙馆，配以两个水亭和楼高两层的展览大厅，展出丛书、丛帖、碑刻等，现还是“十三行史料馆”。1985年评选出荔湾湖八景——花坪舞缘、榕荫歌声、玉湖泛舟、荔拥虹桥、仙祠古渡、春波松影、紫薇秀径、沙渚菰蒲，都是游览荔湾湖的好景点。

与荔湾湖公园相伴的有荔枝湾涌和广州市三大园林酒家之一的泮溪酒家。2010年10月改造升级并开放的荔枝湾涌是典型的西关水乡风情旅游景区，已成为广州旅游风貌的代表性景区。

交通 公交2路、66路至泮塘总站下，或8路、25路、夜6路至泮塘下。

7.流花湖公园

流花湖公园位于广州市西隅，占地54.43公顷，其中水面积占三分之二，绿化占陆地面积88%。相传流花湖公园是晋代芝兰湖的旧址。1958年市政府为疏导街道水患，组织全市人民义务劳动，建成流花湖等4个人工湖，后辟为公园，除原有蓄水防洪功能外，还是集游览、娱乐、休憩功能为一体的一座大型综合性公园。公园以棕榈植物、榕属植物、开花灌木及开阔的草坪、湖面与轻巧通透的岭南建（构）筑物相互配合，形成具有强烈南亚热带特色的自然风光。

全园分3个开放性区域：游览休息区、娱乐活动区、花鸟盆景观赏展览区。游览休息区以棕榈科植物为绿化的主调，一派南亚热带风光。这里有反映傣族风情的勐苑、表现岭南乡村风韵的浮丘、秀丽的芙蓉洲、明艳开阔的芳草地、棕榈林立的蒲葵堤等园中园及景点，与餐饮配套服务构成适于观赏、游览的小憩场所。娱乐活动区有具现代气息的蒲林广场、宝象乐园、榕荫游乐场，为不同年龄的游人提供游乐及休闲活动的天地，以及充满鱼趣、农趣、园趣、陶趣、童趣的农趣园，游人在体验到农家生活乐趣的同时，深切感受到回归大自然的舒畅和愉悦。花鸟盆景观赏展览区有以展览盆景、赏石为主的“岭南盆景之家”西苑，有“闹市小鸟天堂”之称的鹭鸟保护区和流花鸟苑，将赏景、观鸟、生态保护融为一体。

交通　公交29路、181路、518路、823路至流花路下或29路、181路、260路至站前横路下。

8.兰圃公园

兰圃位于解放北路，与风景秀丽的越秀公园隔路相望。该园始建于1950年，总面积约4万平方米。人们处身在这个兰艺小天地里，置身于五彩斑谰、千姿百态的兰花世界里，将会暂时摆脱红尘滚滚的都市喧哗。

兰圃分东、西两区。东区以栽培兰花为主，共有100多个品种，近2万盆兰花，有金丝马尾、金咀、银咀、白脉、鹦鹉、大宝富贵、宋梅等珍贵品种。园中共有3个兰棚：第一棚与第三棚以栽培地生兰为主，花开时，争奇斗艳，清香飘逸。第二棚以气生兰为主，气生兰又叫洋兰，它依附于木桩、墙壁、树木生长，花艳而香少。西区建有各具特色的亭台楼阁，是游客品茶休息的场所。

同馨厅是因朱德委员长题书“兰蕙同馨”而得名，它由大小厅和水榭组成。该厅临水而建，是个观景的好地方，这里曾接待过不少国内外元首和政要，如美国前总统尼克松、柬埔寨西哈努克亲王等。我国中央领导同志邓小平、朱德、董必武、叶剑英、徐向前、陶铸、张爱萍等都曾光临过兰圃，有的还把自己培植的兰花赠送给兰圃，或题词留念。

交通　公交21路、101路、103路、105路、110路、113路、528路、夜12路、夜22路、夜40路等至越秀公园站下。

9.天河公园

天河公园位于天河区员村，西靠天府路，南连黄埔大道，北接中山大道，交通十分便利。公园总面积70多公顷，其中水体面积10公顷，规划为5个功能区：百花园景区、文体娱乐区、老人活动区、森林休憩区、后勤管理区。公园的前身为石牌林场和东郊公园，于1997年1月1日起正式定名为广州市天河公园。

天河公园以自然生态景观为主要特色，兼顾游客所喜爱的休闲娱乐项目开发，是广州市政免费公园中富具特色和创意的休闲娱乐性主题公园。园内环境舒适，草坪舒展，山丘起伏，林木苍翠，碧波粼粼，景色自然清新，娱乐设施齐全。

园内有许多景点，其中著名的有粤晖园、邓世昌衣冠冢、粤秀园等。此外，开发有海狮表演馆、历险城、海盗船、两栖动物馆、西游记、小摩天轮等旅游项目，是市民观光、休闲、养生、娱乐的重要场所。

交通 公交B1路、B12路、B16路、B17路、B20路、B25路等至上社站下。

10.香雪公园

香雪公园距市区30公里。原香雪公园占地80公顷，属于广州旧“羊城八景”之一。广州种梅始于宋代，因特殊的自然条件，常梅开二度，花有红有白，岁末年初，冬至前后，梅花盛开，踏雪寻梅的人纷至沓来，游人如织。

2004年根据政府统一部署进行改

天河公园

造，以恢复香雪文化为建设目标，规划总面积约170公顷，分期建设。首期工程用地面积13.3公顷，以萝峰寺南面、东南面地区，广惠高速公路以南为根基，和原有的景点和名胜古迹结合，形成绿地屏障，保留和改进了原有梅林的布局。利用原有的梅花和荔枝林资源，从山叠岭、突兀奇石、名胜古迹等资源，增加了入口广场、梅香湖、梅香雪海等景点，增设了爱梅轩、清风亭、虹影桥、石趣园、香风正气园等园林建筑物。每年年底梅花盛开时，公园内香雪烂漫，梅香飘飘。特别是年底举办的香雪文化旅游节，日接待各地游客数以万计，受到游客的好评。

交通 公交569路、569支线至总站香雪公园，公交948路至玉岩路路口下，公交333路、337路、391路、397路、395路、578路、943路至香雪（梅花世界）总站下。

11.广州白云湖

白云湖位于广州市中心城区西北部白云区石井街，是治水重点项目之一，处于广州“南拓北优”战略中“北优”的重要位置。

白云湖依势而建，与珠江、白云山三面围合，一山一水互相呼应，形成了白云新绿、山水合璧的生态格局。湖区规划总面积2.07平方公里，水面面积1.06平方公里，建成后将是中心城区水域面积最大的人工湖。白云湖工程由广和泵站、引水渠、白云湖湖区（包括西湖、人工湿地、东湖）、石井河泵站（船闸）四大部分组成，集生态补水、雨洪调蓄、休闲景观为一体，是市委、市政府部署建设的重要惠民工程。

在白云湖东湖，游客可以沿着4公里的环湖健身绿道漫步或者骑自行车，可以在驿站享受美食茶饮，也可以租乘小船在湖上漫游。湖区四季植物景观也很丰富，湖岸分片区种植了木棉、紫荆、樱花等植物。目前，东湖的景点景致有：众星捧月、鹏石树影、揽湖观舞、浮岛流云、二月樱花等。

广州白云湖将建设成为集水安全、水生态、水景观、水文化于一体，具有岭南特色的水利工程风景区。

交通 公交271快、929路、佛252路至石井大道（红星村）下。

12.农民工博物馆（广州城市印记公园）

在20世纪80年代末，历史长河中古老的神州大地吹响了改革开放的号角，农村联产承包责任制全面推行，城市工业化进程骤然提速，大量农村劳动力从土地的桎梏中解放出来，纷纷洗脚上田、进城入厂，形成了一支新兴的劳动力大军，因其农业户口身份，民间俗称其为——“农民工”。

回眸30多年的历程，农民工的出现深刻改变着我国经济和社会变迁的轨迹，他们用智慧和力量撬起了“中国制造”，助推了工业化进程，他们以坚韧和努力挤身于现代都市，加快了城市化步伐。在一系列空前的历史巨变中，广大农民工的命运与时代相连，他们收获了成功与喜悦，也经历了挫折与艰辛，他们为经济发展作出了巨大贡献，为自身发展提升创造了空间。作为时代的标记，农民工将永载中国经济和社会发展的历史史册！

2011年6月，时任中共中央政治局委员、广东省委书记汪洋同志提出要在广东建设农民工博物馆。广州市委、市政府高度重视，成立专责工作组，负责统筹组织农民工博物馆的选址、设计、施工以及展品征集和布展等工作。2012年5月4日正式选址于白云区黄石街原马务联和工业区的第12号旧厂房后，经过建设者的努力，于2012年9月28日建成全国首个农民工博物馆。

农民工博物馆的建成，全方位还原了农民工的工作、生活、奋斗、发展的历史，体现了党委、政府对农民工的真切关爱，彰显了广大农民工为经济发展和社会进步建立的辉煌业绩和历史功勋！

交通　公交广从3线至黄石路站下。

13.增城挂绿湖

挂绿湖水利工程位于挂绿新城核心位置，是广州城市副中心的核心区，水面面积8平方公里，主景区65平方公里，区域综合保护区110平方公里，是具有湿地保护、备用水源、防洪防旱、农林灌溉、调节气候等综合功能的生态景观湖区。2014年底前建成8平方公里水面，在湖中央建设全球最高喷泉。2013年底初步建成1000亩甘泉花园、100亩挂绿荔枝园和200亩荔枝博览园，届时将会形成广州城市副中心生态地标。

交通　公交增城101路、增城106路至木棉井村下。

14.增城鹤之洲景区

鹤之洲景区位于增城新城区增江河段，长约8公里，面积约30平方公里（其中水面面积约10平方公里），主要是围绕增江河面和东西两岸景观，分为鹤之游湿地公园、天然浴场、景观长廊、游艇俱乐部、广州水上运动训练基地和初溪体育公园等功能区，努力营造“一江春色醉游人，两岸百花望荔乡”的美好景象，是增城重要的休闲娱乐场所和旅游景点。

鹤之洲湿地公园保留着果园、鱼塘及小溪等原生态湿地公园风貌，是集生态旅游、观光购物和科学研究于一体的综合性湿地公园。目前，公园已建有木制小桥、园区主干道、景观台、钓鱼台、小广场、亲水平台、浮箱码头等。天然浴场位于增江西岸，占地约700亩，通过对原有滩涂进行改造，形成对外开放、供公众游玩的大型露天河滩浴场。

交通　挂绿广场南站（增城）乘坐增城1路（坐7站）到鹤洲村站（增城）下。

三、锦绣万花城——风景名胜

（一）特色概述

广州云山、珠水、花城……处处是美景，旅游资源得天独厚。在这里不仅可以看到南越文王墓、南越王宫署这样的古代文化遗迹，黄花岗、黄埔军校、孙中山大元帅府、农讲所等近代革命遗迹，也有白云山、莲花山等风景名胜，还有小楼人家、溪头村、红山村等美丽乡村，让人流连忘返。人们常用“云山珠水”来美誉广州，这里的“云山”指的就是白云山。白云山已建设为规模宏大的国家级风景名胜区，是我国5A旅游景点，它有全国最大的园林式花园——云台花园，有我国第一条自行设计的观光索道——白云索道，有全国最大、亚洲第二的天然式鸟笼——鸣春谷，还有全国最大的主题式雕塑公园——雕塑公园，是来广州不容错过的景点之一。

（二）主要景点

1.白云山

白云山在广州城区的中北部，是我国南方五岭之一大庾岭的一条支脉——九连山的余脉，白云山的总面积为20.98平方公里。白云山风景名胜区是国家级风景名胜区、国家5A级旅游景区。

白云山自古就有“羊城第一秀”之称，是广州“云山珠水”的旅游形象代表，自南宋以来入选历次“羊城八景”。

游览白云山我们可以领略到白云山的特色——山瞰城景、城观山色。风景区内，绿化覆盖率达到95%以上，对调节广州市的空气质量起着重要的作用，所以，白云山是广州的“市肺”，又被称为广州市的“生态名片”。

游客可以乘坐索道上山，也可乘坐电瓶车游览景区。白云索道是国内第一条自行设计的单线循环双钳口抱索器索道，全长1800米，乘坐缆车既可俯瞰景区内如画的景色，也可尽览羊城无限风光。景区内的电瓶车全部使用环保电瓶车，可以乘坐电瓶车到山上各主要景点。

白云山

除了优美的自然风景，白云山还拥有丰富的游乐配套设施：三特极限运动中心、麓湖高尔夫球场、划船、垂钓等。三特极限运动中心是一座集休闲、运动、娱乐为一体的极限运动中心，目前有滑道、滑草、蹦极等项目。麓湖高尔夫球场位于麓湖湖畔，1995年建成开业并委托CCA国际联谊公司经营、管理，分为高尔夫球场和乡村俱乐部两部分，总面积是79公顷，其中高尔夫球场占地60公顷，是利用麓湖北面的山丘依势而建，设有高尔夫球练习场，一个具有18个球洞、72标准杆的球场和一个9洞的灯光球场。

白云山目前有7个游览区，其中山上有3个主体景区——鸣春谷、明珠楼和摩星岭，山下还有4个景区——麓湖公园、云台花园、雕塑公园和云溪生态公园，每一个景区都有自己独特的迷人之处。

[云台花影]

云台花园位于云山南麓，占地12万平方米，是集中、西方园林艺术于一体，以欣赏四季珍贵花木造景为主的全国最大的园林式花园，被誉为“花城明珠”，是以世界著名花园——加拿大的布查特花园为蓝本，1995年建成开放的。开放至今，接待了多位党和国家领导人及各大外国友好城市市长。

[能仁古寺]

能仁寺，位于云山南路，占地1万平方米，始建于清咸丰、同治年间，建成后一度香火鼎盛，后在抗战期间毁败，1995年5月修复对外开放。能仁寺的后山也因为抗法名将刘永福常来此游玩而闻名，如今寺内还有刘永福留下的虎字书刻和虎跑泉、甘露泉、玉虹池、流云飘月、古桥等古迹，1924年孙中山先生曾在此休憩。

[白云晚望]

“白云晚望”位于山顶公园，建于1964年，由观光台与晚望亭两部分组成，主要是以观看夕阳西下和夜景而著称。早在元代便是观万家灯光、珠江渔火的羊城八景之一，宋朝、明朝、清朝的旧羊城八景和20世纪80年代的新羊城八景都少不了“白云晚望”这个景点。傍晚时，站在晚望亭可看到夕阳西下，天空出现五彩缤纷的晚霞，倚栏远望，云烟渺渺，给人以“不舍夕阳离人间”的美感。

[仙岩鸣春]

郑仙岩和鸣春谷位于白云山山顶东侧崖畔，相传为秦名士郑安期乘鹤升天的地方，是白云山最早得名之处。景点内的“天南第一峰”牌坊，是白云山古建筑中唯一保存完好的古牌坊，原为宋代转运使陶定所建。其旁边鸣春谷是全国最大的天然式鸟笼，以奇趣精彩的驯鸟表演、丰富的鸟类品种吸引了众多游客。鸣春谷内的滴水岩和观翠微古道景观使该景观成为远眺峰峦、近观岩泉、追思云山的寻幽探微的好去处。

[桃园报春]

桃花涧、梅花谷位于白云山北面明珠楼游览区，是以观花为主题的生态景点，每逢春至，桃花、梅花竞相开放，漫山遍野，景观独特，深受市民追捧。园内环境自然古朴，丰富的植物群落与山涧、小桥、质朴的建筑巧妙结合，互相衬托，自有一派清幽意境，成为一个老少同乐、观景休闲的好地方。

[摩星祈福]

摩星岭原名碧云峰，是白云山最高峰，海拔382米，康熙年间修《广东志》绘白云山图在卷首称此山峰为“摩星岭”，名曰“天南第一峰”，从此得名摩星岭。登临摩星岭，雨天可观“白云山上白云飞，白云山下白云浮”的特有风姿。晴天极目远眺，现代化大都市建筑星罗棋布，东望沙河镇，南临珠江水，西看五羊城，北观黄婆洞，“祖国南大门”的景色尽收眼底。广州人一向有登高祈福的习惯，每逢重阳，许多人登上摩星岭，祈祷平安和幸运。

交通　公交24路、285路、B16路、旅游公交1线、高峰快线13路至云台花园（总站），或127路、175路、179路、199路、841路至白云索道下。

[麓湖霞影]

麓湖位于白云山南麓，也称金液池，建于1958年，是广州四大人工湖之一。公园依山傍水，内有众多曲桥、亭廊、古建筑，早可观晨曦，晚可观夕照，夜观麓湖更是流光溢彩，景色秀丽。湖畔的冼星海纪念园和聚芳园已成为市民和游客观光休闲的好去处。

交通　公交63路、245路、夜52路、旅游公交1线到麓湖公园（艺博园）下，或109路、110路、111路、184路至横枝岗下。

[雕塑艺海]

雕塑公园位于白云山飞鹅岭西侧，占地面积为46万平方米，是1996年为庆祝广州建城2210年而建造的雕塑主题公园。公园按照雕塑与园林、观赏与教育、艺术与历史相结合的原则而进行规划建设。雕塑公园内环境优雅、雕塑作品丰富，作品充分反映了广州的历史和岭南的文化特色，是品味现代艺术、了解岭南文化的好去处。

交通 公交36路、66路、76路、76A路、189路、278路、544路、546路、547路、810路、864路、夜9路、夜32路等线路在市交控中心站下车。

[云溪生态公园]

云溪生态公园位于白云山西侧，属于白云山风景名胜区的一部分，从建成起就免费对外开放，公园面积30公顷。云溪生态公园依白云山而建，分成观荷园、叠水园和果香园3个园区。走进云溪，树木葱郁、雀唱蝉鸣、溪流潺潺，是休闲旅游的好去处。

交通 公交38路、127路、223路、245路、265路、424路、529路、夜9路、夜52路等至广州体育馆下。

2.莲花山

广州市番禺莲花山旅游区位于珠江口狮子洋畔，海拔108米，面积2.33平方公里，地理位置优越，水路交通便利，古今交融，俊秀合璧，是国家4A级旅游区、广东省省级风景名胜区，2002被评为新世纪羊城八景之一——莲峰观海。

莲花山最引人注目的是高达40.88米的观音金像，用120吨铜铸成，外贴纯金180两，是目前世界上最高的箔金观音铜立像。观音宝像面向东南，遥望浩瀚的狮子洋，“望海观音”因而得名。

古采石场以“人工无意夺天工”的石景奇观闻名于世，包含燕子岩、飞鹰崖、观音岩、狮子石等景点，是千姿百态的莲花山石景中的典型代表，2001年被公布为全国重点文物保护单位。

莲花塔矗立在莲花山主峰，始建于明朝万历四十年（1612年），已有400年的历史，是省级文物保护单位。莲花塔外9层，内11层，外呈八角形，砖木结构，设有螺旋楼梯，可直达塔顶。在塔的各层有大小不一、造型各异的门洞。塔高50米，是莲花山上的最高点。自古以来，从伶仃洋进珠江的船只均以莲花塔为进入广州的航标，故有“省会华表”美誉。

莲花城始建于清康熙三年（1664年），面积达万余平方米，城作不规则椭圆形，城墙内外都是用石块和砖块砌成，高逾10米，有垛口和马步道分别作瞭望和巡逻之用。莲花城地势险要，居高临下，远控虎门，近制狮子洋，故有“府城捍山”之说，为广东省文物保护单位。

山顶的粤海度假村是配套设施齐备的度假酒店，设计典雅精致，园林与海景辉映，内部设施舒适温馨，是休闲度假的绝佳场所。

宝塔映苍穹，莲花别样红。广州番禺莲花山正以古老而又欣欣向荣的新姿，书写访古、祈福、赏花、度假的神奇新篇。

交通 广州地铁4号线至石基站，或地铁3号线至市桥站后转乘番92路、番93路至莲花山的专线车。

3.石头记矿物园

石头记矿物园位于风景秀丽的广州市花都区，犹如一颗翠玉镶嵌在花都珠宝小镇内，园区占地面积70余亩，由地上芝麻开门、地下神秘宝藏两部分组成。它是以奇石、化石、宝石、水晶为主题的乐园，集科教、博览、休闲、旅游、购物、餐饮等功能为一体，和动物园、植物园对比，焦点突出、别具一格，是目前世界上首座以矿物为概念所建的主题乐园。

矿物园主体为一扇形建筑物，地下一层包括时空隧道，影视厅，水晶、琥珀原生态区，石头禅室，古代生物化石区和奇石矿物陈列区。聚焦看点有传国玉玺、夜明珠、满汉全席、海洋之梦等石头艺术文化经典作品。作为世界首创的石头矿物主题乐园，它将让更多的人真正与石结缘，认识石头，喜欢石头。它是中国玉石文化的一个立体形象展示，那些来自世界各地的矿藏奇石，那些远古生命创造的奇迹，那些我们所熟悉的各种美丽宝石，那些与人类文明息息相关的所有的“石头的故事”，都在这里荟萃，为人们献上一席前所未有的石头盛宴。

交通 花都区乘坐9路、21路公交车至石头记矿物园下。

4.增城白水寨

以中国大陆落差最大瀑布闻名的广州白水寨省级风景名胜区被誉为“北回归线上的瑰丽翡翠”，是国家4A级旅游景区。它东临南昆山脉，西邻从化温泉镇，南倚增城小楼镇，北接广州市白云区。

白水寨由多座山峰组成，其中主峰白水寨山高828米。园区内悬崖瀑布与高山天池相依，通天峡谷与浅滩湿地相连，地形复杂多变。落差达428.5米的大瀑布从白水寨山上飞流直下，远看如白练飞虹，近观则宛若仙子下凡。相传，这道形态优美、充满灵气的瀑布乃是八仙之一何仙姑的化身，所以被后人尊称为白水仙瀑。

茂密的森林、充足的日照与湍急的水流，白水寨具备了产生充沛空气负离子的三要素。据测定，白水寨飞瀑区域空气中的负离子含量高达11.25万个/立方厘米，是名副其实的天然大氧吧。

为了让游人登山健行、沐瀑吸氧的旅程更轻松，白水寨建造了多条登山线路，除了广东最长的登山步道

“天南第一梯”，还有堪称国内景区一流精品的海船木栈道和观光车道。此外，在白水寨山下还建有奇趣水谷、“广东首条绿道”白水绿道、荔乡风味餐厅等休闲配套。

交通 公交601路、602路、603路、607路到从化，从化河东客运站有专线车直达白水寨。

5.增江画廊

增江画廊起点是增城荔城街初溪水利枢纽工程，终点在正果镇湖心岛景区，全长约40公里，由东西两岸组成，由南向北溯流而上，挖掘利用增江沿岸优美的自然生态景观，对所经村庄环境和路段进行绿化、美化，并结合田园风光和原有自然景观及历史人文资源，精心打造沿线的初溪体育公园、天然沙滩泳场、鹤之洲、2010广州亚运会龙舟赛场、荔江公园、桥头绿道综合服务区、莲塘春色乡村绿道及农家乐园、白湖水乡、何仙姑家庙、小楼人家以及湖心岛等10多个旅游景区和节点，并通过对河岸进行改造和美化，做好沿线水环境整治，在两岸沿线大量种植一年四季盛开的花木，伴随着增江河水的映衬，营造出“一江春色醉游人，两岸百花望荔乡”的美景，使增江两岸犹如一幅巨型的《清明上河图》展现在人们的面前。

经水利部批准，增江画廊成为全国第十一批国家水利风景区之一。增江画廊以增江为主线，自行车休闲绿道沿岸分布，两岸的天然林带、林果庄园、生态田园、古旧建筑、驿站和购物点等体现了浓厚的岭南特色，沿途路标、警示牌等旅游基础设施一应俱全，形成了一个颇具规模的水系景观带和公益型休闲健身区，并带动了周边农家乐和乡村游的发展。

交通 公交增城201路、穗莞2路至田边村下。

6.湖心岛旅游风景区

湖心岛旅游风景区规划面积50平方公里，范围包括蒙花布村至何屋村增江流域长约16.7公里的增江水体，以及距增江两岸各约2公里的区域范围。

通过2个小时游船观光的形式，讲解增城、正果历史文化及民俗风情，欣赏增江画廊美景，观光悠闲，乐趣无穷。碧绿的湖水、青翠的垂柳、百年树龄的乌榄树，大自然的鬼斧神工令人仿佛置身于一幅巨型的山水画之中。

湖心岛湿地公园以蒙花布乡村公园、榄园竹海、二龙古渡、黄何乡村公园等为核心景观，以“水的世界、花的海洋、鸟的天堂”为建设理念，是集观光、休闲、旅游、娱乐、度假、会议、商务于一身的大型生态旅游区。

交通 广州至增城客运站班车，转荔城至麻榨班车，于汀塘村站下。

白水寨

7.增城小楼人家景区

小楼人家景区是田园风光与乡村风俗相结合型景区，总面积约20000亩，是融历史文化古迹、都市农业生产基地、滨水休闲、农耕文化展示、农家乐、商贸古村落以及山林公园于一体的生态乡村旅游区，是增城北部888平方公里南国乡村大公园的门户景区。

目前已经形成了6个主题园区：仙荔园、八仙湖、报德祠、美食农庄、农耕基地、东西境老街。在这里，岭南文化、广府文化、自然景观文化、农耕文化都得到原生态的真实体验，“小桥流水人家”般的浪漫诗情画意也融入了这块土地。

交通 公交增2汽（增城客运站—新围村）、增2汽（增城客运站—青迳村）、增城107路到小楼人家下。

8.从化溪头村三华李花

探源生态游，尽情深呼吸。溪头村又名美女村、长寿村、李花村，是流溪河三大源头之一。村周围山高草密，林茂竹翠，峡谷清幽，橘树李树漫山遍野，土屋石屋错落村隅，犹如人间仙境。

这里三面环山，绿水长流，村落典雅，环境清幽，是一个在古典中注入新文化的美丽山村。海拔1千米以上的山峰在溪头村远近就有3座。

溪头村盛产三华李、青梅、红柿、沙糖桔等水果，其中最出名的是联溪三华李，每年1月份的李花节和6月份的三华李节，大批游客慕名前来赏花品果，乐不思蜀。溪头村还是从化百里山径的轴心点，也是2008年全国山地越野挑战赛的赛道终点，每年有逾8万名山友越野留足，被珠三角驴友称为“广东山友大本营”。

交通 广州出发，走新广从路到从化街口镇后转105国道，到流溪河森林公园，上105国道右侧小道，行至约4公里处有分岔路，选择连溪方向走，再往前约6公里可到溪头村。

9.花都美丽乡村红山村

红山村位于花都梯面镇西北部，是王子山山脚下的一座小村庄，总面积14.3平方公里。每年2月初至3月初可到红山村赏油菜花，这里有大片大片金黄的油菜花，游人在田间嬉戏，蜜蜂在花间飞舞，既可沿着小路溯溪徒步而上，也可踩着自行车享受春风拂面的惬意。红山村内还有深浅二谷，均有瀑布，有“石上飞瀑”、“深谷幽峡”、“浅谷幽深”、“红谷幽情”等景点。阳春三月，一年一度在此举办的梯面油菜花节吸引了大批游客前来“探花”，使得美丽乡村红山村声名远播。

交通 广州乘车至花都客运站，转乘新华站—梯面站65路专线车可到。

10.宝趣玫瑰世界

宝趣玫瑰世界位于田园风光优美的从化城郊街西和村，占地1000多亩，是国内首个以玫瑰文化为特色的主题公园，是广州市20家农业现代化示范区之一，也是一个集生产、销售、展示、科普、休闲观光为一体的多功能、综合性玫瑰主题公园先后获得了“广州市科普教育基地”、“从化科普教育基地”、省农业局与省旅游局共同颁布的“首批广东省国民旅游休闲计划农业旅游示范基地”、珠三角夏季旅游嘉年华组委会颁发的“2010年珠三角最浪漫主题公园”等美誉。

宝趣玫瑰世界最大的亮点在于，它是国内罕见的玫瑰花的海洋。玫瑰园区占地1000多亩，汇聚当今世界300多种玫瑰花精品，品种齐全，玫瑰常年开放，无季节限制，芳菲烂漫、争奇斗艳的玫瑰花海洋国内罕见，美不胜收。

漫步园区，情侣路、爱河、缤纷花廊、浪漫“鹊桥”、花海风车、宝趣亭……一步一景，让人目不暇接，走累了便可走进沿途的卡罗拉小屋、阿班斯小屋、坦尼克小屋等休憩，这些小屋皆是以玫瑰名称命名，形成园区内一道道别致的风景。

交通 广州各大客运站均有直达从化汽车站的巴士，到达从化汽车站后可转坐6号公共汽车到宝趣玫瑰世界站。

11.百万葵园

百万葵园主题公园位于广州市南沙区万顷沙镇，于2002年4月建成及对外开放，是国内首个将向日葵作为观赏性植物并设计成超大型主题园林的公园。这个以向日葵为主题的生态公园同时名列两项世界第一：（1）规模最大，达66.7公顷，荣获“全国规模最大的葵花园”——“吉尼斯之最”纪录；（2）葵花常年开放，世界唯一。

随着旅游业的发展、人们对生态旅游的偏爱，葵园已从单一葵花园发展成拥有世界各国名花的主题花城，法国羽叶薰衣草、日本北海道薰衣草、日本浪漫樱花、欧洲树型玫瑰花、韩国孔雀花、观赏“罂粟”以及我国芳香淡雅的茉莉花，都已成为葵园著名景点，也是入园游客流连忘返之地。

百万葵园的吸引人之处，除了拥有世界各国的名花之外，园内还建起了全国首个松鼠乐园和蚂蚁王国以及麦兜乐园、松鼠狗乐园、小白鼠乐园、白鸽广场、西瓜蟹园、蝴蝶园、金鱼水中王国、七彩动漫村等，构成一个充满温馨与情趣的童话世界。

交通 公交2路、南沙11路、21路、23路、25路至百万葵园下。

12.赤岗塔

赤岗塔位于广州大桥东南面的新市头，是广州市区现存的古塔之一。赤岗塔塔基是建在一座红砂岩的小山岗上，附近赤红色一片，所以岗称“赤岗”，而塔便称“赤岗塔”。其兴建于明万历四十七年（1619年），是继琶洲塔、莲花塔之后修建的第三座“风水宝塔”。

该塔与佛教舍利塔造形相似，为八角形楼阁式青砖塔。塔高50多米，外观为9层，塔内为17层。塔底直径为12.5米，高约50余米。首层辟有3个门，每个门口均砌以石阶。塔基八角镶有16～17世纪西方人形象的托塔力士，神态生动，是广州明代石雕佳作，也是研究明代对外交往的实物资料。

交通 公交35路、82路、812路、夜33路到沙溪下，或70路、82路、125A路、125路、129路、263路、273路、夜24路、夜44路至五凤乡下。

13.从化北回归线标志塔

北回归线是地球上太阳能够垂直照射的最北纬度线。每年农历夏至日，太阳正好射在这条线上。它经过16个国家和地区，其他地区大多属于干旱沙漠气候，而我国的北回归线地区多属于热带、亚热带季风气候，是北回归线上的“绿洲”。

从化北回归线标志塔位于从化太平场油麻埔村三甲子坡地上，建在北纬23°36′28″44，东经113°28′56″16的从化太平北回归线公园内，占地1024平方米，塔身高23.5米，是世界南北回归线上最高、规模最大的地理标志。

从化北回归线标志塔塔身为火箭型，主体部分为花岗石混砌结构，基础部分为坛式，地板石的排列为八卦图形。塔顶有一钢球，其圆孔的垂线与塔底正中的经纬线交点相互垂直，北回归线正从这个圆孔经过。每年6月22日夏至中午12时26分，太阳直射光线经过这个圆孔，人站在这里，有立竿不见影的奇观。

交通 在东圃汽车客运站或广州市汽车客运站乘坐从化专线车至太平场北回归线公园下车。

长隆欢乐世界

四、活力度假城——度假乐园

（一）特色概述

作为改革开放前沿地，广州积极借鉴国际旅游成功经验，开发了系列休闲度假旅游景区。其中，长隆旅游度假区以其独有的主题游乐品牌优势，打造了长隆欢乐世界、长隆水上乐园、长隆野生动物世界等主题娱乐项目，将广州打造成了全国乃至世界级的主题娱乐休闲目的地。此外，广州四季如春，夏无酷暑，冬无高寒，配合先进的服务理念和优质的服务水平，是游客休闲度假的理想场所。从化温泉是驰名中外的风景区和疗养胜地，从化温泉以水质好、水温高、泉景佳而闻名，被人们称为“岭南第一泉”。

（二）主要景点

1.长隆旅游度假区

[长隆欢乐世界]

长隆欢乐世界位于中国首批5A级旅游景区长隆旅游度假区的中心位置，集世界级尖端游乐和大型演艺表演为一体，被誉为“中国新一代游乐园的典范之作”，是具国际先进技术和管理水平的超大型世界顶尖主题游乐园。

长隆欢乐世界采用了欧陆风格设计，开国内欧陆式游乐园模式之先河，突出设备和自然生态环境相结合，采用国际一流的、最先进的、科技含量极高的游乐设施设备，同时结合长隆旅游度假区原有的自然、生态特色，让游客在优美的自然生态环境中体验新奇、享受愉悦、放松身心。

长隆欢乐世界由国际著名的主题乐园设计机构加拿大Forrec主持总体规划，游乐设备大部分从欧洲原装进口，其设计与技术保持国际领先水准，并创造了8项亚洲及世界之最，创造或打破了中国世界纪录协会多项世界之最纪录。

（1）垂直过山车被誉为“全球最顶尖过山车之王”。

（2）十环过山车荣获吉尼斯世界纪录，全世界第二台、亚洲首次引进。

（3）摩托过山车是东半球首台。

（4）U型滑板是世界最大、亚洲第一台，是园内最刺激的游乐设备之一。

（5）超级大摆锤是世界最新最眩的大型摆锤游乐设备。

（6）世界最大水陆空特技剧场——国际特技剧场。

（7）亚洲最大最先进的四维影院。

（8）号称“世界水上游乐之王”、老少皆宜的超级水战也是在亚洲首次引进。

交通	公交129路、302路、303A路、番52路、番109路、番125路至汉溪长隆站下，或地铁3号线至汉溪长隆站地铁口出。

[长隆国际大马戏]

长隆国际大马戏位于中国首批5A级景区广州长隆旅游度假区内。自2000年创立以来，累计演出超过5000场，接待观众超过1500多万人次。长隆国际大马戏历经10多年的创新发展，一直引领着世界马戏的潮流，成了世界马戏的标杆，享誉海内外。长隆国际大马戏拥有全球最大的专业马戏表演场，由23个国家300多个马戏演员和上千只珍稀动物联袂演出，是目前世界上演出场地最大、演员国籍最多、节目内容最丰富的大型国际马戏艺术节目，先后多次被评为“广州最具竞争力的文化品牌”、“羊城夜游首选”、国家文化部“文化产业示范基地”。

长隆国际大马戏秉承“荟萃全球马戏精华”的一贯理念，坚持全球化采购国际顶尖马戏节目，从最初的世界马戏荟萃集锦，到由好莱坞著名导演多丽安娜•桑切斯执导的半主题式星空马戏《天启》，到由世界马戏泰斗扎巴斯内创作的全球最大主题马戏《月球侏罗纪》，到全球最大情景马戏《森林密码》，再到2010年全新推出的史诗性魔幻马戏《魔幻传奇》，历经5代创新发展，不断为中外观众呈献技惊四座、场面恢宏的顶级马戏盛宴。

目前，长隆国际大马戏已全新升级，推出更惊艳更传奇的《魔幻传奇Ⅱ》、《圣火魔轮》、《炮打飞人》、《环球飞车》等经典节目，让长演不衰的长隆国际大马戏继续演绎更灿烂的不朽传奇。

交通	公交129路、302路、303A路、番52路、番109路、番125路至汉溪长隆站下，或地铁3号线至汉溪长隆站地铁口出。

[长隆野生动物世界]

大家都知道，我国许多城市都拥有规模不等的动物园，因此，如果在您的旅游行程表中安排参观动物园，您也许会觉得没有多大吸引力。但此园非彼园，长隆野生动物世界是您非看不可的动物园。

长隆野生动物世界位于全国5A级景区广州长隆旅游度假区，占地2000多亩。园区于1997年12月开业，开业至今已接待游客超过2000万人次，拥有许多“之最”和“唯一”。再加上园内水绿山青、花红草绿、清风扑面、兽语鸟鸣的优美环境，人与自然、人与动物的紧密接触，园内所有的一切都将令您觉得不枉此行。

长隆野生动物世界以大规模野生动物种群放养和自驾车观赏为特色，集动、植物的保护、研究、旅游观赏、科普教育为一体，被誉为中国最具国际水准的国家级野生动物园，是全世界动物种群最多、最大的野生动物主题公园。

长隆野生动物世界生活着以“十大世界珍稀动物国宝”为代表的500多种珍稀动物，包括中国的大熊猫、澳大利亚的树熊（考拉）、南非獴哥、泰国亚洲象、马来西亚马来貘、塞拉利昂倭河马……这些世界珍奇动物在长隆野生动物世界一流的繁育保护技术下开枝散叶，成为世界最为重要的野生动物繁育保护基地之一。其中广东省首只也是唯一的熊猫仔、全球唯一的考拉双胞胎、白虎凯丽等动物明星家喻户晓。

广州长隆野生动物世界还在全国率先推出“与兽同行”自驾车观赏野生动物项目，在园内开辟占地面积近100万平方米的自驾区观赏范围，深受自驾车游客欢迎。

2012年创造性推出动态高仿真实景恐龙园“侏罗纪森林”及原生态多媒体主题蛇园“金蛇秘境”；2013年再度引领行业潮流，先后创新推出多媒体互动生态主题区“丛林发现”、原生态非洲野生特色动物展区“非洲森林”以及动物互动立体生态雨林展区“雨林仙踪”。

交通 公交129路、302路、303A路、番52路、番109路、番125路至汉溪长隆站下，或地铁3号线至汉溪长隆站地铁口出。

[长隆水上乐园]

长隆水上乐园是全亚洲最大、世界上水上游乐设备最多最先进的水上乐园，连续多年被评为“全球必去水上乐园”。

长隆水上乐园占地20万平方米，由国际知名的加拿大白水公司（WHITEWATER）设计。园内水处理系统引进世界最先进的臭氧水循环处理系统，使园内用水更纯净，更安全。园内所有水上游乐设备均由世界级水上设备公司设计及提供，并获得过国际大奖。其中包括亚洲第一台获得国际旅游行业2006年度“金票奖”、“最佳新项目”的“大喇叭”滑道。还有国际旅游行业2005和2006连续两年“金票奖”、“最佳水上项目”得主，有”水上过山车“之称的喷射滑道。另外，还有目前水上乐园行业里最新的设计合家欢组合滑道，是世界上首条运用新型高技术设计的惊险度极高的水上滑道。长隆水上乐园还拥有国际旅游行业协会的荣誉推荐项目疯狂树屋池和急驰竞赛、离心滑道和高速滑道等水上游乐设备，拥有总长度超过1280米、世界上最长的漂流河，拥有总面积超过10000平方米，能提供9种造浪模式，最高可形成1.2米高浪潮的世界上最大的超级造浪池。

2012年全新开放的“热浪谷”，是亚洲首创的超大户外温水新区。2013年，长隆水上乐园从国外引进多项最新儿童游乐设施，并推出全球首台专门为儿童设计的蛇形亲子滑道。

长隆水上乐园除了所有的硬件设备达到国际领先水平之外，为了更贴近广州市民的需求，长隆水上乐园的开园时间会从上午一直持续到夜晚，使游客不仅能享受到白天的日光浴，也能在下班后与家人和朋友享受月光下的浪漫。此外，在园区内还可以欣赏到世界各地的风情表演，品尝到世界各民族的美食小吃。

交通 公交129路、302路、303A路、番52路、番109路、番125路、番至汉溪长隆站下，或地铁3号线至汉溪长隆站地铁口出。

2.广州海洋馆

广州海洋馆是一个集游乐、观赏、科研和教育为一体的多功能大型高科技展馆，占地面积约1.3万平方米，总投资为5000万美元。广州海洋馆经过不断引进新的海洋动物，使展示内容更新颖更充实的同时还大力推动了海洋知识科普活动的发展，被定为“全国科普教育基地”、“全国海洋科普教育基地”、“广东海洋科普教育基地”、“广东省青少年科普教育基地”和“广州市科普教育基地”。

广州海洋馆分多个区域全方位展示海底世界，它包括：海洋剧场、浮雕广场、海底隧道、深海景观、海藻柱、淡水世界、海龟池、企鹅馆、鲨鱼馆、海洋科普厅、海洋剧场、海狮乐园等展示区。这些展示区特色鲜明、生动逼真。

广州海洋馆最精彩的有三大王牌表演节目：

（1）“美人鱼”表演。美人鱼在水中献技，一展丰姿，着实增添不少情趣。

（2）人鲨共舞表演。在鲨鱼馆可以看到各种各样的鲨鱼围着潜水员转来转去，争抢潜水员带来的小鱼，惊险刺激。

（3）海洋动物明星表演。这是海洋馆的压轴戏。海豚们的人豚共舞、海狮们的滑稽表演，还有来自俄罗斯的两只白鲸展喉高歌等更把表演推向高潮，十分精彩！

交通 地铁5号线至动物园站下，大学城4线、6路、11路、16路、65路、78路、78A路、85路、112路、192路、199路、201路、219路、236路、246路、290路、535路、547路、833路、862路、862B路至动物园站下，B2路、B2A路、B3路、B3A路、B3B路、B3C路、B10路、大学城4线、30路、133路、191路、209路、221路、233路、245路、256路、278路、280路、287路、301路、301A路、545路、810路、886路、886A路至动物园南门站下。

3.从化温泉

从化温泉历史悠久，早在明、清时期，温泉风景区的“百丈飞泉”已被列为“从化八景”之一。然而，正式开发利用却是20世纪30年代以后。1931年，岭南大学冼玉清教授考察此地并撰文介绍，引起社会的普遍重视。1933年，西南航空公司的刘沛泉在飞机上发现了从化“百丈飞泉”。之后，他与陈大年、梁增基、李务滋4人发起成立了温泉建设促进会，从事开发温泉风景区，并将刻有“温泉”两字的石碑竖于泉眼旁（此碑今迁至温泉宾馆河东餐厅侧）。至1936年先后建造私人别墅数十座，其中最著名的是陈济棠别墅。温泉名噪一时，国民党军政要员纷至沓来，蒋介石、林森等人曾到此游览。新中国成立后，周恩来总理曾提出要把从化温泉建成“冬都”。20世纪50～60年代，中央、省、市相继在此建设宾馆、招待所、疗养院。

[从化温泉风景区]

从化温泉风景区位于从化境内的流溪河上游，距广州市区75公里。从化至阳江有条“从阳”断裂层，温泉风景区正处于从阳断裂层北端。地处亚热带的从化雨量丰富，地表径流发达，地下水源充足，因受地核热能的影响，储存于破碎带的地下水便形成了源源不断的温泉。

从化温泉风景区群山叠翠，连绵起伏，溪流蜿蜒，风景秀丽，空气格外清新。碧浪桥、滴翠亭、翠溪、北溪、陶然厅、红楼、竹庄、梅园、松园、清音亭等形形式式的亭台楼榭与青山绿水交相辉映，一派恬静秀丽的田园风光。早在20世纪30年代，从化温泉风景区就已驰名中外，而温泉水则是风景区的命脉和特色。从化温泉泉源丰富，共有泉眼13处，分布在河东、河西两岸。泉水含有多种化学成分，特别是氡的含量极高，泉水的温度最高可达73℃。由于温泉水中化学成分的作用和温度的刺激，因此洗温泉浴不仅可以有效地消除疲乏、恢复体力，而且能调节各器官的功能，达到祛病强身的目的。

[从化温泉养生谷]

从化温泉养生谷位于从化良口镇，养生谷规划控制区为29.28平方公里，蕴含丰富的温泉资源，共有热水井13口，其中在用井9口、备用井4口，总采水量达4300吨/天，平均出水水温为53℃。温泉养生谷是广州市重点建设项目，总体规划分为商务会议区、温泉养生区和大众休闲区，是未来中国温泉旅游的热点地区。温泉养生谷建设已初具规模，建成了文轩苑、颐龙山庄、碧水湾、崴格诗、从都国际会议中心、广州马术场等一批大型项目，华熙酒店、雅居乐温泉酒店、红树林等一批精品项目亦在抓紧建设或筹建。

交通 从化4路至从化温泉镇；在流花车站乘车至从化，后转乘到流溪河森林公园或到良口的巴士。

从化抽水蓄能电站旅游度假区

4.碧水湾温泉度假村

广州从化碧水湾温泉度假村是国家4A级旅游区，有“岭南第一温泉”、“中国十佳温泉酒店”之称，是“从化80公里绿色旅游走廊”的中心，总占地260亩，是一家以世界稀有的苏打型温泉为特色，集住宿、餐饮、娱乐、会议、商务、旅游观光等多功能为一体的天然温泉养生胜地。

度假村大型露天温泉占地38亩，拥有36个大小不一、风格功能各异、极富养生特色的温泉浴池。度假酒店拥有8类客房200余间，会议室和休息室，多功能会展中心，荔香园、丽景阁、临江仙等不同风味的餐厅，商务中心、购物中心和美容美发中心各项配套设施齐全，同时还拥有网球场、篮球场、足球场、乒乓球室、桌球室、矿泉水游泳池等各种运动康乐设施。

交通 在流花车站、广州市汽车站、天河客运站乘车至从化，后转乘到流溪河森林公园或到良口的巴士到碧水湾站。

5.广州抽水蓄能电站旅游度假区

广州抽水蓄能电站距广州市区120公里。电站有两个水库，海拔820多米的上水库和海拔280多米的下水库。广州抽水蓄能电站是中国第一座也是目前世界上最大的抽水蓄能电站，总装机容量为240万千瓦，是大亚湾核电站的配套工程，为保证大亚湾电站的安全经济运行和满足广东电网填谷调峰的需要而兴建。

广州抽水蓄能电站是全国工业旅游示范点，主要由电站枢纽和游览景区组成。

这里主要的景观有：茵梦平湖，可泛舟湖上作环库游，每天24小时看湖心岛不停地沉浮；魔力宫殿，地下厂房处于上、下水库之间，深藏山腹400米，这里的机组与常规水电厂的不同之处在于既能发电蓄电又可抽水，使水能、电能之间能够转换，解决了多余电量的储存问题；陈禾天地，这是蓄电厂的上水库，青山如黛，湖平如镜，春夏秋冬四时景色独特，广州市民双休日都喜欢来这里休憩游乐，它已成为广州市郊旅游的一个新景点。

上水库的召大水和下水库的九曲水同属流溪河上游牛栏河的支流，水质非常好，电站就是利用上下两库通过电能—势能—电能的循环转化来抽水蓄能的。游人可以乘坐专车通过约13公里的盘山公路爬上海拔820多米的上水库，欣赏蓝色透明的湖水和天空、迤逦的群山，上水库有奇特高山气候，气温平均比山下低5℃，是夏天的避暑胜地。

区内配套有三星级的双湖酒店以及各种文体娱乐设施，可满足科普、观光、休闲度假的需要。

交通 自驾车京珠高速—街北高速—从化街口—石门山森林公园—从化温泉—从化良口（碧水湾温泉）—流溪河森林公园—彩虹桥收费站—流溪河隧道—直行20分钟至抽水蓄能电厂度假区。

6.芙蓉省级旅游度假区

芙蓉省级旅游度假区位于花都区北部的芙蓉镇，距广州47公里，占地面积约22平方公里，与王子山森林公园同属一脉，素有“南粤第一风水宝地”的美誉。风景区由山、林、湖、泉景观构成，自然风光与人文景观形成了独特的风景。

芙蓉嶂风光秀美，山上名胜古迹荟萃，林木郁郁葱葱，集山、水、瀑、石、林、湖于一身，融幽、碧、雄、奇、翠、浩为一体。山上的石头无论大小，表面均有烟墨色的芙蓉花图形，故得名。山南有花都古八景之首的西山瀑布，号称“南粤第一瀑”，从百米高的山崖上飞流直下，落入深潭，飞珠溅玉，宛如珠垂直，又似芙蓉朵朵，场面颇为壮观。瀑布倾泻下来，形成一片3.3万平方米的平湖，成为可供万人同时游泳的天然泳池。

芙蓉嶂水库在山的南侧，水域面积2.2平方公里，水深达24米，湖面波光潋滟，水清见底。水库两道堤坝各高25.1米，总长529米。登上大堤的鲤鱼亭眺望，只见四周青山绿水，狮、象二山倒映水中，美不胜收。旅游区树木覆盖率达89%，空气清新宜人，是游玩的好去处。

芙蓉嶂遗址古迹甚多，其中有山脚下的陈济棠母墓和洪秀全母墓、山腰的龙王庙和仙人脚印亭、峰顶的温湖热矿泉，旗岭北麓还有神话中七仙女下凡定居人间的仙姬娘庙（又叫“七星宫”）等等，这些名胜古迹可供游人怀古凭吊和探幽访胜。

交通 在流花车站乘车至从化，后转乘到流溪河森林公园或到良口的巴士到碧水湾站。

7.九龙湖旅游度假区

九龙湖度假区位于广州花都区花东镇，国家4A级旅游景区，背倚连绵数十公里的葱郁群山，环仰九龙湖，自然和生态环境极其优越。整个度假区有2万余亩连绵起伏的群山和4500亩水域，且气候温和。

度假区内拥有高尔夫球场——2010年广州亚运会高尔夫运功的竞赛场馆、欧洲风情小镇、豪华公主酒店、豪华别墅、龙泉水疗馆、湖滨公园等，巧妙而灵动地将商务、体育、休闲、度假、娱乐集于一体，是一个绝无仅有的生态度假天堂。

由15座城堡组成的欧洲小镇建筑最高不超过6层，随意且精致。此处有一尘不染的街道、高高耸立的屋顶、纯白的墙面，宛如一个童话世界。

交通 广州市—黄埔大道—华南快速干线—京珠高速—山前旅游大道—九龙湖社区。

8.南湖国家旅游度假区

南湖国家旅游度假区地处广州市北部白云山麓，规划总面积为15平方公里（含配套开发的白云山景区10平方公里），是1992年国务院批准成立的国家旅游度假区之一，属当时广东省唯一的国家级旅游度假区。度假区内绿水青山，四季如春，空气清新，景色宜人，区内开发有南湖游乐园、南湖宾馆、大河马水上世界、高尔夫球场等旅游项目。

南湖游乐园是南湖国家旅游度假区的重要组成部分，占地26万平方米，是广州市区内集游乐与生态于一体的大型主题乐园，新潮刺激的游乐项目、优美的自然风景及布局合理的园林设计勾勒出别具一格的“南湖特色”。

南湖大河马水上世界占地面积4万多平方米，有冲浪池、漂流河、儿童戏水池、按摩池、阳光滑道、回旋滑道和竞赛滑道，并配有快餐、旅游商品服务等综合服务设施。

交通 公交126路、701路、804路、832路、833路、864路到颐和山庄下。

9.锦绣香江温泉城

锦绣香江温泉城坐落在风景迷人的增城派潭镇高滩村，毗邻南昆山国家森林公园，距离广州市区约70公里，距离香港、深圳、东莞、惠州等珠三角城市均在1.5个小时车程之内，是集休闲旅游、温泉度假为一体的高端温泉酒店，占地面积近600亩，其中，规划有特色温泉区和水上娱乐区近70000平方米、主题酒店450多间客房、风情酒店200多间客房、温泉独立式客房及企业会所180多套。

酒店处于群山环抱之中，空气清新宜人，处处鸟语花香，四季如春，犹如天然的大氧吧，由天然山泉水汇聚而形成的湖泊、叠水瀑布与古典浪漫的欧式建筑和蓝天、白云以及近在咫尺的白水仙瀑相映生辉，诗意无限。在设施和建筑上贯穿自然、生态、环保理念，凸显山水主题和温泉、漂流、瀑布森林等特色，是高档化、人性化、特色化的一流温泉主题度假胜地。

交通 广州—机场高速或京珠高速—街北高速（街口出口）—105国道—温南公路（15公里）—白水寨风景区锦绣香江温泉城。

10.海军黄埔军事博览中心（黄埔青少年军校）

海军黄埔军事博览中心又名“黄埔青少年军校”，位于历史人文底蕴深厚的广州黄埔长洲岛，毗邻蜚声中外的原黄埔军校学员训练、演习场所，于1996年被批准设立黄埔青少年军校，并先后被广东省、广州市命名为爱国主义教育基地、广州市军训定点基地、国防教育基地。2011年，海军黄埔军事博览中心在长洲岛深井社区新建占地面积约12万平方米的综合型军事文化博览园，展出共和国历次战争荣立战功的历史装备实物，包括水陆两栖坦克、火炮阵地、护卫舰、导弹快艇、潜艇、轰炸机、战斗机、深水炸弹等，其中部分军事装备真实地再现了中国军队的光荣历史，如英雄“611艇”就曾在彪炳新中国海军辉煌战史的“八•六”海战中立下赫赫战功。为了达到寓教于乐的目的，海军黄埔军事博览中心还开展了如乘坐水陆两栖坦克、轻武器实弹射击、37高炮射击、激光野战等精彩纷呈的军事娱乐活动项目。

交通 公交383路、430路、夜65路到长洲路口站。

第六章

潮叹精彩粤生活——幸福时光

一、潮味日日鲜——广州新生活

即使背着深厚的历史和文化，广州展现的也绝不是浓墨重彩的古旧气息，它把新旧交织且丝丝入扣，在您不经意的一刹那间给您带来无限惊喜。四方来客汇聚广州，这里张弛有度，各国各地文化在此碰撞，真正做到了海纳百川、宽容理性，既不媚外又不守旧，广州生活的每时每刻都散发出无限光彩。

（一）广州的茶市

广州人早上见面时爱说“饮佐茶未”（喝了茶没有）的习惯用语。为什么会有这习惯用语呢？这是因为饮茶是广州人的一大嗜好。这一嗜好有着悠久的历史和令人神往的传说。

广州人喜欢饮茶，最早的嗜茶者传说是南越国开国之君赵佗。当年赵佗率大臣在江边楼阁品茗，见江上波光潋滟，顿觉心旷神怡，得意之际心花怒放，抓一把茶叶洒向江中，茶叶忽化作无数仙鹤翩翩起舞，一会儿仙鹤又化成体态轻盈的仙女降落楼中，向赵佗君臣献茶。这个动人的传说摒去神话的成分，可说明广州人饮茶历史的悠久。传说清朝乾隆皇帝到广州时，微服出游，就曾与贴身侍卫上过茶楼饮早茶。流行全国的叩手茶礼便是从这时开始的。饮茶时，乾隆给侍卫斟茶，按朝中规矩，这属皇帝赏赐，要跪在地上叩头谢恩，三呼万岁，但如今皇上微服出巡，不能暴露乾隆的身份，侍卫急中生智，连忙屈起右手食指和中指，在茶盅边的桌面上“笃笃笃”连敲几下，表示叩头谢恩。从此，这种叩手茶礼便逐渐在茶市流行开来。其实，乾隆从没有到过广州，这是一个广州人的传说而已。

广州的茶市分为早茶、下午茶、夜茶、音乐茶座多种。

[早茶]

很多广州人每天早晨初醒上茶楼，这就像穿衣洗漱般自然，即便上午有公事在身，若要会客，也大多选茶楼相见。

广州人把饮早茶称为“叹茶”（即享受之意），至今仍流传着“叹一盅两件”（即享受一盅香茶、两件点心之意）的口头禅。清早起来，口带涩味，饮杯香早茶，清净口腔，提提精神，唤起食欲，再食点心，更能品尝到各款点心的美味，确实是一种享受。

广州人饮早茶，别有一番情趣。经纪人谈生意，艺人切磋交流，文人论作品，亲人叙家常，友人相聚，男女谈恋爱，或有朋友自远方来，茶楼、酒家都是饮茶的好地方。离退休人员更是把上茶楼、酒家饮早茶作为享受晚年的一项生活乐趣。近年来，青年男女为了交结朋友、松弛紧张的情绪、舒缓工作压力，越来越多地加入到饮早茶这个行列，使广州茶风日盛。

广州的茶楼、酒家讲究饮茶的环境，有单间，有雅座，有辉煌的大厅，有雅致的中厅；有中式的，有西式的；有日本式，有东南亚式。高档的茶楼装修极尽豪华，无论是大堂还是雅座，夏天凉风阵阵，吹尽身上暑气，冬天暖气融融，驱去三九寒气，还有悠悠的乐曲，一边听音乐，一边“叹茶”，真是其乐无穷。

茶楼、酒家的点心讲究精、美、新、巧。早茶市供应的点心，普遍都有五六十款之多，有的达八九十款甚至百多款，既有传统的，也有创新的，更有时令的，真可谓多姿多彩，琳琅满目。

茶楼喝茶

[下午茶]

广州的下午茶一般从下午2点开始到5点结束，茶点品种比早茶少。早茶的点心分为特点、大点、中点、小点，有的还有超点，而开设下午茶的许多茶楼、酒家为招徕食客，往往几十款点心都统一价格，茶点价格比早茶更有吸引力。

[夜茶]

广州的夜茶一般从晚上8时半开始，一直到午夜，有的甚至到凌晨。夜茶的样式比早茶更丰富，除了点心外，还可以吃炖品、吃海鲜、吃山珍。饮夜茶的人一般比饮下午茶的人多，除了离退休人员和小孩，还有上班一族，许多下夜班的人更是喜欢饮夜茶，其热闹可媲美早茶，一来可以填饱肚子，二来可以放松一下，享受生活的乐趣。有的人不吃晚饭，邀三五知己，从晚上8时半一直饮到深夜，海阔天空，指点江山，评论时政，别有一番情趣。

[音乐茶座]

在广州的一些茶楼、酒店，如荣华楼等，设有音乐茶座。席间，边饮茶，边欣赏粤曲演唱，也有演奏广东音乐的。那几十首脍炙人口的粤曲和广东音乐，茶客们耳熟能哼，百听不厌。哪个演员唱得好，给的赏钱就多。哪个演员唱走了调，就没有赏钱。现在一般由茶楼、酒店出钱请，茶客们不用掏钱。除了演出粤曲和广东音乐外，还有演出西洋音乐，甚至还有中西合璧的。偶尔，还穿插有杂技、歌舞和时装表演。这既饱口福，又饱眼福，还有悦耳的音乐助兴，更贴近生活，充满时代的气息，大受食客的欢迎。

（二）宵夜

吃宵夜算是广州夜晚的特色环节，现在的广州夜晚有太多的娱乐让人们舍不得睡觉或有太多的压力使人无法入睡，人们就会选择吃宵夜来减压。

宵夜，也叫食夜宵，既包含饮夜茶，又包含不饮茶的其他吃法，例如单纯吃碗炖品，或吃一碗云吞等。

宵夜的时间一般由晚上8时半至深夜，有的甚至到凌晨。为招徕食客，搞旺市道，如今不仅众多的茶楼、酒家、饭店、宾馆纷纷增开夜市，布满街头巷尾的个体饮食店档也争相经营夜市，往往会形成夜宵一条街，俗称为“食街”。 宵夜的热闹情景可以与饮早茶相媲美呢。食夜宵，一为“叹番下”（享受一番），二为交流信息，联络感情，因而坐的时间要长，消费水平比早茶市要高。

宵夜品种十分丰富，高、中、低档并举，有许多精美点心，有炒田螺、白灼牛柏叶、凤爪、炸鸡翼、牛杂、牛肉丸、上汤水饺、鲜虾云吞，还可即点即烹海鲜、山珍，各式火锅镬气小炒，各款粉面、甜品、粥品等，丰俭由人，任君选择。

宵夜，也是人们休闲聚会的一种形式，三五好友、亲戚、恋人，点上几款自己喜爱的食品，边吃边谈，边欣赏广州的夜色，共度良宵，如是临江把盏，看珠江两岸五彩缤纷的美景，更是心旷神怡，乐趣无穷。宵夜已成为广州人夜生活的又一特色。

（三）打边炉（广州火锅）

火锅，在广州称为“打边炉”。打边炉就是守着炉子边涮煮边食。广州多数火锅的锅与作为热源的炉具已合为一体，并且可以搬上桌面。火锅的锅子，以红铜制品、不锈钢制品居多，也有铝制品、陶（砂）制品，个别也有使用铁制品。燃料以使用液化气为主，有的也使用电、木炭、微波炉、固体燃料的。

广州的火锅有两个最显著的特点，第一是汤菜合一，汤鲜味美。广州火锅特别讲究汤底，汤底要靓，这样的汤营养价值才高，味道鲜美。第二是热。一边涮煮一边趁热吃，能吃出食物原有的风味。

广州的火锅一般有羊肉火锅、狗肉火锅、蛇肉火锅、海鲜火锅、野味火锅、鱼肉火锅、什锦火锅、牛肉火锅、毛肚火锅、素火锅等。广州的宾馆、酒家饭市不少设“四季火锅”，空调设备使顾客在炎夏吃火锅也舒适惬意。不过在冬天吃火锅还是比较普遍，寒冬腊月，常吃得浑身暖意融融。除宾馆、酒楼外，连大街小巷的大排档也经营火锅，由于价钱较宾馆、酒楼便宜，颇受打工一族和一般市民的欢迎。

（四）广州高雅艺术文化活动

广州作为岭南文化的中心，一直在文化的多元融合中不断发展。她古老又不失现代，传统又不缺时尚，经典的文化艺术融合潮流的时代元素，为广州市民和中外游客献上脍炙人口的文化大餐。

1.广州市杂技艺术剧院有限责任公司（广州杂技团）

广州市杂技艺术剧院有限责任公司，前身为1959年成立的广州杂技团，2008年12月改制为公司。该团继承和发展中国的传统杂技技艺，吸取多种艺术门类的精华，不断创新、改革，形成了岭南现代的表演艺术风格。该公司有员工100多人，演员阵容强大，创编队伍出类拔萃，舞台技术力量雄厚，人才济济，新人辈出，历年来在国内外各类大型杂技比赛中屡获殊荣，先后获得“金小丑”、“法兰西总统奖”、“金狮奖”等100多个大奖。近十几年来，剧团先后创作演出《南风粤韵》、《金星荟萃》、《金木水火土》、《紫禁光华》、《现在梦幻时——聊斋》和《英雄小子》等大型主题杂技晚会，受到国内外观众的热烈欢迎，应邀赴德国、泰国、法国、葡萄牙、澳大利亚及南美洲等国演出数百场。2006年创作大型杂技剧《西游记》，先后获文化部“文华大奖”和国家舞台艺术精品工程十大剧目。该公司2009年获全国文化系统先进集体荣誉称号，2012年被中宣部授予全国体制改革先进单位。

多年来，该公司到亚洲、非洲、欧洲、南北美洲及大洋洲等几十个国家访问演出，给外国观众留下美好的印象，在国际上博得盛誉，文化部曾表彰该团为繁荣发展杂技艺术作出突出贡献的杂技团。

广州市杂技艺术剧院主要演出场所

广州友谊剧院、黄花岗剧院、广州大剧院、广州杂技艺术剧院、广州蓓蕾剧院、中山纪念堂等。

2.广州粤剧院有限公司（广州粤剧院）

广州粤剧院有限公司由广州粤剧团、广州红豆粤剧团组建而成，拥有南方戏院、江南大戏院两个演出基地。

广州粤剧院拥有众多知名艺术家，如由中国戏剧梅花奖得主欧凯明、黎骏声、陈韵红、崔玉梅等领衔主演，由国家一级演奏员黄健、罗巧华、侯穗光等组成的大乐队，并有一批卓有成效的编导和舞美、灯光、服装、道具技师。剧团在长期演出中以雄厚的实力和严谨的舞台呈现赢得了广大粤剧爱好者的拥戴。

广州粤剧院成立以来演出和积累了一批风格不同的名剧或保留剧目，如《关汉卿》、《苦凤莺怜》、《刁蛮公主戆驸马》、《搜书院》、《山乡风云》、《白蛇传》、《女儿香》、《吴起与公主》、《南越王后》、《睿王与庄妃》、

粤剧

《土缘》、《花月影》、《刑场上的婚礼》、《碉楼》、《孙中山与宋庆龄》等。广州粤剧院创作演出的剧目多次荣获国家级大奖，如《刑场上的婚礼》曾在第九届中国艺术节中荣获"文华大奖特别奖"，社会各界和传媒对该院团都给予了充分的肯定。

广州粤剧院立足广东，面向全国，走向世界，曾多次出访美国、欧洲其他国家、加拿大、新加坡、马来西亚、中国港澳台等国家和地区并演出，均受到热烈欢迎，蜚声海内外。

广州粤剧院主要演出场所

江南大戏院、南方剧院、蓓蕾剧院、友谊剧院、广州大剧院、黄花岗剧院等。

3.广州话剧艺术中心有限公司（广州话剧团）

广州话剧艺术中心坐落于广州市沙河顶新二街13号，是一个集话剧创作生产、经纪演出、戏剧培训、舞美制作等项目为一体的大型演艺企业。它坚持 "以具有审美品格的戏剧作品滋养人类的精神世界"的艺术追求培育广州话剧市场，与观众共同探讨戏剧与人文精神的关系。

广州话剧艺术中心的前身——广州话剧团成立于1976年，至今共演出剧目包括《南方的风》、《游园惊梦》、《情结》、《春秋魂》、《漫画苏虾》、《男儿有泪》、《南越王》、《春雪润之》、《望》等近100个，曾获得文华奖、梅花奖、白玉兰奖、金狮奖、中国戏剧节优秀剧目奖等50余项。

广州话剧艺术中心成立后，对十三号剧院进行全面改造，以最佳舒适度的观演环境给观众提供最优质的视听享受。通过近4年的努力，广州话剧艺术中心建立起了具独特气质的"十三号剧院周末剧场"的话剧品牌，创作近20部新剧目，演出500多场，观演人次从最初的十几人次达到现今的15万人次，话剧之友会员达4000人。除了创作演出与现实生活贴近的优秀剧目之外，还将世界经典名著和国际当代精品力作介绍给广州的观众，启动十三号剧院国际戏剧季、U13非职业戏剧演出交流空间，逐步确立广州话剧艺术中心在广州这座城市话剧发展中的中心地位。

广州话剧艺术中心主要演出场所

广州话剧艺术中心13号剧院、蓓蕾剧院、友谊剧院、广州大剧院、黄花岗剧院等。

4.广东省木偶艺术剧院有限公司（广东省木偶剧团）

广东省木偶剧团创建于1956年，是以杖头木偶为特色、粤西民间木偶艺人为主建立起来的国有文艺院团。经过2008年文化体制改革，更名注册为国有独资的广东省木偶艺术剧院有限公司，其中杖头木偶艺术是国家级非物质文化遗产项目，拥有省级非物质文化遗产传承人2名。剧团成立50多年来，创作和排演了老少皆宜、脍炙人口的传统、神话、现代木偶与寓言、成语、课本木偶剧以及人偶童剧300多个，并多次在国内外大赛或专业汇演中荣获大奖。其中《孙悟空三调芭蕉扇》、《哪吒闹海》、《长绸舞》、《中国岭南木偶艺术精品荟萃》、《真假孙悟空》等剧（节）目历演不衰。

近年来，剧院不断吸纳各专业的年轻人充实到演职人员的队伍中来，同时利用社会人才和艺术资源，与社会文化企业合作，根据市场需要，还创作排演了大型人偶剧《拇指姑娘》、《再见灰姑娘》、《魔镜—白雪公主》、《数码家族》、《匹诺曹历险记》、《木偶总动员》等，深受孩子、家长们的喜欢和同行的好评。

广东省木偶艺术剧院的杖头木偶闻名中国和世界，是岭南文化艺术宝库中的瑰宝，他们传承和发展岭南木偶艺术，坚守全心全意服务于少年儿童的艺术创作理念，秉承“继承、创新、特色、包容”的艺术创作原则，不断推进岭南木偶艺术事业向前发展。

广东省木偶艺术剧院主要演出场所

广州木偶艺术中心、蓓蕾剧院、黄花岗剧院等。

5.广州芭蕾文化艺术有限公司（广州芭蕾舞团）

广州芭蕾舞团是我国最优秀的艺术表演团体之一，以呈现最为严谨、规范，最富激情的表演风格而享誉世界。

该团坚持创作高水平、风格丰富多样的舞剧节目，引进世界经典芭蕾名作《仙女》等，排演当代编舞家的优秀作品《小夜曲》等，剧团现有保留剧目16部大型舞剧及70多个中小节目。其艺术风格独树一帜，尤其突出的是继承优秀民族文化传统，创编演出了一系列原创舞剧《风雪夜归人》、《梅兰芳》等，曾获国际比赛奖项38个（其中金奖9个），国内比赛及艺术活动奖项156个（其中金奖20个）。舞剧《风雪夜归人》荣获“文华大奖”并囊括全部单项奖。

在国际交流和国内一线城市的展示演出中，该团一直担当主力军，曾先后赴俄罗斯、英国、美国、加拿大、法国、澳大利亚、德国等20多个国家和地区进行文化交流演出，进入欧美演出在当地引起轰动，受到其主流媒体的好评。

广州芭蕾舞团的主要演出场所

广州大剧院、友谊剧院、黄花岗剧院、白云国际会议中心、中山纪念堂等。

6.广州歌舞剧院有限公司（广州歌舞团）

广州歌舞剧院有限公司前身为成立于1965年的广州歌舞团，曾被《光明日报》誉为“羊城的一束鲜花”。

剧院始终坚持“剧目立团、人才兴团、市场促团”的发展理念，汇集了众多优秀艺术人才，创作演出了一大批优秀作品，例如：舞剧《星海•黄河》、《广州往事》、音乐剧《星》、舞蹈诗《岭南行走》；歌曲《请到天涯海角来》、《兄弟姐妹要团聚》、《东方福星》；舞蹈

《攀》、《英歌武》等许多精品节目。它曾荣获中宣部“五个一工程”奖、文化部“文华大奖”、全国优秀剧目展演一等奖、全国舞剧“荷花奖”、广东省“鲁迅文学艺术奖”、广州市文艺精品奖等奖项。2012年推出大型原创音乐剧《西关小姐》。

剧院长期以来担负着广州市重要的政治、外事和国内外文化交流等演出任务，得到各界广泛好评。在弘扬中华民族文化、继承与发展岭南文化的艺术实践中作出了积极的努力与贡献。

广州歌舞剧院主要演出场所

广州大剧院、友谊剧院、黄花岗剧院、白云国际会议中心、中山纪念堂等。

7.广东音乐曲艺团有限公司（广东音乐曲艺团）

广东音乐曲艺团有限公司，是专门从事广东音乐和广东曲艺创作、演出及研究的专业艺术团体，前身是成立于1958年的广东音乐曲艺团，也是国家级非物质文化遗产广东音乐、粤曲两大代表性项目保护单位。该团拥有一大批技艺精湛、经验丰富、在国内外享有盛誉的广东音乐演奏家和曲艺家，长期以来，一直以继承、创新、发展广东音乐、广东曲艺为宗旨，发掘、改编、创作了大量优秀的广东音乐曲艺作品，成果丰硕。在历届全国、省、市文艺汇演中屡获殊荣，曾先后获得过国家文化部颁发的“文华新节目奖”、“文华表演奖”，并多次获得中国曲艺最高奖“牡丹奖”，近5年获省级、国家级奖项共36个。在长期的艺术实践中，形成了富有浓郁地方韵味的艺术风格，树立了自己的品牌晚会和剧目，如“粤韵留声”广东音乐曲艺晚会、“南国花城美”新人新作晚会、“东方天籁”广东音乐精品音乐会、《开心贩斗城》粤语相声剧等。此外，还出版了广东音乐曲艺作品集，录制了大量的音像制品，广为流传，行销海内外。它经常承担政府部门举行的外事演出及大型晚会任务，均获得外宾和国家领导人的好评，被誉为“广州文化名片”。建团以来，曾先后到过苏联、罗马尼亚、波兰、捷克、日本、朝鲜、缅甸、美国、加拿大、英国、法国、新加坡及中国香港、中国澳门等地演出。

彩虹曲苑（广州市西华路120号）是该团的演出基地，长年坚持低票价、高质量的演出，把曲苑打造成为深受观众喜爱的广东音乐曲艺的示范基地、岭南文化的传播平台。

广东音乐曲艺团主要演出场所

广州大剧院、黄花岗剧院、南方剧院、彩虹曲苑、星海音乐厅等。

二、精彩娱乐汇——休闲娱乐场所

（一）特色概述

广州是一个永远都醒着的城市，一顿富足的晚餐之后，精彩的夜生活就拉开了序幕。你既可以唱得痛快玩得疯狂，又可以三五知己把酒言欢；你可以享受咖啡音乐，也可以细细品味广州夜景。你的一切诉求都可以在广州的酒吧、KTV、影院当中得到满足。

广州酒吧散布全城，环市路的酒吧街、沿江路的酒吧街是广州较有名的酒吧街。两条街各有特色，每条街都是广州夜生活的品牌。沿江路的酒吧街邻近珠江，环境优美，极富情调；环市路的酒吧街位于市中心的繁华地段，但又环境清幽，颇受外籍人士的青睐。

（二）主要娱乐街区

1.沿江路酒吧街

从仁济路口以西的滚石俱乐部、爱群大厦的爵士吧，到解放南两旁的夜樱吧、花街90，再到Happy吧、Cafe1920、正点吧、Babyface等，都是引领时尚的前沿地带。据业内人士介绍，酒吧街上不少酒吧都是在从前的建筑上改建的，相当具有特色。以花街90为例，它正好位于解放南路的拐角处，多年以前是一座闲置的电厂，后来经过简单的规划，就改成了可以欣赏夜景的露天酒吧。

这一带的酒吧最大特色是可以捧着酒杯看窗外璀璨的珠江夜景，酒吧风格多数新锐时尚，消费价格略低于环市东路酒吧街价格，设备先进，紧跟时尚，新东西多，交通便利。

几年过去，虽然市内的酒吧数量仍然在持续增长，但沿江路酒吧街的地位却始终保持不变。来这里消费的有生活在广州本地的中青年白领阶层，也有不少来自国内外的游客。每天夜幕降临，沿江路迎来了自己最美的时刻，各个酒吧门口醒目的招牌和靓丽的咨客小姐吸引着热爱广州夜生活的人们。

交通 公交264路、高峰快线27路至越秀南路站，步行至沿江路；544路至东堤站，步行至沿江路；广12路、7路至白云路站，步行至沿江路。

2.环市东路酒吧街

环市东路及华侨新村一带是广州一个典型的高级国际商务区，一直是广州的“中环”，聚居了大量的外籍人士。这里的酒吧理所当然地成为广州大多数外籍蒲友的聚集地点。从环市路由西向东数过来，有大篷车酒吧、大象堡酒吧、万紫千红吧、墨西哥酒吧以及小山吧等等，来这里“蒲吧”的多数是在这一带工作和居住的外籍人士。

每逢周末夜晚，大篷车及万紫千红吧门外就聚集了大批的外籍人士，感觉就像是国外的繁华街区。逢有足球赛事，墨西哥酒吧、大象堡酒吧这种专门开设了看球区的“球吧”就特别火爆，完全没有国界之分。进入华桥新村路段，则依次有和平吧、CHINABOX、路点吧、星吧、枕木吧、闪动领域等等，10多间酒吧在华侨新村一带形成了一个丁字形的繁华夜场区域。

环市东路酒吧的鲜明特色就是，几乎所有酒吧都是一幢幢独立的花园式别墅，在这里的酒吧狂欢，你可以感受酒吧内闪耀的彩色灯光和强劲音乐，欣赏酒吧乐队及各类舞台秀，也可以与朋友到酒吧的外花园静坐小酌，享受静谧时刻。这里的清吧不多，枕木吧是其中的代表。

交通 公交6路、10路、76路、76A路、76A快线、93路、190路、219路、233路、833路至小北路，步行至环市东路。

三、缤纷运动城——体育运动

广州是一个体育运动大市，特别是经过广州亚运会后，无论男女老幼，各种群众体育健身运动成了时尚。广州年鉴统计显示：广州的“体育人口”保持在50%以上，达到中等发达国家水平，这个比例充分显示了广州群众体育活动的基础深厚。

2012年，广州市发挥市体育科学研究所、市国民体质监测中心在开展体质监测、科学指导健身方面的作用，深入社区、学校、企事业单位进行“科学健身大讲堂”演讲共30场；开展公益国民体质检测20多次，免费服务群众1万多人次；印发6万册全民健身宣传册，录制拍摄科学健身专题片并定期在电视台播出，在《广州日报》等报刊杂志开设“科学健身”专栏。

全市有1个单位荣获2012年度国家级全民健身活动优秀组织奖和广东省全民健身工作突出成绩奖，1个单位获国家级全民健身活动先进单位；16个街道获省

珠江晨练

级城市先进体育社区（街道），33个街道被评为省第三批全民健身活动示范点；新增180名一级社会体育指导员，45人获评省优秀社会体育指导员；创建2个国家级青少年体育俱乐部、4个省级青少年体育俱乐部。

以“爱我珠江亲水节”、“全民健身月”、“绿道行”以及首届广东“南粤幸福活动周”主题活动为龙头，大力推动“一区一品牌”建设，全年共开展市级全民健身活动318项次，参与群众达392.7万人次。

2012年全市新建健身路径288条、篮球场127片、9项乡镇农民健身工程及一批小型全民健身广场和健身苑等公共体育设施。投入3162万元恢复或增设了12个市属亚运场馆露天全民健身设施，免费向市民开放。启动社区活动中心样板工程，成立专项基金更新和维护社区体育设施，为市民群众提供安全便民的健身设施。目前全民健身点达到1092个，社区、行政村100%建立群众性体育组织。建立健全社会体育指导员培训、登记、上岗制度，全年新增社会体育指导员1000名，达到“一活动点一名社会体育指导员”标准。

2012年广州籍运动员在伦敦奥运会上获2人2项金牌、1人1项铜牌、2人1项第6名、4人2项第7名的优异成绩，创造了广州市自1984年以来境外参赛奥运会最好成绩。全年共产生世界冠军9项8人（含奥运会）、亚洲冠军18项11人、全国冠军52项53人。全年举办广州马拉松赛、WTA广州国际女子网球公开赛、广州国际女子七人橄榄球邀请赛、CBA全明星赛等国际、全国体育赛事共116项（国际比赛18项、全国比赛98项）。

下面详细介绍广州市为广大群众进行体育运动服务的大型体育场馆及部分休闲健身场所。

（一）广州大型体育场馆

1.广州天河体育中心

广州天河体育中心坐落于广州市天河区，与广州火车东站、中信广场、珠江新城连成广州新城市中轴线。为承办第六届全国运动会，广东省、广州市政府投资3亿元于1987年建成，占地58.8万平方米，是我国改革开放后建成的第一个大型综合体育设施。

体育场采用马鞍型设计，看台底部设计成6层楼房，有2个接待大厅和3个贵宾厅、140个工作间、综合训练厅，田径足球场有5.4万个座位和120个残疾人轮椅座位、18.24米×7.68米彩色显示屏等设施。体育馆呈六角形，馆内比赛大厅有8628个座位，还有接待室、练习室、兴奋剂检查室、活动舞台和全彩大屏幕等。游泳馆的环形走廊可作展览大厅，有大型比赛厅、游泳池、跳水池各1个，观众座位3200多个，设有可拍摄电影、电视的水下观察窗。

除3个主体场馆外，1995年天河体育中心修建了全国第一条健身路径，陆

续兴建了网球场、棒球场、篮球场、门球场、百姓乒乓乐园、室外健身区等。特别是1996年新辟的大世界保龄球馆，设施先进，设备齐全，球道采用最先进的美国AMF系统，是全国第一家世界级大型保龄球娱乐场所。2008年6月兴建亚运体育文化中心。2012年5月在亚运体育文化中心修建广州亚运会、亚残运会博物馆。馆内展厅2500多平方米，亚残运会圣火广场1500多平方米，展出珍贵藏品、图片、影像资料2000多件（套）。

时至今日，天河体育中心已成为广州市城市建设成就的标志及爱国主义教育基地，它不仅拥有较完善的体育设施和设备，同时拥有优美的园林环境，中心内绿草如茵,充满亚热带的园林风情，配衬着整个宏伟的体育场地而成为一个园林式的体育公园，每天都吸引着上万名市民前来锻炼和游玩。这里除了举办各种体育赛事和活动外，还举办各种综合性活动。每年举办的全市性大型活动有：国际旅游文化节、国际美食节、春节花市、啤酒节以及房产楼盘展示、家居装饰博览等。天河体育中心是广州市新城市中轴线上一个璀璨“亮点”，1988年获得“中国建筑工程鲁班奖”。

交通 公交B1路、B2路、B2A路、B3路、B3A路、B3B路、B3C路、B4路、B4A路、B5路、B6路、B9路、B10路、B12路、B13路、B14路、B21路、B25路、B27路

2.广州体育馆

广州体育馆位于广州新广从公路原白云苗圃地段，项目占地约24万平方米，其中约8万平方米作体育馆建设用地，6万平方米作体育公园，8万平方米作运动员村，2万平方米为市政规划道路。项目建筑面积约17万平方米。

广州体育馆是为第九届全国运动会建设的体育设施，是广州市新世纪的重点、标志性建筑，包括主场馆、练习馆、大众活动中心、行政楼、餐厅、中央能源中心、停车场、运动员村及附属停车场、商业设施等，是以体育比赛为主，兼顾文艺表演、会议展览的现代化综合性多功能体育建筑，承办了第九届全国运动会的体操比赛和盛大的闭幕式典礼。

广州体育馆把以人为本和回归自然的设计理念巧妙融合，3个场馆均为椭圆花瓣造型，采用下沉式设计，大部分建在地下，既便于观众的出入交通组织，又能令建筑物置于若隐若现和充满诗情画意的自然之中。主场馆可容纳1万名观众，在主场馆前是一个大圆形广场，1座名为“圣火”的主雕塑以及5座体育雕塑伫立于广场草坪周边，整个建筑汇合了电子化、智能化、数字化等高科技成果：灵活多样的座椅组织形式，多功能的智能化建筑，难、新、美的屋盖结构，新颖舒适的空调设施，令整个场馆既现代又实用，格调高雅，开阔美观。2003年荣获“中国建筑工程鲁班奖”。

交通 大学城1线、旅游3线、夜9路、B18路、36路、38路、夜52路、76A路、76A快线路、76路、127路、223路、245路、265路、424路、529路、804路、805路、864路等至广州体育馆。

3.广东奥林匹克体育中心

广东奥林匹克体育中心位于广州市天河区东圃镇黄村，是广东省政府为承办第九届全国运动会而投资16.7亿元兴建的现代化体育场馆，用地面积101万平方米，总建筑面积32.8万平方米。为承办2010年第16届亚洲运动会的游泳、网球项目比赛以及2010年广州亚残运会开闭幕式，广东省政府对体育场进行了翻新改造，并新建了游泳跳水馆和网球中心。该中心已成为广州引以为豪的新城市标志。

体育场位于中心的南端，在设计上首次打破了国内体育场传统圆形的设计观念，采用了飘带造型的独特设计，新颖而浪漫。体育场盖顶分东、西两片钢屋架，重达11000吨，弯曲地坐落在21组塔柱上，象征着21世纪第一次全国体育盛会在此召开。屋顶自由飘逸的缎带造型又像中国巨龙翱翔半空，寓意着广东在新世纪的腾飞。体育场内设21个看台小区，五颜六色的坐椅犹如万片色彩斑斓的花瓣，合起来如同广州市的市花——木棉花赫然入目，2002年被评为羊城八景之一，名曰“五环晨曦”。

奥林匹克体育中心的体育设施及辅助设施十分完备，包括游泳跳水馆、网球中心、足球场、田径场、马术场、射箭场、棒球场、垒球场、曲棍球场、体育科技中心、新闻会议中心、药检中心、体育俱乐部、会所、商场、宾馆以及大型休闲、娱乐、康复设施等，共同组成了这座集竞技体育、群众体育、旅游观光、医疗康复、休闲娱乐于一体的大型体育文化中心。随着中国体育运动的飞速发展和普及，随着“体育热”的不断升温，这座现代化的体育中心必将发挥更大的作用。

交通 公交325路、347路、348路、403路、60路、944路、B29路至奥林匹克体育中心总站，步行至奥林匹克体育中心；325路、506A路、506路、508快线、548路、564A路、564路、574路、902路、903路、B22路、B26路、B4路、B4A路、B4B路、B4快线、广增10线、广增8线、 夜38路、夜51路、夜52路至奥林匹克中心北门。地铁4号线至黄村站。

4.广州赛马场

位于从化温泉养生谷的广州赛马场，群山环绕，面朝流溪河，总面积148.56公顷，相当于200个足球场，投资7亿多元，在原第八届全国少数民族传统运动会马术比赛场上进行整改扩建。赛马场不仅满足了举办亚运马术比赛的软硬件要求，还实现了三大突破，填补了内地空白，是国内首个无疫区。目前，从化已成为中国内地唯一获欧盟认可的“无规定马属动物疫病区”（简称“无疫区”），这意味着中国内地只有在广州赛马场才能进行国际性赛马运动和马术表演，也只有在从化“无疫区”，国内马匹才可借助此平台走出国门，与国际马匹交流。从化成为内地首个获国际认可的“无疫区”，其范围覆盖了香港至从化沿途地区。

环形赛马跑道宽25米，内侧总周长1000米，分为五大功能区，拥有观众座位6000个。100米×120米主赛场是“盛装舞步”和“场地障碍”项目的赛场，3000米的“越野障碍赛”赛道在主赛场外侧，这是目前世界最大的马术比赛场，在场地设施、比赛器材、比赛组织运行等方面都达到国际一流马术比赛的标准。

广州是中国内地首个举办国际性马术比赛的城市。2010第16届广州亚运会马术项目比赛从11月14日至24日举行，报名参加的有16个国家和地区，共有105名运动员和109匹马参与各项赛事角逐。

广州赛马场在广州亚运会马术项目比赛结束后，成了香港赛马会的马术训练基地、休闲健身和国际性马术比赛场地，也将成为广州和从化的一张靓丽的城市名片。

广州亚运会亚残运会博物馆

交通 自驾车路线：
广州环城高速公路—华南快速—京港澳高速公路—大广高速公路—环市东路—温泉大道—御泉大道—广州马术运动场。

5.广州国际体育演艺中心

广州国际体育演艺中心，为第16届亚运会篮球比赛新建场馆。占地面积6.5万平方米，总建筑面积12万平方米，场馆内有18000个观众席、60个豪华VIP包厢、1270个贵宾停车位。广州国际体育演艺中心是继北京五棵松体育馆、上海世博会演艺中心之后全国第三个集体育、演艺活动为一体的大型综合场馆，也是华南地区第一个符合NBA赛事标准的综合性体育演艺场馆。该中心曾举办第16届亚洲运动会篮球赛、NBA季前赛等大型赛事，未来还将承办篮球等体育比赛和大型音乐会等一系列世界级活动。

交通 公交327路、333路、506A路、534路、573路、575路、946路、948路至演艺中心南门，K01长线、K01路、科学城1号交通专线、K02路、科学城3号交通专线、B24路、夜51路、338路、506路、508快线、575A路、575路、941路、943路、944路、948路至演艺中心北门，334路至演艺中心总站。

6.广州国际网球中心

位于广州市科学城中部的尖塔山南麓，广州开发区总投资1.8亿元。网球中心按国际赛事标准设计和建造，占地约12万平方米，拥有10个比赛场，可容纳5000名观众，是华南地区最大、设施最先进的网球中心。广州国际网球中心由享誉全球、温布尔顿网球中心及多届奥运会网球中心的设计团队——英国BDP公司倾力设计。球场结合地形，依山就势，利用得天独厚的自然环境优势，倾力打造广州首席“山村景观网球俱乐部”。网球中心除了具备满足国际比赛要求的设施和专业服务，还特别为广大球友提供贴心的会员制服务，如VIP桑拿休息室、按摩室、健身房、咖啡厅等一系列配套康体设施。

交通	公交夜51路、349路、508快线、573路、574路、578路至科学大道（开泰大道路口），再步行至广州国际网球中心。

7.广州国际羽毛球培训中心

广州国际羽毛球培训中心占地面积27863平方米，是广州开发区投资1.2亿元打造的国际一流羽毛球场馆。该中心共设3000个座位，比赛时可设置正式比赛场地4片、训练场8片，平时共设训练场20片，是国际羽联指定的世界两大国际羽联训练基地之一、第16届亚洲运动会训练场馆（备用馆）。场馆外立面设计灵感源自“羽毛球”造型，巨大的蔚蓝色椭圆形鼓状屋顶下方环绕一圈金属质地的装饰雨棚，犹如羽毛球洁白的羽花，整体造型美观、时尚。在配套设施上，场馆采用定风量低风速的送风系统及上送上回的气流组织形式，时刻保持场内空气清新自然；采用离心玻璃保温棉带单层铝箔及新型无机活性环保节能型墙体保温粉，环保又节能。

交通	公交广州科学城1号交通专线、广州科学城2号交通专线、B4A路、夜51路、夜52路、336路、506路、506A路、508快线、573路、574路、578路、945路至科学信息大厦站，再步行至广州国际羽毛球培训中心。

8.广州亚运城

广州亚运城位于番禺区莲花山南麓、莲花水道西岸、京珠高速公路及地铁4号线以东区域，是2010年第16届亚洲运动会的一项大型工程项目。亚运城用地面积2.7372平方公里，总建筑面积147.82万平方米。

亚运城综合体育馆是2010年第16届亚运会及亚洲残疾人运动会主赛场馆。其总建筑面积5158平方米，可容纳观众7800人。场馆主体为现浇钢筋混凝土框架结构，钢结构为空间组合钢管，桁架最大跨度99米，馆内分为4层，高34米，馆顶为银白色建筑物、墨绿色玻璃幕墙。其“飘逸彩带”的外形象征亚运友谊纽带，以亚运和平之舟的寓意强调与珠江水系密切相融。

与亚运城一河之隔的亚运文化村，是亚运城的重点配套工程，亦是后亚运的重要旅游项目之一。村内设有亚洲国际城、一方渔家、汇友轩、东方博物馆、中华神木主题公园、文化广场、自行车绿道等多个场区，是游客品尝美食、欣赏文化、休闲娱乐的重要平台。

交通	公交番160路、番162路、番162B路至地铁海傍站，再步行至亚运城。

9.广州大学城体育中心

广州大学城体育中心位于番禺区小谷围岛广州大学城中心湖畔，总占地面积约40万平方米，包括体育场主场、体育场副场、自行车馆、小轮车场、轮滑场、攀岩场、极限运动场等7个场馆。

体育场犹如鼓满朝气的风帆，是一座圆形穹顶、合金内架、外饰贝壳光泽进口拉膜的现代化体育场。屋顶采用“绿白”组合，寓“云山珠水”之意，成为广州大学城最为绚丽的标志性建筑。体育场占地26.9万平方米，包括体育场主场（足球场）和体育场副场（田径训练场），内设仲裁室、医疗救护室、新闻发布厅等。场内各项设备设施处于国内领先水平，达到国际标准。观众座位约4万个，规模仅次于天河体育中心体育场和奥林匹克体育中心体育场，是广州第三大体育场。

自行车馆外形融合了第16届亚洲运动会会徽，酷似一个硕大的银色头盔，是华南地区最先进的自行车馆、广州市标志性体育建筑之一。占地面积约2.4万平方米，场馆最长跨度为147米，一条长250米、宽7.5米呈椭圆形的国内第四条赤松木质赛道设置了液体黏滞型阻尼器，吸收、消耗振动能量。馆内中间的“天窗”穹顶，以聚碳酸酯板铺就，有透光、散光作用，可容纳4000名观众。

小轮车场如同碗形，占地面积约1200平方米。场内一条340米长、达到国际比赛标准的BMX泥地竞速赛道，是华南地区最先进的专业小轮车赛道。

轮滑场造型简洁大方，占地面积约4600平方米。场内有约1000个座位、200米长的速度轮滑赛道，是国内先进、华南地区唯一达到国际标准的专业轮滑场馆。

攀岩场就像“峭壁翔云”，位于自行车馆西南侧，占地面积约7000平方米。场内设8条速度赛道、20条难度赛道、12条攀石赛道及青少年练习墙和儿童练习墙等，是亚洲规模最大和标准最高的攀岩场，将成为推动华南地区攀岩运动的发展和攀岩项目的训练与比赛的聚集地。

还有极限运动场将在2013年底建成。

交通 公交76路、383路、大学城专线1号、大学城专线3号、大学城专线4号等至大学城体育中心站，地铁4号线至大学城南站或大学城北站。

（二）休闲健身场所

广东既是国内体育市场发育较早的地方，也是中国体育产业十分活跃的城市。广州得改革开放风气之先，经过多年的开发与发展，广州在拓宽体育市场以及产业发展路子方面又取得新的发展，目前广州体育市场呈现运动场馆密布、体育人口繁多状态。

广州体育市场逐渐兴起并不断繁荣不是偶然的现象，而是与经济增长有着本质的联系。行为科学的需要层次理论指出，当生理需要、安全需要满足以后，便产生社交、心理、自我实现需要，广州人民生活普遍进入了小康水平，体育的市场需求越来越明显了。人们的消费意识从生存向休闲娱乐转变，体育消费明显增加，这种变化与国际研究结果相一致。这充分说明了经济发展、人民生活与体育市场之间的本质联系。另一方面，有了市场经济的发展，才会产生大批的企业和企业家，外商才会来投资，企业有了资金，才有可能投入体育市场。有了市场需求，市场才会引导资源配置到体育项目上来。投资过亿元的高尔夫球场，高达几十万元一个的会员证，80%以上是经理和企业高层职员，没有经济作基础，这类市场是不会出现的。而广州作为改革开放的先锋，有了良好的经济支撑，逐步投资了数百万或千万元的溜冰场、保龄球场、台球城、水上摩托、快艇、高尔夫等体育市场载体，从而进一步推动了广州大众的休闲体育运动。另外，广州市政府通过立法如2010年的《广州市全民健身条例》等对体育市场的指导、监督、调控以及宣传，促进体育市场的健康发展。

目前广州拥有各类体育场地超过1万个，符合国际比赛标准的场馆有五六十个，群众晨练、晚练的地点超过9000多处，全民健身路径3250多条，体育社会团体组织接近1万个，至于那些健身广场、健身俱乐部、健身室等场所真是多如牛毛。

2012年全市（区）公共体育场馆惠民的开放工作照顾到了各类人群需求，既有老年人喜爱的门球项目，又有青少年、白领喜爱的篮球、羽毛球等项目。另外，优惠折扣大幅地提升，对伤残人士和老年人实行5折、低保对象和学生实行6折，提高了场馆惠民深度和广度。

城市里各处都是全民健身热。在天河体育中心、人民公园、白云山等，早上练太极剑、打羽毛球的人们随处可见。而保龄球、棒球等西方健身项目也快步进入广州市民家中，室内外许多体育场地如篮球场、足球场、羽毛球场、网球场、高尔夫球场经常供不应求，尤其是周末、假期，经常有人开车来做运动。这是一个全民健身的时代。

第七章

粤食粤靓潮流汇——潮味人生

“食在广州”，历史悠久，闻名天下。羊城茶楼餐馆之多，酒店食档之众，在国内首屈一指，又素以品种之丰、茶式之盛、烹调之巧、风味之美而闻名遐迩。广州不仅是一座美食文化名城，也是一个时尚、休闲的繁荣大都市，历来有着“购物天堂”的美誉。

一、八珍玉食齐荟萃

（一）广州粤菜

广州菜（又称广府菜），是粤菜的代表。广州菜集南海、番禺、东莞、顺德、中山等地方风味的特色，注重质和味，口味比较清淡，力求清中求鲜、淡中求美，而且随季节时令的变化而变化，夏秋偏重清淡，冬春偏重浓郁。

广州菜追求清、鲜、嫩、滑、香，讲究清中求鲜，淡中求美，鲜而不俗，嫩而不生，油而不腻。白切鸡、白灼虾、清蒸海鲜等富有地方风味的广州名菜，其制作都只是把食料蒸熟或煮熟，烹制时不加任何佐料，食用时配以熟油、姜、葱等，原汁原味，清鲜可口。

先上汤，后上菜，几乎是广州宴席的“例牌”。广州菜的汤种类繁多。汤料可以是肉、蛋、海鲜、蔬菜、干果、粮食、药材等，方法可以是熬、滚、煲、烩、炖等，味道可以是咸、甜、酸、辣、酸辣等。汤对于广州人的饭桌而言，确能起到锦上添花的作用。

烹调技艺是菜肴制作的关键，广州粤菜博采中外烹饪技艺之长，融汇成多样而完善的烹调方法。在唐代，广州人已经懂得运用多种烹调方法，以后发展为21种之多，有其他地方常用的煎、炒、炸、蒸、炖、焗、烩，还有熬、煲、扣、扒、焗、焙、焖、浸、灼、滚、烧、卤、汆、泡等，尤以炒、煎、焖、炸、煲、炖、扣等见长。即便是相同的方法，又因用料、刀工、口味、菜式的不同，而又采取具体不同的方式。光一个“煎”，便有干煎、湿煎、软煎、煎封、煎酿和半煎炸等多种煎法。多样的烹法，再与刀工、火候、油温、调味、造型等配套，就能制作出数千款的菜肴来，使广州菜格外丰富多彩，成为岭南饮食文化中的一枝奇葩。

广州餐饮名菜有：冬瓜盅、上汤龙虾、白切鸡、香滑鱼球、老火靓汤、红烧乳鸽、脆皮烧鹅、清蒸河海鲜、糖醋咕噜肉。这些菜式既普通又讲究，成为广州人宴会聚餐的至爱，其中很多菜还走进了家庭主妇的厨房。

（二）中国美食在广州

“食在广州”，名不虚传。在广州，你可以吃到正宗的粤菜和美点，还可以吃到世界上许多国家和地方的美食，中国各地的美食更是经常可以吃到。广州，是食客的天堂，在这里，你可以尽情地品尝佳肴、美点和风味小吃，享受吃的乐趣和神韵。

广州人爱吃，也舍得花钱吃。为了在广州餐饮市场占有一席之地，近10年来，各省市的饮食商家纷纷到广州开办餐饮业。国内的川菜、鲁菜、湘菜、皖菜、京菜、闽菜、苏菜、浙菜、赣菜、东北菜等在广州都有饮食企业，如川菜馆、湘菜馆、上海菜馆、东北菜馆、鲁菜馆、新疆维吾尔餐厅、宁夏回族饭店、回民饭店、黄果树贵州风味酒楼、威虎山餐厅、北方饺子店等。在广州还可以吃到爽滑的云南过桥米线、别有风味的北方水饺和东北菜、辣味十足的四川火锅、甘香酥脆的新疆烤羊肉、皮脆肉滑的北京烤鸭、特别鲜美清香的杭州叫花鸡、软嫩滑润的福建红烧金钱鲍等等。

可以说，在广州就可以吃遍各地名菜。

（三）世界美食在广州

相信有一些朋友已经品尝过广州的佳肴、美点，饮过茶，吃过火锅，试过风味小吃，对广州的饮食风俗有初步的认识，感受到“食在广州”的风采，领略到岭南饮食文化的精华。这是大家来广州旅游观光的一大收获，会给大家留下美好的记忆。“食在广州”名副其实，在广州，不但本地传统的饮食业丰富多彩，而且可以吃到许许多多的世界美食。意、法、日、韩、东南亚，来自不同地域的美食都在广州留下足迹。不同的菜系能带给你不同民族特色的美食感受，意大利的典雅、法国的高贵、德国的豪爽、日韩的精致、东南亚的热情，吃上一圈，等于让味蕾环游世界。

广州饮食受外国影响最大的是西餐业。广州最早的西餐店出现于清咸丰年间，创办者徐老高曾在沙面旗昌洋行当过厨房杂工，“偷师”学得制作西餐的技艺，离开洋行后沿街摆卖自己煎制的牛扒。因这种西式食品生意很好，徐老高便于1860年在太平沙（在今北京南路）开办西餐厅，取店名为“太平馆”。如今，这著名的老字号西餐厅仍在经营。而“绿茵阁”、“绿岛”、“怡景”等西餐连锁企业则在广州遍地开花，大大小小各式西餐厅遍布广州的街头巷尾，在网上略加搜索，一定会有满意收获。

不仅是西餐，世界各地的风味餐厅在广州都有食肆经营。泰国餐厅、印尼餐厅、越南餐厅、日本寿司、韩国料理，各式风味应有尽有。而深受儿童和青年喜欢的麦当劳、肯德基、必胜客、星巴克等洋品牌，也已经占满了全城各个角落。

食材方面，如美国的波士顿龙虾、法国鹅肝、日本的神户牛肉、葡国蛋挞、澳大利亚鲍鱼、新西兰羊扒、西班牙龙利鱼等西方美食都可以吃到。

颇受青年青睐的酒吧、啤酒屋、咖啡店等西式吧房，也是20世纪90年代中期出现在广州街头的。这些新潮的酒吧风格多样，适应不同的客人需要。咖啡厅则显得更加丰富多彩，有的具怀旧情调，有的新潮幽雅，有的浪漫。10多年前开始出现了西饼屋，精美的西饼实行开架销售。如今，西饼屋遍布广州的大街小巷，成为“食在广州”的新一景。酒吧、咖啡厅、西饼屋这些西式的饮食风俗，如今在广州已经开花结果，成为广州人生活的一部分。

广州，一个多元化的美食城市。可以说，“足不出城，食遍世界”。

早茶点心

二、广州特色美食街

（一）北京路步行街

食在广州城，味在北京路。

北京路，很久之前已不是一条商业步行街那么简单，而是作为广州的一个标志，甚至是广州的一个代名词，可见北京路的影响已经深入到每一下人的骨子里。

这里是购物的天堂，从休闲运动品牌到绅士淑女装束，从不是人人都消费得起的奢侈品到便宜的大众用品，在北京路您几乎可以买到任何您想买的东西。这就是北京路特色！

但这并不是完整的北京路，其实在北京路除了有数不尽的时尚品牌外，还有尝不完的经典美食。而这里的美食早已经超越了“萝卜牛腩”的时代，甚至有名厨提出了“食在广州城，味在北京路”的全新饮食观点。以北京路为中心，东至越秀桥，南至海珠广场，西至解放路，北至东风路，在这个区域内聚集了大量广州实力派的餐饮企业。西餐厅类如：广州第一家“总理餐厅”——太平馆，国家著名商标“绿茵阁”的飞机主题西餐厅；日本料理类如：和风日本料理自助餐厅食太郎，回转寿司一级棒；全新至潮至hip新派中菜餐厅——至爱餐厅，典雅豪华私房菜——华宴；美味小吃类：大众老百姓的好去处——巧美面馆惠福东店，传统小吃新概念——好盏肠粉，肠粉之王——银记肠粉店，临街的小档口——伟记甜品；风味餐厅类如：以骨煲享誉全国的有骨气食坊，以一锅香辣蟹闻名省港澳的川品香辣蟹，广州妇孺皆知的老字号——聚宝乳鸽，等等。还有就是众多特色的餐饮店，构成的巨大的美食网。你可以在北京路逛街逛到累了去到这些餐饮店里歇歇脚吃吃饭，吃饱歇足后再战北京路。

交通 地铁1号、2号线至公园前站下，7路、12路、24路、27路、42路、191路、公交102路、107路、108路、215路、233路等到中山五路站下。

（二）上下九步行街

一街尝尽西关味道。

要想尝尽西关美食，最好的去处绝对是上下九。

旧时，西关一带就有“百步之内必有小食”的说法，许多风味独特的街头小食一直流传至今。从长寿路地铁站出来到广州酒家那段，一定要睁大眼睛，在某处您不注意的小街小巷小角落里都有令你食欲大开的小吃。

历数上下九的美食，有银记肠粉；广州酒家的灌汤饺、虾饺、烧卖、萝卜糕，莲香楼的莲蓉月饼、鸡仔饼、老婆饼和龙凤结婚礼饼，陶陶居的姜葱鸡、奶黄包，南信的双皮奶、姜撞奶和牛三星，林林的牛杂……

在数以百计的西关小食中，公认是名牌的有20多种，其中有10种还被评为“中华名小吃”，如南信甜品专家的南信双皮奶和南信姜撞奶、莲香楼的老婆饼、银记的豉油牛肉肠等。

住在附近的老广州，平日里有空总要一家大小或约上三五知己到广州酒家、陶陶居这些老字号饮早茶，享受最正宗的粤式点心。

年轻人们则没那么讲究，随处可见的老摊老铺都可觅得美食，没有桌子椅子，当街一站，或边吃边逛，一样吃得心满意足。颇负盛名的林林牛杂店，店面才两三平方米，一锅锅热气腾腾的萝卜牛杂正煮得“咕噜咕噜”响，看铺的阿姨递过一碗满满的萝卜牛杂，再加上自选的海鲜酱、蒜蓉酱、辣酱、自制酸萝卜粒，往旁边一站就吃开了，吃得热汗淋漓，却又在浓郁的香味中无限满足。

除了西关传统小吃，在荔湾广场周边还可以吃到韩国、日本料理以及全国各地的名小吃。路边林立的小吃铺子，烤鸡腿、铁板鱿鱼……无时无刻不勾动着人们的食欲。不远处还有仙踪林、真功夫、必胜客、麦当劳、萨利亚意式餐厅等任君选择，总有一间适合您。

交通　公交17路、79路、79A路、205路、309路、530路、556路等至上下九站下，或地铁1号线至长寿路站下。

（三）泮塘路

泮塘路位于荔湾文化休闲区的核心地带，长390米，沿线分布着荔湾湖公园、仁威庙广场、广州美食园等重要景点。在人居环境综合整治中，泮塘路的整治被定位为打造一个具有浓厚岭南文化及西关风情，集美食、文化、休闲旅游于一体的标志性特色旅游区，在整治中凸显西关风格的设计主调，成为荔湾文化特色的景观示范路。

首先介绍的，当然是广州园林酒家中的“老字号”泮溪酒家。店家经过全面装修升级，仍然保持着古色古香的风韵，店中的楼台亭榭、假山叠水让人心旷神怡。

泮塘路上另一家大型粤式食肆西关世家，与有千年历史的仁威祖庙相邻而居，VIP厅小翠轩身处湖心亭，碧波环绕，置身其中，更是美景赏不尽。出品以地道粤菜为主，除了泮塘五秀、德昌咸煎饼、菱角焖五杯鹅等招牌菜，大多是随季节变换的粤式家常菜肴。

泮塘路上的大型粤菜酒家都聚在路的一边，可以坐着慢慢聊；另一边则是家常小馆、甜品店、粥粉面店，环境较吵闹，吃的东西讲求地道，也要求性价比高。像向群饭店、开记甜品、伍湛记、沙河粉村等，都是西关有名的特色食肆。

荔枝湾涌的美景，加上政府的规划，还带旺了这一路上的手信店。西关世家原本的门面现在安置了一排老字号食品门店，包括利口福、致美斋、皇上皇、莲香楼饼家、鹰金钱、宝生园等。节假日的时候，一些店家会安排免费试食等促销活动，走过那里，饼、糖、肉干的香味轮番上阵，仿佛有澳门大三巴下那种热闹的试吃气氛。

荔枝湾涌两边原本是古玩店铺多，现在慢慢出现一些家庭式小食店，一路上都是马蹄爽、鸡仔饼、牛皮糖的叫卖声，有几家还把自家的客厅“贡献”出来，让游人坐进去消费小吃、歇个脚。

交通　乘坐地铁5号线至中山八路站下车即可到达。

（四）宝华路

宝华路是广州老城区西关的一条繁华路段，有年头的老店和商铺尚在这条路上安然屹立，不过最吸引人的还是那一路地道的本地美食。宝华路是一条老街，街两边商铺林立，一间间具有西关特色的传统小吃店散布在路边或者浅巷中，全是平易近人的街坊价格，没有谁能忍住诱惑的，往往都会从街头一路吃到街尾。

宝华路的美食以小吃最为有名。您可以在古色古香的宝华面店品尝以传统竹升面和鲜浓汤底做成的云吞面，也可以在老牌的顺记冰室体验其最著名的椰子、芒果和榴莲雪糕。而在很不起眼的巷子里，顺德陈添记祖传爽鱼皮就藏身其间，冲着著名的传统爽鱼皮和驰名艇仔粥，这里日复一日客似云来。这种寻宝式的美食体验，实在是只有广州才能体会到的生活情趣。

交通　乘坐地铁1号线在长寿路站下车即可到达。

（五）惠福美食花街

惠福美食花街毗邻北京路商业步行街，地理范围包括了禺山路（全长110米）、惠福东路（北京路—教育路口段，全长250米）、书坊街（全长120米）3个路段。现有餐饮企业45家，主要以特色小吃、具有岭南特色的家常小菜以及东南亚风味的菜色为主，从休闲、餐饮服务上实现了与北京路购物、旅游观光方面的功能互补。

交通　乘坐地铁1号线至公元前站下车即可到达。

（六）体育东路商务美食街

体育东路位于天河体育中心东侧，周围甲级写字楼林立，是广州CBD的中心区域之一。体育东路南至黄埔大道，北与天河北路、林和东路相接，其中从天河路到天河北路的800米路段分布着大小15家不同风味的餐馆。该路段餐馆的档次较高，以纯正粤菜和异国风味为主，兼有少量湘菜和川菜餐馆。粤菜的代表为广州酒家、利苑酒家和东悦海鲜酒家，异国风味有日式的中森明菜、葡式的澳门街、墨西哥式的星期五西餐厅。

交通　广州地铁1号线至体育中心站下。

（七）番禺大道五星商旅带

番禺大道五星商旅带（美食集聚区）以番禺大道为“黄金主轴”，总体规划范围北至番禺大桥，南至沙湾大桥，西至105国道，东至南沙港快速路，总面积约15266公顷，聚集了逾100万居住人口，商贸、餐饮、住宿、休闲、旅游、购物、娱乐、文化等要素齐全。核心区总面积22平方公里。番禺大道五星商旅带目前已聚集渔民新村、四海一家、广州潮府等知名餐饮企业。另有中华美食城，其占地面积120亩，一期已开发46亩，投资3亿元，入驻商户40多户，在国内率先推行网上订座和点菜系统、菜式互通共享系统。番禺大道是集中华八大菜系，港澳台地方美食以及泰、韩、日等世界特色美味为一体的美食聚集区，是体验“食在广州”的精华地带。

交通　乘坐市内公交车302路在万博中心站下。

（八）远景路韩国美食街

白云区远景路自2005年起渐渐地成了韩国人在广州的聚集地，是广州韩国人最为集中的地方。众多韩国饮食店、韩国商店汇聚一起，沐足店都是韩国风格。街道两旁的商店招牌都是五颜六色的韩国文字，进到店内，店员的欢迎辞也无一例外的都是韩语，让人一时忘了自己身处广州。在“韩国街”，主要是餐饮店为主，不少小超市都是专营韩式商品，吃穿用玩、化妆美容无所不包，使得不足3公里的远景路变成一条富有浓郁韩式风情的“韩国街”。

交通　乘坐31路、280路、810路公交车在白云区政务中心站下。

三、广州饮食老字号

（一）广州酒家

广州酒家始建于1935年，以经营粤菜驰名，素有“食在广州第一家”之美誉，主要业务有餐饮服务和食品工业，企业被国家商务部评为“中国十大餐饮品牌企业”，先后获得“中华老字号”、“全国用户满意服务企业”、“全国精神文明建设先进单位”等荣誉，获颁“全国五一劳动奖状”，2012年更荣获了“中国驰名商标”称号。

广州酒家总店位于文昌南路2号，地处西关商业福地的上下九商业步行街。深受西关饮食文化的熏陶，酒家以传统粤菜为主。酒家一向以“诚暖顾客心”、“服务于大众”作为企业精神和服务宗旨，常年供应数千款佳肴美点，菜式、特色点心“色、香、味、型、皿”俱佳，有广州文昌鸡、红烧大群翅、百花酿鸭掌、一品天香、三色龙虾等名菜和蟹肉灌汤饺、沙湾原奶、燕窝奶盏等名点，首家推出了“满汉大全筵”、“五朝华筵”等文化筵席，并获得海内外多项美食大奖，深受吃家欢迎。

除文昌总店外，广州酒家已经在市内开设有滨江西店、体育东店、五羊店、东山店、江畔红楼店、黄埔店、同福中店、敦和店等8家分店。

交通 去往文昌南路广州酒家，可乘市内2路、3路、6路、61路、82路、204路公共汽车在带河路站下车。

（二）泮溪酒家

泮溪酒家坐落于广州市西郊荔湾湖畔，这里曾是1000多年前南汉皇帝刘鋹御花园“昌华苑”的故地。酒家于1947年由粤人李文伦、李声铿父子创办。酒家的取名饶有意思，因地处泮塘，且附近有5条小溪，其中一条叫“泮溪”，酒家因此命名。

酒家占地面积逾万平方米，有金碧辉煌的大型宴会厅及数十间古典雅致的贵宾房，可适应多种接待需求。泮溪的餐厅或分布于楼台殿阁、亲水长廊，或掩映于百年古榕、假山瀑布，或耸立于碧波湖面、花香庭园，大气而精致，脱俗而优雅，曾被称为“完美的东方建筑艺术交响诗”。

泮溪酒家的八宝冬瓜盅、牡丹鲜虾仁、瓦罐水鱼等招牌菜均曾在国际国内美食烹饪大赛中摘得大奖。在日常经营中，泮溪美食异彩纷呈，有八宝冬瓜盅、泮溪茭笋皇、园林香液鸡等八大名菜，有绿茵白兔饺、像生雪梨果、生炸灌汤包、泮塘马蹄糕等八大名点，还有依据中国民间神话“八仙故事”中每位仙人的特征设计菜式的“八仙宴”，以广州老城区西关地域的历史典故、民间传说为主题的“西关风情宴”，以体现古典饮食文化精髓的“随园食典精选”，以飞潜动植物等造型展现点心艺术特色的“像型点心宴”等八大名宴。

上个世纪60年代起，这里先后接待了英国前首相希思、澳大利亚前总理弗雷泽、越南前总书记胡志明、联合国前秘书长瓦尔德•海姆、新加坡前总理李光耀、美国前总统布什和前国务卿基辛格，以及党和国家领导人朱德、贺龙、陈毅、叶剑英、李先念等。

作为一家历史悠久的老字号酒家，泮溪酒家先后获得了“中华老字号”、“国家特级酒家”、“全国旅游系统优质服务单位”、“省级先进企业”、“广州市文明服务示范单位”、“广州市卫生模范单位”、“广州市著名商标”等荣誉称号。

交通 乘坐广州市内2路、8路、25路、34路、55路、66路公交车在泮塘路站下车。

（三）莲香楼

坐落于中国广州市荔湾区第十甫路67号的莲香楼，是集酒楼、食品工厂、贸易部、食品连锁店于一体的中国商业名牌企业，先后荣获“国家特级酒家”、“中华老字号”的称号。

莲香楼创建于清光绪十五年（1889年），至今已有100多年了。除了经营传统粤菜之外，莲蓉、月饼、龙凤礼饼、鸡仔饼、嫁女饼等更是中外驰名，产品远销海内外，享有“中国月饼龙头企业”的美誉。

广州莲香楼享誉国内外，有“莲蓉第一家”之称。1889年，在古老的广州城城西一隅，一间专营糕点美食的糕酥馆开业了，这就是莲香楼的前身。那时，西关一带住的都是商贾富裕之家，食肆林立，要招徕食客，竞争激烈可想而知，所以每家店都挖空心思去创新。当时有个制饼师傅叫陈清俭，一天他一边喝着莲子糖水一边苦思创新食品，他发现煲烂的莲子有股独特的清香，于是灵机一动，决定用用莲子来做馅料。陈师傅刚开始把莲子洗净去芯放进铜锅里煮，再加入白糖、花生油不停搅拌，但发现煮出来的莲蓉还是略带涩味。于是，勤于钻研的陈师傅又发明了枧水去莲子皮的新工艺，令莲蓉清甜细

陶陶居

滑，色泽金黄。从此，就得到了“莲蓉第一家”的美誉。光绪年间，老板希望生意年年兴隆、“连续饼香”，将糕酥馆改名为“连香楼”。宣统二年（1910年），一位名叫陈如岳的翰林学士，品尝了莲蓉食品后，有感于莲蓉独特的风味，提议给连香楼的“连”字加上草头，众人一致赞同，他遂手书“莲香楼”3个雄浑大字。现在高悬于该楼门前的金漆牌匾上的“莲香楼”3个大字，便是这位学士的手迹。

交通 乘坐广州市内6路、15路、61路、70路、204路、530路公交车在宝华路站下车。

（四）陶陶居酒楼

位于广州市第十甫路的陶陶居酒楼，于清光绪六年（1880年）开业。酒楼原名“葡萄居”，后由广东巨商谭杰南等扩建后改名，寓“乐也陶陶”之意，现高悬于大堂之上的黑漆金字招牌是著名学者康有为所书。酒楼以经营姑苏清茶细点和广东风味菜点为特色，是广州茶楼中之佼佼者。酒家以其独特的建筑风格、幽雅的环境布局、正宗的粤菜和高品质的服务，令酒家驰名省、港、澳及东南亚地区。1997年被国内贸易部首批命名为国家特级酒家之一。

历史上陶陶居酒家曾以其浓厚的文化、艺术氛围和优质的菜点倾倒无数文人墨客，鲁迅、巴金、陈残云、刘海粟等名人曾到该店饮过茶。100多年来，历经几代人的刻苦经营的陶陶居，现已是一家可同时接待1300多人进餐的广州最著名的大型酒家之一。酒家楼高4层，外观为红墙绿瓦、雕梁画栋的民族建筑形式，厅房宽敞明亮，陈设雅致，古色古香，历来是文人墨客、富商巨贾、社会名流聚会之地，故在海内外享有很高的知名度。

在经营策略上，陶陶居讲究菜点与饼食并重，饼食名点更是丰富多彩。酒家制作广式月饼技术力量雄厚，已有百年经验，尤以生产高档月饼著称，品种丰富，装潢精美，被誉为“月饼泰斗”，最著名的是“陶陶居上月”。陶陶居的名菜名点不少，著名的如五彩鲜虾仁、姜葱炒肉蟹、西湖菊花鱼、手撕盐焗鸡、片皮挂炉鸭、云腿爽肚、雪里藏珍红烧鸡鲍翅、薄皮鲜虾饺等。

酒家最有名的传统品种“陶陶居上月”，创制于清末民初，饼馅由火腿、烧鸭、上肉、钩虾、花生仁、冬菇、莲子等20多种配料和蛋黄拌成，咸甜适中，皮薄松软，是民间最喜爱的月饼之一，远销港澳地区与东南亚各国。

交通	乘坐广州市内6路、15路、61路、70路、204路、530路公交车在宝华路站下车。

（五）南园酒家

坐落于海珠区晓港公园侧畔的南园酒家，是一间集饮食、娱乐、文化于一体的园林酒家。酒家于1963年开业，占地面积1万平方米，其中园林绿化面积为4500平方米。

酒家采用青砖绿瓦、翘角飞檐、亭台楼阁、小桥流水等岭南建筑园林风格设计，园内竹林婆娑，鸟语花香，是广州市著名园林酒家之一。一代文豪郭沫若先生曾在此即席挥毫，给酒家留下了脍炙人口的诗句。

酒家一向以经营潮菜粤点闻名，著名的潮式菜肴有油泡鲜虾丸、椰酱蛋黄角、红烧乳鸽、潮州烧雁鹅、潮州豆酱鸡、潮州扒大翅、护国素菜汤、海南椰子盅、佛跳墙，其中前3款分别获得广州“金牌美食”和“优质美食”称号。传统名菜“佛跳墙”更是饮誉省港澳，此菜用料上乘，鲍、参、翅、肚，动、植、飞、潜皆全，聚精荟萃而又独一无二。

1997年南园酒家被评为“国家特级酒家”，2012年获得“国家白金五钻级酒家”荣誉称号。

交通	乘坐广州市内14路、35路、44路、88路、192路、551路公交车可达。

（六）北园酒家

北园酒家是一座具有岭南庭园建筑色彩的园林式酒家，位于广州市越秀公园小北门口的斜对面，以经营粤菜而驰名中外，酒家的菜肴以清、淡、嫩、爽、滑为主，具有广东菜的特色。酒家厅堂陈设布局别具一格，古色古香，典雅华丽。店内环境幽雅，鱼池石山，小桥流水，曲径回廊，奇花异卉，令人目不暇接。宾客在此临轩品味之余，尚可一览园林之胜。

北园酒家始建于20世纪20年代末，几经重修和扩建，现已成为广州最为著名的园林酒家之一。

北园酒家一贯以出色的烹饪技术、独具岭南风味的佳肴和良好的服务而深得中外友人和各方食客的好评。1964年7月日本著名佛教大师、书法家天门海翁即席挥写“和平友好”条幅相赠。同年7月14日，著名文学家郭沫若出国访问时途经广州，特地到北园饮早茶，并赠诗曰：“北园饮早茶，仿佛如在家。瞬息出国门，归来再饮茶。” 1982年艺术大师刘海粟到北园宴饮，题赠了“其味无穷”四字，现镶嵌于门墙上。

北园菜式过去以“十大名菜”为

代表。其中，油泡虾仁、郊外鱼头、蚝油鸭掌、干煎鸡脯等属传统菜式，得之清淡；桂花香扎、片皮挂炉鹅、花雕鸡、松子鱼、满坛香等则为新创名菜，偏于浓郁。

近年来，酒家的烹饪名师及新秀大批涌现，其服务与菜式在国内外各类烹饪大赛中屡获殊荣。1993年酒家被国内贸易部认证为“中华老字号”，1998年经国内贸易部批准为“国家特级酒家”，2001年又被评为“中华餐饮名店”和“广东餐饮名店”。

交通 乘坐广州市内6路、10路、33路、36路、66路、184路、190路、191路、219路、220路、233路、544路、547路公交车在小北花圈站下车。

（七）大同酒家

大同酒家位于广州繁华地段长堤大马路，解放前便以装修富丽豪华、烹饪技艺高超而名扬岭南地区。

大同酒家的前身为广州园酒家，开业于1938年。1942年由穗、港两地的饮食巨子冯剑生、李铭等人收购，招牌也改用在香港已负盛名的“大同酒家”牌子。当时由于大同脆皮鸡等菜肴的名气，招徕了大批的达官贵人，一时成为内地以及香港、澳门等地闻名的酒家。

新中国成立后，大同酒家调整经营结构，不断改良食品制作方法，使传统的名菜美点得以保留并不断丰富，还增加了多种大众化的食品，高中低档并举，丰俭由人，并以优质服务被誉为“珠江河畔一枝花”。周恩来总理也曾在这里宴请过苏联主席伏罗希洛夫、朝鲜主席金日成、越南总理范文同。

长期以来，大同酒家不断积累经验，推陈出新，所创制的传统名菜美点有大同脆皮鸡、牡丹西施鸭、白雪鲜虾仁、娥姐粉果、蟹黄干蒸烧卖、玫瑰马蹄糕、海南椰蓉挞等。特色菜则有鲍翅、乳鸽、冬瓜盅、紫姜扣肉、白玉藏珍等，都是曾在各种美食评比中的获奖品种。在不断开发创新中，酒家还推出了香蜜提子风鳝片、香烧桂花扎、鲜露笋西芹肚尖、宝葫芦鸭、金龙戏珠等新潮美食。其中，大同脆皮鸡、娥姐粉果早在20世纪中叶就作为第一批名菜美点载入由中国商业部饮食服务公司编撰的《中国名菜谱》中。

大同酒家还设有夜场曲艺表演。每晚都有传统经典的曲目，歌声委婉动听，加上民乐的伴奏和独特的腔调，使不少中年、老年人都乐而忘返。广州茶楼夜间的曲艺表演是大同酒家首创的，为粤剧曲艺得以发扬光大起到了重要作用。

1993年被国内贸易部授予“中华老字号”称号，1998年经国内贸易局批准为“国家特级酒家”。

交通 乘坐广州市内1路、5路、57路、64路、79路、128路、181路、186路、217路、227路、233路、236路、286路、541路、556路、823路公交车在南方大厦站下车。

（八）太平馆西餐厅

太平馆西餐厅位于越秀区北京路342号，坐落于北京路这条广州市最繁华的步行街上。

讲起太平馆西餐厅，不少上了年纪的老广州一定不会陌生，因为他们童年时最大的愿望就是让大人带自己来趟太平馆，那种情形就像今日的孩子渴望进入麦当劳和肯德基一样。

太平馆的历史要追溯到清朝咸丰年间，曾在外国洋行掌勺的徐老高在广州南门外的太平沙更楼下开设了取名“太平馆”的西餐摊档，后于1927年在北京路财厅前现址成立占地3层楼的太平馆分店，成为广州市最早的一家西餐厅。

太平馆自成立以来一直坚持做传统的西餐，由于品质优良成为当时社会名流交际聚会的场所，不少文化名人如鲁迅、郭沫若、郁达夫等都曾是座上客。餐厅的最大亮点，要数内里挂着的一幅周恩来与邓颖超的结婚照。原来1925年8月，当时任黄埔军校东征军第一军政治部主任的周恩来与邓颖超在太平馆设茶会，以简朴的菜式举行婚礼，餐厅到现在还保留着总理套餐和总理夫人套餐，是这里的招牌菜。

交通　乘坐广州市内1路、102路、107路、194路、222路、243路、263路公交车在财厅前站下车。

（九）鹿鸣酒家

鹿鸣酒家位于风景秀丽的白云山麓湖畔，依山傍水，环境幽雅，空气清新，以一流园林餐饮环境和出色服务称著。2001年被评为“广东餐饮名店”，2002年被国家授予“中华餐饮名店”，2007年获得“国家五钻级酒家”称号。

鹿鸣酒家营业面积为5500平方米，设有五大餐厅，大小厅房30余个，可一次筵开150席。高级豪华会议厅、卡拉OK等多功能设施齐全。营业时间由早上6时半至晚上10时，设早茶、下午茶和午晚市供应。

鹿鸣酒家经营以粤菜为主，梅花鹿菜为品牌特色。各式梅花鹿菜式在历届广州美食节上屡获美食奖，受到广大食家好评，被誉为广州“鹿肴第一家”。除粤菜外，博采各家烹技之长，中外风格的名菜式如沪菜、湘菜、川菜及东南亚风味菜等均有供应。

交通　乘坐10路、247路公交车在麓湖公园站下即达。

（十）炳胜海鲜酒家

炳胜海鲜酒家创业于1996年，自创业以来，规模不断扩大，目前发展成为具有相当规模的、具有较大知名度的新派粤菜餐饮连锁酒家。

酒家始终秉承“以客为本、任人

为贤”的经营理念与方针，保持品种繁多，推创粤菜新菜，不断开拓市场，力求在传统粤菜的基础上努力创新。经过努力，酒家先后制作出不少具有特色、质量上乘的特色菜。酒家目前主要经营各类刺身、家常小炒、冬夏火锅等三大类近200多个品种菜肴，并配以多款精美点心、特色粥窝、乡村美食，尽显其特色。

炳胜饮食集团现时发展到拥有旗下4家炳胜品牌店：“炳胜品味”酒家、娱乐与美食结合的“金矿KTV”、私房菜酒家——“炳胜私厨”、炳胜传统环境的突破——欧陆风格“炳胜公馆”。

特色菜式有：脆皮叉烧、豉油皇鹅肠、首创灌汤烧鹅、秘制黑叉烧、真味鸡、菠萝包、金沙汤丸等。

交通 参考广州炳胜饮食集团官网。

四、广式风味名菜名点

（一）广州餐饮名菜

1.冬瓜盅

冬瓜盅始于清朝。当时，皇室每到夏令季节，都要吃些既有营养又能清凉解渴的菜肴。清宫御厨便将大西瓜切去上盖一片，挖去瓜瓤，填上鸡汤、鸡丁、干贝、鸭肫、精肉丁、火腿丁、冬菇丁等原料，蒸制成“西瓜盅”，汤清味鲜，清宫皇帝和大臣都十分喜好，后来随着清宫官吏夏令出访，随身厨师也做此菜，因而流传各地。广州地区首先用冬瓜加鸡汤鸡肉和山珍食物，外加瑶柱、虾仁作为“八宝”，并把夜来香花插在冬瓜上，吃时阵阵香味扑鼻。“夜香冬瓜盅”很快扬名各地。

时至今日，冬瓜盅的主料慢慢沉淀为相对稳定的8种，即鸭肉、烤鸭肉、虾仁、干贝、鲜莲、鲜菇、瘦肉、鸭肫。自民国时起，冬瓜盅已更名为“八宝冬瓜盅”。近一个世纪以来，“八宝冬瓜盅”多次入选广州名菜，虽然夜来香花没有了，“八宝”的内容也有变化，但“八宝冬瓜盅”的风味基本不变，使用烤鸭肉，并用鸭肫、鲜菇入汤，这是冬瓜盅一大特色，也是广州夏令汤羹的主料，绝对不能丢弃。当然，在炖汤过程中，正宗的冬瓜盅也十分讲究掌握好火候和水量。优质的冬瓜盅必定是瓜软烂、肉鲜滑、汤香醇，汤水碧绿，外表美观。

2.上汤龙虾

在曾经赴婚宴喝喜酒的老广记忆中，想必都有一碟镇场之作——上汤龙虾。一见到它，大家都会觉得那份礼金给得值了！这是最传统的“广东煮龙虾”方法。据说这道菜是由最早到美国的台山人所创：将七成熟的龙虾连同肉碎、蛋浆、上汤一齐焖1分钟即可，由于汁多嫩滑，很受洋人喜欢，老人家说这道菜曾在唐人街养活了3代华人。其实最开始的时候，龙虾仅仅是在潮汕等沿海地区流行，多数是简单的白灼或者是煮，并没有什么花俏。而在广州，渔民手气好偶尔捞到才有。20世纪80年代旺起的广州黄沙水产市场成为龙虾的聚集地，摆酒请客

肠粉

酥皮蛋挞

烤乳鸽

老火靓汤

酿莲藕

的市民都来这边“淘虾”。龙虾肉比较鲜爽，汤水是广州人的拿手好戏，以上汤方式烹饪，最能吃出龙虾的原汁原味，刚好符合了广东菜清、爽、软、滑的讲究。

3.白切鸡

白切鸡又名“白斩鸡”，清代人袁枚《随园食单》称之为白片鸡。他说：“鸡功最巨，诸菜赖之，故令羽族之首，而以他禽附之，作羽族单。”单上列鸡菜数十款，用于蒸、炮、煨、卤、糟的都有，列以首位就是白片鸡，说它有“太羹元酒之味”。如今，粤菜厨坛中，鸡的菜式有200余款之多，而最为人常食不厌的正是白切鸡，原汁原味，皮爽肉滑，大筵小席皆宜，深受食家青睐。

4.香滑鱼球

香滑鱼球是传统粤菜之一，是突出粤菜讲求鲜、爽、嫩、滑的又一杰作。广东地处沿海，海鲜鱼类特别多。单凭清蒸一种做法不足以满足食客挑剔的要求，于是，泡、炒、灼等做法也成为食客的必选。香滑鱼球就是粤菜里“油泡法”的一个代表作。

5.老火靓汤

正是由于广州气候湿热的缘故，拉拢了粤人与汤的因缘。广州人对一碗汤的执着是出乎全国人民的意料，已经不仅仅是一种饮食这么简单，而是上升为一种生活文化的高度。无论是阿妈煲的还是爱人做的，集补身、下火、滋润等功效于一体，根据时节气令而变。一碗汤，代表的是您的生活质素，有汤喝，背后的隐含义是：你是有家庭关爱的。

一煲汤，从精挑细选拣好材料、洗净切块、一层层有秩序摆放入煲中，细火慢熬，熬汤者时常要三顾四盼，调节火候，常常一煲就是三四个钟头。正如资深食家们所讲，除了广州人，再无他人能这样耗时耗力耗精神地在一煲汤水中倾注如此多的心思了。实际上，这是一种传承！

6.红烧乳鸽

红烧乳鸽这一道菜少说已经有过百年历史，具体起源已经不可考。同样是用火力猛攻，偏偏广州人偏爱的红烧乳鸽却是炸出来的，虽然它的名字中占了个“烧”字，其实和用炭火烤的做法扯不上半点关系。这正是广州独特烹饪文化的有趣之处。这道菜肉质细嫩多汁，入味到骨，皮脆而不干身。

鸽子有“一鸽胜九鸡”的美誉，鸽子骨内含有丰富的软骨素，可与鹿茸相媲美，经常食用，可使皮肤白嫩，还有养颜解毒之功效。

7.脆皮烧鹅

烧鹅是广州传统的烧烤肉食。广式烧味中，烧鹅、叉烧和烧鸭最为出名。但说到平日最和我们亲近的，就肯定是烧鹅，连濑粉中也会有它存在。粤谚有云：广东三件宝——烧鹅、荔枝、凉茶铺！由此可见老广州对烧鹅那份不可言传的深厚情结。

8.清蒸河海鲜

“蒸”的烹调法自远古就有，而清蒸是粤菜食材讲求鲜活和原汁原味的代表，在广州，最能反映饮食本质的就是清蒸新鲜河海鲜了。

9.糖醋咕噜肉

从前，糖醋咕噜肉叫“咕哩肉”，因其酸甜可口，又是以肥肉为主，既可下饭，又补充热量，是搬运工人（粤语叫“咕哩”）的最爱而得名。而“咕哩”又与“咕噜”（北方意为“圆圆的一块”）音相近，后演变成今名。当下糖醋咕噜肉这道广州名菜在广州菜馆中日渐式微，不是因为当代人不好肥肉，为养生而忍痛割爱，而是因为80后、90后在酒楼吃生炒骨觉得有西洋风味，又很合口味，于是，餐馆就用生炒骨取代往昔的咕噜肉，以致今日酒楼的菜谱上只有生炒骨而少有咕噜肉。

（二）广州餐饮十大名点（小吃）

1.广州拉肠粉

肠粉又叫布拉蒸肠粉，是一种米制品，亦称拉粉、卷粉。在广东，肠粉是一种非常普遍的街坊美食，它价廉、美味，老少咸宜，妇孺皆知，从不起眼的食肆茶市到五星级的高级酒店，几乎都有供应。

关于肠粉的起源，目前似乎还没有统一的说法，有人说“最早是抗日战争时期由泮塘荷仙馆创制”，又有人说“肠粉起源于广州，早在清代末期，广州街头上就已经听到卖肠粉的叫卖声”。肠粉在广东是最为普遍的早餐，粉粉嫩嫩、晶莹剔透的感觉实在美不可言！看起来粉皮白如雪花、薄如蝉翼、晶莹剔透，吃起来鲜香满口、细腻爽滑，还有一点点韧劲让人一吃难忘，越吃越爱吃！

2.干蒸烧卖

烧卖在中国南北方都有，是一种面制的食品，品种繁多。在江苏、浙江、广东一带，人们把它叫做烧卖，而在北京等地则将它称为烧麦。

烧卖在中国土生土长，历史相当悠久。清代无名氏编撰的菜谱《调鼎集》里便收集有“荤馅烧卖”、“豆沙烧卖”、“油糖烧卖”等。其中“油糖烧卖”则用板油丁、胡桃仁和白糖做馅制成。

干蒸烧卖是广州人喜欢的茶楼传统早点之一。它用薄面包裹半露的肉馅料蒸熟，色鲜味美，爽口不腻，各茶楼、酒家均有出售。

3.传统沙河粉

广州沙河粉远近闻名，正宗山水沙河粉的原产地就是在沙河镇。这里还有个故事。传说是在清朝末年，沙河镇有一间名叫“义和居”的夫妻小店，以卖白粥、油条、饭食为生。店主樊阿香为人忠厚老实，秉性善良，因为平时经常施舍一位流浪老人喝粥，而受到老人的指点，创造发明了沙河粉，后来“义和居”就改为专营沙河粉。由于白云山水水质优良，用它制成的沙河粉又薄又韧，细滑可口，本地居民、过往客商都喜欢光顾沙河粉，因而生意十分兴旺，生意越做越大。邻里小店也争相仿效，如今沙河粉已成了沙河镇的特产，远近闻名。

4.泮塘马蹄糕

泮塘，旧荔枝湾所在地，盛产马蹄、茨菰、茭笋、莲藕、菱角5种水生植物，有“泮塘五秀”的美誉。泮塘马蹄糕采用当地的特产马蹄粉作原料，带有一些马蹄清香之味，特别可口，是广州西关传统名食，四季皆宜。马蹄糕品种有透明马蹄糕、生磨马蹄糕等。

5.荔湾艇仔粥

据说，当年一个家道中落的广州西关阔少，在经济拮据的窘境中买了一只小艇，在荔枝湾做起了卖粥的营生。他以油炸花生米、炸鱿鱼丝、炸米粉丝、生菜叶丝、海蜇丝等作粥料，客人要吃时，就把粥料放入碗里，临时加入新鲜鱼片，冲入沸滚的味粥（这种味粥多用鸡鸭或生鱼的骨熬成），然后撒上芫荽、葱丝、紫苏叶，最后加入一小撮虾子、几滴麻油，热腾腾、香喷喷的端到游客面前。这种粥由于在艇仔（珠江三角洲称长约4米、铺上舱板、中段或中后段有篷的小舟为“艇仔”）上出售，故被叫做“艇仔粥”。由于用料丰富，味道鲜美，深受大家欢迎。

6.蚝皇叉烧包

叉烧包是广东具有代表性的点心之一，是粤式早茶的“四大天王（虾饺、干蒸烧卖、叉烧包、蛋挞）”之一。它以切成小块的叉烧，加入蚝油等调味成为馅料，外面以面粉包裹，放在蒸笼内蒸熟而成。叉烧包一般大小约为直径5厘米，一笼通常为3或4个。好的叉烧包采用肥瘦适中的叉烧作馅，包皮蒸熟后软滑刚好，稍微裂开露出叉烧馅料，散发出阵阵叉烧的香味。

7.荷香糯米鸡

在很久以前，泮塘一带有一个鸡贩每天穿街过巷卖鸡。有一天，他打算把卖剩下的一只鸡拿回家蒸给家人吃。当他正想把准备好的鸡放到碟子里时，手一滑，把碟子打碎了。因为当时人们都很穷，家里的碟子就只有一个，打碎了又不能马上就买得到，怎么办呢？于是鸡贩就把切好的鸡块放到饭锅里，和饭一起蒸熟。当他吃饭时发觉很好吃，于是他灵机一动，每天晚上都做这种滑鸡蒸饭当夜宵卖，结果非常受欢迎。有食客向他提议，如果把做饭的粘米改成糯米，会更加可口，于是糯米鸡就诞生了。泮塘附近的酒楼也争相模仿，而且泮塘盛产荷叶，于是厨师们就用荷叶包裹饭团，里面再加上冬菇、虾米、咸蛋等各种配料，就演变成了今天的广州美食了。

8.酥皮鸡蛋挞

蛋挞，原来是舶来之物，英文

叫custard tart，custard是一种用牛奶、鸡蛋和糖做成的冻，中国人称其为蛋，tart则取其音。这种蛋挞早在中世纪就出现了。而中国人知道蛋挞这个东西是在香港被割让后，英国人的蛋挞传到了中国，广州人便开始仿制，甚至比英国人做得更好。蛋挞皮有两种：一种是酥皮，英文叫puff pastry，是一种一咬下去面渣四溅的蛋挞皮；另外一种便是牛油皮，英文叫shortcrust pastry，要加很多黄油，因此有一种曲奇的味道。做蛋挞还有另外一个特点就是一定用本地鸡蛋，因其蛋味浓。

9.鲜虾云吞面

广州人说的云吞，即北方人所说的馄饨，据说是在唐宋时期由湖南传入广东的。而云吞面正式传入广州，则可追溯至清朝同治年间。相传，当时一位湖南人在广州双门底开设了一间“三楚面馆”，专营面食，其中就有云吞面。只不过那时的云吞做得很粗糙，基本上只有面皮肉馅白水汤。后来几经改良，以鸡蛋液和面擀成薄皮，包以肉末、虾仁和韭黄制成的馅料，自成一派。广州并不是以面为主食的地区，然而，广州人却对这碗云吞面情有独钟。“三楚面馆”因而生意红火，不久就有许多人争相效仿。初期，云吞面由小贩肩挑四处贩卖，以敲竹板作“独得独得”声招徕顾客，不久便发展至成行成市，直至把吃云吞面变成了一种时尚，受到包括陈济棠在内的众多达官贵人以及粤剧名伶的赏识。

广州人爱吃云吞面，一碗上乘的云吞面有“三讲”：一讲面，必须是竹升打的银丝面；二讲云吞，要三七开肥瘦的肉，还要用鸡蛋黄浆住肉味；三讲汤，要大地鱼和骨头熬成的浓汤。小小云吞面，承载着丰富的本地元素。

10.薄皮鲜虾饺

虾饺是广东的传统点心，旧名为“五凤鲜虾饺”，后称为“薄皮鲜虾饺”。虾饺形似弯梳，故又称弯梳饺，是粤式点心“四大天王”之首（与干蒸烧卖、叉烧包和蛋挞同誉）。广东人饮茶，少不了来一笼虾饺。上乘的虾饺，皮白如雪，薄如纸，半透明，肉馅隐约可见，吃起来爽滑清鲜，美味诱人。

虾饺最早出现在广州郊外靠近河涌集市的茶居。那些地方盛产鱼虾，茶居师傅再配上肉、竹笋，制成肉馅。当时虾饺的外皮选用粘(大)米粉，皮质较厚，但由于鲜虾味美，很快流传开来。城内的茶居将虾饺引进，经过改良，成为广州的名点，历久不衰。

五、国际化购物天堂

（一）天河路商圈

天河区是广州最现代化的地区。天河路西起天河立交，东至岗顶，全长约2.8公里，是天河路商圈最核心部分。目前，天河路集聚了太古汇、正佳广场、天河城、万菱汇等8家大型商业综合体，太平洋数码广场等9家IT时尚消费类电子产品集贸综合体，时尚天河等3家地下商业综合体，天河体育中心等3家文化体育活动载体。这里有3家金鼎百货店、3家高端影院、6家国家级酒家、4家五星级酒店、200余个国际一线和著名品牌，LOUIS VUITTON、PRADA等品牌都在此设有旗舰店。有近10000家商户，每天客流量超过150万人，天河路商业零售面积近140万平方米，已经成为名副其实的华南第一商圈。

太古汇

位于天河体育中心南面的天河城广场是最早进驻天河路商圈的商场之一，而由此形成的天河路商圈则是广州的购物名片。在这里，吃喝玩乐、购物休闲可以全部得到满足。这里有许多品牌时尚服饰专卖店，有大型超市、食街、电影院、游戏娱乐中心，各式东西应有尽有，一个商场就能消磨一整天的时间。

正佳广场，号称“中国最大、亚洲第一购物中心”，如果楼上楼下每个柜台都转遍，足有40公里路程。从最高档次的金饰珠宝到最平民化的日用百货应有尽有，休闲的购物环境是它的最大特点，商场内娱乐与餐饮场所的面积占到48%。

太古汇位于广州市天河中央商务区核心地段，总楼面面积约35.8万平方米（不含文化中心），由一个大型购物商场、两座甲级办公楼、广州首家文华东方酒店及酒店式服务住宅构成。太古汇内云集逾180家知名品牌，从全球一线品牌精品、国内外品牌时装、家居生活用品到精致美食佳肴，均一一呈现。其中70%为国际品牌，30%为国内品牌，逾70个品牌为第一次进驻广州，多个国际知名品牌在此设立旗舰店或概念店。同时，太古汇为广州的美食爱好者提供了丰富的选择，多家来自香港和其他城市的餐饮品牌首次进驻广州并落户太古汇，为饕客们提供丰富的美食体验。

万菱汇位于天河路与体育东路交界处，总建筑面积23万平方米。万菱汇融入国际潮流mall的运作模式，为广州带来一个全新的购物体验。万菱汇另一特色是引入了很多独特的生活潮流商品，让这些店铺均衡地集中分布，形成一个生活时尚街，与其他天河购物中心形成鲜明对比，为顾客提供差异化购物体验。

此外，还有广百中怡店、维多利亚广场、地下商铺等。从太古汇沿天河路向东到中山大道西的岗顶，则是连绵不断的电脑数码城，是年轻人、学生们的购物天堂。

交通 乘坐地铁1号线到体育西路站、体育中心站，乘坐广州BRT至石牌桥站、体育中心站。

（二）北京路千年商业街

它在繁华的城市中央，有着千年历史，是游客的必去之地，更是老街坊心中的情意结；它是城市进程的一个微缩，新旧建筑在此相汇交融，碰撞出美妙的火花；它聚集了鳞次栉比的老字号和品牌店，是一条不折不扣的商业街；它不乏代表城市创作意念的个性店铺和书店，它们共同参与塑造了街道的多元文化；它承载着城市的每一次变迁，沿着它的质地和纹理，人们能够一窥这个城市的独特气质和活力。这，就是北京路。

在逾2000年的历史里，北京路一直是广州的城市中心和商业集散地，双门底、承宣街、永汉路、汉民路，每一个曾用名的后面都有一段更迭的历史。在北京路步行街的中央，人们可以透过“千年古道”更直观地了解北京路的过去；在北京路步行街的两边，众多服饰品牌专卖店和林立的街头小商铺则向人们展示着北京路的现在。这个广州临街铺租最贵的地方，如今已经延伸为北京路广府文化商贸旅游区，它用自己历久常新的金字招牌开启了一扇承载盛世繁华的窗口。

交通 地铁1号、2号线至公园前站下，公交7路、12路、24路、27路、42路、102路、107路、108路、191路、215路、233路等到中山五路站下。

（三）上下九步行街

上下九步行街自开通以来，经过几年的发展，取得了良好的经济效益和社会效益，1992年被广州市政府命名为“不经销（生产）假冒伪劣商品一条街”、1996年被团中央授予“青年文明号街”称号、1997年被评为“羊城十大旅游美景——西关商廊”、1998年被中宣部、内贸部、国家工商行政管理局和国家技术监督局评为全国15条“百城万店无假货”活动示范街之一，为广州和荔湾区商贸旅游事业的发展发挥了一定的作用。这是一个很有吸引力的地方。步行街上布满各中、高级百货公司，有永安百货公司、广州服装店、鹤鸣鞋帽店、大陆钟表店、妇女儿童百货商店、广州纺织商场、锦华床上用品店等老字号。而有趣的是，一些顶级品牌的新货旧款常年在“清仓大热卖”。至于食肆则有清平饭店、皇上皇腊味店、广州酒家、陶陶居酒家、莲香楼、第十甫副食品店等。

此外，还有趣香饼家、茶楼，驰名国内外的文昌鸡、清平鸡、陶陶姜葱鸡，以及姜汁撞奶、双皮奶、欧成记云吞面、伍湛记及第粥、广式月饼、糯米鸡、老婆饼、速冻食品，各式各样的名菜小吃；更有享誉国内外的华林玉器一条街。清平路，既是美食街，又是全国最大的农贸杂市一条街。这里还有为数众多的文化用品商店、专业商场和百货商场等。值得一提的是荔湾广场，有大型商住楼群，一年一度的国际美食节便是在此举办开幕仪式的。

经过全面的修建后，上下九发生了极大的变化。天际线下，高大的建筑群密密匝匝地挤在一起，人们会感受到浓郁的岭南特色：马路两旁的骑楼式建筑保存得较为完善；大街小巷，西关大屋、麻石街巷依然；马路上新建起300多米长的大型射灯喷画《羊城景廊》和近百个霓虹招牌灯饰，璀璨夺目；加上步行街的巨型霓虹灯牌匾、大型射灯喷画、沿路张挂的2000多个灯笼和彩灯……确为这个大都市平添了几许姿采。一到晚上，在黑夜和霓虹灯衬托下，上下九尤其辉煌。

交通 公交17路、79路、79A路、205路、309路、530路、556路等至上下九站下，或地铁1号线至长寿路站下。

（四）农林下路

农林下路是广州市的传统商业区之一，全长约1300米，主要商业分布在农林下路的南段、东风东路和中山二路之间。农林下路是新中国成立后逐渐繁荣起来的新商业区。1981年扩建的东山百货大楼为农林下路的商业发展起了重要的推动作用。1995年，农林下路40号的广州王府井百货大楼的崛起进一步带旺了农林下路地段，使当时的农林下路一度位居广州市三大商业街之一。

农林下路以时装、鞋业、通信商铺为多。大型的购物商场主要有广州王府井百货、广百百货东山店、东山锦轩•现代城等。

交通 乘坐30路、102路、106路、107路、120路、121路公交车在农林下路站下车。

（五）环市东路商业圈

环市东路是广州一条繁华的主干道，以环市东路至淘金路为主干，向两侧纵深发展。这里摩天大楼林立，63层广东国际大厦就傲立其中，是展现广州大都市风采的一角。由丽柏广场、世贸新天地和广州友谊商店组成的“金三角”，是广州著名的高档精品购物圈。广州友谊商店在广州人心目中一直是品质和品味的象征，以它为中心连接着丽柏广场、世贸新天地，聚集着众多世界顶尖品牌的服装。这里的商品动辄上万元的标价体现着购物品味，如果钱包许可的话，在这里购物绝对是一件惬意的事。

环市东路以花园酒店、白云宾馆为中心，周边如淘金路、建设六马路、华乐路有许多特色小资店。走在店铺之间，看着橱窗的新品，您就能感受到广州的时尚气息。这些商场普遍走精品路线，无论是服饰、化妆品还是家居用品都以精致取胜，适合喜欢淘精品的消费人群。走累了，可以在街边很有特色的咖啡店、酒吧、露天茶座坐坐，点一杯正宗的外国品牌咖啡，细细品味大都市的休闲与写意时刻。

交通 乘坐522路公交车在白云宾馆站下即达。

（六）江南西路商业圈

江南西路是一条集购物、休闲、餐饮于一身的复合式商业街，也是海珠区发展最早、最成熟、规模最大的商业街。沿街林立的各色店铺整齐简洁，既有老少皆宜的大型百货商场，也有颇受年轻人追捧的充满创意的街边小店。另外，还有琳琅满目的钟表、珠宝、手机等商店，种类齐全，吸引了大量人气，被人称为“江南北京路”。

交通 乘坐29路、53路、59路、125路、186路、220路、270路、273路公交车至江南西路站下可达。

上下九步行街

六、特色街区市场

（一）天河路数码一条街

从石牌桥地铁站出口上到地面，就已置身于天河路数码一条街前。自太古汇东望，整条天河路都布满了电脑城的招牌，看着各家数码城门前以及过街天桥上熙熙攘攘的人流，那场景一定让你过目不忘。

现在的天河路数码一条街已经形成名震全国的电脑商品集散地。其中，体育中心地铁站邻近的体育东路、天河东路及天河路上，就“挤”着颐高数码广场、天河电脑城、南方电脑城、太平洋电脑城等数家大型电脑商城。其中太平洋电脑是全国最大的电脑交易市场。

除了众多的电脑商城外，在天河东路、体育东路、石牌西路及石牌西路口附近的天河路段还汇集了联想、惠普、微软、TCL电脑等众多海内外电脑名牌产品的专卖店。IT行业竞争激烈，每逢双休日，几乎所有的电脑商城都有各种推广活动，有奖竞赛、趣味游戏、产品发布、礼品派送等等，吸引着众多追逐高科技一族的年轻人在此“冲浪”，比大商场还要热闹呢。

交通 乘坐广州公交BRT线路至岗顶、石牌桥站均可到达。

（二）芳村花鸟鱼虫市场和茶叶市场

地处广州“西部”的芳村，有两个让广州人倍感惬意的地方——花鸟鱼虫市场和茶叶市场。遇上乔迁或逢年过节，广州人都习惯来这里搬走一些花花草草，再挑选一批性价比极高的各类茶叶，不论普洱还是铁观音，都不放过。

花鸟鱼虫市场是广州目前最集中的售卖各种宠物、鱼类、奇花异卉、根雕、奇石及工艺品的综合市场，很像一个小型公园，热闹的市场氛围以及各类奇花异草也常常吸引着摄影发烧友光顾，一些店家还很乐意借店里出售的猫猫狗狗做道具，场面甚为有趣。

逛完花鸟鱼虫市场，搭地铁到芳村站，一走出来就是相对集中的茶叶市场了。这里以经营茶叶批发为主，同时经营与茶相关的茶具及茶工艺品。久居市中心的广州人，来到这里总有寻宝的意味。逛累了，旁边就是著名的芳村食街，多以海鲜为主，更以便宜著称，足以令您一饱口福。

交通 地铁1号线到花地湾站下。

（三）华林玉器街

华林玉器街南起下九路的西来正街，北至长寿西路的新胜街。早在清同治年间，华林玉器街一带就是著名的“玉器墟”了。如今，这里依旧聚集着广州八成以上的玉器商，长约500米的小街上，店过千家。这里既有戒面、耳扣、玉坠、玉镯，也有杏心、花件、花牌；既有古玉和仿古玉器，也有近年流行的生肖类玉器；既有雕工精细的座件摆件，也有玉器加工工具；既有可保值的A货玉器，也有价格便宜的B货、C货产品；甚至还卖玉石毛料，价格从几十元、几百元到几十万元都有。绝大多数店铺皆灯光璀璨，照得大小玉器晶莹剔透，吸引了众多行家慕名前来。在这里，即便只是淘一条便宜的手机挂绳，都有着无穷乐趣。

华林玉器街与历史悠久的丛林胜地华林寺——五百罗汉堂相邻而处，在玉器街逛累了，你只徐稍稍走两步，便可去看看五百罗汉堂。

交通 公交114路、181路、297路、251路、521路等至华林寺站下；地铁1号线至长寿路站A出口，走约630米即到。

（四）一德路海味干货及精品文具一条街

一德路海味干货市场又叫海味路，是广州历史上有名的“海味干果一条街”。

漫步在一德路上，东起海珠广场，西至海珠南路，沿街汇集了全国各地的副食品和杂货，各类海鲜、干果品类众多，不论是鱼翅、鲍鱼还是黄花菜与粉丝，都可以在一德路上寻觅得到。这里海味干货品类齐全，价格低廉，是主妇们经常光顾的地方，甚至连香港与澳门的主妇都组团来此购物。

除了远近闻名的海味干货，一德路上贩卖精品文具的店铺也逐渐形成规模，各类精致的文具和笔记本，以及塑料毛绒玩具和做工精细的汽车模型，吸引着不少中小学生的目光。

交通 乘坐8路、9路、61路、82路公交车在一德中路站下。

（五）文德路字画一条街

文德路离北京路很近，只有200米。但与北京路摩肩接踵的人气相比，这里显得低调而沉静，没有熙熙攘攘的路人，没有喧闹的流行音乐。字画、古玩、旧书籍、书画等临街商铺一字排开，约100多家，其中有广州市文物总店、文悦轩等高档古玩、字画、文房四宝店，也有经营各式中低档文化用品的小商铺，不到30平方米的商铺里可能聚集着世界名人的油画，其中大多可能是仿制品或印刷品。

作为广州书画艺术品的专业街市，文德路有“广州画廊”之称。除了各种用于室内装饰的油画和中国画，在这里还可以淘到其他便宜货，如相框、画框等。如果想找高档艺术品，就得到广州市文物总店了，总店于解放前由多家古玩店公私合营而成，郑板桥、张大千的书画以及隋、元时代的陶瓷都可在此找到。

交通 12路、36路、66路、190路等公交车可达文德路。

（六）广州文津古玩城

广州文津古玩城位于广东省广州市荔湾区荔枝湾，是广州市供销合作总社与荔湾区荔源国有资产经营管理有限公司共同合作开发的项目。投入4000多万元对原日杂公司龙津仓进行了全面改造装修，使其成为拥有360多个商铺、经营面积近10000平方米的集交易、展示服务于一体的现代化专业古玩商城。文津古玩城已得到包括原广州西关古玩城商户在内的本地、北京、上海及港澳台、美国等众多在古玩业界颇具实力与影响力商户的追捧。

古玩城以经营古旧瓷器、字画、家具、玉器等为主，设置了现代名家藏品专区，开设国家级大师工作室。现时，各商户摆放的商品包括：高古、官窑、珐琅彩等瓷器精品及紫檀、黄花梨、酸枝等古旧家具。在工艺品区域，还特别引入了集中反映广州工艺美术特色的“三雕一绣一彩”。五楼预留400多平方米的现代会议展示中心，用于不定期举办古玩艺术品展会、拍卖等，为古玩文化交流提供了一个良好的场所。

古玩城周围名胜有建于宋代的仁威古庙、明末清初的文塔花园、清代的小画舫斋、广州近百年来最具代表性的传统民宅风情——西关大屋保护区、荔湾博物馆，还有风景宜人的荔湾湖公园及全国最大的园林酒家——泮溪酒家。

交通 乘2路、8路、15路、25路、34路、61路、66路、530路公交车至逢源路或泮塘路站下车。

（七）源胜陶瓷玉石工艺街

源胜陶瓷玉石工艺街位于康王路与文昌北路之间，与华林玉器街相呼应，全长近千米，是民间陶瓷、玉石、工艺品的交易市场。

这里既有石湾与景德镇的陶瓷、宜兴的茶具、福建的寿山石与鸡血石、缅甸的美玉，也有竹雕、木雕、铜雕、牙雕、文房四宝、纸币、邮票甚至像章等，真是林林总总，成行成市，共聚一地。尤其是木雕、石雕、铜雕、紫砂壶、寿山石等，每年都批量销往美国、韩国、中国香港、中国台湾及东南亚等10多个国家和地区。

街内店铺房屋的装饰保留着古老西关民居的传统风格和浓郁的市井风情，与陶瓷玉石等中华古朴文化物品相互交融，吸引着大批南来北往的爱好者、淘宝者、收藏者以及游人光临，其中不少是港、澳、台甚至外国来客，一派繁华景象，从早到晚，川流不息。

交通 乘2路、3路、6路、61路、82路、204路公交车至带河路站下。

（八）海印专业购物区

海印专业购物区位于海印大桥西北侧，开发于1991年，经营面积近6万平方米。经过近10年的发展，现已形成以家用电器、通信器材、毛线布料、体育用品、旧货交易、图书批发、摄影器材等多种商品为主的专业市场。其中海印电器专业市场云集业户2000多户，日均人流量近万人次，是广州市乃至华南地区规模最大、名牌家用电器和视听器材种类最齐的电器产品集散地。该地区购物网点主要有：海印电器总汇、海印广场、星之光电器城、海印毛线布料市场、盛贤鸿运摄影器材城等。购物区内商品琳琅满目，系列品种齐全，价格经济实惠，是广大市民和各地旅游人士休闲购物的热点地区之一。

随着广州“十年一大变”工程的实施，海印大沙头地区将建成大型文化休闲广场，附近也将建成体育馆和图书馆。海印地区将进一步发展为以海印电器市场为支点的综合性的、集现代商贸和文化旅游为一体的大型商贸区。

交通 乘60路、101路、104路、128路、182路车在海印站下车。

（九）华南第一婚纱街

位于江南大道北端的江南婚纱一条街，是广东省最大的专营婚纱的集散地。早在20世纪80年代初期，江南大道北居住的侨民就开设了前店后厂的婚纱店。随后来自香港、台湾甚至东南亚的婚纱品牌也纷纷在这里开店，逐步形成了现今品类繁多、档次齐全的婚纱一条街。

漫步在婚纱一条街上，随处可见琳琅满目、绚丽多彩的婚纱专卖店。这里的每一间店都有自己的特色，准备结婚的情侣或是白发苍苍的金婚爱侣都可以在这里挑到自己中意的婚纱以及相匹配的首饰、鞋子等。

交通 乘地铁2号线至市二宫站出站，向北步行5分钟即达。

第八章

盛世庆典耀岭南——广州节庆

广州悠久的历史和独特的文化孕育了丰富多彩的节庆传统，这些传统节庆风格多样、古老又时尚，既富于人情味，又不失典雅庄重，在诉说百越古族遗风意韵的同时，又展示了“千年商都”的商贸风采与“国际都市”的多元文化。

广州节庆的内容可谓多姿多彩，包罗万象，既有历久不衰、代代延续的民俗节庆，又有另辟蹊径、富有生活气息的美食节庆；既有彰显岭南文化的艺术节庆，又有极具国际影响力的商贸节庆。不论是传统的，还是新潮的；不论是民族的，还是世界的，广州节庆都以多样而崭新的姿态迎接着八方游客的到来。

一、旅游节庆

（一）特色概述

广州的旅游节庆已成广州旅游发展的新品牌。每年，特色鲜明又形式多样的旅游节庆都吸引了众多的中外游客，可谓精彩纷呈，好戏连台。旅游节庆的举办不仅逐步树立并巩固了广州市的旅游形象和地位，同时，也成为广州旅游产品展示中不可或缺的一部分。

类型多样又独具特色的旅游资源为广州旅游节庆的产生和发展奠定了良好的基础。经过多年的努力和发展，广州的旅游节庆逐步形成一批具有深厚文化内涵和凸显地方特色的优势产品。如广府文化旅游嘉年华、何仙姑文化旅游节等以地域文化为载体的旅游节庆，石门红叶节、番禺莲花旅游文化节等以季节植物为特色的旅游节庆，还有南沙生态滨海国际旅游节、广州登山旅游节等以生态环境为依托的旅游节庆。旅游节庆的举办，对推动旅游业的发展、提升广州旅游的地位和品位有不可忽视的作用。

（二）主要旅游节庆

1.广州国际旅游展览会

广州国际旅游展览会由广州市旅游局创办于1993年，至2014年已成功举办了22届。每年3月左右举行，是我国旅游界每年最早的国际旅游展。广州国际旅游展览会始终坚持以提供“专业服务”为宗旨，以市场为导向，为海外众多旅游机构和旅游企业拓展中国市场提供机遇，为国内旅游同业开拓国际市场搭建平台，也为观众展示世界旅游业发展的新趋势。每届展会均吸引到来自42个国家和地区的700多家旅游机构和企业进行现场展示，国际展商比例超过60%，展出面积达22000平方米，已成为中国华南地区乃至亚太地区最具影响力的国际性旅游展览盛会，极大地推动了旅游行业发展。

广州国际旅游展览会

2.广府文化旅游嘉年华

广府文化旅游嘉年华是荟萃广府文化精华的大型旅游节庆活动品牌，于每年的“十·一”黄金周、广交会前后，在北京路商业步行街盛大举行。作为广东省国际旅游文化节的子活动之一，自2009年启动以来，广府文化旅游嘉年华围绕“吃、住、行、游、购、娱”六大旅游主题，用文化创意和时尚旅游的理念，推出不同主题的文化旅游活动，精彩的广府文化活动轮番上演，特色的广府手工艺现场展销，丰富的旅游资源推介，让市民和国内外的游客全方位了解最地道的广府风土人情，同享一场欢乐连连的文化旅游盛宴。

3.黄埔杨桃欢乐节

黄埔区长洲岛是广州市文化历史遗迹最密集的地区之一，因黄埔军校而闻名中外。同时，长洲岛也是个农业耕作区域，盛产长洲大果杨桃、深井霸王花及龙眼、黄皮等农业特产。其中长洲大果杨桃由长洲社区居委会从泰国引进、种植，具有色泽金黄、果实饱满、大而爽滑、汁多肉嫩、甜酸适中、带有蜜味、风味较佳的特点。其果身比泰国杨桃大，味道又胜过泰国货，可谓青出于蓝而胜于蓝，大凡到长洲旅游参观者，品尝后无不啧啧称赞。广州黄埔杨桃欢乐节旨在扩大长洲对外影响力，向广大市民游客大力推介长洲特产——大果杨桃，展示长洲丰富的旅游资源、良好的生态环境和优美的自然风光，是一项特色旅游节庆活动。每年中秋节前后，在长洲大果杨桃挂果成熟之际举办。广州黄埔杨桃欢乐节自2008年以来已成功举办5届，是黄埔区影响力大、覆盖面广、经济和社会效益明显的旅游节庆活动。

4.花都香草文化节

从2010年开始，花都区花山镇开始举办一年一度的花都香草文化节。花都香草世界是中国首家以种植香草为主题，集香草育苗、种植、食用、旅游观光、科普教育为一体的生态农业基地。基地依山傍水，生态环境优越，交通便利。园区分为东方普罗旺斯——薰衣草王国、香薰园、玫瑰园、万国蔬果园、婚纱摄影、农家博物馆、儿童手工课堂、美食点心坊、儿童科普教育园、香草食用研究基地等项目。

在文化节活动期间，香草世界将举行万人畅游薰衣草王国、花海木屋全体验等一系列活动，使“美人、美景、美食”三大元素达到完美的结合。花都香

花都梯面油菜花

草世界不但有美景可赏，更有美食可尝，这里的美食主要有三大系列：第一大系列是国内独一无二的香草火锅，第二大系列就是独特的香草美食，第三大系列就是花山特色农家菜。香草火锅主要以清香罗勒、迷迭香、百里香、香蜂草、柠檬香茅、洋甘菊、奥勒冈等为火锅配菜，专门吃“香草的大盛宴”；而香草美食系列是以粤菜为主，在所有的出品中加入香草和香花；第三大系列是花山的特色农家菜，吃的都是花山最地道的精品农家菜。

5.花都梯面油菜花节

花都梯面镇是花都区唯一一个山区镇，这里山清水秀，田园风光秀美，尤其以油菜花闻名广州。

自2009年开始，花都区政府每年春天都在梯面镇红山村举办花都梯面油菜花节，连续举办5年，内容、形式一届比一届创新，一届比一届丰富。在2012年，梯面镇油菜花节荣膺“2012节庆中国榜•最佳绿色生态人文旅游节庆”奖。油菜花节是该镇着力打造的乡村旅游名片，成为展示花都区“绿色生态”魅力的重要窗口。油菜花节在打造美丽花海的同时，更融合了传统文化元素，现场展示梯面的客家文化及特色农产品，让广大游客在观花赏景之余能进一步领略到客家文化的风情和魅力，享受一次文化休闲旅游的欢乐盛宴。

6.番禺莲花旅游文化节

番禺莲花山旅游区每年逢莲花盛开季节举办莲花旅游文化节。目前，莲花山旅游区的莲花品种已达400多种10多万株，从国内外成功引进的珍稀品种有日本明美莲、大洒锦、泰国莲、国庆红等，莲花节期间曾有珍稀的并蒂莲、三蒂睡莲盛开。

2012年举办的第24届莲花旅游文化节历时50天，展出来自世界各地的莲花品种逾400种，为岭南地区品种最齐全、展出时间最长、莲花宴菜式最丰盛的莲花盛会。其间举办“莲花杯”摄影大赛、文艺表演等。在莲花山上还可品尝到丰盛的莲花宴，用莲花、莲叶、莲梗、莲子、莲藕等与海鲜、河鲜及有机蔬果搭配，烹制出数十款莲花美食，形成风味独特的莲花宴。

7.广州南沙生态滨海国际旅游节

自2011年开始，由广州市人民政府主办，由南沙区委、区政府，市旅游局，市海洋与渔业局，市经贸委等联合承办的“广州南沙生态滨海国际旅游节”将于每年的“十·一”假期期间，在南沙区内各大旅游景区内隆重举行。

南沙生态滨海国际旅游节以“生态和滨海”为特色，在保留以往的传统旅游节目和活动特色的基础上，进一步挖掘和丰富南沙旅游的历史文化内涵，向外界展示南沙滨海文化、水乡文化、生态景观、民俗风情、旅游资源及社会发展独特魅力的旅游文化盛宴。

南沙目前已拥有南沙湿地、天后宫、百万葵园、十九涌渔人码头、滨海泳场、滨海公园、黄山鲁森林公园、蕉门绿道公园等一大批独具南沙特色的旅游景点景区，成为广州市乃至珠三角广大市民群众休闲度假的好选择和好去处，成为南沙区新的经济增长点、广州旅游的新亮点。在旅游节期间，南沙区各大景点也都安排了精彩的主题活动。在活动期间，将会有一系列的民间奇艺、奇品展示、茶艺表演、名家书画展示、义卖等精彩纷呈的活动，使广大市民享受到一次集吃、住、玩、赏、购于一体的旅游文化盛会。

8.香雪文化节

“萝岗香雪”是20世纪60年代羊城八景之一，每年冬至前后，骑着单车前去踏“雪”叹梅，是不少老广州人青春岁月里的一段美好回忆；一些中外游客及国家元首甚至慕名而来，诗人郭沫若曾两度游览，并题诗：“岭南无雪何称雪，雪本无香也说香。十里梅花浑似雪，萝岗香雪映朝阳。”

历经了近30年的辉煌和近20年的沉寂之后，从2005年起，政府以弘扬“萝岗香雪”历史文化为主题，对香雪公园进行了修建，大规模增种梅花4000多株，打造融自然景观、人文古迹、旅游休闲为一体的“南国第一梅园”，全园梅树总数近万株，重现了“香雪海”迷人景致，并于每年冬至前后在香雪公园举办香雪文化节。

9.从化石门红叶节

从2003年开始的每年年末，在从化石门国家公园都会举办石门红叶节。到2012年，从化石门红叶节迎来了10周年庆典，欢乐的气氛，震撼的盛宴，十载风雨路，片片红叶情。

从化石门国家森林公园素有“广东香山”的美称，其中的红叶林面积也是全广东最大，猩红的枫叶、橙红的漆树、深红的山乌桕、淡红的盐肤木、嫩红

从化石门红叶

的荔枝红叶……阳光下，色彩或橙红如玉，或猩红似火，或桃红如酒，绚丽夺目，美不胜收。每届的红叶节，公园还将会举办一些配套的活动，例如登山赏红叶，微博上传照片有奖活动，让广大游客在欣赏岭南最烂漫红叶的同时，还能参与微博活动赢奖品，增添节日喜庆气氛。

10.从化流溪梅花节

“中华梅花第一弄，南国报春第一枝”，“流溪香雪”是广州市流溪河国家森林公园别具特色的品牌旅游明信片。每年冬季，以梅为媒吸引无数中外游客和文人墨客前来赏梅、咏梅、画梅、摄梅和赞梅。自2002年开始，每年12月中旬至次年1月中旬，流溪河国家森林公园内都会举办“广东从化流溪梅花节活动。

11.广州（增城）登山旅游节

为发掘旅游资源，推动北部生态旅游产业的发展，推动全民健身运动，架起一座增城与外界交流、合作的桥梁，增城每年12月均在白水寨省级风景名胜区举办中国广州（增城）登山旅游节活动。登山旅游节朝着集专项体育运动、体育休闲、旅游健身、生态观光、经贸文化于一体的品牌节庆活动方向发展，将白水寨风景名胜区打造成省级专业和群体登山运动胜地、旅游休闲度假胜地。

12.何仙姑文化旅游节

何仙姑文化所推崇的慈俭为怀、乐善为本与自然道法一脉相承，展示了中华民族的美德与和谐。为了让社会各界朋友分享仙桃丰收的喜悦，共享绿道建设的成果，让社会各界在感受小楼绚丽多彩的山水人文生态之美的同时，用实际行动支持爱、传承爱、凝聚爱，共同为建设和谐社会出一分力，增城人民政府每年6月在增城小楼镇何仙姑家庙广场隆重举行仙姑文化旅游节。何仙姑文化旅游节以仙桃为媒，旅游搭台，文化唱戏，致力于何仙姑旅游文化的宣传推广，是增城旅游文化品牌之一。

二、经贸节庆

（一）特色概述

广州经贸节庆的发展与繁荣和广州悠久的国际国内贸易历史和传承不息的商业文化精神可谓息息相关。不论是唐五代以前的“岭南都会”，还是宋元时期的“海上丝路”；不论是清代前中期的“一口通商”，还是改革开放后的“经济特区”，可以说，广州城市的历史演化过程就是一部贸易发展史。

广州具有“千年商都”、“购物天堂”、“国际商贸会展中心”等称号，而这些称号的由来与一批具有国际影响力的经贸节庆和展会是分不开的。每年4月和10月，广州都会举办春秋两季中国进出口商品交易会（俗称广交会）。改革开放前，广交会是我国最为重要的对外贸易渠道和交流窗口；改革开放后，广交会继续发展，已经成为世界第二大规模的单年贸易展会，对广东省对外贸易的发展发挥着重要的作用。此外，中国国际中小企业博览会、广州博览会等都为广州的商贸的繁荣和发展作出了巨大的贡献。

（二）主要经贸节庆

1.中国进出口商品交易会

中国进出口商品交易会，又称广交会，创办于1957年春季，每年春秋两季在广州举办，迄今已有56年历史，是中国目前历史最长、层次最高、规模最大、商品种类最全、到会采购商最多且分布国别地区最广、成交效果最好、信誉最佳的综合性国际贸易盛会。

广交会一年举办两届，春季开展时间为每年4月15日至5月5日，秋季开展时间为每年10月15日至11月4日。每届广交会分3期举行，每期都有不同的参展范围。第一期：大型机械及设备、小型机械、自行车、摩托车、汽车配件、化工产品、五金、工具、车辆（户外）、工程机械（户外）、家用电器、电子消费品、电子电气产品、计算机及通信产品、照明产品、建筑及装饰材料、卫浴设备、

中国进出口商品交易会（广交会）

进口展区。第二期：餐厨用具、日用陶瓷、工艺陶瓷、家居装饰品、玻璃工艺品、家具、编织及藤铁工艺品、园林产品、铁石制品（户外）、家居用品、个人护理用具、浴室用品、钟表眼镜、玩具、礼品及赠品、节日用品、土特产品（第109届新编入）。第三期：男女装、童装、内衣、运动服及休闲服、裘革皮羽绒及制品、服装饰物及配件、家用纺织品、纺织原料面料、地毯及挂毯、食品、医药及保健品、医疗器械、耗材、敷料、体育及旅游休闲用品、办公文具、鞋、箱包。

2.中国国际中小企业博览会

中国国际中小企业博览会始创于2004年，由中国工业和信息化部、国家发展和改革委员会、财政部、商务部、国家工商行政管理总局、国家质量监督检验检疫总局、中国银行业监督管理委员会和广东省人民政府联合主办，每年9月在中国广东省广州市举行，是中国规格最高、规模最大、专门面向和服务于境内外中小企业的大型国际展会，简称“中博会”。

中博会是世界中小企业的盛会。中博会展览面积超过10万平方米，每届参展的全球中小企业约4000家，观众超过20万人次。2008年6月，在全球展览业协会（UFI）董事会希腊萨洛尼亚会议上，中博会获准成为UFI认证展会，中博会的执行单位中国国际中小企业博览会事务局也获得UFI会员资格认证。

3.广州博览会

广州博览会是广州市政府和中国对外贸易中心联合主办的中外经贸结合的大型博览会，至今已成功举办了20届，政务往来、经贸合作、文化交流均取得了显著成效。2012年广州博览会有内地30多个城市、港澳台以及海外12个国家组团参展，展览总面积近7万平方米，展位2800多个，展示了广州和国内外各地的新产品、新技术、新成果以及各地经济社会发展的新经验。据统计，2012年广州博览会期间进馆开展贸易与经济合作、参观的中外来宾达18万多人次。2012年广博会现场签约经贸项目21项，总金额164.42亿元，比上届增长11%；现场零售金额451.17万元。

博览会以“立足珠三角，面向海内外，服务全中国”的办展宗旨，以一流的场馆、一流的组织、一流的服务、一流的形象打造广州会展精品，凸显“新广州、新商机”主题，以加强区域合作、拉动内需为重点，为各地客商搭建合作交流的良好平台，为参会参展客商开展贸易洽谈和投资合作创造更多商机。

4.广州国际灯光节

广东作为全国照明行业基地，照明产品占据全国70%份额，广州市政府希望将“广州国际灯光节”打造成可持续发展、具有国际水平的城市标志性主题活动，并以此推动广州文化旅游业以及LED等低碳节能照明产业的发展，促进中国节能灯具的推广应用。

首先，广州国际灯光节不仅仅是展示照明技术，更大的亮点是用高科技的灯光照明来演绎传统的东方文化；其次，灯光节的展示内容将注入很多新鲜的科技元素，广州的夜空将被点亮；再次，市民可以在灯光节期间感受最新的照明设计理念，了解最新的照明技术，共同推广低碳环保的生活理念。

在灯光节期间，市民可以观赏集科技、文化于一体的艺术灯光展，还可以参观各种最新的照明产品，以及欣赏著名歌唱家的演出。广州国际灯光节利用现有的景观照明基础，如花城广场至海心沙区域等，全方位展示广州城市美景，进一步提升城市形象。广州将成为一个名副其实的“不夜城”。

5.广州国际服装节

广东拥有3万多家服装企业，形成了26个服装产业集群，服装产量占全国服装产量的四分之一，仅流花商圈就拥有34个服装专业市场，成为世界最大的服装生产基地和流通基地。随着中等和高收入阶层的快速成长，国民对服装品牌的购买意识逐步提高，由此产生的庞大的时装消费需求为在广州建设国际时尚之都提供了坚实的市场经济基础。

因此，广州市政府决定以举办国际服装节的形式，以顺应广东服装产业的创新升级，搭建广东服装品牌转型升级的舞台，将广东服装大省打造成服装强省，培育广州时尚服饰消费文化，打造亚洲时尚服饰风向标，将广州打造成亚洲第一时尚之都！

6.广州国际茶文化节

广州是中国最大的茶叶集散地和消费茶叶最多的大都市，自2000年举办了第一届广州国际茶文化节以来，已成功举办了多届茶文化节和博览会，取得非常显著的效果，成为广州的强势展会品牌。

广州是历史上中国茶叶对外贸易的重要港口与通道，茶文化至今仍是广州人生活中不可或缺的部分。目前广州茶叶交易市场主要集中在荔湾区芳村地段，经过20余年的发展，现面积规模超过20万平方米，茶经营商数量超过3000家，成为中国茶叶市场之首。在当地政府指导下，广州的茶叶市场已从农贸集市形式升级为现代化、国际化的茶叶交易平台。

2007年12月，在第三届中国节庆产业年会上，广州国际茶文化节（博览会）荣获了“中国节庆产业十大品牌节庆”和“中国节庆产业十大物品类节庆”两项大奖，成为国内最具影响力的茶会展著名品牌。

7.花都国际珠宝节

花都珠宝产业2001年起步，起点高，发展迅速。目前已汇聚了来自粤、港、台，美国、泰国、韩国、土耳其、波兰、法国等国家和地区众多知名企业，涉及黄金、白银、钻石、水晶、玉石等多种门类，产品涵盖戒指、吊坠、耳环、项链、手链、发髻等各种首饰件、工艺品和装饰配件。它先后荣获了“中华珠宝之都”和“中国珠宝玉石首饰特色产业基地”称号，成为中国最具影响力的珠宝生产加工基地之一。

传承产业基础和文化传统，融合创意时尚潮流和尖端高新科技，花都珠宝另辟蹊径，打造特色珠宝文化创意旅游品牌。2012年，由中国珠宝玉石首饰行业协会、广州市花都区人民政府主办了首届花都国际珠宝节，其间有云峰翡翠梦想馆、花都珠宝小镇等珠宝文化创意旅游项目开幕，加上4A级景区石头记矿物园，将在“中华珠宝之都”的冠冕上再缀上引人瞩目的明珠。

三、美食节庆

（一）特色概述

来过广州的游客或者住在广州的居民都对这座城市有着难舍的依恋，而这往往源于对美食的钟情。

广州是誉满中华甚至是誉满世界的“美食之都”，“民以食为天”在广州是没有任何争议的一句座右铭。自百越族的善渔农、尚杂食到近代吸收西餐技艺所形成的南国风味菜系——粤菜，广州的饮食文化可谓源远流长。正因如此，广州市为进一步擦亮“食在广州”这一金字招牌，举办了一系列以美食为主打特色的节庆活动，使游客充分体验“不辞长作岭南人”的妙境。

如果您运气够好，正巧赶上广州一年一度的国际美食节的话，就可以大饱口福了。因为在美食节上，除了粤菜，川、湘、鲁、徽等八大菜系以及日、韩、泰、越等国际美食都会轮番登场，是一场空前的美食盛宴。此外，增城菜心、炭步芋头、流溪竹笋、南沙莲藕等也都会在每年的一定时间举办美食节庆，充分展现广州的美食魅力。

（二）主要美食节庆

1.广州国际美食节

“食在广州”闻名海内外。1987年起，广州举办“广州国际美食节”活动。从1997年开始，广州国际美食节由广州市政府主办，其规模及影响力逐年扩大，逐渐形成了以“食”为主，集饮食、娱乐、商贸、旅游于一体，成为既具有鲜明的地方特色，又具有国际性、广泛性、群众性、专业性、科学性的著名旅游节庆活动。

广州国际美食节不断发展壮大，逐渐被各界人士认可，甚至被海内外人士公认为广州的“名片”，成为广州美食大都市的缩影与聚焦。广州国际美食节作为广州一年一度的旅游与饮食盛事，吸引了大量海内外专业人士和广大市民的参与，既是一个荟萃世界各国美食的大平台，也是展示广州美食文化的大窗口对弘扬中华饮食文化，尤其是广州独具特色的饮食文化，加强海内外旅游饮食界的交流与合作，拉动内需，刺激消费，促进广州社会经济和旅游业的发展，丰富市民节日生活都起到了很好的推动作用。

2.广州国际啤酒节

广州国际啤酒节，以啤酒为主题元素，汇集音乐、舞蹈、运动等热情绽放的娱乐节目，吸引广州及珠三角数万市民游客前来畅饮狂欢，成为每年夏天绽放羊城市民激情的精彩源泉，也成为各扎根广州福地的啤酒商展示形象、热销啤酒的前沿阵地。

广州国际啤酒节，广州一年一度最大型的户外啤酒盛会，经过多年的成功举办，广州国际啤酒节已深受社会大众的普遍认同，连续获得"2007年广州最受传媒欢迎展会"、"2008年度中国最具影响力的品牌展会"等奖项，成为广州一张亮丽的城市名片。

广州国际啤酒节，一个坚持以"培育啤酒消费市场、搭建广阔的合作交流平台"为原则的互动展示空间，既是广大外来啤酒品牌抢滩的登陆舰，也是本地品牌展示自身实力、巩固消费群的航母，更是广大消费者理想的品酒伊甸园。广州国际啤酒节见证着广州乃至华南地区啤酒业界的风云际会，激荡着酒饮文化时代的华美乐章。

3.广州南沙莲藕文化节

广州南沙莲藕文化节是以"十里荷香，万顷藕田"为主题，在广州南沙区万顷沙镇举办。举办莲藕文化节，目的是通过节庆活动进一步打造"新垦莲藕"的品牌，提升新垦莲藕品牌形象，推动南沙以及万顷沙都市农业旅游的开展，提高人们对都市生态观光休闲农业旅游的认识，同时，通过活动和宣传，提高万顷沙镇的知名度和美誉度，让更多人前来参加生态旅游，体现十里荷花香、万顷沙田乐的和谐自然风貌。万顷沙新垦莲藕一年两造，可全年提供给市民享用，只不过不同的季节有不同的烹调方法，口感也有所不同。在为期3天的莲藕文化节期间，安排了莲藕全宴、挖藕采风、莲藕知识图片展、莲藕品种展示及品尝、农产品展销等活动。值得一提的是，莲藕文化节推出了富有沙田地方特色的莲藕全宴，一桌莲藕宴包括绿豆老鸽莲藕汤、荷塘飘香鸡、私房莲藕煲、香煎藕饼、特色爆炒藕尖、荷塘莲藕五秀、巧手煎莲藕丸、特色酿莲藕等10道菜色。

新垦莲藕获得了国家农业部的绿色食品认证，是广东省著名农产品，被评为广州市十大农业品牌之一，是国家地理标志保护产品。新垦莲藕外观美观，口感松粉，藕香浓郁，藕味纯正，纤维含量较高，鲜藕存放时间较长，熟食粉香松化，生食爽甜清润。新垦莲藕以本地品种"猫牙"为主，"猫牙"的风味远近驰名，首屈一指。目前，万顷沙镇有6个莲藕加工场，每个加工场每年平均外销1920吨，即11520吨(不计算散户的销售量)专供出口，远销美国、泰国、新加坡、英国、马来西亚等地，深受欢迎。

4.白云区农耕文化旅游节

每年一届、为期2～3天的白云区农耕文化旅游节，是以展现白云区新农村建设成果，打造名优农产品品牌，提高白云区农业发展的科技含量和农产品的市场竞争力，同时推广白云区农村旅游民俗文化，促进统筹城乡经济社会一体化发展为目标，打造一个展示白云区农产品质量安全的平台，一个系列化的、具有强烈区域特色的农业展会品牌。

5.花都炭步芋头节

花都区炭步镇文岗村生产的炭步芋头远近闻名。2008年开始，由花都区政府主办的花都炭步芋头节也已成为花都区重大节庆活动之一。

在芋头节暨文化周举办期间，举办方将评选年度“炭步芋头王”，并为“炭步芋头王”种植户颁发证书及奖金。另外，举办方还将举行“炭步芋头公益竞拍”、“炭步芋头进京仪式”、“与企业签订购买芋头合同”、“炭步芋头与养生论坛” 等活动。

6.从化流溪竹笋节

流溪河国家森林公园境内流溪山竹园连绵10万亩竹林，已种植百多年，是广州地区最大的竹园。每当春天来临，无数春笋满林生，雨后春笋节节高，一派生机盎然、翠竹生辉的秀丽景象。为弘扬生态文明，促进人与自然和谐，充分利用资源优势，进一步挖掘森林生态旅游内涵，让更多的人前来赏竹、画竹、咏竹，更好地了解竹文化，每年4～5月由流溪河国家森林公园举办“广东从化流溪竹笋节”活动。

7.增城菜心美食节

为丰富增城旅游文化内涵，促进生态旅游业与都市农业的协调发展，增城人民政府每年12月在增城小楼镇小楼人家景区举行菜心美食节。通过举办菜心美食节，一是进一步丰富增城的旅游节庆活动，在广州地区各大媒体宣传和推介增城菜心，培育和打造以增城菜心为代表的增城名优农副产品品牌，促进增城生态旅游业与都市型农业的协调发展；二是充分发挥菜心美食节的载体作用，借助菜心美食节创品牌的同时也广泛发布信息，加强与广州地区饮食市场的沟通和联系，成立增城菜心广州销售中心，与饮食企业签订增城菜心供销协议，搭建起增城菜心的终端销售网络，为农民解决好增城菜心的销售问题，维护好农民的种养利益，实现农民当地就业获利，间接保护好增城菜心的质量和品牌，借此进一步拓展和推广增城菜心的销售市场，引入农业龙头企业进行规模化经营，促进增城都市型农业的发展。

8.广州荔枝文化旅游节

增城一年一度的荔枝文化旅游节（以下简称荔枝节）始于明朝末年，沿袭至今，已是增城的传统节日。从每年6月中旬到7月中旬正值蝉鸣荔熟时，为期1个月左右。在荔枝节期间，各地商人游客、海外华侨、港澳同胞汇聚增城，除了品尝、观赏荔枝外，还可以观看各种民族歌舞表演、体育表演，举行商务洽谈等活动。届时游人如潮，欢声笑语，热闹非凡。目前荔枝节已成为增城旅游活动的一项重要内容，每年接待国内外游客达数百万人。2012年6月“增城·荔枝文化旅游节”被评为“十大最具影响力广东县域节庆”。

增城荔枝红

四、传统民俗节庆

（一）特色概述

“香火万家市，烟花二月时；居人空巷时，去赛海神祠；东庙小儿队，南风大贾舟；不知今广市，何似古扬州。”宋代刘克庄的一首词，将广州的迎春花市、南海庙会和端午龙舟的热闹场景巧妙地表达出来，给予了广州传统民俗节庆最好的注解。

一个城市的传统节庆就如同浓缩的记忆一般，折射出一个地区居民的起居、祭祀、婚丧嫁娶等诸多方面的影像，深深地烙印在人们的日常生活中，不会遗忘，难以割舍。不同的地域风格和生活习俗吸引着大批游客的到来，而广州的传统节庆便拥有着这样的魅力。不论是端午节的“龙舟夺锦”，还是祈求平安的“南海神诞”，抑或是七月初七的“七夕乞巧”，都寄予了人们对自然的敬畏和美好的愿望。每一个传统节日的到来，都会有一系列的活动，规模空前，热闹非凡。

（二）主要民俗节庆

1.广州国际龙舟邀请赛

广州国际龙舟邀请赛是中国传统体育运动的五星级赛事，被誉为世界上最好的龙舟赛事之一。每年农历五月，龙舟风弥漫珠江，吹遍广州各个角落，由广州市政府牵头，不遗余力地组织推广龙舟赛，目的是要弘扬民俗文化，宣传“精诚合作、奋勇向前”的龙舟精神。

广州国际龙舟邀请赛是一项具有岭南区域特色的文化体育活动，为广州建设“全国一流、国际瞩目的体育强市”发挥着越来越大的推进作用。每年报名参加龙舟大赛的队伍几乎都超过百支，其中包含多支境外参赛队伍，如英国、荷兰、澳大利亚、菲律宾、加拿大、中国港澳台等国家和地区的队伍，这一记录彰显了赛事的国际化特征。

2.广州民俗文化节暨“波罗诞”千年庙会

在南海神庙（波罗庙）每年都有“波罗诞”盛事。“波罗诞”又称南海神诞、南海波罗诞，是珠三角地区乃至岭南地区最具影响力的民间庙会，蕴含了岭南最有代表性的民间民俗文化元素，有着千年的历史文化传统，是现今全国唯一对海神进行祭祀的活动。会期为每年农历的二月十一日至十三日，十三日为正诞。庙会期间，南海神庙方圆数十里的民众，还有珠三角、港澳地区的善男信女及东南亚华侨都从四面八方前来南海神庙“游波罗”，包括水上、陆上地区都热闹非凡，四乡云集赶赴庙会，热闹程度更胜春节。当地俗语有云“第一游波罗，第二娶老婆”，把游庙会与人生大事相提并论，足见对其重视的程度。

2005年，广州市把南海神庙“波罗诞”千年庙会与广州民俗文化节结合起来，创立了广州民俗文化节暨黄埔“波罗诞”千年庙会活动，这项活动以广州悠久的历史文化资源为依托，以南海神庙为平台，以“波罗诞”千年庙会为载体，将广东地区独具特色的民俗民间文化资源，如人龙舞、舞鹰雄、傩舞、麒麟舞、沙湾飘色、龙舟说唱、鸡公榄、舞狮、舞龙、舞鳌鱼、舞鲤鱼、舞牛、舞马、粤剧、广东音乐、民间曲艺、咸水歌及“三雕一彩一绣”等荟萃南海神庙，展现了岭南文化的独特风采。自2005年首届广州民俗文化节暨黄埔“波罗诞”千年庙会活动举办以来，已成功举办了8届，参加庙会的人数从2005年的30万人次增加到2012年的123万人次。随着活动规模不断扩大，影响力不断提高，“波罗诞”千年庙会已成为珠江三角洲地区最大的民间庙会和文化旅游盛会之一，是广州市群众文化方面的重要品牌，目前已被列入国家级非物质文化遗产扩展项目名录。

3.广府庙会

越秀区是历史文化名城、广州建城2000多年未改变过的中心城区，浓缩和荟萃了辉煌的广府文化精华，兼容和汇聚着灿烂的岭南特色民间艺术，堪称“广府文化源地，千年商都核心”。为挖掘和弘扬广府文化，越秀区特在元宵佳节之际举办“广府庙会”。这是以岭南文化三大支脉之一的广府文化为重心，融合了广府民间工艺、民俗文化等多种形式的综合性文化节庆活动，同时也是近年加快构建文化底蕴浓厚、文化要素聚集、文化事业繁荣、文化产业发达、文化创新活跃的广府文化博览区的重要载体。

每年为期7天的庙会，涵盖木偶荟萃、中华绝活、武林大会、元宵灯会等10个主题活动，包含了祈福文化、民俗文化、美食文化、商贸休闲文化等丰富的内容。主办方希望通过庙会的方式，打造独特的广府民俗文化特色活动品牌，增强广府文化的凝聚力和影响力，丰富和活跃群众文化生活，营造浓厚的年节气氛，让老百姓了解广府文化，相约幸福广州。

4.珠三角咸水歌会

“咸水歌”又称“白话渔歌”，由渔民用粤语方言或粤语次方言演唱，主要流传于广东中山、番禺、珠海一带，至今有1000多年的历史。歌唱的即兴性很强，随字求腔。其代表性曲目有《对花》、《海底珍珠容易搵》等。咸水歌以委婉柔和的曲调、热情奔放的旋律、朴实无华的歌词、直截了当的表现手法，原生态地展现水上人家的生活全貌。

从2007年举办首届歌会开始，珠三角咸水歌歌会已成为在珠三角地区具有一定知名度的咸水歌交流平台。每届歌会吸引了来自中山、番禺、东莞、惠州等地以及海珠区滨江街等10多支队伍踊跃报名参赛，为现场观众带来咸水歌精彩节目。

目前，能唱传统咸水歌的人越来越少，且大多年事已高。外来文化的大量涌入和年轻一代文化意识、价值取向的改变，使咸水歌的生态环境发生了很大的变化。所以，咸水歌会的举办为保护和拯救濒危的文化遗产起到了积极的作用。

5.三月三泮塘仁威庙会

广州东有南海神庙“波罗诞”，西有仁威庙会“北帝诞”。仁威庙建于宋朝，据《续修南海县志》记载：“恩洲堡北帝庙，广州府之西四里而近地为南海之泮塘，有庙以奉真武之神，乡人所称仁威庙。” 农历三月初三“北帝诞”正日，村民齐聚泮塘仁威祖庙，看醒狮巡游、吃大盆菜，这是广州流传近千年的民间民俗盛会。

泮塘地区的居民每年都会按照传统，在农历三月初三，即传统民间节日“北帝诞”，在仁威庙广场组织慈善派米、表演、舞狮、巡游、乡宴等活动。近年来，荔湾区重视民间文化，重新修葺仁威庙，每年都在仁威祖庙举行盛大的仁威庙会。

为更好再现这一传统民间文化活动，并与时俱进，让市民和游客深入领略西关民俗风情，庙会还恢复了部分难得一见的乡间民俗活动和道教文化活动，如巡乡、泮塘乡宴、仁威祈福会等，表达了人们的美好意愿，体现了社会的升平和谐。

6.黄埔乞巧文化节

乞巧节起源于汉代，是中国传统节日中最具浪漫色彩的一个节日，也是过去姑娘们最为重视的日子。七月初七夜，女儿家以瓜果拜天乞巧，除了乞求织女的针技，同时也乞求婚姻上的巧配。广东省一带，对乞巧节非常重视。民众最时兴七夕拜七姐，大伙儿摆七凑热闹，十分隆重。

黄埔乞巧文化由中原传入，经历年传承与发展、挖掘与提高，颇具独特性。2007年，黄埔区文化部门把乞巧活动作为一项大型的群众文化活动，把南海神庙、横沙书香街作为乞巧文化活动的平台，举办了首届黄埔乞巧文化节。自2007年以来，黄埔区连续6年举办“黄埔乞巧文化节”，成为黄埔文化活动盛事的内容之一。

7.南沙妈祖文化旅游节

天后林默，民间称之妈祖，是沿海百姓崇祀的海神，每年农历三月二十三日就是她的“诞辰”，这个时间段全国各地的妈祖庙都会举办盛大的庆祝活动。南沙天后宫坐落在南沙大角山东南麓，占地面积100多公顷，是现今东南亚地区最大的分灵妈祖庙，被誉为“天下天后第一宫”，一直以来都是珠三角地区市民的旅游热点。每年农历妈祖诞辰，在南沙天后宫都会隆重举办“广州南沙妈祖文化旅游节”。活动包括“香火相传、祈福祁顺”、妈祖祭祀大典“祝寿祈福典礼”、妈祖诞大型巡游等传统民俗活动，还有文艺表演、美食展等丰富多彩的其他活动。

飘色

五、艺术文化节庆

（一）特色概述

广州是岭南文化荟萃之地，有着悠久的文化艺术传统。广州艺术文化的最大特点是：南北融汇，中西交流。历史上中原人4次大举南迁和得海外风气之先，是构成广州文化的两个重要条件。

进入90年代，广州文化事业以建设现代化大都市为目标，加大改革力度，加大对文化设施建设、文艺创作和艺术革新的经济投入，向新的高度发展。丰富多彩的艺术文化节庆便是在这样的背景下应运而生。参与面广、质量较高的艺术文化节庆有：南国书香节、羊城国际粤剧节、中国音乐金钟奖、国际博物馆日宣传活动周等。其中，从2003年7月起，中国音乐金钟奖永久落户广州。

（二）主要艺术节庆

1.南国书香节

由中共广东省委宣传部、广东省新闻出版局、中共广州市委宣传部、广州市文化广电新闻出版局主办，南方出版传媒股份有限公司、广东新华发行集团等单位承办的“南国书香节”品牌始创于1993年，当时在全国引起轰动效应，声名远播海内外。

从2007年起，在政府的推动下，“南国书香节”与“羊城书展”开始二展合一，并确定为每年举办一届；2008年，广东省委宣传部开始全面介入书香节的组织策划工作，提出了“南国书香节，阅读嘉年华”的主题，并将其作为“书香岭南”全民读书活动的重要内容来抓，统筹各方力量和资源共同参与。同时，对传统的办展模式进行了大胆的改革，由原来的以出版社为参展主体改为以发行商为参展主体，根据读者需求和市场规律，组织适销对路的图书及相关文化产品参展，辅以丰富多彩的文化活动，成功营造了市民爱书、读书、尚书的良好氛围，为广大市民和读者奉上了一场精彩快乐的文化盛宴，把“书香岭南”全民读书活动进一步推向高潮，获得了社会的广泛赞誉。

2009年，南国书香节被中宣部和新闻出版总署评为“全国全民阅读活动优秀项目”。每年举办一次南国书香节已被写入《广东省建设文化强省规划纲要》，成为广东文化强省建设10项工程的重要组成部分。特别是2011年南国书香节，广州琶洲会展中心主会场面积达4.5万平方米，800多家来自国内外的出版机构产品参展，参展图书30万种。7天时间广州主会场总入场人数达81.6万，累计销售额近4000万元。媒体报道，南国书香节无论是参展规模、销售额、进场人数，还是影响力、辐射力，都已经成为全国同类书展之中规模最大、影响力最强的书展。

2.中国音乐金钟奖流行音乐大赛

中国音乐金钟奖流行音乐大赛（简称金钟大赛）是由中共中央宣传部批准设立的、中国音乐界唯一的综合性大奖“中国音乐金钟奖”的分项赛事。大赛举办旨在促进我国流行音乐事业与产业的发展，促进流行音乐人才的成长，提升音乐人国际化水平，通过比赛的方式遴选出优秀的青年演唱人才，并进行表彰和奖掖，为选拔人才，鼓励原创、原唱，促进流行乐坛繁荣发展创造良好平台。

中国音乐金钟奖创办于2001年，是与戏剧梅花奖、电视金鹰奖、电影金鸡奖并列的国家级艺术大奖。第一届、第二届分别在河北廊坊市、福建省厦门市鼓浪屿举行。2002年10月8日，中国音协给广州市发来《关于与广州市共同主办第三届“金钟奖”的函》，拟与广州市共同主办第三届中国音乐金钟奖，创办广州金钟国际音乐节。2003年2月，市委、市政府同意广州市政府和中国文联、中国音协合作在广州举办中国音乐金钟奖活动。2003年7月11日，广州市人民政府和中国文联、中国音乐家协会共同举办了中国音乐金钟奖永久落户广州的签字仪式。

3.广州国际博物馆日

1977年，国际博物馆协会（ICOM）为促进全球博物馆事业的健康发展，吸引全社会公众对博物馆事业的了解、参与和关注，自1977年始，将每年的5月18日定为国际博物馆日，并每年为国际博物馆日确定活动主题。为庆祝这一年一度的文化盛事，并将这一年一度的主题活动打造成为广州市的品牌文化活动，由广州市文化局、市文博学会主办，广州艺术博物院承办，开展一系列的相关主题活动。广州国际博物馆日活动正逐步成为广州市重要的文化品牌，成为奉献给广大市民的一道文化盛宴。

4.中国（广州）国际纪录片大会

中国（广州）国际纪录片大会（GZDOC），在2003年广州国际纪录片学术研讨会的基础上发展而来。经过5年的探索和发展，目前已经成为中国唯一国家级的、享有交易功能的纪录片盛会，有力地推动了中国纪录片产业的发展与进步。

2003年12月中旬，来自联合国教科文组织的代表爱德蒙·木卡拉先生为2003年广州国际电视纪录片学术研讨会开幕式致辞，标志着中国建立了自己的国际纪录片专业活动。在国家广播电影电视总局外事司和所有首届大会参加者的鼓励下，2004年12月举办了第二届活动，同时改名为广州国际纪录片大会（GZDOC）。

5.广州国际动漫艺术节

为推动广州动漫产业的发展，自2005年开始举办一年一度的广州国际动漫艺术节。首届广州国际动漫艺术节由中华民族文化促进会、广东省电视艺术家协会等主办，在广州花城会展中心开展。在为期5天的动漫艺术节中，共有漫画作品展览、DV创作大赛、摄影大赛、卡通形象创意大赛、COSPLAY、街舞、影视特技、少儿绘画、欢乐城堡等近20项娱乐活动。中心舞台有歌舞、杂技、小品、变脸、京剧、组合等专业团体全程演出，现场还全天播放《宝莲灯》等多部动漫大片。

此后的每一届国际动漫艺术节，基本包括主体活动及表演类赛事。主体活动如DV影片大赛、动画短片大赛、原创漫画作品展览、军事漫画作品展览、幽默摄影作品展览、漫画名家现场签名活动。表演类赛事如COSPLAY表演、LOLITA走秀、街舞大比拼。

6.羊城国际粤剧节

羊城国际粤剧节是广州市举办的大型国际性文化艺术活动之一，自1990年举办首届、1996举办第二届以后，每4年举办一次。2012年的第六届羊城国际粤剧节是继2009年粤剧成功申遗之后首次举办的粤剧节。第六届粤剧节共有来自海内外22个国家和地区的114个粤剧（社）团、258个剧（节）目参加。总计将有52场演出，另外还有27场覆盖全市的粤剧进社区、进校园的惠民文化活动以及3个专题展览，活动规模远超历届。

每届粤剧节都会保留许多经典项目，如欢迎酒会，开幕式、闭幕式晚会，粤剧研讨会，海内外粤剧社团大联展，优秀粤剧剧目展演，粤剧进校园进社区群众文化活动等。

7.广州岭南书画艺术节

海珠区作为岭南画派的发祥地，位于海珠区江南大道中怀德大街3号的十香园——原为岭南画派祖师居廉、居巢开馆授徒之所。根据广州市文化建设“一区一品牌”的部署，海珠区积极发挥广东省书画之乡的优势，以十香园纪念馆修缮落成为契机，于2007年成功举办了首届“广州岭南书画艺术节”。

“广州岭南书画艺术节”由中共广州市委宣传部、广州市文化局、广州市文学艺术界联合会、中共广州市海珠区委员会、广州市海珠区人民政府、广州美术学院共同主办，每3年一届。目的是为了进一步确立海珠区岭南画派发祥地的地位，弘扬岭南画派的精神，在广大干部群众中普及、提高书画艺术修养和审美情操，并长期沿袭，使广州岭南书画艺术节扎根群众，成为书画艺术的盛会、人民群众的节日。

8.岭南古琴音乐会

为更好地保护、传承古琴艺术，提高公众对古琴艺术的认识，2011年，海珠区建成岭南古琴艺术馆（海珠区非物质文化遗产展示厅），并举办了首届粤港澳古琴音乐会。音乐会以交流与传播传承古琴艺术为出发点，邀请名家演奏岭南古琴的经典曲目，同时尝试古琴与埙、小提琴等乐器合奏的新形式。音乐会将每年举办一次，是海珠区文化活动三大品牌之一。

温泉养生

第九章

四海来宾汇羊城——现代交通

一、交通枢纽

（一）特色概述

广州是我国华南地区的交通枢纽，各种交通十分便利。

广州的新白云国际机场是我国的重要航空港湾，是我国三大航空枢纽之一；铁路有广州火车站、广州东站、广州南站、广州北站4个客运站，客运线路覆盖全国；高速公路四通八达，从广州延伸至周遭及全国，目前有16家长途汽车站，设施先进，大巴舒适，客运线路辐射华南、华东、华北、华中、西南、东北地区大部分省份，并实现广州市联网售票；水运方面，广州水上客运有穗港客运口岸、洲头咀客运口岸、增城新塘客运口岸、番禺莲花山客运口岸、南沙客运口岸等，航线开通至广东省内城市以及周边大、中城市，还经营直航香港的水运航线；市内还有公交、地铁、BRT、出租车等各类交通，方便快捷。

广州白云国际机场

（二）主要交通

1.广州白云国际机场

人们乘飞机来广州，降落的机场是全国三大机场之一的广州白云国际机场。新白云机场规模大、功能先进、现代化程度高，是国内首个按中枢机场概念设计、建设和运营的大型机场，总投资近200亿元，是新中国民航史上一次性投资最大的基建项目。

广州白云国际机场位于广州市北部，白云区人和镇与花都区新华街、花山镇、华东镇交界处，距广州市中心海珠广场的直线距离约28公里，该机场荣获“2005年中国十大建设科技成就”称誉。新白云国际机场是广州市的一个新标志性建筑，一个展示新广州形象的窗口，一个广州市民喜爱的新景观。

2004年8月5日，总投资198亿元的广州新白云国际机场正式投入运营。机场占地面积为15平方公里，第一期工程飞行区两条平行跑道按4E级标准设计，航站区按满足2010年旅客吞吐量2500万人次要求设计。其中，新机场一期航站楼由主楼、连接楼、指廊和高架连廊四大建筑结构组成，总面积为37万平方米，主楼共分为4层，包括地上3层及地下1层，其中第三层为出发大厅，第二层为商业层，第一层为到达和商业层，负一层则通往地铁、停车场和机场酒店。

目前，白云机场开通了110多条国内外定期航班航线，是中国南方航空、海南航空、深圳航空、联邦快递的枢纽机场及中国国际航空的重点机场。白云机场落成运营当年，旅客吞吐量就已超过2000万人次，2007年又突破3000万人次，2010年一举跨越4000万人次大关，2012年达到4830万人次。

[机场设施]

白云国际机场作为国内三大航空枢纽机场之一，是一座现代化国际级机场。机场为旅客提供了各种丰富周到的服务，机场内设有头等舱、商务舱休息区，VIP贵宾厅，为商务贵宾提供尊贵从容的贵宾服务，为老、幼、病、残、孕等特殊群体旅客设立了特殊服务，并开辟了特别通道。

机场航站楼内有来自建行、农行、广发、恒生、汇丰、艾西益等国内外金融服务机构，还专门设立了商务中心供旅客使用。此外，航站楼内有自助值机设备、免费行李手推车、电瓶车、行李寄存处以及无线网络多媒体亭、旅客更衣室等延伸服务，极大地简化旅客出行的流程，为旅客提供高效、便捷和贴心的服务。

[交通指引]

（1）市区机场快线

白云国际机场为方便旅客来回机场与市区，开辟了11条直达市区的机场快线运送旅客。

市区机场快线途经市内各大酒店、大型广场以及交通枢纽地，如花园酒店、粤海酒店、珠江大酒店、中信广场、海珠广场、天河客运站、广州北站等等。

市区机场快线价格合理且十分

舒适，更重要的是充分考虑到乘机旅客的特点，针对性地开辟直达各大酒店、广场和交通枢纽地的往返线路。各条线路平均20～30分钟一班车，以高密度车次和贴心的服务为旅客的出行提供了便捷的交通服务，极大地节省了旅客的出行时间。

（2）异地候机楼和空港快线

白云国际机场为方便珠三角地区及周边城市的旅客来回机场，在多个城市建立了异地候机楼，为旅客提供空港快线接送旅客服务。空港快线运营线有：东莞、佛山、中山、惠州、江门、南海、清远、深圳、顺德、台山、云浮、肇庆、珠海等。空港快线车次较多，基本每小时一班，充分满足旅客的出行需求。

（3）地铁

广州地铁3号线北延段南起天河区体育西路站，经林和西、广州东、燕塘、梅花园、京溪南方医院、同和、永泰、嘉禾、龙归、人和站后到达新机场站。乘坐该线既可直达广州市的中心城区天河区，也可以通过换乘到达广州火车南站并搭乘武广高铁及广珠城际铁路，或通过换乘其他地铁线路前往广州市的其他区域。

（4）出租车

机场到达厅外的A、B区到达通道内均设有出租车上客点，A到达区出租车上客点设在A5号门外，B到达区出租车上客点设在B6号门外。如需乘坐出租车，请到相应的到达区出租车上客点排队候车。

（5）停车场

广州白云国际机场股份有限公司停车场管理分公司是负责白云机场停车场（楼）经营和管理的专业公司。公司拥有P1（A区停车场）、P2（南停车场）、P3（停车楼）、P4（北停车场）、出租车调度场、AB到达及东西指廊职工停车场等多个停车点，各停车场（楼）总面积约210000多平方米，总车位约5700多个。作为白云机

广州白云国际机场停车场

场重要的配套工程，各停车场（楼）在流程设计、设施设备、服务管理等方面均处于国内停车场先进水平。

[饮食服务]

东三西三区域商业面积约8000平方米，其中最引人注目的就是两个约700平方米的美食广场，共有70多个商业点，包括快餐、中餐、咖啡、零售等。机场在保持原有的麦当劳、真功夫快餐之外，在东三西三建成后还将有肯德基、永和大王、大椰丰、凯悦酒家入驻。美食广场的消费价格将主要定位在“二星”、“三星”级别。

[休闲娱乐服务]

白云机场主航站楼有很多休闲娱乐的地方，如电影院、书吧等。随着东三西三的建成，旅客还将享受到休闲广场的服务，如烫衣服、修指甲、按摩、沐足、美容等。据介绍，烫衣服的价格为10元一件，而修指甲分为有偿和无偿服务。机场管理部门表示，因为根据机场的一些规定，如剪刀、指甲刀等一些工具不能带上飞机，休闲广场将来可以为旅客提供一些有偿和无偿的服务。

2.广州火车站

广州火车站位于环市西路，是广深铁路、京广铁路、广三铁路及广州地铁2号、5号线交会的车站，也是华南最大的火车站和广州市内最主要的铁路客运站之一。

广州站的一大特色是车站站房上的“统一祖国，振兴中华”霓虹灯标语，在全国众多火车站中显得独一无二。事实上，在广州站建成之时，由于正处于“文革”时期，当时车站大楼上方所挂的标语是“战无不胜的毛泽东思想万岁，伟大的中国共产党万岁”，这句标语在“文革”结束后被撤下。至1986年7月，广州市委认为，广州作为改革开放的前沿，是港澳台居民和海外侨胞最早进入中国大陆的城市，广州火车站又是华南的重要门户，因此广州市委要求在广州站楼顶建一条全新的霓虹灯标语，内容定为“统一祖国，振兴中华”，字体为红色黑体，每个字高5米、宽5.5米。标语在1986年10月国庆节前夕完成，由于当时电力供应比较紧缺，霓虹灯标语令火车站用电量增加了30多千瓦，使用初期为了节省电能，每晚亮灯开启时间仅要求不少于3～4小时。

广州火车站是从广州地铁2号线三元里总站开始的第二个站，2009年12月28日广州地铁5号线通车，该站成为换乘站。从广州火车站出站通道可以直接走C出口直达地铁站厅。从地铁站往广州火车站可以走B出口，从隧道走到火车站广场。

广州火车站是地铁2号线第一批开通的站点之一，从地铁站出地面可往环市西路、站前路、站西路、站南路、解放北路、机场路、流花路，可达省汽车客运站、广州市汽车客运站、流花宾馆、东方宾馆、广州电视台（花果山）等地。

地址 环市西路159号。

3.广州火车东站

广州火车东站是我国第一条准高速铁路的起始站，位于广州市天河区，是广州建设国际大都市的重要标志和对内联系、对外开放的窗口，是规模宏大、设备先进、建筑新颖的我国最大的现代化铁路口岸站。

广州火车东站是中国铁路客运特等站，主要承担广（州）深（圳）线、广（州）九（香港九龙）线、广（州）汕（头）以及华东方面经京九铁路分流进入广州地区的旅客列车始发终到。

广州东站主要由前广场、客运楼、塔楼、站场4部分组成，总占地面积41公顷。站前广场由高架人行广场层、机动车层、地下3层组成，形成人、车分层分流，室内公交车站、地下停车场、地铁的立体格局；客运楼总建筑面积114197平方米，由客运、广九直通车联检、商业场地等组成，并预留北面连接广园东路的站房；塔楼两座，一座为43层的写字楼，一座为47层的酒店；站场拥有19条股道、5座旅客站台。

广州东站主体客运楼，是整个车站的中枢。该楼东西长272米，进深44米。四楼以下为客运服务场所，主要分为广九直通车、广深列车、长线列车3部分。一楼设有广九直通车售票、广深线售票、广深旅客候车室、广九直通车行李托运处和国内旅客行包房。二楼中央为面积4957平方米的分散大厅，将进出旅客分散到上下左右各楼层；西部为长线列车售票厅；东部设有5间面积共计1050平方米的贵宾室。三楼设有售票厅、直通车旅客候检区和长线旅客候车室。四楼西部为面积9742平方米的广九直通车联检候车大厅，中部跨线部分为8066平方米的国内旅客候车大厅。直通车和国内旅客候车大厅的面积均为全国之最。

广州火车东站即将开出的和谐号

广州东站与市内交通衔接，十分便利。站内地下有地铁1号线和地铁3号线，站前广场有开往市内各处的公交车站和出租车站，成为全市重要的交通枢纽。

地 址　广州东站路1号。

4.广州火车南站

广州南站位于广州市番禺区石壁街，距广州市中心约17千米，距佛山市城区约19千米。北接武广客运专线、贵广快速铁路、南广快速铁路，南接广珠城际轨道和广深港城际轨道，关乎广州乃至全广东老百姓的出行。广州南站是铁道部和广东省合作加快铁路建设的重点工程之一，是武广客运专线的重要组成部分，也是广州市2010年的亚运会工程之一。

广州南站站房总建筑面积48.6

万平方米，分为4层，地下一层、地面层、站台层和高架层，局部设有夹层，站房全部建设完毕。铁路客运用房建筑面积约21万平方米，其中有3个候车室、6个售票厅、12个旅客到达处、15座站台面28个站台，主要承担武广客运专线、广珠城际轨道和广深港城际轨道始发终到列车作业。

[结构设计]

广州南站共有地上3层，以及地下一层。

首层主要为地铁与城际轨道的换乘进出站口，口岸入境、的士站、停车场等。

二层设有口岸进站厅及贵宾候车室等，可以直接通过东广场外侧的匝道上至该层。

三层设有武广客运专线、广深港客运专线、贵广快速铁路、南广快速铁路的旅客候车厅，口岸进站厅、城际换乘厅等，可以直接通过西广场外侧的匝道上至该层。

地下一层为地铁进站、出站厅。

[“零换乘”便捷地铁城轨]

地铁：广州市轨道地铁2号线，远期还将有广州地铁12号线、7号线和佛山地铁3号线引入该站。

公路：东新高速公路、广明高速公路、广珠西线高速公路、南部干线快速路等高等级道路将引入车站。

地址　广州市番禺区石壁街道。

5.广州火车北站

广州北站，原名新街站、花都站，站址在广东省广州市花都区新华街（新华拟设镇为街）。广州北站主要负责武广客运专线的中途旅客列车作业，未来还将引入广（州）清（远）城轨和地铁9号线，除了能对广州北部、佛山北部、清远起到辐射作用外，还能与白云机场通过轨道交通连接，成为航空与铁路的交通转换站。

广州北站距广州站28公里，建有总面积2.3万多平方米的车站客运大楼，内设6个候车室，将成为广州地区一个重要的交通枢纽，分担了广州火车站的部分客流。在广州北站的多次易所中，“北站”的运输功能逐步转变，由原来的货运站向客运站过渡（不过前身的两个北站依然是重要的货运、编组站）。现在扩建后的火车北站将成为一个大型客运站，可有效分流火车站客流；广州北站将成为广州地区的一个重要交通枢纽，彻底解决广州火车站地区的拥挤现象。

广州北站一层全部做普速列车的候车室，二层就专门供武广客运专线使用，旅客实行“上进下出”，武广旅客从二层过天桥到3站台、4站台坐车，普速列车旅客可从一层到1站台、2站台。下车则用地下隧道从站台到出站口。同时，车站南端还增设武广线售票厅，增加三品检查仪和专门的自动售票机，实行全自动售票。

地址　花都区站前路。

6.省汽车客运站

省汽车客运站，是广州交通集团广州市长途汽车运输公司属下的国家一级公路客运站场。本站毗邻广州火车站，紧接地铁2号、5号线出口，地处流花地区服装、皮具、钟表和化妆品批发集散地，是华南地区一个较大的公路客运枢纽中心。

省汽车客运站以经营高速公路豪华直达班车为主，班车线路遍及全国各大省区主要城市，覆盖珠三角、粤东、粤西、粤北等数十个省内城市以及广西、海南、湖南、湖北、福建、江西、贵州、河南、山西、浙江、江苏、辽宁等30多个省外城市，日均发班近2100班次，日均发送旅客超4.5万人次。

地 址 广州市环市西路147～149号。

7.广州汽车客运站

广州汽车客运站，简称市汽车站或市站，地处流花商业圈中心，毗邻广州火车站，是国家一级公路客运站场，属下设有市站站区和流花站区。

车站一楼为公交站场、二、三楼为公路客运站场，目前直达市汽车站的地铁出口已开通，港湾式出租车停车区也即将启用，真正实现了铁路、公路、公交、地铁、出租汽车无缝接驳，极大地方便了旅客的购票换乘。

主要营运线路涉及市属两市三区、珠江三角洲地区、粤东地区、粤西地区、粤北地区以及海南、广西、湖南、江西、福建、浙江、上海、江苏、湖北、贵州等跨省线路。现市站共有进站班车1000台，日发1900多班次4万多人次，公路客运量在广州市客运站场名列前茅。

地 址 环市西路158号。

8.天河汽车客运站

天河汽车客运站，位于广州沙河元岗广汕公路，东临华南干线，西接北环高速。地铁3号线从天河客运站往南贯通1号、2号线，24条公交线路通往四面八方。

天河客运站是广州东出口的中心站场，主要经营广梅汕公路及其沿线，福建、浙江等跨省线路，同时经营粤西、粤北、珠三角以及广州东向的班线，线路覆盖全国20个省、直辖市、自治区。目前营运省际班线100多条、省内班线90多条。生产能力可达到2500班次/天、120000人次/天。行包快件直达省内外100多个站点，给顾客提供方便、快捷、准确的快递服务，在广东地区同行业中处于领先地位。天河站应用计算机技术推行联网服务，在市区多处设有车票代售点为旅客提供购票方便。

地 址 广州市燕岭路633号。

9.广州东站汽车客运站

广州东站汽车客运站地处繁华的天河商务经济区，紧邻广州火车东站，是距离天河北商圈最近的汽车客运站，与广州大道、广园快速路、环城高速、华南快速相连，与内环路无缝接驳，与地铁1号线、3号线和东站公交总站相邻，地理位置优越，交通出行便利。

班车线路覆盖增城、花都、从化、佛山、东莞、深圳、中山、珠海、清远、肇庆、江门、江西、阳江、茂名、湛江、惠州、潮汕地区、福建、海南、广西、湖南、湖北、浙江等23个地区60余条线路，经营线路不断辐射省内外。除此以外，车站还向广大旅客提供一系列完善的配套服务，包括联网售票、行包快运、车辆停放等，是广州市重要的中心枢纽站场。

地址 禺东西路43号（广州火车东站北面、广园东路瘦狗岭路段，于广州火车东站地铁站H或J出口出站，向西行走50米即可到达）。

10.其他汽车客运站

广州南汽车客运站：主要承担广佛经济圈城镇体系的公路客运服务，以及为进出广州火车南站的旅客提供中转换乘服务，是目前广州市实现无缝接驳方式最多、占地面积和发送旅客能力最大的公路主枢纽客运站场。客运站线路已全面覆盖深圳、东莞、中山、珠海、佛山等珠三角腹地，并辐射粤东、粤西两翼。

广园客运站：国家一级汽车客运站。该站以高速专线为主，已开通省内班线有深圳、东莞、珠海、湛江（遂溪）、吴川、电白、茂名、肇庆、新丰、佛冈、汕头、汕尾（海丰、陆丰）、新会（江门）等地，以及广州至辽宁、河南、山东、浙江、江苏、福建、江西、安徽、湖南、湖北、陕西、四川、广西、海南等省际班线。

滘口汽车站：国家一级公路客运站场。紧靠芳村地铁站，现已开通广东、广西、海南、福建、江西、湖南、湖北等客运班线170条，是广州市最大、最便利的广西客源集散中心。

海珠客运站：国家一级公路客运站场。已开通粤东、粤西、珠江三角洲等中短途线路及广西、湖南、湖北、江西、河南、四川等跨省（区）线路90余条，其中通往江西、粤西的线路已成为广州客运品牌线路，是广州市通往江西、粤西方向覆盖面最广、班次密度最大、出行最便利的客流集散中心之一。

芳村客运站：国家一级公路客运站场。营运线路以珠江三角洲西部、南部地区为主，辐射广东、广西、海南、湖南、湖北、福建、江西、山东、上海、浙江等省区市。

广州罗冲围客运站：国家二级汽车客运站场，是广州市西北方向公路主枢纽站场。省内班线主营连州、阳山、英德、清远、湛江、云浮、中山、东莞等，并辐射珠三角地区和周边省份地区。省际班线主营广西、湖南、湖北、江西、山西和海南等12个省（区、市）。

越秀南客运站：国家二级汽车客运站场。经营的线路遍达省内多个地区和江西、广西、江苏等省外多个市县。越秀南汽车站将逐步改造成为穗港澳专线直达快车站场。

东圃汽车客运站：国家二级公路客运站场。目前共有客运班线60多条，省内线路遍及珠三角、粤东、粤西、粤北各区域，省际班线以湖南、江西、广西、福建、河南为主。

黄埔汽车客运站：国家一级公路客运站场。站场现时已开通省外湖南、湖北、河南、河北等地的班线，省内深圳、东莞、珠海和粤东、粤西、粤北等地班线。

永泰汽车站：国家一级汽车客运站。该站班线以跨省班车为主，已开通广东省、湖南省、江西省、河南省、四川省、福建省、广西省等方向的客运班线。

夏茅汽车站：国家二级汽车客运站。现有班线以跨省班车为主，辐射广东、湖南、湖北、四川、江西、河南、福建、安徽、贵州、广西等省（自治区）。

广佛汽车客运站：地处中山八路童装批发集散地，目前有佛山、开平两条线路，均为高级坐席直达班车。

11.广州南沙港客运码头

广州市南沙港客运码头位于南沙区虎门大桥以南约1.6公里处，西临南沙蒲洲高新技术开发园、南沙会议展览中心，北面可见虎门大桥飞架珠江东西两岸，南依五星级的南沙大酒店，地理条件十分优越。

广州市番禺南沙港客运有限公司于1992年成立，主要经营广州南沙往返香港的水上客运服务。公司目前拥有5艘高速双体客轮，船上配有先进的卫星导航系统、雷达系统，有贵宾座、头等座和普通座，多达380多个座位。目前在香港靠泊的码头有香港中港城码头、香港港澳码，每天至少10余次往返航班，航行时间75分钟，为旅客的出行时间提供了充足的选择。

为方便接送旅客，公司配备20多台客车，在广州、番禺、顺德等地设有旅客接送网点，为旅客提供乘船便利。随着地铁4号线及广州公共交通线路的普及，旅客到南沙客运港乘船越来越方便。

12.广州番禺莲花山港客运码头

广州番禺莲花山客运港位于莲花山旅游区南麓、狮子洋西岸，距香港61海里，距广州市中心30分钟车程，交通便利，是1985年经国务院批准为对外开放的国家一类口岸。1986年，广州番禺莲花山港客运有限公司成立，同时广州番禺莲花山港至香港水路客运航线开通首航。

广州番禺莲花山港主要经营番禺莲花山港至香港中港城水路旅客运输业务。公司拥有“莲港湖”、“莲山湖”、“莲珠湖”和“南桂”4艘现代化先进豪华双体高速客轮，总客位1415个。每天往返番禺莲花山港至香港10个航班，航行时间仅需1小时50分。

广州番禺莲花山港客运有限公司为方便各界人士购票，在广州、番禺地区各大宾馆、酒店和祁福新邨等大型屋村、镇均设有电脑联网客票售票点达50多个，并为乘船旅客提供免费车辆接送往返广州番禺莲花山港的服务，同时为乘船旅客提供在港口码头免费停车的服务。

二、旅游交通

（一）特色概述

广州旅游交通便捷，市内景点通过公交、BRT、地铁、轮船等驳接，考虑到残疾人出行方便，广州还设立了专门的残疾人出租等专用巴士，更有旅游专线将知名景点无缝连接。广州市现有4条旅游观光线路，票价为2～3元，旅游1线起止点为云台花园至中山八路，旅游2线起止点为珠江帝景苑至中山八路，旅游3线起止点为中成路至琶洲石基村，双层巴士旅游观光1线起止点为珠江泳场至黄埔古村。上述4条线路途经广州各大名胜景区，如陈家祠、云台花园、广州塔、琶洲塔等。另外，位于广州解放北路的以太广场还开设了广东首个香港迪士尼乐园旅游专线车站，游客能够从该站直达香港迪士尼乐园。同时，越秀南站还辟有18条旅游线路，这些线路不仅是长途客运的重要组成部分，而且也为游客出行提供了便利。

（二）主要交通设施及服务

1.地铁

广州地铁系统健全，目前已开通运营1号线、2号线、3号线、4号线、5号线、6号线、8号线、广佛线及APM线，总长共236公里的线路基本覆盖了市区的主要地点，游客出行十分方便。广州地铁车厢内报站提示，依次分别使用普通话、广州话和英语。报站完毕后介绍站点附近的景点、建筑物，使用普通话。

广州地铁万胜围站

根据最新批复的广州市新一轮轨道交通建设规划，至2016年还将力争新建成并开通284公里地铁线路，广佛线西朗至沥滘段、6号线二期、7号线一期、9号线一期、4号线南延段、8号线北延段、13号线首期、14号线一期、知识城线和21号线，届时累计开通里程将超过500公里。

广州地铁的运营里程现为236公里，是中国第三大城市轨道交通系统，票价按里程分段计价。起步4公里以内2元；4～12公里范围内每递增4公里加1元；12～24公里范围内每递增6公里加1元；24公里以后，每递增8公里加1元。

随着广州地铁跨越式的发展，广州地铁进入了大线网运营时代，客流快速增长，目前日均客流量近500万人次，承担了广州市35%以上的公交客流运送任务。

2.公交

截至2012年底，广州全市共有公交线路925条，公交车12177台，日均客流量约740万人次，车型以城市客车为主。

近几年，根据城市发展和市民日益多样化的出行需求，公交线网迅速发展，并呈现3个特点：服务范围广泛——东至增城，南至南沙，西至南海，北至花都；服务层次分明——公共大巴、公共中巴、公共小巴协调发展；服务形式多样——日班线路、夜班线路、地铁接驳线路、高峰快线、节假日专线等多种服务形式并存。

广州市区公交车大部分票价为2元，广州市区公交车对使用羊城通、岭南通的乘客实施以下优惠：1个自然月内从16次起6折优惠，广州户籍老年人、学生、残疾人等特殊群体优惠，BRT通道内同向换乘免费。

BRT（快速公交）

3.BRT（快速公交）

广州市城市快速公共交通系统(Guangzhou Bus Rapid Transit)，简称GBRT。广州快速公共交通系统西起天河体育中心，东至黄埔夏园，全线总长22.9公里，是全世界第一个实施与地铁和公共自行车系统物理整合的快速公交系统。系统沿线先后与广州地铁1号、3号、5号线3条地铁线路相衔接，并设置了109个自行车站，为市民提供公共自行车服务，形成地铁、快速公交系统、自行车慢行系统相结合的立体公共交通网络。

GBRT试验线西起天河体育中心，东至黄埔夏园，共设26个BRT站点，包括体育中心、石牌桥、岗顶、师大暨大、华景新城、上社、学院、棠下村、棠东、天朗明居、车陂、东圃镇、黄村、珠村、莲溪、茅岗、珠江村、下沙、乌冲、黄埔客运站、双岗、沙浦、南海神庙、庙头、南湾及夏园。

其中，师大暨大站是亚洲最长的BRT站台。另外，广州BRT的体育中心站和师大暨大站都单向拥有4个子站台，是世界上拥有子站台最多的BRT车站。

BRT现有线路42条（含31条普通线路、5条快线、6条支线）公交线路。

4.双层观光巴士

广州最早的双层巴出现在1987年，这些最早的双层巴全部从香港引进，从此广州便拉开了使用双层巴的历史序幕。到了1993年，广州才拥有自产的双层巴（GZ6120FS型），这种自产双层巴士由市交建基金赠送，自重19.5吨，高3.9米，全车长11.9米。

从2000年开始，双层巴逐渐退出广州公交。到2001年，随着最后一辆28路线双层巴的停运，陪伴着广州市民14个春秋的双层巴暂别了广州公交的历史舞台，而这辆旧式双层巴安静地矗立在广州博物馆，在镇海楼继续见证广州的发展。

阔别羊城10年后，2013年双层巴士重现广州。新双层敞篷巴士车型采用英伦风格设计外观。双层巴均为高强度全承载结构，为方便乘客，所有车辆配装残疾人电动轮椅伸缩踏步，设残疾人轮椅专位，还装有车载视频、录音和多语种报站器，可为乘客介绍沿途景点，提供国语、粤语、英语等报站。车辆二层采用电动敞篷，一旦有雨，司机可随时用控制按钮启用雨棚，同时每车还配有一名随车服务员（巴姐），服务于第二层，为乘客提供导乘、景点介绍、维持秩序等服务。

旅游观光1线双层旅游巴士（珠江泳场总站—黄埔古村总站），线路长度11.7公里，共设置有22个站点，围绕珠江边运行，行经中山大学北门广场、赤岗塔、广州塔、珠江·琶醍啤酒文化创意艺术区、广州会展公园、琶洲国际会展中心、琶洲塔、黄埔古港古村历史文化景区等景点。旅游观光试验线1的营运时间为7:00～21:00，逢正点、半点发班（试运营阶段）；票价3元，优惠政策与普通公交一样。

5.汽车出租

广州人称出租车为“的士”，是英文“Taxi”的粤语发音。2013年，广州市共有出租汽车20389辆。其中，广州市区共有出租汽车18725辆（包含1000辆高峰出租汽车），出租汽车起租价为10元，起租里程2.5公里，续租价2.6元/公里，低速营运或停车等候费26元/小时，当载客车辆行驶满35公里标准收费后，表内自动计收50%空驶费；从化出租汽车运价与广州市区相同；增城出租汽车起租价为7元，表外计收2元燃油附加费，起租里程2.3公里，续租价2.4元/公里（8公里以内）、3.6元/公里（8公里之后）；花都出租汽车起租价6元，表外计收2元燃油附加费，起租里程2公里，续租价2.6元/公里，当载客车辆行驶满15公里标准收费后，表内自动计收50%空驶费。

6.残疾人出租

2010年广州市在全市范围内投放600台无障碍公交车和100台无障碍出租车，方便残疾人出行。车辆造型十分气派，看上去是经典的英伦风格，形似欧洲的老爷车。这批车辆取消了前排的乘客座位，但后排空间很大，可以供5名乘客同时乘车，其中后座沙发可坐3人，对面还有2个折叠沙发凳，满客时乘客面对面而坐，中间还留有宽裕的空间，即便放上轮椅也绰绰有余。有乘客笑称，坐这类车辆，打车途中无聊时够空间打牌了。

为便于残疾人搭乘，车门上设计带有斜坡式和阶梯踏板两个上车辅助装置，并有7个黄色握柄，残疾人可以坐在轮椅上抓住握柄上车或由司机推上车；车内设有轮椅安全带，用于固定轮椅，防止行车过程中的晃动。

这100台无障碍出租车是2010年广州亚运会前引进，在亚运会、亚残运会期间发挥了很大的作用。目前，广州无障碍出租车由白云集团、交通集团两家出租车公司共同经营，采取“流动服务及优先残疾人电召”的方式营运，即无障碍出租车和普通出租车一样上路流动搭载乘客，并优先满足残疾人朋友的电召需求，无障碍出租车收费标准与普通出租车相同，起步价同为10元。为了方便残疾人电召，广州陆续向残疾人士发放了1万张无障碍出租车爱心服务卡，卡上登记有无障碍出租车的预约电召电话，残疾人可以根据出行时间提前拨打电话预约无障碍出租车。

7.水上巴士

2007年4月11日早上7时，广州首条水上巴士航线开始试运营，首班船从中大、芳村两个码头同时开出，总共停靠中大、天字、西堤、芳村4个码头。来往珠江两岸又怕塞车的市民多了一个出行的选择，乘船的同时还可以顺道观光。

根据规划，广州市2013年将新增金沙洲彩滨中路码头、新电视塔（广州塔）码头、海心沙码头和深井码头4座水上巴士码头。而未来将建成水上巴士码头共57座，开通航线19条，为广州市民提供一种全新的公共交通工具。

8.游轮码头

天字码头：俗称“广州第一码头”，曾是清代迎送过往官员的专用码头。天字码头位于广州市越秀区沿江中路及北京路交界处，现在的功能主要用于旅游观光，是珠江游的一个主要码头，同时作为水上巴士公交码头。

大沙头码头：是广州最大的珠江游码头。地处广州市最大的滨水休闲广场——港湾广场，岸线长450米，拥有12个泊位，能同时停泊12艘珠江游游船，2011年游客接待量超过100万人次。码头拥有现代智能的售票大厅、综合候船大楼、250个车位的大型停车场、1层商业区、800米长的景观堤岸及3万平方米江畔生态公园等配套设施，是目前广州整体配套设施最完备的珠江游游客集散中心和最大的珠江游游船“母港”。

中大码头：紧邻中山大学北门。孙中山先生曾3次乘船到岭南大学（中山大学前身）演讲，都是在现中大码头上岸。现在的功能主要用于旅游观光，是珠江游的其中一个码头，同时作为水上巴士公交码头。

西堤码头：位于越秀区长堤大马路南方大厦对出江面。码头用两片白帆撑起，远远望去就像一只腾起的船帆。码头于2001年11月改建而成，是珠江游的其中一个码头，同时作为水上巴士公交码头。

省总码头：位于沿江西路，历史悠久，因正对原广东省总工会而得名，现省总工会已迁移新址，但码头名称至今未变。现在的功能仅用于旅游观光，是珠江游的其中一个码头。

芳村码头：位于荔湾区长堤明心路信义会馆旁，紧邻白鹅潭。芳村码头原属于货运码头，2012年8月改造成珠江游码头，同时兼作水上巴士公交码头。

9.游艇码头

游艇旅游是近年来新兴的旅游项目，广州的游艇码头及服务设施起点高、规模大，以南沙游艇会最具代表性。南沙游艇会位于广州市南沙湾（原南沙东部海滨新城）虎门大桥下游、南沙客运港上游200～800米处。南沙游艇会由霍英东集团投资建设，总占地逾255亩（含水域面积205亩），总建筑面积逾9000平方米，拥有800米滨水观光休闲长廊，落成的泊位一期工程有63个，二、三期工程将会有289个泊位。南沙游艇会正式营业后，将按照国际化标准配备游艇服务设施，拥有352个水上泊位，最高水深达5米，可满足长度50米以内的游艇航行。同时，岸上75吨的龙门架可充分满足游艇升降存放的需要，维护区的叉车也可满足长度9米以下的游艇存放干仓所需，不仅如此，还专门引进了国际游艇专业管理团队，让更多市民参与并充分体验。

10.羊城通

羊城通是在中国广州市使用的交通储值卡，由直属于广州市交通委员会的国有独资公司广州羊城通有限公司经营可用于公共汽车、计程车、地铁、渡轮等交通付费，也可以在绝大部分便利店（OK便利店、7-11便利店

南沙游艇会

等）结账。目前羊城通的应用面覆盖广州“十区两市”的公交车、楼巴、轮渡、地铁各站、路边泊车咪表以及部分电信业务，同时还拓展到连锁便利店、菜市场、电影院、饼屋等商务小额消费领域，应用区域从广州“十区两市”扩大到佛山（南海、顺德、禅城）公交车、广佛巴士等，成为集“公交通、电信通、商务通”等功能于一体的多功能电子支付媒介，让广大市民真正享受了电子付费的便捷。

岭南通于2010年广州亚运会前已发行，在广州、佛山、江门、惠州、肇庆、汕尾6个城市通行，除广州外，其他五城原先自有的公交卡“羊城通”、“广佛通”等，无须换卡即可自动升级为“岭南通”，在五城之内通用。

广州羊城通最新取消了月票制度，开始实行新的优惠政策。乘客在一个月内使用一张卡，乘坐公交和地铁累计达到15次之后，乘坐公交享6折优惠，乘坐地铁也享6折优惠。

另外，羊城通对学生、老人发行特种票卡，分别为学生卡和老人卡，使用学生卡乘坐公交、地铁5折优惠，使用老人卡乘坐公交、地铁不收费。

11.广州绿道

绿道是指一种线型绿色开敞空间，内设可供游人和骑车者进入的景观线路，连接主要的公园、自然保护区、风景名胜区、历史古迹和城乡居住区。

“绿道”理念源于欧美，已成功运用于城市建设。绿道建设集保护生态、改善环境、促进经济、服务民生于一体，成为世界城市建设的一种新趋势。目前广州累计建成绿道2174公里，超额完成省下达的建设任务。广州绿道经过11个区串联320个主要景点、151个驿站，覆盖面积3600平方公里，服务人口800万，构成了贯穿南北、环山绕水的绿道网络，其建设成果一直在珠三角各城市中名列前茅。

透过绿道，我们品味历史。透过绿道，我们享受现在。透过绿道，我们展望未来。

广州绿道，引领新生活！

[越秀区绿道——千年商都古韵　广府文化之源]

越秀区绿道总长约37公里，北起白云山云台花园，沿麓湖公园、东濠涌由南北向至沿江路，向南通过江湾、解放、海印3座桥梁与海珠区滨江绿道相接，西行经南方大厦与荔湾区绿道相连，东行二沙环岛径经广州大桥与天河区临江绿道相连。越秀区绿道包括麓湖风景区、东濠涌观光带、沿江休闲带、二沙环岛径、东山湖公园慢跑径、烈士陵园慢跑径、三眼井社区绿道、新河浦社区绿道、华侨新村社区绿道和广州大道段（东风公园一江月路）绿道，设置6个服务站点（麓湖驿站、东濠涌驿站、海珠广场驿站、海印驿站、发展公园驿站、体育公园驿站），为观光游人提供歇息、咨询应急、购物、自行车租赁等服务，方便游客观光游览。

越秀区绿道在生态绿道的基础上强调人文精神，用历史文化积淀来表现越秀区“千年商都古韵，广府文化之源”的特色，定位为都市型绿道，宗旨是利用原有自然条件及园建设施，将区内沿线的人文、历史、生态景观串连起来，为市民提供一条集休闲、活动娱乐于一体的绿带长廊。

[海珠区绿道——以园为核串绿成网　以水为脉绕岛成环]

至2011年底，海珠区内贯通绿道里程120多公里，形成了“以水为脉，绕岛成环；以园为核，串绿成网”的特色绿道网络，通过“滨水历史人文景观”和“湿地生态珠水景观”两大主题路线，串连区内“江、涌、湖、园、林”等不同类型的生态田园风光和近30个历史人文景点，市民、游客不出城市即可在海珠岛内饱览江、涌、湖、园等自然风光，游览历史与现代的名胜，感受海珠的魅力。

绿道沿线主要设有小洲驿站、会展公园驿站、龙潭果树公园驿站、海珠湖驿站、广州大道南金穗驿站、滨江东玉菡驿站、上涌果树公园南驿站、琶醍艺术驿站，以及洲头咀公园、海印公园、磨碟沙公园等服务点，共10多处。

海珠区绿道网的最终目的是结合环岛路的建设，将环岛绿道网络打通，形成集观光、运动、休闲、游乐、生态于一体的慢行系统，构筑水上、陆上特色旅游路线，并与万亩果林无缝连接，使更多市民通过环岛绿道走进万亩果林，感受都市生态。

[荔湾区绿道——西关风情　水秀花香]

荔湾区绿道约66公里，以省立绿道为核心，以6条区内绿道支线为辅，贯穿辐射整个中心城区。沿途连接起主要的公园、湿地、河流及古村落、历史建筑和商贸资源等，带领游客从南片区的水乡景观到北片区的西关风情，认识一个传统与创新完美结合的荔湾商贸旅游文化区，对于保护荔湾区生态环境与自然环境、凸显荔湾“水秀花香”和“西关风情”的区域特色、保护和利用历史人文资源都起到重要的作用。

荔湾南片河网密布，花香四溢，极具岭南水乡的特色。经龙溪大道后，绿道随即转入长达8.44公里的“芳村第一河”——花地河，经花地河畔，游客或骑行，或漫步，领略千年花乡、百里河涌的生态文化特色，附近景点包括醉观公园、小蓬仙馆、黄大仙祠等。

[天河区绿道——活力天河　绿意有道]

天河区绿道总长约89公里，主要经过广州大道、临江大道、花城大道、马场路、中山大道、天河北路、体育西路、体育东路等，沿途主要设置了临江大道东驿站、临江大道中驿站、临江大道西驿站、天河公园驿站、珠江公园驿站和广州大道驿站。天河区绿道围绕“绿”与“道”这两个主题进行设计，强调“行”在群众生活中的重要性，同时切入绿色、生态和低碳的环保理念。

天河区位于城市新中轴线，具有丰富的自然资源和人文底蕴，在绿道建设中充分融入此类元素，考虑在城市化进程中恢复和利用原有“岭南水乡”、“珠水环抱”的地域特色，展示了天河区丰富的人文内涵和改革开放带来的丰硕成果。

[白云区绿道——山水白云　生态绿道]

白云区结合自身历史文化资源丰富、生态景观环境优美的特色，按照“山水白云、生态绿道”的目标，对全区绿道进行了精心规划，把流溪河、白云湖引水渠、白云湖、石井河、金沙洲、帽峰山等风景贯通在一起，构成独具白云山水特色的绿道网。

白云区在绿道建设过程中，充分体现了“以人为本、贴近群众、服务民生”的理念，把改善民生与科技环保、生态低碳与田园风光、都市休闲与亲水宜居、文化古迹与科普教育完美结合起来，将绿道网建设成为广大百姓服务的惠民工程，极大地提升了全区的人居环境质量。

至2011年底，白云区绿道总长203公里，绿道驿站18个。以“山（帽峰山）、河（流溪河）、湖（白云湖）、田（田园风光）、园（民科园创新基地）”为主题的白云绿道网已经成为白云特色旅游的新名片。

[黄埔区绿道——滨江绿城　古港绿道]

黄埔区绿道网以“滨江绿城，古港绿道”为理念，按照环保绿眼、和谐绿景、健康绿心、低碳绿肺、生态绿水、自然绿意的概念，建成绿道网约103公里。其中护林带绿道约4公里，乌涌绿道约22公里，文涌绿道约12公里，庙头绿道约6公里，南湾涌、夏园渠绿道约13公里，长洲一号涌绿道约3公里，珠江涌绿道约1.2公里，绿道连接线约9.8公里。

黄埔区绿道网建设主要依托青山绿水工程、迎亚运工程、水环境治理工程，充分利用了众多的文物古迹、优美的自然风光、独特的旅游资源。人文景观既有全国重点文物保护单位黄埔军校，全国重点文物保护单位、中国古代“海上丝绸之路”起点南海神庙，又有横沙书香街、南湾古民宅、深井文塔等古迹。自然景观包括龙头山森林公园、茅岗鹤林等。

[花都区绿道——生态人文　花之廊]

花都区绿道长约108公里，依山傍水，风光秀丽。沿线时而山林郁郁葱葱，时而湖面微波荡漾，时而小桥流水，一派田园风光。

途经花都区的珠三角区域绿道共有两条：2号绿道花都段依托流溪河河堤布设，全长17.5公里；4号绿道花都段以芙蓉嶂水库为起点，途经大布河、芙蓉市场、洪秀全水库、天马河，南端与白云区绿道接壤，全长23.7公里，主要在省区域绿道4号线上设置3个服务点（芙蓉驿站、秀全驿站、天马河驿站）为游客提供休息及自行车租赁等服务。

花都美如其名，为凸显“花之都”特色，花都区绿道沿路建设了以花为主题的景观带，如芙蓉驿站的芙蓉花景观带、秀全水库沿岸的杜鹃花景观带、天马河沿线的樱花景观带等，以花塑道，打造花之廊。

省区域绿道4号线花都段与花都区境内的各大景点形成了有效衔接，沿途不仅可以欣赏到绿树成荫的生态美景，还可以感受到资政大夫祠、圆玄道观、洪秀全故居、华严寺、盘古王诞等历史文化的气息，更可以体验到芙蓉嶂旅游度假区、天马河景观带、石头记公园、香草世界、花卉中心等现代景点的乐趣，市民骑行在花都绿道上，可以享受到的不仅是一场生态自然之旅，也是开心休闲之旅，同时还是一场历史人文之旅。

[番禺区绿道——岭南水乡　山海休闲]

番禺绿道按“以环带面，以链串珠”的策略，将文化中心大学城、生活中心亚运城海鸥岛、生态中心大夫山森林公园以“一环三片”的方式串接，展示现代化农业大观园、海鸥岛生态滨水景观、东涌水乡特色、砺江河、市桥水道景观，并连接宝墨园、余荫山房、莲花山风景名胜区、大夫山和滴水岩森林公园等人文自然景点及广州南站等轨道与交通点。

广州绿道

番禺区共建成绿道约306公里，建成驿站服务点24个，分别为大学城的翰林驿站、观龙驿站、礼门驿站、树人驿站，大夫山驿站，新造田园驿站，宝墨园驿站，滴水岩驿站，砺江河驿站，海鸥岛驿站，沙南尾驿站，莲港驿站，亚运美食城驿站，番禺广场驿站，七星岗驿站，广州南站驿站，石壁驿站，汉溪长隆驿站，农业大观园驿站和东涌绿道的沙鼻梁涌驿站、三稔涌驿站、骝岗画廊驿站、文化广场驿站、湿地公园驿站，绿道途经17个镇街，串联亚运场馆24个、主要景点约28个。

[南沙区绿道——魅力南沙　畅游水乡]

南沙区滨海绿道全长约165公里，既是省立珠三角1号区域绿道，也是广州滨海绿道，北接番禺，南接中山，途经乌洲山郊野公园、丰田汽车城、莲溪村商业街、地铁黄阁汽车城站、地铁黄阁站、蕉门公园、黄山鲁森林公园、九王庙村、蒲州花园、天后宫、沙滩泳场、大角山海滨公园、中船龙穴造船基地、南沙港、湿地游览区、十九涌渔人码头、百万葵园等，全程建成绿道驿站为莲溪驿站、蕉门驿站、黄山鲁森林公园驿站、滨海公园驿站。

从几百年历史的莲溪古村、大角山炮台、乌洲山爱国主义教育基地（原日军碉堡）到现代的工业园区广汽丰田、龙穴造船基地，从蕉门河一河两岸生态景观道到广州南部最高峰（黄山鲁森林公园），从天后宫到南沙湿地游览区，一条生态绿道串起了南广州的山、城、田、海以及现代化的临港工业和滨海人文古迹，打造成别具南沙特色的公园、工业园、湿地滨海游览路线，称为珠三角市民旅游休闲的新选择。

[从化绿道——山水乐土　悦人流溪]

从化从2010年到2012年规划建设2条绿道，全长约272公里，分别是流溪河生态型绿道和万花园郊野型绿道。流溪生态型绿道从太平镇与花都区交界处起始，沿流溪河游览，途经牛心岭、木棉村、文峰塔等地，穿越街口市中心，往北途经温泉镇、良口镇，直达流溪河国家森林公园。

生态是流溪绿道从化段的最大特色，建设过程中始终围绕“山水绿道、低碳绿道、百景绿道、活力绿道”十六字要点。

山水绿道以“显山、露水、活村、秀城、营田、护林、舒路、亮点”为设计原则，为游客营造田园诗意般的自然空间，让游客满怀欢乐、愉悦的心情体验生态绿道带来的田园野趣。

低碳绿道远离都市尘嚣，回归自然纯朴，让游客在舒适自然的环境中感受轻松健康的低碳生活。

百景绿道以“打造百里观光绿廊，点缀百颗旅游明珠”为建设宗旨。通过绿道把从化自然风光、人文遗址、饮食娱乐等各类旅游景点串连起来，让游客游绿道的同时也可以游览我市秀美风光，了解风土人情。

活力绿道通过绿道建设将沿途农村，包括农田、农舍等稍作改造，发展一些颇具特色的农家乐，突出田园风光，吸引游客停留，为农民增加收入创造条件，进一步激活农村经济。

[增城绿道——荔乡仙境　魅力增城]

增城建成绿道约348公里，绿道途经荔新路、广汕路、增派路、增正路、荔景大道、增江河两岸，连接鹤之洲生态公园、天然沙滩浴场、莲塘春色景区、小楼人家景区、何仙姑景区、白水仙瀑布风景名胜区、蒙花布乡村公园、湖心岛景区等著名景点，建设了22个驿站，有北山村驿站、白水寨乡村公园驿站、高陂头驿站、马村驿站、石龙头驿站、东西境驿站、江坳驿站、小楼驿站、莲塘综合服务区、桥头综合服务区、三忠古庙驿站、西堤驿站、西瓜岭驿站、基岗驿站、湖心岛服务区、黄何乡村公园驿站、圭湖驿站、白湖综合服务区、增江画廊联益驿站、鹤之洲服务区、光耀驿站、初溪综合服务区。

增城绿道在广东省规划建设最早，以“幸福市民、快乐游客、致富农民”为宗旨，以尊重自然、因地制宜为原则，结合路边、山边、水边的“三边”环境整治，进行保护原生态、原产权、原居民、原民俗的“四原保护”，实现家园、校园、工业园、果园、田园“五园”变公园，以“藤”结“瓜”、造“瓜”连“藤”，将绿道与沿线的村庄、景区、景点串连起来，形成市民休闲健身之道、游客观光消费之道、农民增收致富之道。

绿道骑行

三、经典旅游线路

在广州这个古老而又年轻的都市，您既能感受到现代文明的强劲冲击和活力，又能领略到传统岭南民俗文化的独特韵味和魅力。欢迎到广州进行“360°叹广州”之旅！

1. 羊城经典一日游线路

以太广场——五羊石像——中山纪念堂——陈家祠——风味午餐——珠江新城——新电视塔——广州歌剧院——海心沙市民广场——黄埔军校——北京路步行街——珠江夜游

2. 广州动感一日游线路

以太广场——二沙岛——海心沙广场——新电视塔/“珠江-英博”国际啤酒博物馆——琶洲国际会展中心——大学城——长隆国际大马戏

3. 广府文化一日游线路

以太广场——五羊石像——镇海楼——西汉南越王博物馆——五仙观——光孝寺——午餐——古玩城西关大屋（荔湾博物馆）——西关风情上下九商业步行街

4. 珠江画廊一日游线路

天字码头——孙中山大元帅府——南海神庙——午餐——黄埔军校——琶洲会展中心——“珠江-英博”国际啤酒博物馆——天字码头——北京路步行街

5. 珠江日游——莲花山祈福之旅

天字码头——江湾大桥——海印桥——二沙岛——广州塔——海心沙——琶洲会展中心——黄埔军校——莲花山码头——莲花山景区

6. 海上丝路一日游线路

以太广场出发——南越王博物馆——镇海楼——怀圣寺——西来初地（华林寺）——锦纶会馆（上下九商业步行街）——粤海关大楼——黄埔古港——琶洲塔——南海神庙

7. 购在广州一日游线路

以太广场出发——广州花卉博览园——花鸟鱼虫大世界——南方茶叶市场——北京路商业步行街或上下九商业步行街——天河城广场——正佳广场

8. 羊城传说一日游线路

以太广场出发——五仙观——越秀公园五羊塑像——五谷丰登壁画——广州博物馆——南越王博物馆

9. 古城商都一日游线路

以太广场出发——五仙观——南越国宫署遗址——文德路东方广场——北京路步行街（千年古道）——状元坊小商品街——一德路干果海味食品商业街

10. 岭南建筑一日游线路

以太广场出发——广州艺术博物馆——中山纪念堂——人民公园（市政府一号楼）——粤海关大楼——广州邮政博物馆——沙面建筑群——白天鹅宾馆——上下九步行街（骑楼建筑）

11. 岭南园林一日游线路

以太广场出发——流花湖公园西苑——兰圃——雕塑公园——白云山云溪生态公园——广东树木公园——华南植物园——珠江公园——天河公园

12. 西关风情一日游线路

以太广场出发——陈家祠——广雅书院、浮丘石——仁威庙——文塔——荔湾博物馆（西关民俗馆）——詹天佑故居——沙面——上下九商业步行街——华林寺、玉器街

13. 广州文艺一日游线路

以太广场——广东画院——广州雕塑院——雕塑公园——广州杂技团——红线女艺术中心——广州歌剧院——广东美术馆——星海音乐厅

14. 广州宗教认知一日游线路

以太广场出发——光孝寺或六榕寺——怀圣寺——石室大教堂——仁威庙——黄大仙祠

15. 广食广茶一日游线路

以太广场出发——泮溪酒家叹茶——西关大屋、欧陆风情街——中午流花粥城品尝美食——下午参观南方茶叶市场，品尝茗茶，观看茶艺、茶道表演，自由活动选购精美茶具、茶叶、木雕工艺品——花鸟鱼虫大世界

16. 美食修学一日游线路

以太广场出发——莲香楼酒家——上下九商业步行街——广州酒家——广州旅游学校学习当一回烹饪能手——白鹅潭风情酒吧街

17. 广食广购一日游线路

以太广场出发——云台花园——白云山山顶公园（品尝九龙泉水豆腐花）——风味午餐（沙河粉村）——正佳广场——黄沙海鲜批发市场

18. 都市全景一日游线路

以太广场——环市中路商务区——中信广场——市长大厦——火车东站绿化广场——珠江新城——海心沙广场——琶洲会展中心——新电视塔——珠江沿岸（滨江路）——太古仓——白鹅潭风情酒吧街

19. 广州会展一日游线路

以太广场出发——广州对外交易会流花展馆——海珠广场（交易会旧址）——二沙岛——广东美术馆——正佳广场——琶洲会展中心——珠江夜游

20. 珠江炫夜游线路

天字码头（西堤码头、大沙头码头）——白鹅潭——沙面租界和欧陆建筑群——白天鹅宾馆——芳村音乐广场——洲头咀公园——人民桥——粤海关大楼——南方大厦——广州文化公园——沙基惨案纪念碑——塔影楼——孙逸仙纪念医院——爱群大厦——永安堂——海珠广场、海珠桥和海珠石——孙中山创立的中央银行和大元帅府纪念馆——海印大桥——中山大学和中大北门——星海音乐厅和广东美术馆——广州大桥——海心沙亚运公园——花城广场——广州塔——天字码头（西堤码头、大沙头码头）

21. 近代史迹游线路

以太广场——麓湖星海园——黄花岗七十二烈士陵园——广州烈士陵园（广州近代史博物馆）——广州农民运动讲习所旧址——国民党“一大”旧址——中华全国总工会旧址——省港罢工旧址——广州起义旧址——三元里人民抗英斗争纪念馆址

22. 现代革命史迹游线路

以太广场——十九路军淞沪抗日阵亡将士陵园——朱执信墓——黄花岗公园和黄花岗七十二烈士陵园——邓荫南墓——华泰宾馆——执信中学——广州起义烈士陵园——广东革命历史博物馆——英雄广场——广东省博物馆（国民党“一大”旧址、鲁迅纪念馆）

23. 孙中山足迹游线路

以太广场——中山纪念堂——孙中山大元帅纪念馆——中山大学——黄埔军校旧址——孙中山纪念馆——珠江夜游

24. 伟人足迹游线路

以太广场出发——广州农民运动讲习所旧址——国民党“一大”旧址——鲁迅纪念馆——孙中山大元帅纪念馆——邓世昌纪念馆

25. 黄埔寻迹游线路

以太广场出发——广州起义纪念馆（广州公社旧址）——国民党“一大”旧址——前往黄埔，午餐品尝红军宴——黄埔军校旧址

26. 大学城科技文化游线路

以太广场出发——广东科学中心——岭南印象园——广东中医药博物馆——广州十所高校各具特色的新校区

27. 科普体验游线路

广州动物园（海洋馆）——广州气象卫星地面站——华南植物园

28. 中国制造名企游线路

珠江啤酒集团有限公司——广州国际会展中心——益力多乳品有限公司——燕塘乳业公司（明治雪糕）——广州珠江钢琴厂

29. 广州工业游线路

羊城晚报报业集团印务中心——光明乳业有限公司——广州本田汽车厂

30. 云山珠水游线路

以太广场出发——越秀公园五羊塑像——白云山风景名胜区（云台花园、明春谷）——广州体育馆——北京路商业步行街——珠江夜游

31. 广州农业观光游线路

以太广场出发——广州花卉博览园——广州蔬菜研究所——瀛洲生态公园

32. 从化石门黄金花海浪漫一日游线路

以太广场出发——石门国家森林公园——橘园采摘——从化温泉养生谷

33. 从化登高品氧一天游线路

以太广场出发——从化流溪河国家森林公园——广州抽水蓄能电厂旅游度假区

34. 从化观瀑泡汤一天游线路

以太广场出发——田心农家乐——天湖旅游度假区——从化崴格诗温泉庄园

35. 从化乡村休闲游线路

以太广场出发——广裕祠——宝趣玫瑰世界（玫瑰花）——大丘园农庄（火龙果）——响水峡观赏非洲菊花海

36. 增城绿道登山健身游线路

以太广场出发——增城广场——自行车休闲健身绿道——午餐（农家特色美食）——白水寨风景名胜区白水仙瀑景区——增城农副产品销售中心

37. 增城绿野仙踪游线路

以太广场出发——增城广场——何仙姑旅游景区——小楼人家景区——增城农副产品销售中心

38. 增城绿道休闲游线路

以太广场出发——增城广场——自行车休闲健身绿道——午餐（农家特色美食）——正果湖心岛旅游景区——增江鹤之洲湿地公园

39. 增城水石奇观漂流游线路

以太广场——增城广场——大封门漂流探险——金叶子温泉度假区——增城农副产品销售中心

40. 番禺欢乐动感游线路

以太广场出发——香江野生动物世界——长隆欢乐世界——长隆国际大马戏

41. 番禺水上欢乐游线路

以太广场出发——广州鳄鱼公园——长隆水上乐园——长隆国际大马戏

42. 番禺岭南文化游线路

以太广场出发——余荫山房——宝墨园——沙湾文化古镇

43. 番禺高尔夫悠闲游线路途经线路

以太广场出发——莲花山旅游区——莲花山高尔夫球会打球

44. 番禺工业游线路

以太广场出发——六福珠宝——元艺珠宝——钻汇珠宝采购中心（或易发商业街等）

45. 花都一日游A线线路

以太广场出发——花都世纪广场——圆玄道观——石头记矿物园——午餐（富煌山庄）——颐和山庄（房地产）——芙蓉度假区

46. 花都一日游B线线路

以太广场出发——花都新世纪广场——华严寺——芙蓉度假区——午餐（鸿登隆山庄）——金碧御水山庄（房地产）——香草世界

47. 花都一日游C线线路

以太广场出发——新世纪广场——资政大夫祠——洪秀全故居——宝桑园——元邦山清水秀（房地产）——盘古王公园

48. 南沙生态休闲游线路

以太广场出发——百万葵园（葵花）——南沙湿地游览区——南沙天后宫

49. 南沙滨海休闲游线路

以太广场出发——南沙横档岛旅游度假区——大角山炮台——南沙十九涌渔港码头——海鸥岛

50. 海珠环岛游线路

以太广场出发——太古仓码头——洲头咀公园——孙中山大元帅府——中大北门广场——广州塔——“珠江-英博”国际啤酒博物馆——琶洲国际会展中心——黄埔古港古村历史文化景区

51. 海珠生态文化游线路

以太广场出发——海珠湖——海珠湿地——瀛洲生态公园——曹崇恩雕塑园——小洲村

52. 海珠历史文化风情游线路

以太广场出发——南华西骑楼街——邓世昌纪念馆——十香园纪念馆——岭南画派纪念馆——纯阳观——陈李济中药博物馆——潘鹤雕塑艺术园——卫国尧烈士纪念馆

53. 帽峰山休闲生态游线路

农民工博物馆（广大农民工生产、生活及其对现代化建设所作贡献的农民工博物馆）——白云湖（广州最大的人工湖）——帽峰山（广州市著名的“氧吧”、“绿肺”，吃太和烧鸡）

54. 白云休闲文化游线路

神农草堂（认识中草药，了解传统中医文化）——平和大押（广州最豪华的当铺）——寮采世外桃源度假区（绿道骑自行车，游览七彩花田）

55. 天河“水山城花”休闲游线路

以太广场出发——华南植物园——天麓湖公园——科学城

56. 长洲军事之旅线路

以太广场出发——黄埔军校旧址——孙中山纪念馆——孙中山纪念碑——东征烈士墓——海军黄埔军事博览中心——大学城

附录1

广州地区A级景区名录（42家）

更新时间：2013年11月

序号	等级	景区名称	地址
5A级（2家）			
1	5A	长隆旅游度假区	番禺区番禺大道
2	5A	白云山风景名胜区	广园中路
4A级（22家）			
1	4A	中山纪念堂	东风中路259号
2	4A	广东美术馆	二沙岛烟雨路38号
3	4A	莲花山旅游区	番禺区石楼镇西门路18号
4	4A	宝墨园	番禺区沙湾镇紫坭村
5	4A	西汉南越王博物馆	解放北路867号
6	4A	黄花岗公园	先烈中路79号
7	4A	越秀公园	解放北路988号
8	4A	碧水湾温泉度假村	从化流溪温泉旅游度假区（良口）
9	4A	广州动物园	先烈中路120号
10	4A	华南植物园	天河区天源路1190号
11	4A	广州烈士陵园	中山二路92号
12	4A	广东民间工艺博物馆（陈家祠）	中山七路恩龙里34号
13	4A	广东科学中心	大学城西六路168号
14	4A	九龙湖旅游度假村	花都区花东镇九龙湖社区
15	4A	广州市南海神庙景区	黄埔区庙头旭日街22号
16	4A	广州市石头记矿物园	花都区珠宝城大观路1号
17	4A	广州市正佳广场商贸旅游区	天河路228号
18	4A	广州市增城白水寨旅游区	增城白水寨风景名胜区白水仙瀑景区
19	4A	广州市岭南印象园旅游景区	大学城外环西路
20	4A	广州市南沙滨海湿地景区	万顷沙镇新港大道1号
21	4A	广东圆玄道观	广州市花都区新华街九潭村
22	4A	广州塔	海珠区阅江西路222号

序号	等级	景区名称	地址
3A级（17家）			
1	3A	洪秀全故居	花都区新华街新华路52号
2	3A	荔湾博物馆	荔湾区龙津西路逢源北街84号
3	3A	十九路军淞沪抗日阵亡将士陵园	水荫路113号
4	3A	广州气象卫星地面站	五山东莞庄路280号
5	3A	广州抽水蓄能电站度假区	从化小杉村
6	3A	广州市田心社农家乐景区	从化城郊街光辉村
7	3A	广州市溪头旅游村景区	从化溪头村
8	3A	广州市增城文化公园景区	增城荔城街增城广场内增城广场和增城公园管理所
9	3A	广州市增城小楼人家景区	增城小楼镇景园一街2号首层广州市仙源旅游景区有限公司
10	3A	广州市增城湖心岛旅游风景区	增城正果汀塘村
11	3A	广州市增城何仙姑景区	增城小楼镇景园一街2号首层广州市仙源旅游景区有限公司
12	3A	广州市宝趣玫瑰世界	从化城郊街光辉村
13	3A	广州市大丘园农庄景区	从化城郊街光辉村
14	3A	广州市十香园纪念馆	江南大道中怀德大街3号
15	3A	广州市邓世昌纪念馆	宝岗大道龙涎里2号
16	3A	广州市潘鹤雕塑艺术园	广州大道南后滘西大街57号
17	3A	广州市梯面红山村景区	花都区梯面镇红山村
2A级（1家）			
1	2A	丹水坑旅游区	

附录2

广州地区星级酒店名录（223家）

更新时间：2014年2月

序号	酒店名称	地址
白金五星（1家）		
1	花园酒店	环市东路368号
五星级（22家）		
1	白天鹅宾馆	沙面南街1号
2	中国大酒店	流花路
3	东方宾馆	流花路120号
4	广东亚洲国际大酒店	环市东路326号之一
5	广州碧桂园凤凰城酒店	广园东路新塘路段广州碧桂园内
6	广州建国饭店（天伦万怡大酒店）	天河林和中路172号
7	嘉逸国际酒店	天河北路468号
8	白云宾馆	环市东路367号
9	南沙大酒店	南沙海滨新城商贸大道南二路1号
10	广州香格里拉大酒店	海珠区会展东路1号
11	广州天誉威斯汀酒店	天河林和中路6号
12	铂尔曼大酒店	白云机场候机楼北侧
13	丽思卡尔顿酒店	珠江新城兴安路3号
14	星河湾酒店	番禺迎宾路
15	君悦酒店	珠江新城珠江西路12号
16	科尔海悦酒店	番禺清河东路288号
17	广东威尔登酒店	永和大道花轮一路1号
18	九龙湖公主酒店	花都镇九龙湖社区
19	广州金叶子酒店	增城白水寨风景区
20	广州翡翠皇冠假日酒店	广州科学城中心区凝彩路28号
21	广州市圣丰索菲特大酒店	天河区广州大道中988号
22	广州海怡星河湾酒店	番禺区南村镇新基村沙滘禺东端海怡花园会所

环市路与白云宾馆

序号	酒店名称	地址
四星级（41家）		
1	华厦大酒店	侨光路8号
2	凯旋华美达大酒店	东山明月一路9号
3	广东迎宾馆（白云楼碧海楼）	解放北路603号
4	广州珀丽酒店	江南大道中348号
5	广信江湾大酒店	沿江中路298号
6	远洋宾馆	环市东路412号
7	广东胜利宾馆（主楼）	沙面北街53号
8	广东大厦	东风中路309号
9	文化假日酒店	环市东光明路28号
10	番禺宾馆	市桥大北路130号
11	新世纪酒店	花都秀全大道43号
12	增城宾馆	增城荔城雁塔大道
13	广州大厦	北京路374号
14	百花山庄	增城百花林水库内
15	喜尔宾酒店（原广东全球通大酒店）	越秀南路208号
16	嘉逸豪庭酒店	天河区林和中路148号
17	太阳城大酒店	增城新塘群星路1号
18	华威达大酒店	黄埔大道西499号
19	新港明珠大酒店	广州经济开发区夏港大道721号
20	东方国际饭店	广州大道中616～622号
21	皇家国际饭店	天河区天河路89号
22	祈福酒店	番禺区市广路
23	流花宾馆	环市西路194号
24	云山大酒店	先烈中路云鹤北街8号
25	南航明珠大酒店	白云国际机场南工作区空港西路
26	广州金桥宾馆	广州市寺右新马路93号
27	鼎龙国际大酒店	广州大道北63号
28	新珠江大酒店	广州滨江东路795号
29	广州十甫假日酒店	荔湾区第十甫路188号
30	广州珠江帝景酒店	海珠区艺洲路灏景街1号
31	燕岭大厦	燕岭路29号
32	华厦国际商务酒店	林乐路39～49号
33	广州市夏湾拿酒店	从化太平镇莲塘村 东方夏湾拿花园夏湾拿大道1号
34	科学城华厦国际商务酒店	科学城揽月路1号
35	碧水湾度假村	从化良口镇良明村
36	越秀宾馆	小北路198号

序号	酒店名称	地址
37	嘉尔登大酒店	广州市花都区新华街曙光路与宝华路交汇处
38	广州精益大酒店	广州市花都区花山坪山南门7号
39	凤凰山宾馆	天河区广汕一路332号
40	威尼国际酒店	天河区林和西路167号
41	凯旋假日酒店	从化环市东路168号
	三星级（129家）	
1	广州宾馆	起义路2号
2	爱群大酒店	沿江西路113号
3	三寓宾馆	东山三育路23号
4	湖天宾馆	东风西路156号
5	广东华侨友谊酒店	天河东路65号
6	东方丝绸大厦	东风东路752号
7	湛江大厦（雷州酒店）	站前路88号
8	广州戴斯酒店	白云区机场路云宵路88号（街340号）
9	总统大酒店	天河路586号
10	番禺市美丽华大酒店	市桥清河中路118号
11	广东温泉宾馆	从化温泉东路80号
12	新世界大酒店	人民北路520号
13	番禺香江大酒店	番禺大石迎宾路538号
14	丽江度假花园酒店	番禺石楼镇鲤鱼岗7号
15	花都丽美大酒店	花都区商业大道53号
16	天伦大酒店	从化街口河滨南路38号
17	广州喜悦假日酒店	番禺光明北路223号
18	金湖酒店	花都新华街建设南路4号
19	新天河宾馆	广州市天河路178～188号
20	华海大酒店	江南大道中232号
21	广州新好景饮食娱乐大酒店	广深公路新塘路段
22	双湖酒店	从化吕田小杉
23	丽都大酒店	广州市北京路182号
24	天龙大酒店	广州大道中918号
25	莲花山粤海村	番禺莲花山旅游区山顶
26	京华酒店	花都新华街云山大道55号
27	（广州）珠海特区大酒店	海珠北路11～15号
28	广州越天酒店	解放北路960号
29	广东邮电大厦	中山二路18号
30	广州五羊城酒店	人民中路322号

序号	酒店名称	地址
31	冰花酒店	天河北路2号
32	惠福大酒店	惠福西路8号
33	广州民航大酒店（南联）	广州机场路276号
34	世昌大酒店	番禺市桥繁华路3号
35	鸿福门酒店	黄埔东路3729号（南岗）
36	星都大酒店	海珠区昌岗中路
37	华金盾大酒店	中山大道368号
38	龙泉大酒店	番禺大北路99号
39	从化湖光度假山庄	从化黄竹朗（105国道）
40	江悦酒店（原广州国际海员俱乐部）	滨江西路20号
41	广州华茂中心	盘福路63号
42	广东蓄能大厦	天河龙口东路32号
43	华辉度假村	桃园镇云星大道流溪河畔
44	广东蓄能电站专家村	从化温泉康复路17号
45	广轩大厦	海珠区沥滘振兴大街9号
46	南方毅源大酒店	番禺迎宾大道南8号
47	广东省金苑山庄	恒福路117号
48	东悦酒店	麓景路8号
49	广州石化明珠宾馆	黄埔石化路振兴街18号
50	长城酒店	东山区寺右新马路
51	花都大酒店	花都区新华街新华路44号
52	广州雍富酒店	番禺区大岗镇豪岗路3号
53	西湖苑宾馆	天河区五山华南理工大学校内西湖畔
54	银河大酒店	沙太路268号
55	广州汇东假日酒店	广汕路龙洞村口
56	中华酒店	花都区站前路33号
57	广武酒店	天河区天河路603号
58	鼎福休闲酒店	天河东圃镇大观南路2号
59	广东博斯坦宾馆	天河北路76号
60	山西大厦	三元里大道瑶泉街6号
61	怡凯酒店	工业大道南石岗路90号
62	广东南洋长胜酒店	天平架兴华路38号
63	龙逸山庄度假村	天河区迎龙路1203号
64	丽盈大酒店	花都区茶园路9号
65	新凤凰酒店	花都区迎宾大道大华二路38号
66	广州大华酒店	天河路625号天娱广场东塔
67	景观酒店	花都芙蓉旅游度假区
68	嘉福利晶酒店	天河区长兴路8号
69	牡丹大酒店	花都区新华街站前路34号

序号	酒店名称	地址
70	友田酒店	花都狮岭镇东升路与盘古交界
71	广州悦海酒店	黄埔区海员路39号
72	广东奥体大酒店	东圃黄村奥体中心内
73	广州金之鼎酒店	花都新华街天贸南路横潭公园侧
74	华悦酒店	花都区新华街建设北路128号
75	锦都商务大酒店	花都区新华街滨湖路1号
76	荣威大酒店	花都区新都大道13号
77	广州市花都区阳光酒店	花都区新华街建设北路119号
78	广州金怡酒店	番禺区市桥禺山西路333号
79	广州金宝酒店	花都新华街凤凰北路三东市场南侧
80	三茂大酒店	环市东路374号
81	广州豪悦酒店	番禺桥南街桥南路196号
82	南洋冠盛酒店	天河区天府路11号
83	广东红叶酒店	机场西乐嘉路8号
84	合兴酒店	花都建设北路213号
85	广州红帆酒店	海珠区革新路126号之一
86	合成大酒店	花都狮岭大道中1号
87	江南商务酒店	白云区增槎路798～828号
88	新港假日酒店	新港东路2号
89	广天大厦	黄埔大道西243号
90	中濠大酒店	增城石滩镇增滩公路横岭开发区
91	悦来登大宾馆	增城新塘镇东坑三横路
92	南洲大酒店	海珠区南洲路188号
93	八骏酒店	花都区三东大道西
94	英伦公馆酒店	天河东路220号
95	琶洲酒店	新港东路37号
96	大舜晶华商务酒店	天河区中山大道西277号
97	广州山水时尚酒店黄埔店	黄埔东路727号
98	大塘宾馆	赤岗大塘聚德西路汇源新街南大街1～4号
99	广州翠岛水电度假村	从化温泉镇温泉西路20号
100	银座大酒店	番禺区市桥街禺山大道228号
101	乐涛居酒店	增城新塘镇港口大道
102	凯利登大酒店	花都区天贵路92号
103	圣玛登酒店	中山八路19号
104	怡东酒店	人和镇风和村广花路16～20号
105	晨悦酒店	天河区天源路961号
106	临海酒店	南沙区龙穴大道中25号
107	清音酒店	从化温泉镇温泉西路38～39号

序号	酒店名称	地址
108	增城华侨酒店	增城荔镇城西园南路103号
109	卓悦商务酒店	新市墟萧岗南街33号
110	亨利酒店	新华街宝华路26号
111	嘉信酒店	同泰路98号
112	广州天豪酒店	科韵北路棠下大盛工业区A栋综合楼
113	广州锦廷商务酒店	从化街口街新城东路2号
114	广州君御酒店	番禺区清河东路
115	广州天麓马术俱乐部	天鹿南路联华路
116	天逸酒店	龙口西路183号
117	裕华大厦	环市东路320号
118	瀛丰商务酒店	东圃旭景西路
119	永栩酒店	新塘镇广深公路太阳城对面
120	巴登巴登度假酒店	派潭镇白水寨大街128号
121	高滩温泉酒店	派潭镇高滩村
122	石牌酒店	天河东路168号
123	东江大酒店	三元里大道838号
124	白云城市酒店	环市西路179号
125	东海大厦（员远洋宾馆）	环市东路318号之一
126	从化温泉毅华假日酒店	从化温泉镇碧泉路
127	光华假日酒店	番禺市桥平康路沙墟一云山大街16号
128	新华大酒店	人民南路2～6号
129	花都区花东丽湾酒店	花都区花东镇朝阳路25号
	二星级（30家）	
1	东亚大酒店	长堤大马路320号
2	白宫酒店	人民南13～17号
3	新亚大酒店	人民南路10～12号
4	北京大酒店	西濠二马路10号
5	广东大酒店	长堤大马路294号
6	新粤新大酒店	环市东路329号
7	华粤大厦	先烈南路33号
8	新侨酒店	中山二路40号
9	南方大厦酒店	西堤二马路34号
10	金川宾馆	西华路525号
11	粤桂宾馆	西华路523号
12	广钢大厦	芳村大道东2号
13	河北大厦	广园中路203～207号
14	天河酒店	天河路633号
15	沙河宾馆	先烈东路296号

序号	酒店名称	地址
16	德政大厦	广州德政南路48号
17	海珠酒店	江南大道北4号
18	广州市国茂大酒店	天河瘦狗岭路303号
19	龙口明珠大酒店	龙口西路91号
20	茶窖湾商业综合服务中心	芳村东教北路560～562号
21	花都东亚酒店	花都区建设北路91号
22	粤罗酒店	中山八路新虹街32号
23	华美大酒店	花都区站前路21号后座
24	广视大厦	麓湖路8号
25	鸿运宾馆	站西路37号
26	吉林大酒店	中山一路48号
27	芳村花地大厦	荔湾区荣兴路19号
28	华建大酒店	先烈中路102号之二
29	悦凯酒店	番禺区市莲路傍西村口1号
30	东风宾馆	三元里大道716号

附录3

广州地区省级以上重点文物保护单位名录（74家）

更新时间： 2013年

序号	单位名称	等级	公布年份	公布批次
1	三元里平英团遗址	全国重点文物保护单位	1961年	第一批
2	黄花岗七十二烈士墓	全国重点文物保护单位	1961年	第一批
3	广州农民运动讲习所旧址	全国重点文物保护单位	1961年	第一批
4	广州公社旧址	全国重点文物保护单位	1961年	第一批
5	光孝寺	全国重点文物保护单位	1961年	第一批
6	虎门炮台（部分位于广州）	全国重点文物保护单位	1982年	第二批
7	洪秀全故居	全国重点文物保护单位	1988年	第三批
8	中国国民党第一次全国代表大会旧址	全国重点文物保护单位	1988年	第三批
9	黄埔军校旧址	全国重点文物保护单位	1988年	第三批
10	中华全国总工会旧址	全国重点文物保护单位	1988年	第三批
11	陈家祠堂	全国重点文物保护单位	1988年	第三批
12	秦代造船遗址、南越国宫署遗址及南越文王墓	全国重点文物保护单位	1996年	第四批
13	怀圣寺、光塔	全国重点文物保护单位	1996年	第四批
14	广州沙面建筑群	全国重点文物保护单位	1996年	第四批
15	广州圣心大教堂	全国重点文物保护单位	1996年	第四批
16	广州大元帅府旧址	全国重点文物保护单位	1996年	第四批
17	莲花山古采石场	全国重点文物保护单位	2001年	第五批
18	中山纪念堂（含中山纪念碑）	全国重点文物保护单位	2001年	第五批
19	余荫山房	全国重点文物保护单位	2001年	第五批
20	南汉二陵	全国重点文物保护单位	2006年	第六批
21	六榕寺塔	全国重点文物保护单位	2006年	第六批
22	粤海关旧址	全国重点文物保护单位	2006年	第六批
23	广东咨议局旧址	全国重点文物保护单位	2006年	第六批
24	广裕祠	全国重点文物保护单位	2006年	第六批
25	清真先贤墓	全国重点文物保护单位	2013年	第七批
26	五仙观及岭南第一楼	全国重点文物保护单位	2013年	第七批
27	镇海楼与广州明城墙	全国重点文物保护单位	2013年	第七批
28	南海神庙	全国重点文物保护单位	2013年	第七批
29	中国共产党第三次全国代表大会会址	全国重点文物保护单位	2013年	第七批

	单位名称	等级	公布年份	公布批次
30	升平社学旧址（含义勇祠）	广东省重点文物保护单位	1978年	第一批
31	“三•二九”起义指挥部旧址	广东省重点文物保护单位	1978年	第一批
32	中共广东区委员会旧址	广东省重点文物保护单位	1978年	第一批
33	广州起义烈士陵园	广东省重点文物保护单位	1978年	第一批
34	广东贡院明远楼、中山大学天文台旧址	广东省重点文物保护单位	1978年	第一批
35	冯云山故居	广东省重点文物保护单位	1978年	第一批
36	省港罢工委员会旧址	广东省重点文物保护单位	1978年	第一批
37	中山纪念碑	广东省重点文物保护单位	1978年	第一批
38	中共第三次全国代表大会会址	广东省重点文物保护单位	1979年	第二批
39	广东省农民协会旧址	广东省重点文物保护单位	1979年	第二批
40	中共广东区委军委旧址	广东省重点文物保护单位	1979年	第二批
41	白云楼鲁迅故居	广东省重点文物保护单位	1979年	第二批
42	琶洲塔	广东省重点文物保护单位	1989年	第三批
43	莲花塔	广东省重点文物保护单位	1989年	第三批
44	莲花城	广东省重点文物保护单位	1989年	第三批
45	万寿寺大殿	广东省重点文物保护单位	1989年	第三批
46	留耕堂	广东省重点文物保护单位	1989年	第三批
47	药洲遗址	广东省重点文物保护单位	1989年	第三批
48	屈大均墓（含八泉亭及屈氏宗祠）	广东省重点文物保护单位	1989年	第三批
49	湛若水墓	广东省重点文物保护单位	2002年	第四批
50	五岳殿	广东省重点文物保护单位	2002年	第四批
51	纶生白公祠（含“乐善好施”牌坊）	广东省重点文物保护单位	2002年	第四批
52	石井桥	广东省重点文物保护单位	2002年	第四批
53	资政大夫祠建筑群	广东省重点文物保护单位	2002年	第四批
54	外国人公墓	广东省重点文物保护单位	2002年	第四批
55	广雅书院旧址	广东省重点文物保护单位	2002年	第四批
56	广东邮务管理局旧址	广东省重点文物保护单位	2002年	第四批
57	广东财政厅旧址	广东省重点文物保护单位	2002年	第四批
58	中央银行旧址	广东省重点文物保护单位	2002年	第四批
59	康乐园早斯建筑群	广东省重点文物保护单位	2002年	第四批
60	十九路军淞沪抗日将士坟园	广东省重点文物保护单位	2002年	第四批
61	云从龙墓	广东省重点文物保护单位	2008年	第五批
62	通福桥	广东省重点文物保护单位	2008年	第五批
63	锦纶会馆	广东省重点文物保护单位	2008年	第五批
64	大佛寺大殿	广东省重点文物保护单位	2008年	第五批

序号	单位名称	等级	公布年份	公布批次
65	玉岩书院与萝峰寺	广东省重点文物保护单位	2008年	第五批
66	邓氏宗祠	广东省重点文物保护单位	2008年	第五批
67	刘氏家庙	广东省重点文物保护单位	2008年	第五批
68	越南青年政治训练班旧址、越南青年革命同志会旧址	广东省重点文物保护单位	2008年	第五批
69	卢廉若墓	广东省重点文物保护单位	2008年	第五批
70	沥滘卫氏大宗祠	广东省重点文物保护单位	2012年	第七批
71	仁威庙	广东省重点文物保护单位	2012年	第七批
72	万木草堂	广东省重点文物保护单位	2012年	第七批
73	春园	广东省重点文物保护单位	2012年	第七批
74	仲恺农校旧址	单独公布	1982年	—

珠水风光

附录4

广州地区省级以上风景名胜区、森林公园名录（6家）

更新时间：2013年

类型	名称	等级	所在地
风景名胜区	白云山风景名胜区	国家级风景名胜区	广州市白云区
	从化温泉风景名胜区	省级风景名胜区	从化温泉镇
	莲花山风景名胜区	省级风景名胜区	广州市番禺区莲花山
	白水寨风景名胜区	省级风景名胜区	增城北部山区的派潭镇
森林公园	广东流溪河国家森林公园	国家森林公园	从化东北部
	广东石门国家森林公园	国家森林公园	从化北部